Halbfas
Das Welthaus

Hubertus Halbfas, Lesewerk zum Religionsunterricht

Band 1: Das Menschenhaus
Band 2: Das Welthaus
Band 3: Das Christenhaus

Hubertus Halbfas

Das Welthaus

Ein religionsgeschichtliches Lesebuch

Calwer Verlag Stuttgart
Patmos Verlag Düsseldorf

3. Auflage 1985
Umschlaggestaltung: Ralf Rudolph unter Verwendung der Nachzeichnung eines ägyptischen Grabreliefs (4. Jahrhundert v. Chr.) © Mohrbooks, Zürich
Satz und Druck: F. L. Wagener, Lemgo
Bindung: Hunke & Schroeder, Iserlohn
ISBN 3-7668-0722-6 Calwer
ISBN 3-491-73206-9 Patmos

Zum Titelbild: Ägyptisches Welthaus

Ein bemerkenswertes Welthaus zeigt die Titelseite unseres Buches. Es entstammt dem Relief eines Sarkophagdeckels aus der Nekropole von Saqqara aus der 30. Dynastie (378–341) oder vielleicht auch ptolemäisch (nach 300); Durchmesser der Scheibe 43,5 cm, Gesamthöhe 88 cm. Vorläufer dieses Welthauses gehen mindestens bis ins Neue Reich (1552–1085) zurück.

Die große weibliche Gestalt, die sich bergend über die Weltscheibe beugt, ist Nut, der Himmel. Sie trägt das Sternenzelt und die Bahn der Sonne, die wir in ihrem Aufgang, im Zenit und im Untergang sehen. Flankiert ist die Sonnenscheibe von zwei Kobras, die ihre Lichtstrahlen und ihren Gluthauch verkörpern. Ein weiteres Mal wird der Himmel unterhalb der Nut verkörpert: Die geflügelte Sonne vor Scham und Mund bezeichnet Osten und Westen, Aufgang und Untergang; die Flügel symbolisieren die schützende Macht der Sonnengottheit, weniger ihre Fähigkeit zu fliegen.

Zentral ist die kreisrunde Erdscheibe in der Bildmitte. Ihr äußerster, leerer Ring dürfte den Ozean darstellen; jenseits seiner letzten Begrenzung beginnt der Himmelsozean. Aus der Innenseite des äußersten Ringes treten rechts und links zwei Frauengestalten; die linke trägt auf dem Kopf das ägyptische Schriftzeichen für Osten, die rechte jenes für Westen. Die östliche Gestalt befördert das Sonnenschiff aus dem unterirdischen nächtlichen Ozean in den himmlischen Ozean des Tages, die westliche leitet es wieder hinunter. Im Zenit wird die Sonne erneut mit Flügeln dargestellt.

Der nächste Ring stellt die Fremdländer dar, die für Ägypten weitab liegen und großenteils als Wüste gelten. Gekennzeichnet werden sie (vor der Frauengestalt links) durch den Gott Sopdu, den Herrn der östlichen Wüste, und durch Ha, den Gott der westlichen Wüste. Über ihnen findet sich das sechzehnmal wiederholte Zeichen für Häuptling und – in der unteren Ringhälfte – das in zwölf Ovale eingeschlossene Zeichen des sitzenden Mannes; es gilt für die umgebenden Fremdländer, die allesamt Ägypten unterworfen sind.

Für alle alten Kulturen ist es selbstverständlich und dem Mythos entsprechend (→88), sich selbst in der Mitte der Welt zu begreifen, während die übrigen Völker an den Rändern der Welt leben. Dies zeigt unser ägyptisches Welthaus sehr anschaulich.

Vom zweiten Ring (der Fremdvölker) ist oben ein Segment abgetrennt. Wir sehen zwei Schakale, die Tiere des schakalköpfigen Gottes der Bestattung Anubis; zweimal daneben das Zeichen für Wasser (dreifache Wellenlinie) und dazwischen das zweimal gesetzte Zeichen für „großes Gebäude“ (Grab). Damit ist der Westhorizont als Totenreich gemeint. Im Westen lagen ja die großen Nekropolen (Totenstädte) wie Theben und Saqqara. Aus Gründen der Bildbalance und Bildästhetik dürfte das Totenreich jedoch statt rechts (im Westen) im oberen Bereich der Erdscheibe eingetragen worden sein.

Der dritte Ring ist mit den 41 Zeichen (Standarten) der ägyptischen Gaue ausgefüllt; er bedeutet also Ägypten. Er umschließt einen Kreis im Zentrum, der durch die darin befindlichen Figuren als Totenwelt (Duat) und durch das Sternenband als Nacht beschrieben wird. Die dreimal wiedergegebene geflügelte Sonne durchzieht diese Totenwelt allnächtlich nach ihrem Untergang. Aus dem zweiten Ring führt unterhalb des (Doppel)zeichens für Grab (Eingang zum Totenreich) ein „Gang", der als leeres Feld gekennzeichnet ist, durch den dritten Ring (Ägypten) hindurch in den inneren Kreis der Totenwelt.
Der gesamte Erdkreis wird von dem mit Füßen und einem Auge versehenen Zeichen „Ka" emporgehoben. Hier wird es als persönliche Kraft verstanden: Die beiden gewinkelten Arme verkörpern die Lebenskraft, die den Sonnenball, den König und die Menschen aus dem Dunkel der Nacht und des Todes in das Licht des Tages emporhebt. Über den Füßen des Ka befindet sich eine nur aus Kopf und Armen bestehende Figur, die auf ihrem Kopf eine Scheibe (Duat?), in ihren Händen ein Oval (Erde?) trägt. Weil sie sich aus dem Ring des Ozeans erhebt, könnte damit Nut als Verkörperung des Urozeans gemeint sein.

(Nach: Othmar Keel, Die Welt der altorientalischen Bildsymbolik und das Alte Testament, Zürich/ Neukirchen 1972.)

Inhalt

DER EINE UND DIE VIELEN

KLEINE GÖTTERVERSAMMLUNG

A. MUTTERGOTTHEITEN

B. SONNENGÖTTER

C. DÄMONEN

D. DER HÖCHSTE GOTT

E. ALLES ODER NICHTS

III. Schöpfung und Urzeit

DIE ERSCHAFFUNG DER WELT

DIE ERSCHAFFUNG DES MENSCHEN

SÜNDENFALL UND TODESSCHICKSAL

SINTFLUT-ÜBERLIEFERUNGEN

IV. Das Welthaus

DAS INDIANISCHE WELTHAUS

DAS CHINESISCHE WELTHAUS

DIE HEILIGE STADT

DAS MANDALA

NABEL DER WELT

V. Mutter Erde

GAJA, DIE ERDMUTTER

IM SCHICKSAL VERBUNDEN: MENSCH UND TIER

VI. *Die heilige Gabe des Festes*

DER GÖTTLICHE URSPRUNG DES FESTES

INITIATIONEN

EIN FESTREIGEN

VII. *Auf der Rückseite des Geistes*

DER MAGISCHE FLUG

ORAKEL – DIE STIMME DER GÖTTER

WUNDER ÜBER WUNDER

VIII. Opferungen

IX. Schrei und Verstummen

DAS MISSVERSTANDENE GEBET

ÜBER DIE INNENWELT DER AUSSENWELT

JENSEITS DES WORTES

X. Das dritte Auge

ARCHAISCHE MYSTIK

INDISCHE MYSTIK

TAOISMUS

ZEN-BUDDHISMUS

SUFISMUS

XI. Der Weg zum Himmel

XII. Über den Tod hinaus

VOM STERBEN DES MENSCHEN

BEGRÄBNIS UND TOTENKULT

IM TOTENREICH

Es bedarf des Weges in die Ferne

Die Chassidim überliefern die Geschichte von Rabbi Eisik, Sohn Rabbi Jekels: dem war nach Jahren schwerer Not, die sein Gottvertrauen nicht erschüttert hatten, im Traum befohlen worden, in Prag unter der Brücke, die zum Königsschloß führt, nach einem Schatz zu suchen. Als der Traum zum dritten Mal wiederkehrte, machte sich Rabbi Eisik auf und wanderte nach Prag. Aber an der Brücke standen Tag und Nacht Wachposten, und er getraute sich nicht zu graben. Doch kam er an jedem Morgen zur Brücke und umkreiste sie bis zum Abend. Endlich fragte ihn der Hauptmann der Wache, auf sein Treiben aufmerksam geworden, freundlich, ob er hier etwas suche oder auf jemand warte. Rabbi Eisik erzählte, welcher Traum ihn von fernem Land hergeführt habe. Der Hauptmann lachte: »Und da bist du armer Kerl mit deinen zerfetzten Sohlen einem Traum zu Gefallen hergepilgert? Ja, wer den Träumen traut! Da hätte ich mich ja auch auf den Weg machen müssen, als es mir einmal im Traum befahl, nach Krakau zu wandern und in der Stube eines Juden, Eisik, Sohn Jekels, sollte er heißen, unterm Ofen nach einem Schatz zu graben. Eisik, Sohn Jekels! Ich kann's mir vorstellen, wie ich da drüben, wo die eine Hälfte der Juden Eisik und die andere Jekel heißt, alle Häuser aufreiße!« Und er lachte wieder. Rabbi Eisik verneigte sich, wanderte heim, grub den Schatz aus und baute das Bethaus, das nach ihm geheißen ist.
Alle Weisheit, die dem Rabbi vertraut ist, hilft dem Rabbi nicht. In der Ferne muß ihm der Fremde ein Licht aufstecken –, aber der Hauptmann ermißt die Bedeutung seiner Worte für den Rabbi gar nicht. Der Rabbi in Krakau und der christliche Hauptmann in Prag haben vom selben Schatz geträumt, aber es bedarf des Weges in die Ferne, um aus fremdem Munde, der mehr sagt, als er weiß, zu vernehmen, daß der notwendige Schatz im eigenen Hause verborgen ist an unbeachteter Stätte.

(Heinrich Zimmer, Maya. Der indische Mythos, Insel Verlag, Frankfurt/M. 1978, S. 490 f.)

I. Söhne des Himmels

Schamanen und Priester

1. Medizinmann der Sioux

Lame Deer, mit indianischem Namen Tahca Ushte, bürgerlich John Fire, geboren zu Anfang dieses Jahrhunderts, gestorben in den siebziger Jahren, wuchs im Indianer-Reservat Rosebud in der Tradition der Sioux (Lakota) auf. Zunächst lernte er noch die Freiheit der Indianerkinder von einst kennen, bis ihn Beamte vom „Büro für indianische Angelegenheiten" in die Indianerschule brachten, auf die Lame Deer nur mit Verweigerung reagierte. Sein weiteres Lebensschicksal war durch die soziale Elendssituation der Indianer vorwegbestimmt. Er arbeitete als Soldat, Tagelöhner und Schäfer, als Schildermaler, Polizist, Rodeo-Clown und Sänger, war aber in all diesen Zufallsbeschäftigungen zutiefst wicasa wakan, ein heiliger Mann der Lakota, einer der letzten indianischen Medizinmänner alter Schule. Er hat sein Selbstverständnis und Wissen an 18 jüngere Sioux-Indianer weitergegeben, um die geistige Tradition dieses verfolgten Volkes zu bewahren.
In der gleichen Sorge um den Fortbestand indianischer Kultur hat Lame Deer einem Weißen, dem gebürtigen Wiener Richard Erdoes, dem er freundschaftlich verbunden war, seine Lebensgeschichte erzählt und ihn gebeten, sie aufzuschreiben.

Ich wollte ein yuwipi werden, ein Sioux-Medizinmann, der heilen können würde, wie es meine Vorväter konnten. Aber als Indianer erlernt man den Beruf des Medizinmannes nicht, wie ein Weißer auf der Universität Medizin studiert. Zwar kann ein alter spiritueller Mann aus dem Kreis der Stammesältesten dir etwas über Pflanzen beibringen und über die richtige Art, eine Zeremonie auszuführen, wo alle Dinge an ihrem Platz sein müssen, wo jede Bewegung, jedes Wort eine eigene, besondere Bedeutung hat. All das kann man lernen – wie buchstabieren oder ein Pferd zureiten. Aber für sich genommen bedeuten diese Dinge gar nichts. Ohne Vision und ohne Kraft ist die ganze Lernerei umsonst. Auch mich würde sie nicht zum Medizinmann machen.
Was würde geschehen, wenn ich versagte, wenn ich keine Vision hatte? Oder, wenn ich von den Donner-Wesen träumte oder ein Blitz auf dem Hügel einschlug? Das würde mich augenblicklich zu einem heyoka machen, einem Verkehrtklugen, einem Kopfüber-Mann, einem Clown.
„Du wirst es wissen, wenn du die Gabe erhältst", hatte mein Onkel Chest zu mir gesagt. „Wenn du sie nicht bekommst, wirst du nicht lügen und uns nichts vorschwindeln. Das würde dich umbringen oder jemanden, der dir nahesteht, jemanden, den du liebst."

Die Nacht brach an. Es war mir immer noch leicht im Kopf, und ich war benommen von meinem ersten Schwitzbad, in dem ich mich gereinigt hatte, bevor ich auf den Hügel stieg. Ich war nie zuvor in einer Schwitzhütte gewesen. Ich war in der kleinen, bienenkorbförmigen Hütte gesessen, die aus gebogenen Weidenzweigen gebaut und mit Decken verhängt war, um die Hitze zu halten. Old Chest und drei andere Medizinmänner waren mit in der Hütte gewesen. Ich saß mit dem Rücken an der Wand, so weit wie möglich abgerückt von den rotglühenden Steinen in der Mitte.
Als Chest Wasser auf die Felsbrocken schüttete, hüllte mich zischender weißer Dampf ein und füllte meine Lungen. Ich dachte, die Hitze würde mich umbringen, würde mir die Augenlider aus dem Gesicht brennen. Aber inmitten der Dämpfe hörte ich Chest. Er sang. Es konnte also nicht ganz so schlimm sein. Ich schrie nicht: „Mitakuye oyasin – Alle meine Verwandten!" Das hätte ihn veranlaßt, die Eingangsklappe der Schwitzhütte zu öffnen und frische Luft hereinzulassen. Darauf war ich stolz. Ich hörte ihn für mich beten: „Ihr heiligen Felsensteine, wir empfangen euren weißen Atem. Es ist der Atem des Lebens. Möge dieser Junge ihn einatmen. Möge er stark werden."
Das Schwitzbad hatte mich auf meine Visionssuche vorbereitet. Jetzt, eine Stunde später, prickelte meine Haut immer noch. Mein Gehirn hingegen war wie ausgeleert. Vielleicht war es gut so – viel Platz für neue Einsichten.
Auf dem Hügel war es dunkel geworden. Ich wußte, hanhepi wi war aufgegangen, die Nacht-Sonne, allgemein der Mond genannt. Eng in meine Höhle geschmiegt, sah ich sie nicht. Schwärze umgab mich wie ein Tuch aus Samt. Sie schien mich von der Außenwelt abzutrennen, sogar von meinem eigenen Körper. Sie ließ mich auf die Stimmen in meinem Inneren hören. Ich dachte an meine Vorväter, die sich vor mir auf diesem Hügel zusammengekauert hatten. Die Medizinmänner meiner Familie hatten diesen Fleck als Ort der Meditation und der Suche nach Visionen ausgewählt, als sie vor etlichen 200 Jahren den Missouri überquert hatten, um im White-River-Land Büffel zu jagen. Ich dachte, daß ich ihre Gegenwart durch die Erde, gegen die ich mich lehnte, spüren konnte. Ich fühlte, wie sie meinen Körper betraten, wie sie sich in meinem Geist und in meinem Herzen regten.
Durch die Dunkelheit drangen Töne zu mir: die Schreie des Windes, das Flüstern der Bäume, die Stimmen der Natur, die Laute der Tiere, das Schreien einer Eule. Plötzlich fühlte ich eine überwältigende Anwesenheit. Hier unten, zusammen mit mir in meinem engen Loch, war ein großer Vogel. Die Grube war gerade so weit, daß ich hineinpaßte, und ich war ein schmaler Junge. Aber dieser riesige Vogel flog um mich herum, als ob er den ganzen Himmel für sich hätte. Ich konnte seine Schreie hören, manchmal nah und manchmal weit weg. Ich spürte, wie Federn oder ein Flügel meinen Rücken und meinen Kopf berührten. Das Gefühl war so überwältigend, daß ich es nicht mehr aushalten konnte. Ich zitterte, und meine Knochen wurden zu Eis . . .

*

Ich hörte auch eine menschliche Stimme in einer sonderbar hohen Tonlage, eine Stimme, die nicht von einem gewöhnlichen Lebewesen stammen konnte. Mit einemmal war ich da oben bei den Vögeln. Der Hügel mit der Visionsgrube war hoch über allem anderen. Ich konnte sogar auf die Sterne herabschauen, und der Mond war links von mir. Es hatte den Anschein, als ob die Erde und die Sterne sich unter mir bewegten. Eine Stimme sprach: „Du bringst dich hier als Opfer dar, um ein Medizinmann zu werden. Wenn die Zeit gekommen ist, wirst du einer sein. Du wirst andere Medizinmänner unterweisen. Wir sind das Volk mit Schwingen, die Geflügelten, die Adler und die Eulen. Wir sind eine Nation, und du wirst unser Bruder sein. Nie wirst du einen von uns töten oder verletzen. Du wirst unsere Stimmen verstehen, jedesmal, wenn du auf diesen Hügel steigst, um eine Vision zu suchen. Du wirst über Pflanzen und Wurzeln Bescheid wissen, und du wirst Menschen heilen. Du wirst keine Gegenleistung von ihnen verlangen. Das Leben eines Mannes ist kurz. Sieh zu, daß deines etwas wert ist."
Ich fühlte, daß diese Stimmen gut waren, und langsam verließ mich meine Furcht. Ich hatte jegliches Zeitgefühl verloren. Ich wußte nicht, ob es Tag war oder Nacht. Ich schlief und war doch hellwach. Dann sah ich eine Gestalt vor mir. Sie wuchs aus der Dunkelheit und dem wirbelnden Nebel, der in mein Erdloch drang. Ich sah, es war mein Urgroßvater, Tahca Ushte, Lame Deer, der alte Häuptling der Minneconjou. Ich konnte das Blut sehen, das aus der Brust meines Urgroßvaters floß, dort, wo ein weißer Soldat ihn getroffen hatte. Ich begriff, daß mein Urgroßvater wünschte, ich solle seinen Namen annehmen. Das machte mich unaussprechlich glücklich.

Wir Sioux glauben, daß etwas in uns ist, das uns kontrolliert, etwas, das fast wie eine zweite Person ist. Wir nennen es nagi, andere nennen es vielleicht Seele, Geist oder Wesen. Man kann es nicht sehen, fühlen oder schmecken, aber damals auf dem Hügel – und nur das eine Mal – wußte ich, daß es in mir war. Dann fühlte ich, wie mich die Kraft durchflutete. Ich kann es nicht beschreiben, aber sie füllte mich ganz aus. Jetzt hatte ich Gewißheit. Ich würde ein wisaca wakan werden, ein Medizinmann. Wieder weinte ich, diesmal vor Glück.

Ich wußte nicht, wie lange ich dort oben auf dem Berg gewesen war – eine Minute oder ein Leben lang. Ich fühlte eine Hand auf meiner Schulter, die mich sanft rüttelte. Es war Old Man Chest, der meinetwegen gekommen war. Er sagte, ich sei jetzt vier Tage und Nächte in der Visions-Grube gewesen und es sei Zeit für den Abstieg. Er würde mir Essen geben und Wasser, und dann müsse ich ihm alles erzählen, was mir während meiner hanblechia zugestoßen war. Er würde meine Visionen für mich deuten. Er sagte, die Visions-Grube habe mich auf eine Art und Weise verändert, die ich jetzt noch nicht verstehen könne. Er sagte auch, daß ich kein kleiner Junge mehr sei. Ich sei ein Mann. Ich war Lame Deer ...

*

Ich bin ein Medizinmann – ein wićaśa wakan. „Medizinmann" – das ist ein Wort der Weißen, genau wie Papoose, Squaw, Sioux und Tomahawk – Wörter, die in unserer Sprache nicht vorkommen. Es wäre schön, wenn es bessere Wörter gäbe, die klarmachen würden, was ein „Medizinmann" wirklich ist, aber ich kann keine finden, und du weißt auch keine, und so werden wir uns wohl oder übel mit Medizinmann begnügen müssen. Aber das Wort vermittelt überhaupt nicht die vielen Bedeutungen, die einem Indianer durch den Kopf gehen, wenn du das Wort „Medizinmann" benützt.

Wir haben verschiedene Namen für verschiedene Männer, die verschiedene Sachen machen. Ihr habt für alles zusammen nur einen putzigen Namen. Als erstes unterscheiden wir den Heiler – pejuta wićaśa – den Mann der Kräuter. Er behandelt nicht mit den Kräutern allein; um zu heilen, brauchst du auch die Kraft des wakan. Dann haben wir den yuwipi, den Zusammengebundenen, den Mann, der die Kraft von rohem Leder und Steinen benützt, um Dinge und Ursachen zu finden und zu kurieren. Wir sprechen auch von waayatan, dem Mann mit Visionen, der Ereignisse voraussagen kann, die sich in der Zukunft ereignen werden, dem Mann, dem die Fähigkeit des Vorausschauens gegeben ist. Dinge, die sich seiner Prophezeiung gemäß ereignen, werden wakinyanpi genannt. Dieses Wort bedeutet auch „die Geflügelten", jene, die durch die Luft fliegen, denn die Kraft, die Zukunft vorauszusagen, kommt von innen.

Dann haben wir den wapiya – den Zauberer –, den ihr wahrscheinlich den Hexendoktor nennen würdet. Wenn er ein fähiger Mann ist, wendet er das waanazin an: das Leiden unter Beschuß zu nehmen, die schlechten Dinge herausholen und aussaugen, die in die kranke Person von bösen Geistern eingepflanzt wurden, so wie eine bestimmte Art der Beutelratte, die aus ihrem Erdloch scharfe Gräser und winzige Stücke von Stachelschweinsborsten in deinen Körper schießt und böse Beulen verursacht.

Wenn so ein Zauberer ein übler Kerl ist, dann wird er selber für eine Krankheit in deinem Körper sorgen, eine Krankheit, die nur er wieder heilen kann – gegen einen guten Preis, versteht sich. In diesem Berufszweig finden sich immer einige Scharlatane. Einem jungen Soldaten geben sie eine kleine Medizin, die ihn vor Unglücksfällen schützen soll, die ihn kugelsicher machen soll, die ihm eine heile Rückkehr sichern soll. Wenn er in einem Stück zurückkehrt, dann sammeln sie. Wenn er nicht wiederkommt – nun, das ist schlimm, aber nicht zu ändern. Wieder eine andere Variante des Medizinmannes ist der heyoka – der heilige Clown – der seine Donnerkraft zum Heilen benützt. Wenn man das Wort „Medizinmann" ausbreitet wie eine Decke und genügend dehnt, um sie alle zu bedecken, dann, glaube ich, kann sogar noch ein Peyote-Mann darunterschlüpfen und sich als Medizinmann ausgeben. Aber je mehr ich darüber nachdenke, desto mehr glaube ich, daß nur einer der wahre Medizinmann ist: wićaśa wakan – der heilige Mann. Er kann heilen, prophezeien, zu den Pflanzen sprechen, den Steinen befehlen, den Sonnentanz leiten oder das Wetter ändern. Aber all dies ist für ihn nicht so wichtig. Es sind mehr oder weniger Stufen, die er hinaufsteigt. Der wićaśa wakan hat das bereits hinter sich. Er hatte bereits wakanya wowanyanke – die große Vision. Sitting Bull war so ein Mann. Als er seine Sonnentanzvision am Medicine Deer Rock hatte, sah er viele blaugefrackte Soldaten rückwärts in ein Indianerlager fallen, und er hörte eine Stimme, die sagte: „Ich gebe sie dir, denn sie haben keine Ohren." Da wußte Sitting Bull, daß die nächste Schlacht die Indianer gewinnen würden. Er kämpfte selbst nicht, er befehligte keine Männer, er tat nichts, außer seine Weisheit und seine Kraft für sein Volk wirken zu lassen.

Der wićaśa wakan will für sich sein. Er will abseits von der Menge und dem täglichen Kleinkram sein. Er will meditieren, will sich gegen einen Baum oder einen Felsen lehnen, will die Bewegungen der Erde unter sich spüren. Auf diese Weise kann er Dinge herausfinden und Fragen beantworten. Indem er seine Augen schließt, sieht er viele Dinge klarer. Was du mit geschlossenen Augen siehst, das zählt.

Der wićaśa wakan liebt die Ruhe, in sie hüllt er sich ein wie in seine Decke – eine laute Stille mit einer Donnerstimme, die ihm vieles erzählt. Ein solcher Mann bevorzugt einen Platz, wo außer dem Summen der Insekten nichts zu hören ist. Er sitzt und blickt nach Westen und bittet um Hilfe. Er spricht zu den Pflanzen, und sie antworten ihm. Er lauscht den Stimmen der wama káskan – den Stimmen all derer, die sich auf der Erde bewegen, den Tieren. Er ist eins mit ihnen. Von allen Lebewesen fließt ständig etwas in ihn hinein, und etwas fließt aus ihm zu ihnen. Ich kann nicht sagen, wo was fließt, es ist einfach da. Ich weiß es.

Dieser Medizinmann ist weder gut noch böse. Er lebt – nichts sonst, und das genügt auch. Die Weißen bezahlen einen Pfarrer, um „gut" zu sein, um sich in der Öffentlichkeit gut zu benehmen, um einen weißen Kragen zu tragen, um sich von einer bestimmten Art von Frauen fernzuhalten. Niemand bezahlt einen indianischen Medizinmann, auf daß er gut sei, sich benehme und achtbar handle. Der wićaśa wakan ist einfach er selbst, und dementsprechend handelt er auch. Er hat die völlige Freiheit – die Freiheit eines Baumes oder eines Vogels. Diese Freiheit kann schön sein oder häßlich; es spielt keine Rolle.

Alle Medizinmänner – die Pflanzenheiler wie die heiligen Männer – haben ihre ganz persönlichen Methoden, die sich nach ihren Visionen richten. Der Große Geist will, daß die Menschen verschieden sind. Er läßt einen Menschen ein bestimmtes Tier, einen bestimmten Baum oder ein bestimmtes Kraut lieben. Er läßt Menschen sich von einem Lieblingsfleck auf dieser Erde angezogen fühlen, wo sie sich besonders wohlfühlen, von dem sie sagen: „Das ist ein Platz, der mich glücklich macht, ein Platz, wo ich hingehöre." Der Große Geist ist einer und gleichzeitig viele. Er ist Teil der Sonne, und die Sonne ist Teil von ihm. Er kann in einem Donnervogel sein oder in einem Tier oder in einer Pflanze.

Ein Menschenwesen besteht ebenso aus vielen Dingen. Was immer die Luft zur Luft, die Erde zur Erde, die Kräuter zu Kräutern und die Steine zu Steinen macht, ist auch ein Teil unseres Körpers. Wir müssen lernen, verschieden zu sein, um die mannigfaltigen Dinge zu spüren und zu schmecken, die wir sind. Die Tiere und Pflanzen lehrt wakan tanka, wie sie sein sollen. Sie sind nicht eins wie das andere. Vögel unterscheiden sich von anderen Vögeln. Einige bauen Nester, andere wieder nicht. Es gibt Tiere, die leben in Löchern, andere wieder in Höhlen oder im Busch.

Manche brauchen gar kein Zuhause.

Sogar Tiere derselben Art – zwei Hirsche, zwei Eulen – werden sich verschieden benehmen. Auch der Hamster deiner Tochter lebt auf seine Weise, sie alle benehmen sich ihrer Art entsprechend und nicht anders. Ich habe viele Pflanzen studiert. Nimm die Blätter einer Pflanze am selben Stengel – keines stimmt genau mit den anderen überein. Auf der ganzen Erde gibt es kein Blatt, das genau so noch einmal vorkommt. Dem Großen Geist gefällt es so. Er zeichnet den Pfad des Lebens nur groß vor, er zeigt den Kreaturen auf dieser Erde lediglich, wohin sie gehen müssen und wo sie ankommen müssen, aber er überläßt es ihnen, den Weg dorthin zu finden. Er will, daß sie unabhängig handeln, ihrer Natur und den Bedürfnissen folgen, die in ihnen wohnen.
Wenn wakan tanka wünscht, daß die Pflanzen, die Tiere, ja sogar die kleinen Mäuse und Käfer ihren eigenen Weg gehen, wie müssen ihm da die Menschen zuwider sein, die keine eigene Persönlichkeit aufweisen, die alle das gleiche tun, die alle zur gleichen Zeit aufstehen, die alle die gleichen Kleider aus dem Warenhaus tragen, die alle mit derselben U-Bahn fahren, im selben Büro der gleichen Arbeit nachgehen und deren Augen auf die selbe Uhr schauen, und das ist das Schlimmste, die alle ständig das gleiche denken. Alle Lebewesen leben für einen bestimmten Zweck. Sogar eine Ameise weiß, was ihre Aufgabe ist – sie weiß es nicht mit ihrem Gehirn, aber irgendwie weiß sie es. Allein die Menschenwesen sind an einem Punkt angelangt, wo sie nicht mehr wissen, wozu sie leben. Sie wissen ihr Gehirn nicht mehr zu gebrauchen, und sie haben das geheime Wissen ihrer Körper, ihrer Sinne und ihrer Träume vergessen. Sie machen keinen Gebrauch mehr von dem Geist, der einem jeden von ihnen eingegeben wurde; sie sind sich darüber nicht einmal bewußt, und so stolpern sie blind auf der Straße ins Nichts – ein geteerter Highway, den sie selber gewalzt und geglättet haben, um schneller zu dem riesigen Loch zu kommen, daß sie am Ende alle verschlucken wird. Es ist ein schneller, komfortabler Super-Highway, aber ich weiß, wo er hinführt. Ich habe es gesehen. Ich war in meinen Visionen bereits dort, und ein Schauer läuft mir den Rücken runter, wenn ich nur daran denke.
Ein Medizinmann zu sein, ist, glaube ich, mehr als alles andere ein Bewußtseinsstand, eine Sichtweise, die Erde zu sehen und zu verstehen, ein Gespür und ein Verständnis dafür, worum es geht. Bin ich ein wićaśa wakan? Ich denke schon. Was könnte oder würde ich sonst sein? Wenn du mich so in meinem geflickten, abgetragenen Hemd siehst, mit meinen abgetretenen Cowboystiefeln, dem pfeifenden Hörgerät im Ohr, und wenn du die dünnwandige Hütte anschaust mit dem stinkenden Plumpsklo dahinter, das ich mein Zuhause nenne, dann paßt das eigentlich nicht zu dem Bild, das sich ein weißer Mann von einem heiligen Mann macht. Sicher nicht. Du kennst mich betrunken und hast mich schon gesehen, als ich völlig am Boden war. Du hast mich fluchen und schmutzige Witze erzählen hören. Du weißt, daß ich weder besser noch weiser als andere Männer bin. Aber ich war allein auf dem Berg, ich hatte meine Vision, und ich erhielt meine Kraft: der Rest ist Übung. Diese Vision verläßt mich nie mehr – weder im Gefängnis noch beim Malen irgendwelcher Reklameschilder an der

Wand eines Restaurants. Auch nicht, wenn ich im Saloon sitze oder mit einer Frau zusammen bin – gerade da ist sie bei mir.
Ich bin ein Medizinmann, weil mir ein Traum sagte, einer zu sein, weil mir befohlen wurde, einer zu sein, weil die heiligen Männer – Chest, Thunderhawk, Chips, Good Lance – mir geholfen haben, einer zu sein. Daran kann und will ich nichts ändern. Ich könnte dich von einer Krankheit allein mit einem Glas klarem, kalten Wasser und der Kraft meiner Vision heilen. Nicht immer, aber meistens. Ich will ein wićaśa wakan sein, ein Mann, der den Kummer der anderen spürt ...

*

Je älter ich werde, um so seltener halte ich Heilungsrituale und Zeremonien ab und widme mich immer mehr der Meditation. Ich gehe von einer Stufe zur nächsten und versuche, dabei immer etwas höher zu gelangen, und bete für genug Treibstoff, um es bis dahin zu schaffen.
Ich habe dir nicht alles erzählt, was ich über Kräuter und die Methoden unserer heiligen Männer weiß. Du mußt verstehen, daß man über gewisse Dinge nicht sprechen soll, Dinge, die in Ruhe gelassen werden müssen. Nehmen wir an, es gäbe eine Person, die alles erzählen könnte und auch alles erzählen würde, dann gäbe es keine Geheimnisse mehr, und das wäre sehr schlecht. Der Mensch kann ohne Geheimnisse nicht leben. Er braucht sie dringend.

2. Die Einweihung eines australischen Medizinmannes

Als er (Ilpailurkna) zu einem Medizinmann gemacht wurde, kam eines Tages ein sehr alter Medizinmann und warf mit einem Speerwerfer einige seiner atnongara-Steine[1] nach ihm. Einige verletzten ihn an der Brust, andere durchschlugen seinen Kopf von einem Ohr zum anderen und töteten ihn. Der alte Mann schnitt dann sein ganzes Inneres heraus, Gedärme, Leber, Herz, Lungen – wirklich alles, und ließ ihn die ganze Nacht über auf dem Erdboden liegen. Am Morgen kam der alte Mann, sah nach ihm und legte einige atnongara-Steine in seinen Körper, in seine Arme und Beine und bedeckte sein Gesicht mit Blättern. Dann sang er über ihm so lange, bis sein Körper vollständig aufgeschwollen war. Als dies eingetreten war, versorgte er ihn mit einer vollständigen Kollektion von Eingeweiden, legte noch eine Menge atnongara-Steine in ihn und klopfte ihn an den Kopf, was bewirkte, daß er lebendig aufsprang. Der alte Medizinmann ließ ihn dann Wasser trinken und eine Fleischspeise essen, die auch atnongara-Steine

[1] Steine, die der Medizinmann als Kraftträger benutzt.

enthielt. Als er aufwachte, hatte er keine Ahnung, wo er war, und er sagte: „Tju, tju, tju – ich glaube, ich bin umgekommen." Als er sich umsah, erblickte er den alten Medizinmann neben sich stehend, und der alte Mann sprach: „Nein, du bist nicht umgekommen; ich tötete dich lange Zeit zuvor." Ilpailurkna hatte völlig vergessen, wer er war, und auch alles über sein früheres Leben. Nach einiger Zeit führte ihn der alte Mann zu seinem Lager zurück und zeigte es ihm. Sein Zurückkommen auf diese Weise und sein seltsames Verhalten zeigten den anderen Eingeborenen sofort, daß er zu einem Medizinmann gemacht worden war.

3. Die Druiden

Das keltische Erbe bildet eine tiefe archaische Unterströmung der christlichen Kultur. Ihrerseits waren die Kelten Überlieferer einer außergewöhnlich reichen Vorgeschichte. Wir finden bei ihnen Glaubensvorstellungen und Gebräuche, die auch für das alte Indien belegt sind. Während von den Festland-Kelten aber nur noch Bodenfunde berichten, fanden die Insel-Kelten, zumal in Irland, über frühmittelalterliche Autoren eine reiche Überlieferung ihrer Traditionen.
Die weisen Männer der Kelten waren die Druiden: Priester und Heilkundige und zugleich auch Lehrer, Philosophen und Gelehrte. Weil für religiöse Vorgänge eine schriftliche Überlieferung verboten war, gibt es keine keltischen Zeugnisse ihres Wirkens. Einzige Quelle sind griechisch-römische Schriftsteller, deren Zeugnisse jedoch durch irische Dokumente großenteils bestätigt werden. Trotzdem bleibt zu beachten, daß die antiken Autoren nur die äußeren Ordnungen beschreiben, das Geheimnis und Selbstverständnis der Druiden aber nicht ergründen.

Caesar, De bello Gallico VI, 13f.

(Die Druiden) ... vertreten die religiösen Interessen, besorgen die staatlichen und privaten Opfer und deuten die kultischen Bräuche. Zu ihnen strömt eine große Schar von jungen Männern zur Unterweisung, und sie stehen bei ihnen in höchstem Ansehen; nehmen die Druiden doch zu fast sämtlichen Problemen des staatlichen und privaten Lebens Stellung. Wenn irgendein Verbrechen begangen, ein Mord geschehen ist, wenn ein Streit besteht über eine Erbschaft oder über Grenzangelegenheiten, so steht ihnen gleichfalls die Entscheidung zu, und sie setzen Belohnungen und Strafen fest. Wenn sich eine Einzelperson oder das Volk an ihren Schiedsspruch nicht hält, so untersagen sie die Teilnahme an den Opfern. Das ist bei diesen Leuten die schlimmste Strafe. Wen ein solcher Bann trifft, der gilt als gottloser Verbrecher. Alle ziehen sich von ihm zurück und meiden Umgang und Gespräch mit ihm, um ja nicht durch Berührung mit ihm irgendwelchen Schaden zu nehmen. Kein Recht wird ihm zuteil, wenn er darum bittet, und kein Ehrenamt wird im übertragen ...
Zu einer bestimmten Jahreszeit halten die Druiden im Gebiet der Carnuten,

einer Landschaft, die als der Mittelpunkt ganz Galliens gilt, an heiliger Stätte eine Sitzung ab. Hier kommen von allen Seiten die, die irgendwelche Streitigkeiten haben, zusammen und unterwerfen sich ihren Bestimmungen und Urteilen ...
Die Druiden pflegen dem Kriegshandwerk fernzubleiben und zahlen weder Kriegs- noch sonstige Abgaben. Durch solche Vergünstigungen angelockt treten viele aus eigenem Antrieb in den Orden ein oder werden von Eltern und Verwandten hineingeschickt. Es heißt, daß sie dort eine Unzahl von Versen auswendig lernen müssen. Daher bleiben manche an die zwanzig Jahre in dem Orden. Sie halten es für Sünde, diese Dinge der Niederschrift anzuvertrauen, während sie sich bei fast allen übrigen Angelegenheiten, bei staatlichen und privaten Geschäften des griechischen Alphabets bedienen ...

*

Diodor V, 31, 1

Es gibt eine Art von Philosophen und Theologen, die bei ihnen in außerordentlichem Ansehen stehen und Druiden heißen. Auch der Seher bedienen sie sich und ehren sie hoch. Diese sagen mittels der Vogelschau und des Schlachtens von Opfertieren die Zukunft voraus und halten das ganze Volk in Abhängigkeit ... Aber nicht nur in Angelegenheiten des Friedens, sondern auch bei kriegerischen Ereignissen haben sie zu ihnen, ebenso wie zu den lyrischen Dichtern, besonderes Zutrauen, und zwar nicht nur die Freunde, sondern auch die Feinde. Oft, wenn sich die feindlichen Heere in Schlachtordnung einander nähern, die Schwerter gezückt und die Lanzen vorgeworfen sind, stürzen sich die Druiden dazwischen und bringen sie zum Stehen, so als wenn sie eine Art wilder Tiere bezauberten. So weicht selbst bei den wildesten Barbaren die Leidenschaft der Weisheit, und scheut der Ares die Musen.

4. Die Priester der Ägypter

Herodot, Historien II, 37 (→ 154)

Die Priester scheren alle drei Tage den ganzen Leib, damit sich bei ihnen als Diener Gottes weder eine Laus noch sonst etwas Häßliches festsetzen kann; sie tragen nur leinene Kleider und Schuhe von der Byblosstaude. Andere Kleider und Schuhe dürfen sie nicht gebrauchen. Zweimal des Tages und zweimal des Nachts waschen sie sich mit kaltem Wasser und verrichten, ich möchte wohl sagen, viele tausend Zeremonien. Sie haben dagegen auch viele Vorteile und Vorzüge. Sie verbrauchen und verzehren nichts von ihrem Eigentum, sondern speisen die gekochten Opfer und empfangen alle Tage viel Gänse- und Rindfleisch. Wein wird ihnen gleichfalls gegeben; Fische sind ihnen nicht erlaubt zu essen. Bohnen säen die Ägypter in ihrem Land nicht viel; die aber wachsen, essen sie nicht, kochen sie nicht, und teilen sie nicht aus. Die Priester mögen sie nicht einmal ansehen, indem sie diese Hülsenfrucht nicht für rein halten. Es hat aber ein jeder Gott nicht einen, sondern viele Priester, unter welchen einer Oberpriester ist. Stirbt einer, so kommt der Sohn an dessen Stelle.

5. Bestrafung einer schuldigen Vestalin

Plutarch, Numa 10, 7ff. (→ 131)

Vestalinnen waren im alten Rom die Priesterinnen der Vesta, der Göttin des Herdfeuers, deren Rundtempel auf dem Forum Romanum stand. Anstelle eines Götterbildes befand sich im Tempel der Herd mit dem ständig bewachten Feuer. Die tägliche Betreuung der Flamme war die Hauptaufgabe der sechs jungfräulichen Vestalinnen (Virgines Vestales).
Die Mädchen für diesen Dienst wurden erstmals im Alter von sechs bis zehn Jahren zugelassen. Sie durften keine körperlichen Fehler haben, beide Elternteile mußten noch leben. Dreißig Jahre lang betreuten sie dann ehelos den Kult der Vesta.
Gemäß altem Brauch wurde das Feuer am ersten März, dem alten römischen Neujahrsfest, im Vesta-Tempel durch das Reiben zweier Hölzer angezündet. Ließ eine Vestalin das Feuer durch Unachtsamkeit im Lauf des Jahres verlöschen, wurde sie auf Anordnung des Pontifex Maximus zur Strafe ausgepeitscht. Beim römischen Volk standen die Priesterinnen in hohem Ansehen. Der Konsul ließ vor ihnen die Hoheitszeichen (Rutenbündel) senken, ein zum Tode Verurteilter, der ihnen zufällig begegnete, wurde freigelassen, Verträge und Testamente wurden ihnen anvertraut; wer die Vestalinnen öffentlich beleidigte, erfuhr die Todesstrafe, ebenso wie jene Vestalin selbst, die ihre Jungfräulichkeit preisgab.

Die Vestalin, die ihre Jungfrauschaft verletzt hat, wird lebendig an der sogenannten Porta Collina begraben. An ihr befindet sich innerhalb der Stadtmauer eine Erderhebung, die sich ein Stück hinzieht. Dort wird ein kleines, unterirdisches Gemach ausgehoben, mit einem Zugang von oben. In ihm befindet sich ein Lager, ein brennendes Licht und ein geringer Vorrat von Nahrungsmitteln, Brot, Wasser in einem Kruge, Milch und Öl, als wollten sie die Schuld an dem Tode eines mit der größten priesterlichen Heiligkeit umkleideten Wesens von sich abwälzen. Die Verurteilte wird auf eine Bahre gelegt und bedeckt, mit Riemen gefesselt, so daß kein Laut zu hören ist, und so trägt man sie über das Forum. Alle weichen schweigend aus und geleiten sie stumm in tiefster Niedergeschlagenheit. Es gibt kein Schauspiel, das furchtbarer wäre, und kein Tag gilt in der Stadt für unheilvoller als dieser. Ist die Bahre am Orte angelangt, so lösen die Diener die Fesseln, der oberste Priester (der Pontifex

Maximus) spricht ein geheimnisvolles Gebet und hebt die Hände zu den Göttern vor dem Vollzug der Strafe. Dann führt er sie verhüllt herbei und stellt sie auf die Leiter, die hinabführt. Darauf begibt er sich mit den anderen Priestern hinweg. Wenn sie hinuntergestiegen ist, wird die Leiter weggezogen, und das Gemach wird mit Erde zugeschüttet, bis es völlig eingeebnet ist.

6. Vom Treiben der Wanderpriester

Apuleius, der begabte Wanderlehrer aus Afrika (→ 118), erzählt in seinen „Metamorphosen" von einem jungen Mann, der versehentlich in einen Esel verzaubert wurde und in dieser Gestalt eines Tages an Wanderpriester der Kybele[1] *(→ 134) verkauft wurde.*

Anderntags legte die gesamte Priesterbande Gewänder von allerlei Farben an, putzte sich aufs lächerlichste heraus, schminkte sich zierlich das Gesicht, malte die Augenbrauen und zog in Prozession aus. Einige von ihnen mit safrangelben, leinenen, auch seidenen Binden, weiß und purpurn gestreiften Kleidern, von einer Schärpe umgürtet, und mit braunen Schuhen, setzten die Göttin, in einen seidenen Mantel gehüllt, auf meinen Rücken. Die Arme entblößt bis an die Schultern, große Schwerter und Äxte schwingend, hüpften sie jauchzend einher, von dem aufpeitschenden Ton der Flöten mehr und mehr zu ihrem ekstatischen Tanze ermuntert. Nachdem sie vor vielen schlechten Hütten vorübergezogen, kamen sie zum stolzen Landsitze eines vornehmen Reichen. Mit dem ersten Fuß, den sie hineinsetzten, gerieten sie in fanatische Wut, erhoben ein mißtönend Geheul und machten das seltsamste Getümmel. Sie wirbelten lange mit gesenktem Haupte, den Hals aufs sonderbarste biegend und wendend und das lose Haar schüttelnd, im Kreise herum. Zuweilen bissen sie sich in die aufgeschwollenen Muskeln, und zuletzt zerritzten sie sich gar die Arme mit ihren zweischneidigen Schwertern. Einer unter ihnen raste noch toller als die übrigen; er rollte fürchterlich die Augen, schnaufte, brauste, schäumte, stellte sich wahnsinnig: und das zum Beweise, daß er ganz göttlichen Geistes voll sei, gerade als müsse die Gegenwart der Götter den Menschen nicht stärken und erheben, sondern schwächen und niederdrücken. Aber hört, was die göttliche Vorsehung ihm dafür zum Lohne gab! Sie ließ ihn überlaut weissagen; gleißnerisch sich selbst anklagen, als habe er sich gegen die heilige Religion einer Sünde schuldig gemacht, und zur Buße für sein schweres Verbrechen eigenhändige Kasteiung von sich selbst fordern. Nun nahm er eine Geißel, wie sie dies Halbmannsgesindel immer mit sich führt, mit einer wollenen Schnur, die unten weit aufgefasert und mit vielen spitzigen Schafknöchelchen versehen ist, und zerpeitschte sich

[1] Die Göttin Kybele: eine schon vorgeschichtlich nachweisbare erdhafte Muttergottheit, die später dem griechischen Pantheon einverleibt wurde.

damit gottserbärmlich, ohne jedoch die allergeringste Empfindlichkeit gegen Schnitten und Hieben dieser Weiblinge floß. Ich geriet über solch ein Blutvergießen in die größte Angst. Ich fürchtete, die fremde Göttin möchte endlich auch noch auf Eselsblut (wie manche Leute auf Eselsmilch) Appetit bekommen. Indessen, sie wurden endlich müde oder vielmehr, sie hatten es satt, sich weiter zu zerfleischen, und machten der Schinderei ein Ende. Die Leute drängten nun herbei und schenkten ihnen reichlich eherne, ja auch silberne Münzen, die sie mit aufgehaltenem Schoße einsammelten; auch gab man ihnen ein Faß Wein, Milch und Käse und Roggen- und Weizenmehl; ja sogar Gerste für den Träger der Göttin. Sie rafften alles sehr gierig zusammen, taten es in Säcke, welche sie mit Fleiß dazu eingerichtet hatten, und hängten es mir über den Rücken, so daß ich doppelt schwer zu tragen hatte und zu gleicher Zeit als Magazin und als Tempel einherging. Solchergestalt zogen sie beständig umher und setzten die ganze umliegende Gegend in Kontribution.

7. Über die Pflichten der Priester

Kaiser Julianus (331–363) war als Christ getauft und erzogen worden, hatte sich aber später – nicht zuletzt wegen schrecklicher Kindheitserfahrungen am christlichen Hof – dem Christentum entfremdet und sich schließlich wieder der römischen Religion zugewendet. Deswegen hat man ihm den problematischen Namen „Apostat", der Abtrünnige, gegeben. Julian war zutiefst um die Erneuerung der alten Frömmigkeit besorgt und schrieb in diesem Sinne einen Brief an den Oberpriester der Provinz Asien (→ 22).

Wie sich nicht jeder Weg für die Priester ziemt, sondern auch dafür Ordnungen bestehen müssen, so auch nicht jede Lektüre. Denn die Gedanken schaffen eine Disposition in der Seele und wecken bald die Begierden, und dann entzündet sich plötzlich eine furchtbare Flamme, gegen die man meines Erachtens gut tut, sich schon früh vorzusehen. Also soll weder eine epikureische[1] noch eine skeptische[2] Darlegung zugelassen werden. Die Götter haben sie ja erfreulicherweise bereits beseitigt, so daß die meisten dieser Werke nicht mehr aufzutreiben sind.
Die Hymnen auf die Götter sollen sie auswendig lernen; es gibt viele schön geschriebene aus alter und neuer Zeit. Vor allem soll man versuchen, die zu kennen, die in den Tempeln gesungen werden. Denn die meisten davon wurden von den Göttern selbst auf Gebete hin angegeben, einige wenige auch von

[1] Epikureisch: die Lehre des Epikur betreffend: genießerisch, wohllebend.
[2] Skeptisch: mißtrauisch; philosophische Lehre, die den Zweifel zum Denkprinzip erhebt und die Möglichkeit wirklicher Erkenntnis ausschließt.

Menschen zu Ehren der Götter verfaßt auf göttliche Eingebung hin aus einer Seele, in der das Böse keine Stätte hatte.
So soll er leben und oft zu den Göttern beten, in eigener und staatlicher Sache, am besten dreimal am Tage, oder wenigstens morgens und abends. Denn es ist nicht recht, daß der Priester einen Tag oder eine Nacht verbringt, ohne zu opfern; der Morgen aber ist der Beginn des Tages, der Abend der der Nacht. Es ist vernünftig, von beiden Zeitabschnitten den Anfang den Göttern zu widmen, wenn man nicht gerade den priesterlichen Dienst versieht. Denn im Heiligtum ziemt es, den überlieferten Brauch zu wahren und nicht mehr und nicht weniger zu tun, als er gebietet. Denn ewig sind die Götter, deshalb sollen wir ihr Wesen nachahmen, um sie dadurch uns gnädiger zu stimmen.
Während seiner ganzen Dienstzeit soll er im Nachdenken über die Zusammenhänge der Welt im Tempel bleiben, weder nach Hause gehen noch auf den Markt, keinen Beamten sehen, es sei denn im Tempel, und für den Gottesdienst durch persönliche Aufsicht und Anordnung Sorge tragen; nach Ablauf seiner Zeit soll er den Dienst einem anderen übergeben. Wenn er zum bürgerlichen Leben zurückkehrt, darf er einen Freund besuchen und eine Einladung zum Mahl annehmen, nicht zu jedem, sondern nur zu den Besten. In dieser Zeit ist es auch unanstößig, daß er auf den Markt geht, aber selten, daß er den Präfekten oder Beamten des Landes aufsucht und daß er denen hilft, die begründete Bitten an ihn haben.
Den unsittlichen Schauspielen soll der Priester unter keinen Umständen beiwohnen und sie auch nicht in sein Haus bringen. Wäre es möglich, sie gänzlich aus dem Theater zu vertreiben und diese gereinigt dem Dionysos zurückzugeben, so hätte ich gern den Versuch gemacht, das durchzusetzen. Da ich aber der Meinung bin, daß das weder möglich, noch, wäre es möglich, nützlich wäre, habe ich diesen Ehrgeiz aufgegeben. Aber ich verlange, daß die Priester sich davon fernhalten und die Ausschweifungen des Theaters dem Volk überlassen. Kein Priester soll das Theater betreten, mit einem Musikanten oder Wagenlenker befreundet sein, kein Tänzer oder Mime soll in sein Haus kommen. Nur den heiligen Wettspielen dürfen sie, wenn sie wollen, beiwohnen, bei denen den Frauen nicht nur die aktive Beteiligung, sondern auch das Zuschauen untersagt ist. Was soll ich von den Tierhetzen sprechen, die in den Städten im Theater gegeben werden; ihnen sollen nicht nur die Priester, sondern auch die Kinder fernbleiben.

8. Der wahre Brahmane

Chāndogya Upanishad

Nachdem die Priester – die Brahmanen – die Spitze des indischen Kastenwesens eingenommen hatten und über große Privilegien verfügten, galt die Kastenzugehörigkeit als wichtigste Voraussetzung für den Beruf des Priesters. Der folgende

Text erinnert jedoch an eine andere Wertordnung. Der Name des jungen Brahmanenschülers Satyakāma ist symbolisch und bedeutet „die Wahrheit begehrend“: Das Verlangen nach Wahrheit wird als Qualifikation für den Brahmanenstand an die oberste Stelle gerückt.

Satyakāma Jābāla sprach zu seiner Mutter Jābāla: „Ich will, Verehrliche, als Brahmanenschüler eintreten; sage mir, aus welcher Familie ich bin.“
Sie sprach zu ihm: „Das weiß ich nicht, mein Junge, aus welcher Familie du bist; in meiner Jugend kam ich viel herum als Magd; da habe ich dich bekommen; ich weiß es selbst nicht, aus welcher Familie du bist; so nenne dich denn (statt nach dem Vater) Satyakāma, Sohn der Jābāla.“
Da ging er zu Hāridrumata, dem Gautamer, und sprach: „Ich möchte bei Ew. Ehrwürden als Brahmanenschüler eintreten, Ew. Ehrwürden wollen mich aufnehmen!“
Er sprach zu ihm: „Aus welcher Familie bist du, mein Lieber?“ Er sprach: „Das weiß ich nicht, Herr Lehrer, aus welcher Familie ich bin; ich habe die Mutter gefragt, die hat mir geantwortet: In meiner Jugend kam ich viel herum als Magd; da habe ich dich bekommen; ich weiß es selbst nicht, aus welcher Familie du bist; ich heiße Jābāla, und du heißest Satyakāma. So nenne ich mich denn Satyakāma, den Sohn der Jābāla, Herr Lehrer.“
Er sprach zu ihm: „Nur ein Brahmane kann so offen sprechen; hole das Brennholz herbei (das zur Zeremonie erforderlich ist), ich werde dich aufnehmen, weil du nicht von der Wahrheit abgegangen bist.“

Mönche und Yogis

9. Milarepa, Auf dem Wege zur Buddhaschaft

Der größte Einsiedler Tibets war der Dichter, Heilige und Yogi Milarepa (1052–1135), der den größten Teil seines Lebens in den Höhlen unzugänglicher Gebirgsmassive im Himalaya verbrachte. Sein Leben ist ein überzeugendes Beispiel für den tiefen und andauernden Einfluß, den der weltfernste Eremit auf die Welt ausüben kann. Für die kulturelle und religiöse Entwicklung Tibets ist Milarepa bis in die Gegenwart von großer Bedeutung geblieben. Er hat der Literatur, der spirituellen Erfahrung und dem Streben nach Erleuchtung in Tibet Anregung und Maßstab gegeben.

Nach Jahren einer schweren Lehrzeit bei seinem Guru Marpa und strenger Askese als Einsiedler in entlegenen Höhlen des Himalaya findet Zesay, die Milarepa in der Kindheit als Frau versprochen worden war, den bis zur Unkenntlichkeit abgemagerten Milarepa. Auf ihre Frage, was er mit dem vergessenen elterlichen Erbe anfangen wolle, antwortet Milarepa:

„Ich werde wie Mäuse und Vögel mein Essen finden; oder ich werde fasten und sterben; darum bedarf ich keines Feldes. Ich werde in Höhlen und abgelegenen Winkeln wohnen; dafür brauche ich kein Haus. Ich weiß, daß ich selbst im Tod alles zurücklassen müßte, wenn ich die ganze Welt besäße. Und gebe ich schon jetzt alles auf, wird es zum Segen in diesem und im nächsten Leben. Ich strebe nach einem Leben, das dem Hoffen der Weltmenschen entgegengesetzt ist. Darum denke nicht weiter an mich als einen Lebenden." Da fragte sie mich: „Stehen deine Übungen auch im Gegensatz zu denen der anderen Frommen?" Und ich erwiderte: „Natürlich stehen sie im Gegensatz zu denen der Heuchler, die nur um äußerer Verehrung willen das Mönchskleid tragen und um weltlicher Ziele, um Ruhm und irdischer Größe willen den Inhalt von einigen Büchern auswendig lernen. Wenig aber unterscheidet mich von den wirklich Frommen, auch wenn sie anderen Lehren und Glaubensrichtungen angehören. Denn sie haben die gleichen Ziele. Nur wer es weniger ernst und aufrichtig meint, der ist mein Gegner im Glauben."

*

Auf seinem weiteren Weg zur Buddhaschaft denkt Milarepa darüber nach, wie er unabhängiger und ungestörter als Einsiedler leben kann.

Was sollte ich tun? Da fiel mir ein, daß es kein Bruch des Gelübdes sein könne, sondern eine Vermehrung meiner Andacht, wenn ich zu meinem Lebensunterhalt Nahrung suchte, ohne zu menschlichen Behausungen hinabzusteigen. So ging ich vor meine Dragkar-Taso-Höhle und fand dort einen sonnigen Flecken mit guten Wasserquellen, um die viele Nesseln wuchsen. Nun lebte ich nur von Nesselsuppe und verharrte in meiner Versenkung. Keine Kleider deckten meinen Leib, und keine richtige Speise nährte ihn. Er schrumpfte zu einem Skelett zusammen und ward grünlich wie die Nesseln; selbst die Haare hatten einen grünen Schimmer.

*

Etwa ein Jahr später waren all meine Kleider abgetragen; nur ein paar Lumpen von dem Kleid, das meine Tante mir als Kaufpreis gegeben hatte, und der Sack, in dem das Mehl gewesen, blieben übrig. Ich dachte daran, die Lumpen zu einer Art Bettuch zusammenzunähen; doch wozu, wenn ich etwa in dieser Nacht sterben müßte? Viel besser, in meiner Betrachtung zu bleiben. So legte ich das zerrissene Fell unter mich und schlang seine Enden um den unteren Teil meines Körpers; den oberen bedeckte ich mit dem leeren, kümmerlichen Mehlsack. Mit den übrigen Kleiderfetzen verhüllte ich noch das Notwendigste. Zuletzt aber war alles zu sehr zerrissen, um noch irgendwie als Bedeckung zu dienen. Das schien mir eine übertriebene Selbstverleugnung, und ich wollte die Lumpen zusammennähen. Aber ich hatte weder Faden noch Nadel. Da wickelte ich sie in drei Stücken um meinen Körper, knotete sie an drei Stellen und hielt sie mit einer Art Gürtel aus Stricken zusammen. In dieser Kleidung verbrachte ich meine Tage so gut es ging, und nachts schützten mich der zerlumpte Sack und die übrig gebliebenen zerfetzten Felle ein wenig vor der Kälte.
So blieb ich etwa ein weiteres Jahr in meinen Meditationen versunken, bis ich eines Tages die Stimmen mehrerer Menschen hörte. Ich spähte hinaus und sah vor der Höhle Jäger mit einer Menge erlegtem Wild. Als sie mich erblickten, riefen die Vordersten: „Das ist ein Gespenst!“ und liefen davon. Die Nachfolgenden glaubten nicht an den bösen Geist am hellen Tag und meinten, man solle noch einmal nachsehen, ob er noch da wäre. Als man dies bejahte, wurden selbst die zuletzt gekommenen alten Jäger furchtsam. Ich aber erzählte ihnen, daß ich Einsiedler und kein Gespenst sei und aus Nahrungsnot in diesen Zustand geraten wäre. Doch davon wollten sie sich selbst überzeugen. Als sie nun alle Winkel und Ecken durchstöbert und nur Nesseln gefunden hatten, überkam sie alle eine ehrfurchtsvolle Scheu ...
(Sie baten mich dennoch) um etwas Nahrung, die sie mir reichlich wiedergeben wollten und sagten: „Wir haben gehört, daß du vor vielen Jahren einmal in dein Haus zurückkamst. Bist du die ganze übrige Zeit hier gewesen?“ „Ja“ – antwortete ich ihnen – „das bin ich, aber ich kann euch keine Nahrung anbieten, die ihr essen könnt.“ Doch sie meinten, was für mich gut sei, würde auch ihnen schmecken. Da hieß ich sie Feuer machen und die Nesseln kochen. Dies taten sie; doch als sie eine würzende Beigabe zur Suppe, Fleisch, Knochen, Mark oder

Fett erwarteten, sagte ich ihnen: „Hätte ich dies, dann wäre es ein schmackhaftes Essen. Aber seit Jahren habe ich nichts dergleichen. Darum nehmt die Nesseln an Stelle der Würze." Nun fragten sie nach Mehl oder Korn, um die Suppe zu verdicken. Und wieder sagte ich ihnen: „Hätte ich dies, dann wäre mein Essen nahrhaft. Aber seit Jahren fehlen sie mir." Ich riet ihnen, Nesselspitzen dafür zu nehmen. Zuletzt fragten sie nach Salz. Und wieder antwortete ich, daß Salz mein Essen schmackhaft gemacht hätte, ich aber seit Jahren ohne Salz ausgekommen sei, und ich schlug ihnen an seiner Statt mehr Nesselspitzen vor. Da riefen sie: „Wenn du von solcher Nahrung lebst und solche Kleidung trägst, dann ist es kein Wunder, daß dein Körper elend ist. Du siehst nicht mehr wie ein Mensch aus. Selbst wenn du ein Diener wärst, hättest du Nahrung und warme Kleider. Du bist der erbarmungswürdigste, ärmste Mensch auf der ganzen Welt." Ich aber erwiderte: „Sagt das nicht, meine Freunde. Ich bin einer der Glücklichsten und Besten unter allen, die das menschliche Leben empfingen. Ich bin Marpa, dem Übersetzer aus Lhobrak, begegnet und habe von ihm die Wahrheit erlangt, die in einem Leben zur Buddhaschaft führt."

10. Die Höhle der Glückseligkeit

Einen verständnislosen, wenn auch bewundernden Abstand zu den tibetischen Einsiedler-Mönchen offenbart der schwedische Forschungsreisende Sven Hedin (1865–1952) in seiner Beschreibung eines Einsiedler-Schicksals.

Am zweiten Tag stiegen wir zu dem kleinen Tochterkloster Samde-puk hinauf und besuchten dann die Einsiedelei Dupkang, eine Grotte, die noch ein Stück höher am Fuß einer Bergwand lag. Die Hütte war aus mittelgroßen Steinblöcken erbaut und hatte keine Fensteröffnungen; ihr Eingang war zugemauert. Durch die Mauer ging eine Scharte, durch die man auf einem Brett Nahrungsmittel hineinschieben konnte, und auf dem Dach erhob sich ein kleiner Schornstein. In dieser stockfinsteren Höhle war ein Lama seit drei vollen Jahren eingemauert, ohne daß er sich jemals während dieser ganzen Zeit der Außenwelt hatte mitteilen können!
Vor drei Jahren kam er nach Linga, namenlos, keinem bekannt. Da die Grotte leer stand, legte er das grausamste, bindendste und furchtbarste aller Mönchsgelübde ab, sich für den Rest seines Lebens einmauern zu lassen. Kurz vorher war ein anderer Einsiedler gestorben, nachdem er zwölf Jahre in der Höhlenwohnung zugebracht hatte, und vor diesem hatte ein Mönch hier vierzig Jahre lang in der Dunkelheit gelebt. Im Kloster Lung-gandän-gumpa, in dessen Nähe sich eine ähnliche Grotte befand, hatten uns die Mönche von einem Eremiten erzählt, der ganz jung in die Finsternis eingegangen war und neunundsechzig

Jahre lang von Welt und Licht abgeschlossen gelebt hatte. Als er nun sein Ende nahen fühlte, hatte er der Sehnsucht, die Sonne noch einmal zu sehen, nicht mehr widerstehen können und das Zeichen gegeben, das die Mönche berechtigt, ihm die Freiheit zu schenken. Aber der Greis war völlig erblindet, und er war kaum in das Sonnenlicht hinausgekommen, als er zusammenbrach und starb. Kein einziger von den Lamas, die ihn vor neunundsechzig Jahren eingemauert hatten, war damals noch am Leben.

Der Einsiedler, der hier in der Höhle bei Linga-gumpa wohnte und den Ehrentitel Lama Rinpotsche, „der heilige Mönch", trug, sollte gegen vierzig Jahre alt sein. Sicher war er in Betrachtung versunken und träumte vom Nirwana. Die Buße, der er sich freiwillig unterwarf, würde ihn von der Qual der Seelenwanderung erlösen, und nach seinem Tode würde er unmittelbar in die ewige Ruhe eingehen, in die Vernichtung. Jeden Morgen wurde ihm eine Schale mit Tsamba hineingeschoben. Wasser lieferte ihm die Quelle, die im Inneren der Grotte aufsprudelte. Die leere Schale setzte der Eingeschlossene wieder hin, damit sie aufs neue gefüllt wurde. Jeden siebenten Tag erhielt er etwas Tee und ein Klümpchen Butter und zweimal im Monat einige Stücke Holz, die er mit Hilfe seines Feuerstahls zum Brennen bringen konnte. Der Lama, der ihm täglich die Nahrung bringt, weiß, daß er sich die ewige Verdammnis zuzöge, wenn er durch die Scharte mit ihm zu reden versuchte, und schweigt. Falls der Eingemauerte jedoch mit dem dienenden Bruder spräche, würden ihm die Jahre der Einsamkeit und Betrachtung, die schon verflossen sind, nicht als Verdienst angerechnet werden. Eines Tages ist die Tsambaschale unberührt; da weiß der draußenstehende Mönch, daß der Einsiedler entweder krank oder tot ist; er schiebt dann das Gefäß wieder hinein und geht, in schwermütige Gedanken versunken, davon. Wenn die Speise auch an den folgenden Tagen unberührt bleibt, bricht man am siebenten Tag die Grotte auf; denn dann kann man sicher sein, daß der Einsame in der Dunkelheit gestorben ist. Der Tote wird nun hinausgetragen, und seine irdische Hülle wird im Feuer vernichtet wie die der Heiligen.

„Hört er uns?" fragte ich die Mönche von Samde-puk.

„Nein", antworteten sie, „die Mauern sind zu dick."

Seltsame Gedanken erfüllten mich. Der Mensch dort drinnen, nur wenige Schritte von mir, besaß eine Willenskraft, mit der verglichen alles andere unbedeutend erscheint. Er hatte der Welt entsagt, er war schon tot, er gehörte der Ewigkeit an.

Der Soldat, der dem unentrinnbaren Tod entgegengeht, ist ein Held, aber er stirbt sogleich. Der Lama Rinpotsche lebt körperlich jahrzehntelang, und seine Leiden dauern an, bis es dem natürlichen Tod gefällt, ihn zu befreien. Unauslöschlich ist seine Sehnsucht nach dem Tode.

Das Bild des Lama Rinpotsche hielt mich mit unwiderstehlicher Macht in seinem Bann. Lange Zeit dachte ich des Abends an ihn, und noch heute, obwohl achtzehn Jahre seitdem vergangenen sind, frage ich mich oft, ob er noch in seiner Höhle lebt. Selbst wenn ich gekonnt und gedurft hätte, nicht um mein Leben hätte ich ihn befreien und ins Sonnenlicht führen wollen. Angesichts solcher Willenskraft und Heiligkeit kommt man sich selbst wie ein unwürdiger Sünder vor.

*

Diesem dramatischen Bericht Sven Hedins ist Lama Anagarika Govinda (→ 173) auf seinen Reisen durch das einsame Tibet an Ort und Stelle nachgegangen.

War es wirklich glaubhaft, daß man durch das Ausschließen des Sonnenlichtes das innere Licht finden oder gar zur Erleuchtung kommen konnte? Hatte der Buddha nicht selbst die Extreme der Askese ebenso verurteilt wie die Extreme in der Verfolgung weltlicher Vergnügungen?

Physische Selbstvernichtung wurde von den Buddhisten nie als ein Mittel zur Erlösung oder als eine Tugend betrachtet. Und die Tibeter haben, trotz ihres Glaubens an übernatürliche und transzendente Kräfte, von jeher im täglichen Leben wie in ihren religiösen Methoden einen außergewöhnlich gesunden Menschenverstand gezeigt. Sie sind von Natur aus praktische Leute, und ihre religiöse Auffassung ist weder düster noch lebensfeindlich.

Ganz im Gegenteil! Ich fand zu meiner freudigen Überraschung, daß die Meditationsklausen, die sich am Hang des aufsteigenden Tales unmittelbar über den Tempeln und Schreinen des Klosters erhoben, gut imstande gehalten und in einer äußerst sinnvollen und praktischen Weise angelegt waren, um sowohl die körperliche wie die geistige Gesundheit der Meditierenden sicherzustellen und ihnen zugleich völlig Stille und Ungestörtheit zu gewähren . . .

Jede Klause war so gebaut, daß Luft, Wasser und Sonne freien Zugang hatten und daß der sie Bewohnende sich körperliche Bewegung verschaffen konnte. Trotz der Abgeschlossenheit seiner Behausung blieb er dennoch mit dem weiten Himmelsraum verbunden und konnte die Bewegungen der Wolken und der Himmelskörper und die Stimmungen der Jahreszeiten beobachten. Diese Klausen sollten keine Orte der Selbstqual oder der Buße sein, sondern Orte des Friedens und der Vertiefung in die Kontemplation. Weit davon entfernt, Gräbern zu ähneln, sollten diese Klausen dazu dienen, Menschen einem glücklichen Geisteszustand entgegenzuführen, wie ja schon der Name Kyi-Phug („Höhle der Glückseligkeit") andeutete. Der allgemeine Eindruck, den mir diese Örtlichkeit vermittelte, erweckte in mir den Wunsch, eines Tages selbst in einer dieser Klausen für eine längere Zeitspanne ungestört die Meditation und Kontemplation zu pflegen.

11. Aus der Autobiographie des 14. Dalai Lama

Ich wurde in einem kleinen Dorf namens Taktser im Nordosten Tibets geboren. Es war der fünfte Tag des fünften Monats im Holz-Schwein-Jahr des tibetischen Kalenders, nach christlicher Zeitrechnung also das Jahr 1935.

Unsere Familie ist groß. Ich habe noch zwei Schwestern und vier Brüder, deren Geburtsdaten weit auseinander liegen. Meine Mutter gab sechzehn Kindern das Leben, doch starben neun von ihnen in zartem Alter. Liebe und Güte waren das Band, das die ganze Familie einte. Mein Vater zeichnete sich durch ausgesprochene Gutherzigkeit aus. Zwar konnte er auch ein wenig aufbrausend sein, aber sein Zorn verrauchte rasch. Weder besonders groß und stark noch außergewöhnlich gebildet, war er von Natur aus anstellig und intelligent. Seine besondere Vorliebe galt den Pferden; er ritt gern und oft und hatte einen ausgeprägten Pferdeverstand. Meine Mutter ist ein sehr gütiger und liebevoller Mensch. Sie hat ein weiches Herz; mit Freuden würde sie ihr Mahl an einen Hungrigen verschenken und selber darben. Trotz ihres sanften Wesens führte stets sie in unserer Familie das Regiment. Sie ist anpassungsfähig und besitzt großen Weitblick. So war es für sie, nachdem meine Einsetzung in das Amt des Dalai Lama uns neue Möglichkeiten eröffnet hatte, selbstverständlich, dafür zu sorgen, daß auch ihre anderen Kinder eine gute Ausbildung erhielten.

Unsere Familie lebte zwar einfach, aber glücklich und zufrieden. Dies verdankten wir zu einem guten Teil Thubten Gyatso, dem dreizehnten Dalai Lama, der viele Jahre lang der geistliche und weltliche Herrscher Tibets gewesen ist.

Aber im Wasser-Vogel-Jahr – 1933 also – schied Thubten Gyatso aus dieser Welt. Tiefe Trauer ergriff das Volk, als die Nachricht sich in Tibet verbreitete. In unser Dorf brachte mein Vater die betrübliche Kunde. Er war auf dem Markt von Kumbum gewesen und hatte sie in dem dortigen großen Mönchskloster vernommen.

Nach dem Tod des dreizehnten Dalai Lama begann unverzüglich die Suche nach seiner Reinkarnation, denn jeder Dalai Lama ist eine Wiedergeburt seines Vorgängers. Der erste, der im Jahr 1391 christlicher Zeitrechnung geboren wurde, war eine Inkarnation von Chenresi, dem Bodhisattva (werdenden Buddha) der Gnade, der gelobt hatte, alle lebenden Geschöpfe zu beschützen. Zunächst mußte von der Nationalversammlung ein Regent ernannt werden, der das Volk zu führen hatte, bis die neue Reinkarnation erschienen, aufgefunden und herangewachsen war. Dann wurden, den altehrwürdigen Gebräuchen und Überlieferungen folgend, die staatlichen Orakel und gelehrten Lamas konsultiert, um als erstes festzustellen, an welchem Ort die Reinkarnation vor sich gegangen sei. Im Nordosten Lhasas hatte man seltsame Wolkenbildungen gesichtet. Man erinnerte sich daran, daß der Körper des Dalai Lama nach seinem Tod auf einen Thron im Norbulingka, seiner Sommerresidenz in Lhasa, mit dem Gesicht nach Süden gesetzt worden war; einige Tage später jedoch entdeckte man, daß sich sein Antlitz nach Osten gewendet hatte. Und auf einem hölzernen Pfeiler an der Nordostseite des Schreins für den toten Dalai Lama zeigte sich plötzlich ein sternförmiger Schwamm. All dies und andere Erscheinungen wiesen die Richtung, in der man nach dem neuen Dalai Lama zu suchen hatte.

Im folgenden Jahr wurden hohe Lamas und Würdenträger, denen das Geheimnis bekannt war, in alle Teile Tibets ausgesandt, um den Ort zu suchen, den der Regent im Wasser des heiligen Sees gesehen hatte.

Die weisen Männer, die ostwärts gewandert waren, kamen im Winter nach Dokham. Bald entdeckten sie die grünen und goldenen Dächer des Klosters von Kumbum. Im Dorf Taktser stießen sie auf ein Haus mit türkisfarbenen Ziegeln. Ihr Anführer erkundigte sich, ob die Familie, die dieses Haus bewohnte, etwa Kinder habe, und man sagte ihm, daß zu ihr ein Knabe gehöre, der nahezu zwei Jahre alt sei.

Als sie diese bedeutsame Kunde vernommen hatten, gingen zwei Mitglieder der Gruppe und ein Diener, geführt von zwei ortsansässigen klösterlichen Beamten, in Verkleidung zu dem Haus. Ein jüngerer Klosterbeamter der Suchgruppe, der Losang Tsewang hieß, gab vor, der Leiter zu sein, während der wirkliche Anführer, Lama Kewtsang Rinpoche aus dem Kloster Sera, ärmliche Kleider angelegt hatte und den Diener spielte. Am Tor des Hauses trafen die Fremdlinge mit meinen Eltern zusammen, die Losang ins Haus baten, da sie ihn für den Ranghöchsten hielten, während der Lama und die übrigen in den Räumen des Gesindes Unterkunft erhielten.

Hier fanden sie das jüngste Kind der Familie. Sobald der Kleine den Lama erblickte, ging er auf ihn zu und wollte unbedingt auf dessen Schoß. Der Lama hatte sich durch einen Mantel, der mit Lammfell gefüttert war, unkenntlich gemacht, aber um den Hals trug er einen Rosenkranz, der dem dreizehnten Dalai Lama gehört hatte. Der Bub entdeckte diesen Rosenkranz und bettelte darum. Der Lama versprach, ihm den Rosenkranz zu geben, wenn er herausbrächte, wer er sei. Darauf erwiderte das Kind, er sei „Sera-aga“, was im Dialekt der Gegend soviel wie „Lama von Sera“ bedeutet. Nun fragte der Lama, wie denn wohl der Anführer heiße, und der Knabe nannte den Namen Losang. Außerdem wußte er, daß der richtige Diener Amdo Kasang war.

Der Lama beobachtete das Kind den ganzen Tag hindurch mit wachsendem Interesse, bis es Zeit war, es zu Bett zu bringen. Die ganze Gruppe blieb über Nacht im Haus. Früh am nächsten Morgen, als sie sich zum Aufbruch vorbereitete, kletterte der Knabe aus seinem Bett und wollte sich nicht davon abbringen lassen, mit den Fremden zu gehen.

Dieses Kind war ich.

Bis zu jenem Zeitpunkt hatten mein Vater und meine Mutter noch keine Ahnung von dem wahren Auftrag der Reisenden, die sie bei sich aufgenommen hatten. Aber einige Tage später kam die ganze Suchkommission der älteren Lamas und hohen Würdenträger gemeinsam in unser Haus in Taktser. Beim Anblick der großen Gruppe vornehmer Besucher begriffen meine Eltern, daß ich eine Reinkarnation sein müsse, denn es gibt viele wiederverkörperte Lamas in Tibet; auch mein älterer Bruder hatte sich bereits als ein solcher erwiesen. Ein verkörperter Lama war kurz zuvor im Kloster von Kumbum gestorben, und deshalb vermuteten meine Eltern, daß die Besucher nach seiner Reinkarnation forschten. Daß ich die Reinkarnation des Dalai Lama selbst sein könnte – daran dachten meine Eltern nicht im Traum.

Bei kleinen Kindern, die Reinkarnationen sind, ist es üblich, daß sie sich an Gegenstände und Personen aus ihrem vorigen Leben erinnern. Einige können auch heilige Schriften zitieren, ohne daß man es sie gelehrt hat. Durch alles, was ich gesagt hatte, war der Lama zu der Überzeugung gekommen, daß er möglicherweise die gesuchte Reinkarnation entdeckt habe. Nun war die ganze Gruppe erschienen, um mich weiter zu prüfen. So hatten die Würdenträger zwei völlig gleiche schwarze Rosenkränze bei sich, von denen der eine aus dem persönlichen Besitz des dreizehnten Dalai Lama stammte. Als sie mir beide darboten, ergriff ich denjenigen, der ihm gehört hatte, und legte ihn mir – wie man mir später erzählte – um den Hals. Derselbe Versuch wurde mit zwei gelben Rosenkränzen unternommen. Darauf hielten sie mir zwei Trommeln hin, eine kleine, die der Dalai Lama dazu verwendet hatte, sein Gefolge zusammenzurufen, und eine größere, viel reicher geschmückte Trommel mit goldenen Beschlägen. Ich wählte die kleine und begann sie so zu bearbeiten, wie man es während des Betens tut. Zuletzt wiesen sie mir zwei Wanderstäbe. Ich faßte den falschen an, hielt dann inne und betrachtete ihn eine Weile; schließlich nahm ich den anderen, der dem Dalai Lama gehört hatte, und behielt ihn in der Hand. Über mein Zögern verwundert, fand man später heraus, daß auch der erste Wanderstab eine Zeitlang vom Dalai Lama benutzt worden war. Er hatte ihn später einem Lama verehrt, der ihn wiederum an Kewtsang Rinpoche weiterverschenkt hatte.

Durch das Zusammentreffen all dieser Umstände kam die Suchkommission vollends zu der Überzeugung, daß die Reinkarnation gefunden war, und kabelte alle Einzelheiten nach Lhasa. Die einzige Telegraphenlinie Tibets verlief von Lhasa nach Indien; deshalb mußte die verschlüsselte Nachricht von Sining durch China und Indien nach Lhasa geschickt werden. Auf demselben Weg kam die Anweisung zurück, mich unverzüglich in die heilige Stadt zu bringen.

*

Meine Unterweisung begann, als ich sechs Jahre alt war. Da sie sich streng nach dem uralten tibetischen Lehrsystem richtete, muß ich dessen Methoden und Ziele erklären. Obwohl schon vor vielen Hunderten von Jahren bei uns eingeführt, hat es sich noch immer als brauchbar für ein recht hohes sittliches und geistiges Niveau der Tibeter erwiesen. Daß es die wissenschaftlichen Erkenntnisse neuerer Zeit völlig außer acht gelassen hat, muß unter modernen Gesichtspunkten zwar als Mangel gelten. Doch wie hätte es auch anders sein können? Tibet war ja bis in die Gegenwart von der Außenwelt völlig abgeschlossen.

Wie die meisten Kinder begann ich damit, lesen und schreiben zu lernen. Dabei empfand ich – wie es meiner Meinung nach wohl allen Buben diesen Alters ergeht – einen gewissen Widerwillen und eine innere Abwehr. Die Vorstellung, hinter Büchern sitzen zu müssen, von Lehrern beaufsichtigt zu sein, schien mir nicht sonderlich anziehend. Dennoch stellte ich fest, daß ich meine Lektionen zur Zufriedenheit meiner Lehrer schaffte, und als ich mich erst einmal an den strengen Studienverlauf gewöhnt hatte, fiel ihnen auf, daß ich ungewöhnlich rasch Fortschritte machte.
Mit dem dialektischen Disputieren im Religionsunterricht wurde es erst in meinem zwölften Lebensjahr wirklich ernst...
Jeden Tag mußte ich ungefähr den dritten Teil einer Seite auswendig lernen, doch weit größer war das Pensum, das man zu lesen und zu durchdenken hatte. Zur selben Zeit setzte meine Unterweisung in der Kunst des dialektischen Debattierens mit der Einführung in die Grundlagen der Logik ein. Sieben Gelehrte aus den sieben Schulen der Klöster von Drepung, Sera und Gaden wurden für meine Ausbildung auf diesem Gebiet ausgewählt.
Als ich etwas über dreizehn Jahre alt war, im achten Monat des Feuer-Schwein-Jahrs, wurde ich formell in die beiden großen Klöster Drepung und Sera aufgenommen. Aus diesem Anlaß mußte ich gemeinschaftlichen Debatten in den fünf Schulen dieser zwei Klöster beiwohnen. Ich beteiligte mich hier zum ersten Mal an öffentlichen Disputationen über die „Großen Schriften". Natürlich fühlte ich mich beklommen, aufgeregt und ein wenig nervös. Meine Widersacher waren gelehrte Äbte, gefürchtete Streiter im Wortgefecht. Hunderte von geistlichen Würdenträgern, jeder ein Gelehrter, und Tausende von Mönchen verfolgten das Rededuell. Die kundigen Lamas verrieten mir jedoch später, das ich mich zufriedenstellend gehalten hatte....
Ich gebe zu, daß ich die meiste Zeit meiner Knabenjahre in der Gesellschaft erwachsener Männer verbracht habe. Es ist unvermeidlich, daß einer Kindheit, die man ohne die beständige Anwesenheit der Mutter und anderer Kinder verlebt, etwas fehlt. Aber selbst wenn ich den Potala als Gefängnis empfunden hätte, so wäre er ein riesiges und faszinierendes Gefängnis gewesen.

*

Schon immer hatten mechanische Dinge mich ganz besonders angezogen. Aber es gab niemanden, der mich auf diesem Gebiet unterweisen konnte. Als ich noch klein war, schickten mir manchmal Leute, die von meinem Interesse wußten, Spielzeugautos, -boote und -flugzeuge in den Palast. Doch ich vergnügte mich nie sehr lange mit ihnen; immer wollte ich wissen, wie sie funktionierten, und so nahm ich sie auseinander. Meist gelang es mir zwar, sie auch wieder zusammenzusetzen, doch manchmal – wie nicht anders zu erwarten – schaffte ich es nicht. Mit meinem Satz Stabilbaukästen bastelte ich Kräne und Eisenbahnwaggons, lange bevor ich so etwas wirklich zu Gesicht bekam. Später geriet ein alter Kinoprojektor in meinen Besitz, der noch mit einer Handkurbel betätigt wurde. Als ich ihn auseinandernahm, stieß ich auf die Batterien für das Licht. Dies war meine erste Bekanntschaft mit der Elektrizität, und ich rätselte ganz für mich allein an den Leitungen herum, bis ich herausgefunden hatte, wie die Apparatur in Gang zu bringen war. Erfolg hatte ich auch mit meiner Armbanduhr; allerdings war ich damals schon ein wenig älter. Ich nahm sie völlig auseinander, um ihr Werk zu untersuchen, und als ich sie wieder zusammengesetzt hatte, ging sie sogar!

*

Alles in allem verlebte ich eine keineswegs unglückliche Kindheit. Das Wohlwollen meiner Lehrer wird mir immer in angenehmer Erinnerung bleiben. Sie vermittelten mir ihr religiöses Wissen, das mir stets Trost und Einsicht gespendet hat und allezeit mein kostbares Gut bleiben wird; im übrigen aber taten sie ihr Möglichstes, auch auf anderen Gebieten das zu befriedigen, was sie als meine gesunde Neugier betrachteten. Aber ich bin mir darüber im klaren, daß ich fast ohne jegliche Kenntnis weltlicher Dinge aufwuchs. Und in dieser geistigen Verfassung fiel mir im Alter von sechzehn Jahren die schwere Aufgabe zu, die Regierungsgewalt über mein Land in eigene Hände zu nehmen – über mein Land, in das die Soldaten Rotchinas eingedrungen waren.

*

Während sich diese Katastrophe in den fernen Weiten Osttibets ereignete, befragte die Regierung in Lhasa die Orakel und die hohen Lamas. Auf deren Rat trat das Kabinett mit der feierlichen Aufforderung an mich heran, ich möge die Regierungsgewalt übernehmen.
Mich überkam Angst. Ich war doch erst sechzehn Jahre alt. Meine religiöse Ausbildung war noch bei weitem nicht abgeschlossen, ich wußte nichts von der Welt und hatte keinerlei Erfahrung in politischen Dingen. Aber ich war bereits alt genug, um zu erkennen, wie unwissend ich war und wieviel ich noch zu lernen hatte. Zunächst wandte ich ein, ich sei noch zu jung; denn traditionsgemäß übernimmt der Dalai Lama die tatsächliche Regierungsgewalt vom Regenten erst im Alter von achtzehn Jahren. Und doch begriff ich recht wohl, warum die Orakel und die Lamas darauf gedrungen hatten, daß mir die Bitte vorgetragen würde. Die langen Jahre der Regentschaft nach dem Tod eines jeden Dalai Lama waren eine offensichtliche Schwäche unseres Regierungssystems. Während meiner Minderjährigkeit war es in unserem Staatsapparat zu Zerwürfnissen zwischen verschiedenen Gruppen gekommen, und die Verwaltung des Landes lag im argen. Wir waren an einem Punkt angelangt, an dem fast jeder davor zurückschrecken mußte, die Verantwortung zu übernehmen. Und doch hatten wir, bedroht von der Invasion, die Einheit nötiger denn je, und ich als Dalai Lama war der einzige Mensch, dem das ganze Land einhellig Gefolgschaft leisten würde.

*

Die Chinesen setzten Artillerie und Bombenflugzeuge ein, nicht nur gegen die Schlupfwinkel der Guerillas, soweit sie diese ausfindig machen konnten, sondern auch gegen die Dörfer und Klöster, deren Bewohner sie zu Recht oder Unrecht verdächtigten, ihnen beigestanden zu haben. So waren Dörfer und Klöster völlig zerstört worden. Lamas und führende Persönlichkeiten aus dem Laienstand wurden gedemütigt, eingesperrt, gefoltert und sogar getötet. Land wurde beschlagnahmt. Heilige Bilder, heilige Schriften und andere Dinge, die uns heilig sind, hat man lächerlich gemacht, vernichtet oder einfach gestohlen. Gotteslästerungen wurden auf Plakaten und in Zeitungen verbreitet und sogar in den Schulen gelehrt: Religion sei nur ein Mittel, das Volk auszubeuten, und Buddha sei ein „Reaktionär". Einige Exemplare solcher Zeitungen aus dem chinesischen Herrschaftsbereich gelangten nach Lhasa und zirkulierten dort unter Tibetern und chinesischen Funktionären; die Chinesen, die die heftige tibetische Reaktion sahen und sich klar wurden, daß sie zu weit gegangen waren, boten fünf Dollar für jedes Exemplar, um sie auf diese Weise verschwinden zu lassen, bevor auch der letzte Mann von ihnen erfuhr.

*

Für mich und für alle Flüchtlinge bleibt die Bewahrung unseres Glaubens ebenso wichtig wie das Ringen um materielles Fortkommen in einer uns nicht vertrauten Welt. Wir halten an unseren religiösen Gebräuchen fest, wie wir es in Tibet taten; nur können wir die Feiern natürlich nicht in der alten Farbigkeit und Pracht begehen. Aber vielleicht waren sie in alter Zeit schließlich doch allzu prunkvoll, und es ist wohl gar nicht so falsch, sie einfacher zu gestalten. Ich selbst setze mein eigenes geistliches Studium fort, lerne daneben auch Englisch und lese, soviel ich kann, um besser mit der modernen Welt in Kontakt zu kommen. Meine Pilgerfahrt zu den heiligen Stätten in Indien, die bei meinem Besuch infolge der politischen Ereignisse abgebrochen werden mußte, habe ich wiederholt; ich konnte auch einige der heiligen Stätten der Christen, der Hindus und der Jainas aufsuchen und mit Menschen dieser anderen Religionen sprechen, und ich bin froh darüber, daß wir alle so viel Gemeinsames haben. Während meiner Wallfahrten nach Bodh Gaya und Benares weihte ich hundertzweiundsechzig tibetische Mönche zu Bhikshus, zu Vollmitgliedern des Mönchsordens. Zum ersten Mal zelebrierte ich die Weihen; daß ich dies gerade an den Stätten tun konnte, an denen Buddha gelehrt hat, machte mich glücklich in einer Zeit, da seine Lehre in Tibet verfolgt wird.

*

Ganz bestimmt aber wird Tibet auch niemals wieder so sein, wie es gewesen ist. Doch das wollen wir auch gar nicht. Es kann niemals mehr von der Welt isoliert sein, und es kann nicht zu seinem alten halbfeudalistischen Gesellschaftsaufbau zurückkehren. Ich habe bereits über die Reformen berichtet, mit denen ich begonnen hatte, bis mir die Chinesen Einhalt geboten. Jetzt im Exil habe ich diese Reformen mit Hilfe von Fachleuten für Verfassungsrecht folgerichtig

weitergeführt, indem ich eine neue liberale und demokratische Verfassung für Tibet entworfen habe, aufgebaut auf den Prinzipien der Lehre Buddhas und der Grundsatzerklärung der Menschenrechte. Diese Arbeit ist noch nicht abgeschlossen. Sobald dies der Fall ist, werde ich die Verfassung zunächst einem internationalen Expertenausschuß vorlegen und dann meinem Volk im Exil, aber auch so vielen meiner Landsleute in Tibet, wie ich erreichen kann. Dann, so hoffe ich, wird mein Volk eine Abgeordnetenversammlung wählen und selbst eine provisorische Verfassung für das freie Land ausarbeiten, das zu erleben wir uns alle sehnen ...
Meine Hoffnung beruht auf dem Mut der Tibeter und auf der Liebe zur Wahrheit und Gerechtigkeit, die noch im Herzen der Menschheit lebt – und mein Glaube ruht im Erbarmen Buddhas.

12. Die indischen Yogis

Ibn Batuta (1304–1377) ist nächst Marco Polo der bedeutendste Weltreisende des Mittelalters. Er wurde in Tanger (Marokko) geboren. Mit 21 Jahren verließ er seine Heimat, trat die Pilgerreise nach Mekka an und durchzog seit dieser Zeit Nordarabien, Persien, Jemen, die Ostküste Afrikas, Ägypten, Syrien, Kleinasien, die Krim, Konstantinopel; er kam an die Wolga, durchquerte die Wüsten Innerasiens und gelangte nach Afghanistan und Indien. In Indien hielt er sich 14 Jahre auf (1333–1347), unternahm aber von dort aus eine Reise nach China. Anschließend bereiste er wiederum Persien, Mesopotamien, Syrien, Palästina, Ägypten, zog zu seiner inzwischen vierten Hadsch nach Mekka und kehrte nach einem Vierteljahrhundert Fremde über Sardinien in seine Heimat zurück. Danach ging er nach Spanien und durchreiste das Königreich Granada. Seine letzte Reise führte ihn nach Innerafrika. Heimgekehrt nach Marokko, diktierte er innerhalb weniger Monate seine Reiseerlebnisse (1354) und lebte dann, ohne erneut auf Wanderschaft zu gehen, bis zu seinem Tode in Marokko.
Die Beschreibung des indischen Yogi berührt nur den Show-Aspekt dieser Fähigkeiten (vgl. →145). Der Yogi als heiliger Mann tritt in der Gestalt Sri Ramanas (→13) entgegen.

Das sind Leute, von denen man wunderbare Dinge zu sehen bekommt; zum Beispiel: der eine von ihnen verbleibt Monate, ohne zu essen oder zu trinken. Für viele dieser gräbt man Gruben unter der Erde. Man deckt die Grube über dem Yogi zu und läßt ihm nur eine Öffnung, durch die die Luft gelangen kann. Er bleibt nun Monate darin, und ich habe sogar gehört, daß der eine oder der andere so ein Jahr ausgehalten haben.
In der Stadt Mangalore sah ich einen Muslim, der bei ihnen Unterricht genommen hatte. Man hatte für ihn eine trommelartige Säule errichtet, auf der er, ohne zu essen oder zu trinken, die Zeit von fünfundzwanzig Tagen stand. Ich

ließ ihn in diesem Zustande zurück und weiß nicht, wie lange er nach meiner Abreise noch so geblieben ist.
Das Volk erzählt, daß die Yogis Pillen zusammensetzen, von denen sie eine auf eine bestimmte Anzahl von Tagen oder Monaten zu sich nehmen und nun während dieser Zeit weder Speise noch Trank benötigen.
Sie geben Auskunft über verborgene Dinge. Der Sultan ehrt sie und nimmt sie in seine Gesellschaft auf. Manche von ihnen beschränken sich bei ihren Speisen auf das Gemüse, ein Teil von ihnen aber ißt nur kein Fleisch, und das sind die meisten.
Soweit man in ihre Verhältnisse Einblick hat, üben sie sich in der Askese und bedürfen weder der Welt noch ihres Glanzes.
Es gibt Leute unter ihnen, die einen Menschen nur anzusehen brauchen, und dieser fällt durch den Blick tot zu Boden. Das gemeine Volk sagt, daß, wenn jemand durch einen Blick getötet worden ist und man dem Toten nun die Brust öffnet, man kein Herz darin vorfindet. Man sagt dann: Sein Herz ist gefressen worden! – Meistenteils können dies die Weiber. Eine Frau, die solches tut, wird Hyäne genannt ...
Eines Tages brachte man mir eine Frau, und die Leute sagten: Sie ist eine Hyäne, denn sie hat das Herz dieses Knaben gefressen, der bei ihr war. – Und sie brachten auch den toten Knaben herbei. Ich befahl ihnen, sie zum Statthalter des Sultans zu bringen.
Dieser ließ sie auf die Probe stellen, und diese bestand darin, daß man vier Krüge mit Wasser anfüllte und ihr diese an Hände und Füße band. Dann warf man sie in den Fluß, aber sie ging nicht unter. So wußte man, daß sie eine Hyäne sei, denn wenn sie nicht oben auf dem Wasser geschwommen wäre, wäre sie eben keine gewesen.
Der Statthalter ließ sie also im Feuer verbrennen. Die Bewohner der Stadt – Männer und Frauen – kamen herbei und sammelten ihre Asche, im festen Glauben, daß, wer sich damit einreibt, in diesem Jahre vor dem Zauber der Hyänen sicher sei.
Als ich noch beim Sultan in der Residenz war, ließ dieser mich eines Tages rufen. Ich begab mich zu ihm; er befand sich in einem Privatgemache, und bei ihm waren einige seiner Vertrauten und zwei Yogi. Diese hüllen sich in Mäntel ein und bedecken auch den Kopf, da sie ihn mit Asche enthaaren, wie man das sonst unter den Achselhöhlen tut.
Der Sultan hieß mich niedersetzen, was ich tat, und sprach zu den beiden Yogi: Dieser Fremdling ist aus einem weit entfernten Lande, zeigt ihm also etwas, was er noch nicht gesehen hat! – Jawohl, sagten sie.
Einer von beiden ließ sich mit gekreuzten Beinen nieder, dann erhob er sich von der Erde, bis er in der Luft über uns sitzen blieb ... Ich verwunderte mich darüber, Schreck erfaßte mich, und ich fiel ohnmächtig zur Erde nieder.
Der Sultan befahl, daß man mir eine Medizin zu trinken gebe, die schon bereit stand. Da kam ich wieder zu mir und setzte mich nieder, während jener immer noch in seiner Stellung verharrte.

Nun nahm sein Genosse einen Pantoffel aus einem Sacke, den er bei sich trug, und schlug damit auf den Boden, als ob er erzürnt wäre. Der Pantoffel stieg empor, bis er über dem Nacken des in der Luft Schwebenden war, und begann, auf dessen Hals loszuschlagen. Er kam nun nach und nach herunter, bis er auf dem Boden neben uns saß.
Der Sultan sprach zu mir: Der mit gekreuzten Beinen Sitzende ist ein Schüler dessen, dem der Pantoffel gehört. Wenn ich nicht um deinen Verstand fürchtete, würde ich ihnen auftragen, noch Wunderbareres zu vollbringen als das, was du gesehen! –
Ich verabschiedete mich von ihm, aber mich befiel heftiges Herzklopfen, und mir wurde so schlecht, daß er mir einen Trank geben ließ, der das Übelsein vertrieb.

13. Ramana Maharshi, Der Weg zum Selbst

Shrî Ramana war einer von jenen Männern, die dem Volke heilig sind, weil es von ihnen lernt. Anders als der vom westlichen Denken beeinflußte etwas ältere Ramakrishna (→23) war Shrî Ramana der Ansicht, das Ich des Menschen müsse durch beständige Übung aufgelöst werden, damit das Selbst des Menschen hervortreten könne.
Unter dem Namen Venkata wurde er 1879 geboren als der zweite von drei Söhnen. Er besuchte vier Jahre die Volksschule und kam danach nach Madura auf die Höhere Schule. Das Lernen fiel ihm leicht, doch konnte der Unterricht ihn nicht motivieren. Als er im 17. Lebensjahr stand, überkam ihn das große Erwachen. Seinen Schülern hat er später auf deren inständige Bitten hin davon erzählt. Diese haben seinen Bericht aufgezeichnet.

Eines Tages ... saß ich allein und fühlte mich keineswegs schlecht, – da packte mich jäh und unzweideutig der Schrecken des Todes. Ich fühlte, ich müsse sterben. Warum ich das fühlte, läßt sich durch nichts, was ich in meinem Körper empfand, erklären. Ich konnte es mir auch nicht erklären. Aber ich bemühte mich auch gar nicht, herauszufinden, ob meine Todesangst begründet sei. Ich fühlte einfach: „ich muß jetzt sterben" und überlegte sofort, was ich tun solle. Ich dachte nicht daran, einen Arzt oder Verwandte oder gar Fremde zu fragen. Ich fühlte: diese Frage mußte ich selber lösen, hier und jetzt, auf der Stelle.
Dieser Schreck der Todesangst wandte mich nach innen. Ich sagte innerlich zu mir selbst, ohne einen Laut zu sprechen: „Jetzt ist der Tod da. Was hat das zu bedeuten? Was ist das: Sterben? Mein Leib hier stirbt." Sogleich fing ich an, meine Sterbeszene zu spielen. Ich streckte meine Glieder lang und hielt sie steif, als wäre die Todesstarre eingetreten. Ich ahmte einen Leichnam nach, um

meinem weiteren Erforschen den äußeren Schein der Wirklichkeit zu leihen, hielt den Atem an, schloß den Mund und hielt die Lippen fest aufeinander gepreßt, daß mir kein Laut entfahren konnte. Laß nicht das Wort „Ich" oder irgendeinen Laut dir entschlüpfen! – „Gut", sprach ich dann zu mir selber, „dieser Leib ist tot. Starr, wie er ist, werden sie ihn zur Leichenstätte tragen; dort wird er verbrannt und wird zu Asche. Aber wenn er tot ist, – bin dann „Ich" tot? Ist der Leib „Ich"? – Dieser Leib ist stumm und dumpf. Aber ich fühle alle Kraft meines Wesens, sogar die Stimme, den Laut „Ich" in mir, – ganz losgelöst vom Leibe. Also bin ich ein „Geistiges", ein Ding, das über den Leib hinausreicht. Der stoffliche Leib stirbt, aber das Geistige, über ihn hinaus, kann der Tod nicht anrühren. Ich bin also ein todlos „Geistiges".

All das aber war nicht bloß ein Vorgang in meinem Denken, es stürzte als lebendige Wahrheit in Blitzen auf mich ein: ich ward es unmittelbar gewahr, ohne Überlegen oder Folgern. „Ich" war ein höchstes Wirkliches, das einzige Wirkliche in diesem Zustande, und alles bewußte Geschehen, das an meinem Leibe hing, war darauf versammelt. Dieses „Ich" oder mein „Selbst" blieb von diesem Augenblick an mit allmächtiger Anziehungskraft im Brennpunkt meiner wachen Aufmerksamkeit. Die Furcht vor dem Tode war ein für allemal vergangen. Dieses Verschlungensein ins „Selbst" hat von jener Stunde an bis heute nicht aufgehört. Andere Vorstellungen und Gedanken mögen kommen und gehen wie viele Töne einer Musik, aber dieses Ich dröhnt als Grundbaß fort, der sie alle begleitet und sich mit ihnen verbindet. Ob mein Körper mit Sprechen, Lesen oder sonst etwas befaßt ist, immer blieb ich auf dieses „Ich" versammelt.

*

Das weitere Leben Shrî Ramanas war das eines Asketen und weisen Lehrers. Verschlungen von der Tiefe seines Selbst, war er über Jahre der Welt entfremdet. Später, nachdem er die volle Einheit des Geistes gefunden hatte, wurde er der mystische Lehrer, der vielen Schülern den eigenen Weg weisen konnte. – Die Entschiedenheit seines Lebensaufbruchs kennzeichnet die folgende Szene, die der Indologe Heinrich Zimmer überliefert:

Venkata-Ramans wachsende Selbstversunkenheit entging seiner Umgebung nicht; die zunehmende Vernachlässigung seiner Schulpflichten weckte die Mißbilligung seiner Lehrer, der ältere Bruder und der Oheim hielten mit ihrem Tadel nicht zurück. Seine völlige Gleichgültigkeit trieb einer äußeren Entscheidung zu. Sie fiel am Vormittag des 29. August 1896, als er zu Hause über einer Strafarbeit sitzen mußte: er hatte eine Lektion aus Bains englischer Grammatik, in der er dank innerer Teilnahmslosigkeit wieder einmal gründlich versagt hatte, dreimal abzuschreiben. Er schrieb sie zweimal ab; als er über der dritten Abschrift saß, ging es nicht mehr weiter, – er packte Buch und Schreibheft zusammen und schob sie beiseite, richtete sich kerzengerade in Yogihaltung auf, schloß die Augen und versank in innere Betrachtung.

Sein Bruder, der im selben Zimmer arbeitete und all die letzte Zeit mit seiner Mißbilligung nicht zurückgehalten hatte, brach bei diesem Gebaren unmutig aus: „Warum soll einer all das haben, wenn er sich benimmt wie du?“ – Venkata-Raman hörte seine Worte und gab ihm schweigend recht: was sollten ihm Schule und Familie, das Leben, das ihn umgab, mit seinen Forderungen und Aussichten, wenn er sich nur beflisse, – er öffnete die Augen und erhob sich: er wollte fort, – nach Arunâchala, und das sogleich.
Dem Bruder sagte er, daß er um zwölf zu einer Physikstunde in der Schule sein müsse, es ginge über Elektrizität. – „Dann vergiß nicht, die fünf Rupees Gebühren für mich im College zu bezahlen“, rief der Bruder ihm nach. Er ging ins Erdgeschoß, ließ sich von seiner Tante die fünf Rupees geben, schlang hastig einen Bissen hinunter und studierte auf einem veralteten Atlas, wo Tiruvannamalai liege. Die Bahnlinie, die bei Villupuram von der Hauptstrecke abzweigend ihn geradewegs bis ans Ziel gebracht hätte, war erst vier Jahre alt und noch nicht auf der Karte verzeichnet. So merkte er sich Tindivanam als nächste Bahnstation, überschlug, daß drei Rupees für die Fahrt ausreichen möchten, und behielt sie. Die zwei übrigen legte er zu Büchern seines Bruders und fügte einen Zettel bei, der sein Verschwinden erklärte. Auf dem Zettel stand:

Ich bin auf der Suche nach meinem Vater und in Erfüllung seines Gebots von hier weggegangen. Dieser begibt sich nur auf ein edles Unterfangen. Daher soll sich niemand über dieses Ereignis betrüben. Wendet kein Geld auf, diesem nachzuforschen. Somit
Deine Collegegebühr ist noch nicht
bezahlt. Beiliegend zwei Rupees.

Ein letztes Wort ohne Unterschrift. Er konnte nicht mehr mit seinem Namen unterzeichnen, setzte statt dessen ein paar Striche: da war kein Ich mehr, das sich mit seinem Namen als Person bezeichnen konnte.

Lehrer und Propheten

14. Gautama Buddha

Die Bezeichnung „Buddha" ist ein Würdetitel und bedeutet der „Erwachte". Er wird im Buddhismus darum auch nicht nur auf den historisch bekannten Buddha angewendet, sondern ebenso auf andere Erleuchtete früherer wie späterer und zukünftiger Zeiten.
Der historische Begründer des Buddhismus hieß mit Geschlechtsnamen Gautama (Gotama), mit Vornamen Siddharta (ca. 560–480 v. Chr.). Als Sohn eines Fürsten, der einen Kleinstaat regierte, wuchs Siddharta im heutigen Nepal in einem politisch weltläufigen Hause auf. Er lernte Reichtum und Sorglosigkeit kennen, war verheiratet und genoß sein Leben. Begegnungen mit dem menschlichen Elend und der Todesverfallenheit allen Lebens erschütterten ihn aber mit 30 Jahren so tief, daß er „aus dem Haus in die Hauslosigkeit" zog. Er wurde Mönch und suchte erlösende Weisheit durch härteste Askese. Nach Jahren rastlosen Bemühens gab er diesen Weg jedoch wieder auf. Er erlebte eine zweite Konversion, durch die er zu einem Buddha wurde. Die Legende erzählt, während einer langen, immer tiefer werdenden Meditation habe er endlich die vollkommene Erkenntnis gewonnen: Er durchschaute seine früheren Existenzen, erkannte alle Zusammenhänge des Daseins und war nun nicht länger ein Bodhisattva (einer, der die Erweckung sucht), sondern ein Erwachter, ein Buddha.
Nach ernstem Ringen entschloß er sich, auch andere seine Erkenntnis zu lehren. Die berühmte erste Predigt hält der Buddha im Gazellenhain von Benares vor den fünf Mönchen, die sich von ihm getrennt hatten, als er sein Asketendasein aufgab. Sie werden seine ersten Jünger.
Buddhas Abschiedsreden vor seinem Tod und sein Sterben sind von der gleichen friedvollen Souveränität wie sein Leben. Er gelangt über die Stufen der Versenkung in das vollkommene Nirvâna (→245/246).

Kurze Lebensbeschreibung aus dem Pâli-Kanon

Ich war verwöhnt, sehr verwöhnt. Ich salbte mich nur mit Benaressandel und kleidete mich nur in Benarestuch. Bei Tag und Nacht wurde ein weißer Sonnenschirm über mich gehalten. Ich hatte einen Palast für den Winter, einen für den Sommer und einen für die Regenzeit. In den vier Monaten der Regenzeit verließ ich den Palast überhaupt nicht und war von weiblichen Musikanten umgeben. Obwohl ich so sehr verwöhnt war, kam mir der Gedanke: „Wenngleich der gewöhnliche, weltlich-denkende Mensch selbst dem Alter, der

Krankheit, dem Tode unterworfen ist, fühlt er doch Widerwillen, wenn er einen anderen gealtert, krank oder als Toten sieht. Auch ich bin so, und das ist meiner nicht würdig." Als ich dies bedachte, schwand mir alle Freude an Jugend, Gesundheit und Leben ... Da dachte ich: „Wie, wenn ich, der ich das Übel von Alter, Krankheit und Tod erkannt habe, nach dem suchen würde, was von ihnen frei ist, nach dem höchsten Frieden, nach dem Nirvâna?" Und ein Jüngling mit schwarzen Haaren schor ich mir Haar und Bart, obwohl meine Eltern darüber weinten, legte die gelben Gewänder des Asketen an und zog aus der Heimat in die Heimatlosigkeit.

*

Durch schmerzvolle Selbstkasteiung erreichte ich nicht das höchste übermenschliche Wissen und Schauen. Da fragte ich mich, ob es einen anderen Weg zur Erleuchtung gäbe. Und ich erinnerte mich daran, daß ich einst bei meinem Vater im kühlen Schatten eines Rosenapfelbaums, losgelöst von Begierden und unheilvollen „Dingen" (dharma), die erste Versenkung erreichte. Da kam mir zum Bewußtsein: „Dies ist der Weg zur Erleuchtung."
Und ich erkannte, daß es nicht möglich sei, das Glück der Versenkung mit einem so abgemagerten Leibe zu erreichen. Da nahm ich wieder reichlichere Nahrung zu mir. Damals waren fünf Asketen um mich, die dachten: „Wenn der Asket Gautama die Wahrheit erkannt haben wird, dann wird er sie uns verkünden." Als ich wieder reichlichere Nahrung aß, da verließen mich die fünf, indem sie meinten: „Der Asket Gautama hat das geistige Ringen aufgegeben und sich der Schwelgerei zugewendet." Und sie gingen von dannen.

*

Als mein Denken gesammelt, geläutert, weich und leicht zu bearbeiten geworden war, richtete ich es auf die erinnernde Erkenntnis meiner früheren Existenzen. Ich erinnerte mich an eine, an zwei ... schließlich an hunderttausend meiner Vorgeburten ...
Und ich richtete dann das Denken auf die Erkenntnis der Vernichtung der schlechten „Einflüsse" (d.h. der Grundübel: Sinnenlust, Werdelust und Nichtwissen). „Dies ist das Leiden", „dies ist die Aufhebung des Leidens", „dies der zur Aufhebung des Leidens führende Pfad" erkannte ich der Wahrheit gemäß, und „dies sind die Einflüsse", „dies ist die Aufhebung der Einflüsse", „dies ist der Weg zur Aufhebung der Einflüsse" erkannte ich der Wahrheit gemäß. Als ich so erkannte und schaute, wurde mein Denken erlöst von den Einflüssen der Sinnenlust, des Werdens und des Nichtwissens, und es entstand die Erkenntnis: „In dem Erlösten ist die Erlösung. Aufgehoben ist die Wiedergeburt, vollendet der heilige Wandel, getan ist, was zu tun war, nach diesem Leben gibt es kein anderes." So erkannte ich. Dieses war das dritte Wissen, das ich in der letzten Nachtwache erreichte. So war das Nichtwissen vernichtet, das Wissen entstanden, die Finsternis vernichtet, das Licht entstanden bei einem, der unbeirrt in heißem Eifer entschlossen verharrte.

Die vier Ausfahrten des Buddha

Als nun der Bodhisattva mit großem Pomp durch das östliche Stadttor hinausfuhr, führten ihm Gottheiten auf dem Wege voraus einen abgezehrten Greis vor Augen, dessen Glieder von hervortretenden Adern überspannt waren. Seine Zähne zeigten Lücken, Runzeln überdeckten den Körper, und seine Haare waren ergraut. Dazu war er krumm und schief wie ein Dachgestühl, geknickt auf den Stock angewiesen, leidend. Die Kraft der Jugend war von ihm geflohen, und aus seiner Kehle kamen nur noch krächzende Laute. Sein Körper hing nach vorn über; dazu stützte er sich auf einen Stab und zittere an allen Körperteilen und Gliedern.
Als der Bodhisattva diesen bemerkte, sprach er zu seinem Wagenlenker: „Was ist mit diesem schwachen kraftlosen Mann, der ganz aus dürrem Fleisch und verdorrtem Blut, aus Haut und Sehnen zusammengesetzt scheint? Der, weißen Haares, voller Lücken in den Zähnen, abgemagert und auf einen Stock gestützt, mühsam und strauchelnd daherkommt?"
Der Wagenlenker antwortete: „Dies ist, o Herr, ein Mann, den das Alter überwältigt hat, dessen Sinnesvermögen nachgelassen und dessen Kraft und Stärke hin ist. Verachtet von seinen Verwandten, ohne jemanden, der ihn beschützt, körperlich unfähig, ließ man ihn im Walde zurück, wie man ein wertloses Stück Holz fortschleudert."
Da sprach der Bodhisattva: „Sage mir getreulich, sind dies Eigenschaften, die nur in seiner Familie erblich sind, oder ereilt dieser Zustand auch alle anderen Wesen? Sage mir schnell, wie es sich damit verhält! Hören will ich, wie es in Wahrheit darum steht, und dann von Grund auf darüber nachdenken!"
Der Wagenlenker antwortete: „O Herr, das Alter ist keine Eigenschaft einer bestimmten Familie oder eines besonderen Landes, nein, es vernichtet die Jugend jeglichen Geschöpfes. Auch deine Eltern, Verwandten und Angehörigen wird es nicht verschonen. Es gibt keinen Ausweg für irgend jemanden."
Und der Bodhisattva sprach: „Oh, wie jämmerlich, Wagenlenker, ist es dann bestellt um die Einsicht der Wesen, der unerleuchteten, törichten, die da, infolge ihrer Jugend von Übermut trunken, das Alter nicht sehen! Wende schnell den Wagen, ich will wieder nach Hause zurückkehren! Was sollen mir Spiele und Liebesvergnügungen, wenn das Alter auch von mir Besitz ergreift!"
Damit wandte der Bodhisattva den Wagen und kehrte in die Stadt zurück.

*

Ein andermal zog der Bodhisattva mit großem Gepränge durch das südliche Stadttor in die Parkanlagen hinaus. Und er sah auf dem Wege einen Mann, der von Krankheiten befallen war. Gemartert, von Leibschmerzen überwältigt, lag er ohne Hilfe und Schutz da; geschwächten Leibes versank er in seinen eigenen Exkrementen und konnte nur mit Mühe atmen. Als der Bodhisattva ihn sah, fragte er den Wagenlenker: „Was ist, Wagenlenker, mit diesem Mann, der da mit blassen Gliedern, zerrütteten Organen, mühsam atmend, mit vertrockneten

Gliedmaßen und aufgetriebenem Leib, von Beschwerden gepeinigt, in seinen eigenen ekelerregenden Exkrementen liegt?"
Der Wagenlenker antwortete: „Dies, o Herr, ist ein Siecher, dem Tode nahe, der unter den Schrecknissen einer Krankheit leidet; der Glanz der Gesundheit ist von ihm gewichen; seine Kraft ist dahin, er findet nirgends Rettung und Schutz und ist ohne einen Freund."
Da sprach der Bodhisattva: „So ist ja die Gesundheit wesenlos wie ein Traumspiel, und furchtbar erweisen sich die Schrecken der Krankheit! Welcher Wissende könnte, nachdem er den wahren Sachverhalt erkannt hat, noch Freude an Liebesspielen oder Empfindung für Schönheit haben?"
Damit wandte der Bodhisattva den Wagen und kehrte in die Stadt zurück.

*

Zu wieder einer anderen Zeit zog der Bodhisattva mit großem Pomp zum westlichen Tore der Stadt hinaus, um die Parkanlagen zu besuchen. Und da sah er, wie man einen Toten dahertrug, dessen Leichnam man auf ein Tragbett gelegt und mit einem Gewand überdeckt hatte. Viele Verwandte gaben ihm das Geleit, und alle weinten, schrien und klagten. Mit aufgelösten Haaren, das Haupt mit Staub bedeckt, zogen sie hinterher, schlugen sich die Brust und jammerten. Da fragte der Bodhisattva wiederum den Wagenlenker: „Was ist, Wagenlenker, mit diesem Mann, den man dort auf einem Bett trägt? Und wer sind jene, die ihre Haare raufen, Staub auf ihr Haupt werfen, sich die Brust schlagen und Klagelaute aller Art ausstoßen?"
Der Wagenlenker antwortete: „Diesen Mann, o Herr, hat der Tod von hier abberufen. Er wird seine Eltern, Kinder und Frauen nicht mehr sehen. Sie alle und die Schar der Freunde und Verwandten mußte er verlassen und hat eine andere Welt erreicht. Nie wieder wird er seine Angehörigen sehen!"
Da sprach der Bodhisattva: „O Jammer über eine Jugend, die das Alter ereilt! O Jammer über eine Gesundheit, die Krankheiten aller Art vernichten! Elend ist ein Leben, das nicht ewig währt, für den Weisen! Ein Elend das Hängen an den Lüsten für den Verständigen!
O wenn es doch die alle Körperlichkeit notwendig begleitenden Übel von Alter, Krankheit, Tod und das mächtige Leiden nicht gäbe! Erscheinen denn Alter, Krankheit und Tod auf ewig in unvermeidlicher Folge? Wohlan, ich will umkehren und über die Befreiung davon nachsinnen!"
Damit wandte der Bodhisattva den Wagen und kehrte wieder in die Stadt zurück.

*

Und wieder zu einer anderen Zeit zog der Bodhisattva durch das nördliche Stadttor hinaus in die Parkanlagen. Da ließen Gottheiten auf dem Wege vor ihm einen Bettelmönch erscheinen. Und der Bodhisattva sah diesen!
Ruhig, bezähmt, selbstbeherrscht, züchtig, ohne die Augen hin und her spielen zu lassen, die Blicke vor sich auf den Boden gehaftet, schritt jener sanft und

vorsichtig dahin. Würdevoll sah es aus, wenn er sich hin und zurück wandte, jemanden anblickte oder sich umschaute. In edler Haltung trug er seinen Mantel, die Bettelschale und die Gewänder. So sah ihn der Bodhisattva auf dem Wege stehen.

Und der Bodhisattva fragte seinen Wagenlenker: „Was ist das für ein Mann, Wagenlenker, der da beruhigten und abgewogenen Gemütes, ohne die Augen aufzuschlagen oder den Blick in die Ferne zu richten, dahingeht? Braunrot ist sein Gewand, wohlberuhigt wandelt er mit der Almosenschale in der Hand dahin, er scheint ohne jede Einbildung oder Hochmut zu sein."

Der Wagenlenker antwortete: „Diesen Mann, o Herr, nennt man einen Bettler. Er hat die Sinnenlüste aufgegeben und führt ein selbstbeherrschtes Leben; in der Heimatlosigkeit sucht er die Ruhe seines Inneren und geht, frei von Leidenschaft und Haß, seinem Bettelgang nach!"

Da sprach der Bodhisattva: „Gut, das ist ein schönes Wort und gefällt mir! Schon immer haben die Weisen empfohlen, in die Heimatlosigkeit zu ziehen; denn darauf gründet sich das eigene Heil sowohl als auch das der anderen Wesen, und die Frucht ist ein seliges Leben in Wonne und Unsterblichkeit."

Damit wandte der Bodhisattva den Wagen und kehrte wieder in die Stadt zurück.

*

Buddhas Eingang in das völlige Nirvâna

Zu dem zur Seite sitzenden ehrwürdigen Ānanda sprach dann der Herr also: „Laß doch, Ānanda! Trauere nicht und jammere nicht! Habe ich dir denn, Ānanda, nicht schon längst gesagt, daß wir uns von allem, was uns lieb und angenehm ist, scheiden, trennen müssen, daß es damit anders werden muß? Wie könnte es in diesem Falle anders sein, Ānanda? Daß das, was geboren, geworden, verursacht und der Auflösung unterworfen ist, – ach, wie wäre es möglich, daß das sich nicht auflöse? Lange Zeit bist du, Ānanda, dem Tathāgata zur Seite gestanden mit zahllosen treuen, liebevollen, nützlichen und angenehmen Diensten in Taten, ... in Worten, ... in Gedanken. Du hast Gutes getan, Ānanda. Strebe nur weiter, und bald wirst du von den Grundübeln frei sein ..."

Da sprach der Herr zum ehrwürdigen Ānanda: „Es könnte sein, Ānanda, daß euch der Gedanke käme: Das Wort hat seinen Lehrer verloren, wir haben keinen Lehrer mehr. So, Ānanda, sollt ihr es nicht ansehen. Die Lehre und die Ordnung, Ānanda, die euch von mir gepredigt und verkündet worden ist, die soll nach meinem Hingang euer Lehrer sein ..."

Da sprach der Herr zu den Mönchen: „Wohlan, ihr Mönche, ich sage euch: Dem Vergehen unterworfen sind die Daseinserscheinungen, vervollkommnet euch mit Eifer!" Das war des Tathāgatas letztes Wort.

Da nun trat der Herr in die erste Stufe der Versenkung ein. Nachdem er sich aus der ersten Stufe der Versenkung erhoben hatte, trat er in die zweite Stufe der

Versenkung ein. Nachdem er sich aus der zweiten Stufe der Versenkung erhoben hatte, trat er in die dritte Stufe der Versenkung ein. Nachdem er sich aus der dritten Stufe der Versenkung erhoben hatte, trat er in die vierte Stufe der Versenkung ein. Nachdem er sich aus der vierten Stufe der Versenkung erhoben hatte, versenkte er sich in das Reich der Raumunendlichkeit. Nachdem er sich aus dem Reich der Raumunendlichkeit erhoben hatte, versenkte er sich in das Reich der Bewußtseinsunendlichkeit. Nachdem er sich aus dem Reich der Bewußtseinsunendlichkeit erhoben hatte, versenkte er sich in das Reich des Nichtseins. Nachdem er sich aus dem Reich des Nichtseins erhoben hatte, versenkte er sich in das Reich, wo es weder ein Vorstellen noch ein Nichtvorstellen gibt. Nachdem er sich aus dem Reich, wo es weder ein Vorstellen noch ein Nichtvorstellen gibt, erhoben hatte, gelangte er zum gänzlichen Aufhören von Vorstellen und Empfinden.

Da sprach der ehrwürdige Ānanda zum ehrwürdigen Anuruddha also: "Völlig zur Ruhe gegangen ist der Herr, Ehrwürdiger Anuruddha." ...

Nachdem der Herr völlig zur Ruhe gegangen war, da entstand zugleich mit dem völligen Nirvāna ein großes Erdbeben, ein furchtbares, schaudererregendes, und Göttertrommeln erdröhnten ...

Als der Herr völlig zur Ruhe gegangen war, sprach zugleich mit dem völligen Nirvāna der ehrwürdige Ānanda den folgenden Vers:

„Da geschah etwas Furchtbares, da geschah etwas Schaudererregendes, als der mit allen Vorzügen und Schönheiten ausgestattete Vollkommenerleuchtete völlig zur Ruhe ging."

Als der Herr völlig zur Ruhe gegangen war, da rangen manche von den Mönchen, die noch nicht frei von Leidenschaften waren, die Hände und jammerten, (andere) fielen jählings zur Erde und wälzten sich hin und her, (indem sie klagten): „Allzubald ist der Herr völlig zur Ruhe gegangen, allzubald ist der Selige völlig zur Ruhe gegangen, allzubald ist das Auge (d. h. das Licht) in der Welt verschwunden." Diejenigen von den Mönchen aber, die frei von Leidenschaften waren, ertrugen es ernstbesonnen und klarbewußt, (indem sie dachten): „Vergänglich sind die Daseinserscheinungen, wie wäre es möglich, (daß es) in diesem Fall (anders sei)?"

15. Kungfutse

Der latinisierte Name Konfuzius heißt im Chinesischen Kung-fu-tse: „Meister Kung" (551–479 v. Chr.). Kung wurde im Staate Lu als Sohn des dortigen Stadtkommandanten geboren. Nachdem er den Vater aber früh verlor, erlebte er eine harte Jugendzeit, heiratete mit 19 Jahren, übernahm kleine Beamtenstellungen und studierte nebenher mit Eifer die Sitten und Gebräuche der Vergangenheit. Seine gesamte folgende Lebensarbeit stand unter dem Bemühen, die zerrütteten gesellschaftlichen und politischen Verhältnisse der chinesischen Heimat wieder in Ordnung zu bringen: „In meiner Überlieferung mache ich nichts Neues, in meinem Glauben lasse ich mich von der Liebe zum Altertum leiten." Kung war bestrebt, über ein Regierungsamt seinen Einfluß geltend zu machen. Die politische Unbeständigkeit ließ ihn jedoch nicht lange in der Heimat wirken, 13 Jahre lang zog er bald darauf als Wanderlehrer durch China, bis er 483 wieder zu einem stillen Lebensabend nach Hause zurückkehrte und dort vier Jahre später starb. Trotz dieses ereignislosen Lebens war Meister Kungs Nachwirkung ungeheuer. Erst schrittweise holte China seine überdauernde Bedeutung ein: Im 2. Jahrhundert v. Chr. wurde Kungs kultische Verehrung begründet; 555 n. Chr. forderte ein kaiserlicher Erlaß, in allen Präfekturstädten einen Tempel zu Ehren Kungs zu errichten. Schließlich wurde Kung erst 1906 durch ein Regierungsedikt zu göttlichen Würden erhoben. Schon wenig später bricht mit der chinesischen Revolution eine Jahrhundertdebatte an über die politische Einschätzung von Werk und Wirkung des Kungfutse. Diese Debatte, unter Mao-Tse-Tungs Kulturrevolution verschärft, arrangierte eine heftige Kampagne gegen den Konfuzianismus; sie wird China auch weiterhin beschäftigen, denn die Auseinandersetzung zwischen Marx und Konfutse ist weder mit Gewalt noch im Handumdrehen zu erledigen.

Aus den Gesprächen (Lun Yü)

Das Lun Yü ist eine Sammlung von Kung-Anekdoten und Worten des Meisters, die durch mündliche Tradition über viele Generationen weitergegeben wurden. Ihre Endredaktion, der drei ältere Teilsammlungen zugrunde liegen, fanden die „Gespräche" durch Dsong Hüan, der von 127–200 n. Chr. lebte.

Geburtslegende

Am Abend, als Kung-tse geboren ward, stiegen zwei Seraphim vom Himmel und schwebten um das Geburtshaus, und die fünf Alten nahten sich der Halle. Als das Kind geboren ward, hörte man im Gemach seiner Mutter himmlische Musik in den Lüften ertönen. Das Kind aber hatte an seinem Leibe neunundvierzig Malzeichen, die es als Ordner der Welt bekundeten.

*

Entwicklungsstufen

Der Meister sprach: „Ich war fünfzehn, und mein Wille stand aufs Lernen, mit dreißig stand ich fest, mit vierzig hatte ich keine Zweifel mehr, mit fünfzig war mir das Gesetz des Himmels kund, mit sechzig war mein Ohr aufgetan, mit siebzig konnte ich meines Herzens Wünschen folgen, ohne das Maß zu übertreten."

*

Schwerpunkte der Lehre

Was der Meister mit besonderer Sorgfalt besprach, waren die Lieder, die Geschichte, das Halten der Riten. Das alles besprach er mit Sorgfalt.

*

Kungs Charakter

Der Meister war in seinem Wesen mild und doch würdevoll. Er war Ehrfurcht gebietend und doch nicht heftig. Er war ehrerbietig und doch selbstbewußt.

*

Über Kungs Verhalten im Alltag

Meister Kung war in seinem Heimatorte in seinem Wesen voll anspruchsloser Einfachheit, als könnte er nicht reden. Im Tempel und bei Hofe dagegen sprach er fließend, aber mit Überlegung.
Bei Hofe sprach er mit den (ihm gleichgeordneten) Ministern zweiten Rangs frei und ungezwungen, mit den Ministern ersten Grades präzis und sachlich. Wenn der Fürst eintrat, war er in seinem Benehmen ehrfurchtsvoll, doch gefaßt.
Wenn ihn der Fürst zum Empfang eines Gastes befahl, so wurde seine Miene ernst, und seine Schritte waren geschwind. Bei den Verbeugungen vor den nebenstehenden Beamten wandte er die zum Gruß erhobene Hand nach links und rechts. Seine Kleidung blieb dabei vorn und hinten in Ordnung. (Beim Geleiten der Gäste) eilte er voran, und (seine Arme waren) in leichter Schwingung. Nachdem der Gast sich zurückgezogen, machte er stets die Meldung: „Der Gast sieht sich nicht mehr um."
Wenn er durch das Palasttor trat, so beugte er sich, gleich als ob er kaum hindurchkäme. Beim Stehen vermied er den Platz gegenüber von der Mitte des Tors, beim Durchschreiten (des Tors) trat er nicht auf die Schwelle. Wenn er am (leeren, äußeren) Thron vorbeikam, so wurde seine Miene ernst, und seine Schritte waren geschwind, er redete im Flüsterton. Er hielt sorgfältig den Saum seincs Kleides empor, wenn er zur Audienzhalle hinaufstieg. Er beugte sich und hielt den Atem an, gleich als wage er nicht Luft zu schöpfen. Wenn er (von der Audienzhalle wieder herauskam und) die erste Stufe herabgestiegen war, so löste sich die Spannung in seinen Zügen, und er hatte einen heiteren Ausdruck. Unten an den Stufen angekommen, eilte er vorwärts, (und seine Arme waren) in leichter Schwingung. So kehrte er an seinen Platz zurück mit ehrfurchtsvollem Gesichtsausdruck.
Wenn ein Freund gestorben war, der keine Angehörigen hatte, so sprach er: „Überlaßt es mir, ihn zu begraben."
Wenn ein Freund ihm etwas schenkte, und waren es selbst Pferde und Wagen: wenn es nicht Opferfleisch war, so machte er keine Verbeugung.
Im Bett lag er nicht (steif wie) ein Leichnam. Im täglichen Leben war er nicht formell.

Wenn er jemanden in Trauer sah, so änderte er (seinen Gesichtsausdruck), auch wenn er ein guter Bekannter war. Wenn er einen in Hofkopfbedeckung oder einen Blinden sah, so benahm er sich höflich, auch wenn er ihnen oft begegnete. Einen Leichenzug grüßte er, (wenn er selbst im Wagen fuhr), durch (Verbeugung bis zur) Querstütze. Ebenso begrüßte er die (Leute, welche die) Volkszählungslisten trugen.

*

Die Legende von Kungs Grab

Als einst der böse Kaiser Tsin Schi Huang alle anderen Staaten unterjocht hatte und das ganze Reich durchzog, kam er auch nach der Heimat des Konfuzius. Da kam er an sein Grab. Er wollte es öffnen lassen und sehen, was darin sei. Alle seine Beamten rieten ihm ab, aber er hörte nicht auf sie. So wurde denn ein Gang hineingegraben, und man traf in der Hauptkammer auf den Sarg. Das Holz schien noch ganz neu zu sein. Wenn man daran klopfte, klang es wie Erz. Links vom Sarg war eine Tür, die führte in ein inneres Gemach. Darin stand ein Bett, ein Tisch mit Büchern und Kleidern, alles wie für einen lebenden Menschen gehalten. Tsin Schi Huang setzte sich auf das Bett und blickte auf den Boden. Da standen zwei Schuhe aus roter Seide, die an der Spitze ein gesticktes Wolkenmuster trugen. Sie waren neu und rein und ohne Staub. An der Wand stand ein Bambusstab. Zum Scherze zog der Kaiser die Schuhe an, nahm den Stab und ging hinaus.
Da erschien plötzlich eine Tafel, darauf standen folgende Verse geschrieben:

Tsin Schi Huang hat sechs Reiche überrannt,
Öffnete mein Grab, und mein Bett er fand,
Stiehlt meine Schuh', nimmt den Stock in die Hand;
Kommt er nach Schakiu – sein Ende er fand.

Tsin Schi Huang erschrak sehr und ließ das Grab sofort wieder schließen. Als er aber nach Schakiu kam, traf ihn eine hitzige Krankheit, an der er starb.

*

Aus den Schulgesprächen (Gia Yü)

Die Gia Yü oder die „Schulgespräche" Kungfutses enthalten teils Geschichten aus dem Leben des Meisters, teils Anekdoten, Gespräche und Ausführungen zu verschiedenartigen Themen. Sie geben sich als Aufzeichnungen von Schülern. Gegenüber dem Lun Yü sind die Stücke breiter erzählt und weniger geschliffen in ihrer Form. Das in der Sammlung enthaltene Material dürfte zu unterschiedlichen Zeiten zusammengetragen und redigiert worden sein. Um das Jahr 100 v. Chr. scheint dieser Prozeß im wesentlichen abgeschlossen.

Gegen blinden Gehorsam

Dsï Gung befragte den Meister Kung und sprach: „Ohne Zweifel verlangt doch die kindliche Ehrfurcht, daß der Sohn den Befehlen seines Vaters gemäß handelt, und die Treue, daß der Beamte den Befehlen seines Fürsten gemäß handelt."

Meister Kung sprach: „Unwissend bist du doch, Sï,daß du es nicht besser weißt. Vor Zeiten galt es, daß die erleuchteten Herren der Reiche von zehntausend Kriegswagen sieben Beamte hatten, die ihnen zu widersprechen wagten, so daß sie frei von Fehlern blieben. Die Fürsten der Staaten von tausend Kriegswagen hatten fünf Beamte, die ihnen zu widersprechen wagten, so daß die Altäre nicht in Gefahr gerieten. Die Herren aus Häusern mit hundert Kriegswagen hatten drei Beamte, die ihnen zu widersprechen wagten, so daß sie frei blieben vom Verlust des Einkommens und der Stellung. Ein Vater, der einen Sohn hat, der ihm zu widersprechen wagt, gerät nicht in die Gefahr, sittenlos zu handeln. Ein Gebildeter, der einen Freund hat, der ihm zu widersprechen wagt, tut nichts Unrechtes. Wie sollte es darum ein Zeichen der Ehrfurcht sein, wenn der Sohn unter allen Umständen dem Willen seiner Eltern folgt; wie sollte es ein Zeichen von Treue sein, wenn der Beamte unter allen Umständen dem Willen seines Herrn folgt. Nur wer zu beurteilen vermag, wo er zu folgen hat, der kann ehrfurchtsvoll, der kann treu genannt werden."

*

Der nicht entlehnte Regenschirm

Einst war Meister Kung dabei auszugehen. Es regnete, und er hatte keinen Schirm. Da sprach einer der Jünger: „Schang hat einen."

Meister Kung sprach: „Schang ist ein Mann, der sehr an seinen Gütern hängt. Es heißt, im Verkehr muß man sich an die Vorzüge der Leute halten und ihre Schwächen übergehen, dann ist die Freundschaft dauerhaft."

*

Der Jüngling aus Lu

Es war einmal ein Mann in Lu, der lebte allein in einem Hause. Seines Nachbars Witwe lebte auch allein in ihrem Haus. Einst erhob sich nachts ein Gewittersturm, der das Haus der Witwe zerstörte. Sie eilte zu ihrem Nachbarn und suchte Unterkunft. Der Mann aus Lu aber schloß seine Türe zu und ließ sie nicht herein. Die Witwe redete ihn durchs Fenster an und sprach: „Warum seid Ihr so unmenschlich und laßt mich nicht hinein?"

Der Mann aus Lu sprach: „Man sagt, ein Mann und eine Frau, wenn sie noch unter 60 Jahre alt sind, dürfen nicht zusammen sein. Nun seid Ihr jung, und ich bin auch jung, darum wage ich nicht, Euch hereinzulassen."

Die Frau sprach: „Warum macht Ihr es nicht wie Liu Hia Hui, der ein junges,

unverheiratetes Mädchen im Arme halten konnte, ohne daß ihn die Leute im ganzen Lande für unrein hielten?“
Der Mann aus Lu sprach: „Liu Hia Hui konnte so etwas tun, ich vermag es freilich nicht. Aber ich will damit, daß ich mir so etwas nicht erlaube, eben von Liu Hia Hui lernen, der sich so etwas erlauben konnte.“
Meister Kung hörte davon und sprach: „Vortrefflich! Von den Nachahmern Liu Hia Huis ist ihm keiner so nahe gekommen wie dieser. Das ist die wahre Weisheit, die, während sie nach der höchsten Stufe strebt, dennoch nicht das nachahmt, was andere sich erlauben können.“

*

Ehrfurcht vor dem täglichen Brot

Meister Kung saß einst beim Fürsten Ai. Der gab ihm einen Pfirsich und eine Hirseähre und forderte ihn auf zu essen.
Meister Kung aß erst die Hirseähre und dann den Pfirsich. Die Höflinge hielten die Hand vor den Mund und lachten. Der Fürst sprach: „Die Ähre ist dazu da, den Pfirsich abzuwischen, und nicht zum Essen.“
Meister Kung erwiderte: „Ich weiß es. Aber die Hirse ist die vornehmste der fünf Feldfrüchte. Beim Opfer für den Himmel und im Ahnentempel gilt sie als höchste Gabe. Baumfrüchte gibt es sechs Arten, und der Pfirsich ist der geringste. Er wird nicht gebraucht beim Ahnenopfer und kommt nicht auf den Altar des Himmels. Ich habe gehört, daß der Edle kostbare Dinge mit geringen abwischt, nicht aber, daß er geringe Dinge mit kostbaren abwischt. Nun hieße es, das Höhere in den Dienst des Niederen stellen, wenn man mit der vornehmsten der Feldfrüchte die geringste der Baumfrüchte abwischen wollte. Ich hielt das nicht für vereinbar mit wahrer Kultur und schädlich für die Gerechtigkeit, darum habe ich es nicht gewagt.“
Der Fürst sprach: „Trefflich!“

*

Fasching

Dsï Gung sah dem Treiben am Tage des Dscha-Opfers zu. Meister Kung sprach: „Bist du auch fröhlich, Sï?“
Dsï Gung erwiderte: „Die Leute des ganzen Landes benehmen sich wie verrückt, ich weiß nicht, was da Fröhliches dabei sein soll.“
Meister Kung sprach: „Daß nach der Mühsal von hundert Tagen ein Tag der Freude und ein Tag des Genusses nötig ist, das verstehst du nicht. Den Bogen nur spannen, ohne ihn zu entspannen, das hätten selbst die Könige Wen und Wu nicht gekonnt; nur Abspannung ohne Anspannung, das hätten sie nicht gewollt. Anspannung im Wechsel mit Abspannung, das ist der Weg der Könige Wen und Wu.“

*

Über das Leben nach dem Tode

Dsï Gung fragte den Meister Kung und sprach: „Haben die Toten Bewußtsein, oder haben sie kein Bewußtsein?" Der Meister sprach: „Wollte ich sagen, die Toten haben Bewußtsein, so wäre zu fürchten, daß ehrfürchtige Söhne und gehorsame Enkel die Lebenden zu kurz kommen ließen, um der Bestattung der Toten willen. Wollte ich sagen, die Toten haben kein Bewußtsein, so wäre zu fürchten, daß ungeratene Söhne ihre Eltern unbestattet liegenließen. Dein Wunsch zu wissen, ob die Toten Bewußtsein haben oder nicht, ist zunächst keine dringende Sache. Später wirst du es von selber wissen."

16. Laotse

Laotses Streben war, wie es in einer wortkargen Überlieferung heißt, „sich zu verbergen und namenlos zu bleiben". Tatsächlich wissen wir fast nichts von ihm. Die wenigen Angaben der Tradition sind nicht überprüfbar. Dennoch zeichnet diese Legende das wohl wichtigste Profil: „Laotse war ein Weiser, der die Verborgenheit liebte." Sein knappes, tiefsinniges Tao Tê King (→ 56) kommt aus einer Erfahrung, die allem, was sonst Erfahrung heißen mag, einsam voraufliegt. Laotses Lehre ist eine Mystik des Nicht-tun: „Ohne Wortunterweisung, durch Nicht-tun wirken. Wenige in der Welt es so weit bringen" (→ 201/202). Infolgedessen hat Laotse nie viele Schüler gehabt. Seine Mystik ist eine Religion der Einzelnen – zu jeder Zeit. Unbekannt ist auch, wann Laotse gelebt hat. Die neuere Forschung geht heute davon aus, daß er später als Kung lebte, möglicherweise im 4. Jahrhundert v. Chr. Wenn die Legende dennoch den Meister Kung Laotses Kritik unterstellt, so äußert sich darin ein Urteil, das den Mystiker über den volkstümlichen Moralpädagogen stellt.

Geburtslegende

Laotse ist eigentlich älter als Himmel und Erde. Er ist der gelbe Alte, der mit den anderen vier die Welt geschaffen hat. Zu verschiedenen Zeiten aber hat er sich auf der Erde unter verschiedenen Namen gezeigt. Seine berühmteste Menschwerdung ist jedoch die als „altes Kind", Laotse, mit dem Namen Li, „Pflaume". Das ging so zu: Seine Mutter empfing ihn auf übernatürliche Weise und trug ihn zweiundsiebzig Jahre lang. Als er geboren wurde, kam er aus der linken Achselhöhle seiner Mutter hervor. Er hatte gleich von Anfang an weißes Haar, darum nannte man ihn „altes Kind". Auch konnte er schon sprechen. Da er keinen menschlichen Vater hatte, deutete er auf den Pflaumenbaum, unter dem er zur Welt gekommen war, und sprach: „Dies soll mein Name sein!"

*

Laotses Leben in Verborgenheit

Laotse war geboren in dem Dorfe Khio-sjin, Bezirk Lai, Kreis Khou im Königreich Tschou. Sein Familienname war Li, sein Eigenname Erl, sein Ehrenname Pe-Yang, sein Name nach dem Tod Tan. Er war Geschichtsschreiber der Archive der Tscheou ...
Laotse lebte dem Geist und der Tugend; sein Streben war, sich selbst zu verbergen und namenlos zu bleiben. Er lebte lange in Tschou, als er den Verfall der Tscheou sah, gab er sein Amt auf und zog nach dem Grenzpaß Han-Gu. Der Grenzwächter Yin-Hi sprach zu ihm: „Der Herr will sich zurückziehen, darf ich den Herrn bitten, mir ein Buch zu schreiben." Darauf schrieb Laotse ein Buch in zwei Teilen über den Geist und die Tugend, das fünftausend und mehr Worte enthielt, worauf er sich entfernte. Niemand weiß, wo er geendet. Laotse war ein Weiser, der die Verborgenheit liebte ...
Die der Lehre Laotses anhängen, verachten die Schriftgelehrten; die Schriftgelehrten wiederum verachten Laotse; denn wie sollen sich verstehen, die in den Grundsätzen verschieden sind. Nach Laotse wird ein Volk durch Nichttun bekehrt und durch Reinheit und Ruhe von selbst zum Guten gebracht.

*

Laotse belehrt Konfuzius über den Sinn

Kung-tse war einundfünfzig Jahre lang auf Erden gewandelt und hatte noch nicht den (wahren) Sinn der Welt vernommen. Da ging er südwärts nach Pe und besuchte den Laotse.
Laotse sprach: „So? Seid Ihr da? Ich höre, daß Ihr ein weiser Mann im Norden seid. Habt Ihr auch den Sinn erlangt?"
Kung-tse sprach: „Noch nicht."
Laotse sprach: „Wie habt Ihr ihn gesucht?"
Er sprach: „Ich habe ihn gesucht in Maß und Zahl fünf Jahre lang und habe ihn nicht erlangt."
Laotse sprach: „Und wie habt Ihr ihn dann gesucht?"
Er sprach: „Ich habe ihn gesucht in den Urkräften des Weltalls zwölf Jahre lang und habe ihn nicht erlangt."
Laotse sprach: „Selbstverständlich! Wenn der Sinn etwas wäre, das sich darbieten ließe, so würde ihn jedermann seinem Herrscher darbieten. Wenn der Sinn etwas wäre, das sich überreichen ließe, so würde ihn jedermann seinen Eltern überreichen. Wenn der Sinn etwas wäre, das sich anderen schenken ließe, so würde jedermann ihn seinen Söhnen und Enkeln schenken ... Begriffe sind allgemeine Werkzeuge; man darf nicht zuviel darauf geben. Liebe und Pflicht sind Nothütten der alten Könige. Man kann darin eine Nacht verweilen, aber nicht dauernd darin wohnen, sonst stellen die, die uns zusehen, zu große Ansprüche an uns. Die höchsten Menschen der alten Zeiten benützten die Liebe als Pfad und die Pflicht als Herberge, um zu wandern im Raum freier Muße. Sie

nährten sich vom Feld der Wunschlosigkeit und standen im Garten der Bedürfnislosigkeit. Wandern in Muße ist Nicht-Handeln. Wunschlosigkeit ist leicht zu ernähren, und Bedürfnislosigkeit braucht keinen Aufwand. Die Alten nannten das: Wanderschaft, bei der man die Wahrheit pflückt.

*

Laotse belehrt Konfuzius über Liebe und Pflicht

Kung-tse ging nach Westen, um Schriften niederzulegen in der kaiserlichen Bibliothek.
Da gab ihm Dsi Lu einen Rat und sprach: „Soviel ich weiß, ist da ein gewisser Laotse, der früher kaiserlicher Bibliothekar war, sich aber nun zurückgezogen hat und in seiner Heimat lebt. Wenn ihr Schriften niederlegen wollt, Meister, so macht doch einmal den Versuch, zu ihm zu gehen, damit er euch behilflich sei."
Kung-tse sprach: „Trefflich!"
Und er ging hin, den Laotse zu besuchen. Aber Laotse war nicht dafür zu haben. Darauf gab er ihm eine Beschreibung der zwölf klassischen Schriften, um ihn zu überzeugen.
Laotse unterbrach ihn mitten in seiner Rede und sprach: „Das ist zu ausführlich. Ich möchte die Hauptpunkte hören."
Kung-tse sprach: „Der Hauptpunkt ist Liebe und Pflicht."
Laotse sprach: „Darf ich fragen: Gehören Liebe und Pflicht eigentlich zum Wesen des Menschen?"
Kung-tse sprach: „Gewiß. Die Tugend ist ohne Liebe nicht vollkommen und kann ohne Pflicht nicht entstehen. Liebe und Pflicht gehören zum Wesen des wahren Menschen. Was will er ohne sie anfangen?"
Laotse sprach: „Was bedeuten eigentlich Liebe und Pflicht?"
Kung-tse sprach: „Im innersten Herzen alle Wesen gern haben, alle lieben ohne Selbstsucht; das ist die Art von Liebe und Pflicht."
Laotse sprach: „Ei, das scheinen mir recht minderwertige Reden zu sein. Alle zu lieben, ist das nicht übertrieben? Selbstlosigkeit als seine Pflicht ansehen, das beweist ja gerade, daß man selbstsüchtig ist. Wenn Ihr, Meister, den Wunsch habt, daß die Welt nicht ohne Hirten sei, wißt Ihr ja, daß Himmel und Erde ihre ewigen Ordnungen in sich selbst haben, daß Sonne und Mond ihr Licht in sich selbst haben, daß Sterne und Sternbilder ihre Ordnung in sich selbst haben, daß die Tiere ihren Herdentrieb in sich selbst haben, daß die Pflanzen ihren Standort in sich selbst haben. Wenn Ihr, Meister, in Euren Handlungen dieses Leben nachahmt und mit Euren Schriften diesem Sinne folgt, so seid Ihr ja schon am Ziel. Was braucht Ihr da noch krampfhaft Liebe und Pflicht zu predigen, wie wenn man die Pauke schlagen wollte, um einen verlorenen Sohn zu suchen? Ei, Meister, Ihr verwirret der Menschen Wesen!"

*

Laotses Tod

Laotse war gestorben. Tsin Schi ging hin, um sein Beileid zu bezeugen. Er stieß drei Klagelaute aus und kam wieder heraus.
Ein Jünger fragte ihn: „Wart Ihr nicht unseres Herrn Freund?“
Er sagte: „Wohl.“
„Ist es Euch dann genug, auf diese Weise Euer Beileid zu bezeugen?“
Er sprach: „Ja! Anfangs hielt ich dafür, daß er unser Mann sei, und nun ist es doch nicht so. Als ich vorhin hineinging, um zu klagen, da beweinten ihn die Alten, als weinten sie um einen Sohn, und die Jungen weinten, als trauerten sie um eine Mutter. Um sie so fest an sich zu binden, muß er Worte gesprochen haben, die er nicht hätte sprechen sollen, und Tränen geweint haben, die er nicht hätte weinen sollen. Das ist aber ein Abweichen von der himmlischen Natur, das nur die menschlichen Gefühlserregungen vermehrt, so daß man die anvertrauten Gaben (Gottes) vergißt. Diesen Zustand nannten die Alten: die Strafe für das Verlassen der himmlischen Natur.
Der Meister kam in diese Welt, als seine Zeit da war. Der Meister ging aus dieser Welt, als seine Zeit erfüllt war. Wer auf seine Zeit wartet und der Erfüllung harrt, über den haben Freude und Trauer keine Macht mehr. Diesen Zustand nannten die Alten: die Lösung der Bande durch Gott.“
Was wir ein Ende nehmen sehen, ist nur das Brennholz. Das Feuer brennt weiter. Wir erkennen nicht, daß es aufhört.

17. Mohammed

Mohammed (um 570–632) fand früher als andere „Religionsstifter“ ein biographisches Interesse. Der älteste Text, der heute noch vorliegt und in den Berichte des ersten islamischen Jahrhunderts eingegangen sind, ist „die Sîra“ (Vita). Etwa 120 Jahre nach dem Tode Mohammeds wurde das Werk von Ibn Ishâq (ca. 704–760), dem ersten geschichtlichen Forscher der arabischen Welt, geschrieben. Daß diese Biographie erhalten blieb, ist dem Ägypter Ibn Hischâm († um 830) zu verdanken, der das umfassendere Material Ibn Ishâqs kürzte und als Prophetenbiographie herausgab.
Der geringe zeitliche Abstand zu Mohammeds Leben und das betont biographische Interesse dieser Vita erklären die überraschende Menschlichkeit, mit der Mohammed geschildert wird. Ihr verdankt es der Islam, daß Mohammed – abgesehen von volksfrommen Legenden – nie im gleichen Maße wie andere Religionsstifter verklärt wurde.
Andererseits wird diese Lebensbeschreibung aber doch von zahlreichen Legenden bestimmt, d. h. von Geschichten, die das Geheimnis des Propheten dem Gläubigen deuten.

Die Worte, die Âmina in der Schwangerschaft hörte

Die Menschen erzählen, daß zu Âmina, als sie den Propheten unter dem Herzen trug, eine Stimme kam, die zu ihr sprach:
„Du hast empfangen den Herrn dieses Volkes, und wenn er geboren wird, so sprich: ‚Ich gebe ihn in die Obhut des Einzigen vor dem Übel eines jeden Neiders!' Und nenne ihn Mohammed, der Gepriesene!"
Auch sah sie in der Schwangerschaft, wie ein Licht von ihr ausging, in dem sie die Schlösser von Busrâ in Syrien erblickte.
Nur kurze Zeit, nachdem Âmina den Propheten empfangen hatte, starb Abdallâh, der Vater Mohammeds.

*

Die Vision beim Schafehüten

Von einem gelehrten Mann – ich glaube, es kann nur Châlid ibn Ma'dan gewesen sein – hat mir Thaur ibn Jazîd folgendes weitererzählt:
Den Propheten baten einmal einige seiner Genossen, ihnen von sich selbst zu erzählen. Er kam ihrer Bitte nach und sprach:
„Ich bin das Gebet meines Vaters Abraham und die frohe Botschaft meines Bruders Jesus. Meine Mutter sah, als sie mit mir schwanger war, ein Licht von sich ausgehen, das ihr die Schlösser Syriens erleuchtete. Gestillt wurde ich im Stamme der Banu Sa'd ibn Bakr. Und als ich eines Tages mit meinem Milchbruder hinter unseren Zelten die Schafe hütete, kamen zu mir zwei Männer in weißen Gewändern mit einem goldenen Becken, gefüllt mit Schnee. Sie packten mich, öffneten mir den Leib, nahmen mein Herz heraus, spalteten es, entnahmen einen schwarzen Blutklumpen und warfen ihn weg. Dann wuschen sie mein Herz und meinen Leib, bis sie sie gereinigt hatten.
Schließlich sprach der eine zum anderen:
„Wiege ihn gegen zehn aus seinem Volke auf!"
Er tat es, und ich wog sie auf. Und weiter sprach er:
„Wiege ihn gegen hundert aus seinem Volke!"
Er tat es, und ich wog sie auf.
„Wiege ihn gegen tausend aus seinem Volke!" fuhr er fort, und wieder wog er mich, und ich wog sie auf. Dann erst sprach er:
„Laß ab von ihm, denn, bei Gott, auch wenn du ihn gegen sein ganzes Volk wiegst, wird er es aufwiegen."

*

Die Weissagung des Mönches

Im Alter von fünfundzwanzig Jahren heiratete der Prophet Chadîdscha, die Tochter des Chuwailid ibn Asad ibn Abdal'uzzâ. Sie war eine Geschäftsfrau von Adel und Reichtum und dingte Männer, die für eine gewisse Profitbeteiligung

mit ihren Waren Handel trieben. Die Quraisch waren ja ein Handelsvolk. Als sie von Mohammeds Ehrlichkeit, seiner Zuverlässigkeit und seinem edlen Charakter hörte, schickte sie nach ihm und unterbreitete ihm den Vorschlag, als Händler ihre Waren nach Syrien zu bringen. Sie bot ihm dafür mehr als jedem anderen und stellte ihm noch einen ihrer Sklaven namens Maisara zur Verfügung. Der Prophet nahm an, und zusammen mit Maisara und den Waren machte er sich auf den Weg nach Syrien. Als er sich dort im Schatten eines Baumes in der Nähe der Klause eines Mönches niederließ, wandte sich dieser an Maisara und fragte ihn:
„Wer ist dieser Mann, der sich unter jenen Baum gesetzt hat?“
„Er gehört zum Stamme Quraisch, zu den Hütern des Heiligtums“, erwiderte Maisara.
„Nur Propheten“, so erklärte darauf der Mönch, „haben unter diesem Baum gesessen.“

*

Das Traumgesicht

Wahb erzählte mir von Ubaid:
Jedes Jahr zog sich der Prophet im Monat Ramadan in die Einsamkeit zurück, um zu beten und die Armen zu speisen, die zu ihm kamen. Immer wenn er am Ende des Monats nach Mekka zurückkehrte, begab er sich zuerst zur Ka'ba und umschritt sie sieben oder mehr Male. Erst dann ging er nach Hause. Auch in jenem Ramadan, in dem Gott ihn ehren wollte, in jenem Jahr, in dem Er ihn sandte, zog Mohammed wieder mit seiner Familie nach dem Berg Hirâ, um sich in der Einsamkeit dem Gebet zu widmen. Und in jener Nacht, in der Gott ihn durch die Sendung auszeichnete und sich damit der Menschen erbarmte, kam Gabriel zu ihm.
Als ich schlief, so erzählte der Prophet später, trat der Engel Gabriel zu mir mit einem Tuch wie aus Brokat, worauf etwas geschrieben stand, und sprach:
„Lies!“
„Ich kann nicht lesen“, erwiderte ich.
Da preßte er das Tuch auf mich, so daß ich dachte, es wäre mein Tod.
Dann ließ er mich los und sagte wieder:
„Lies!”
„Ich kann nicht lesen“, antwortete ich.
Und wieder würgte er mich mit dem Tuch, daß ich dachte, ich müßte sterben.
Und als er mich freigab, befahl er erneut:
„Lies!“
Und zum dritten Male antwortete ich:
„Ich kann nicht lesen.“
Als er mich dann nochmals fast zu Tode würgte und mir wieder zu lesen befahl, fragte ich aus Angst, er könnte es nochmals tun:
„Was soll ich lesen?“

Da sprach er:

„Lies im Namen deines Herrn, des Schöpfers, der den Menschen erschuf aus geronnenem Blut! Lies! Und der Edelmütigste ist dein Herr, Er, der das Schreibrohr zu brauchen lehrte, der die Menschen lehrte, was sie nicht wußten." (Sure 96, 1–5)

Ich wiederholte die Worte, und als ich geendet hatte, entfernte er sich von mir. Ich aber erwachte, und es war mir, als wären mir die Worte ins Herz geschrieben.
Sodann machte ich mich auf, um auf den Berg zu steigen, doch auf halber Höhe vernahm ich eine Stimme vom Himmel:
„O Mohammed, du bist der Gesandte Gottes, und ich bin Gabriel!"
Ich hob mein Haupt zum Himmel, und siehe, da war Gabriel in der Gestalt eines Mannes, und seine Füße berührten den Horizont des Himmels. Und wieder sprach er:
„O Mohammed, du bist der Gesandte Gottes, und ich bin Gabriel!"
Ohne einen Schritt vorwärts oder rückwärts zu tun, blieb ich stehen und blickte zu ihm. Dann begann ich, mein Gesicht von ihm abzuwenden und über den Horizont schweifen zu lassen, doch in welche Richtung ich auch blickte, immer sah ich ihn in der gleichen Weise. Den Blick auf ihn gerichtet, verharrte ich, ohne mich von der Stelle zu rühren. Chadîdscha sandte inzwischen ihre Boten aus, um nach mir zu suchen, doch kehrten sie erfolglos zu ihr zurück, nachdem sie bis oberhalb von Mekka gelangt waren. Schließlich wich die Erscheinung von mir, und ich machte mich auf den Rückweg zu meiner Familie. Ich kam zu Chadîdscha, setzte mich an ihre Seite und schmiegte mich eng an sie:
„O Abu l-Qâsim", fragte sie mich, „wo bist du gewesen? Bei Gott, ich habe meine Boten ausgesandt, um dich zu suchen. Bis oberhalb von Mekka sind sie gezogen, doch kamen sie ohne dich zurück."
Ich erzählte ihr, was ich gesehen hatte. Da rief sie aus:
„Freue dich, Sohn meines Oheims, und sei standhaft! Bei Dem, in Dessen Hand meine Seele liegt, wahrlich, ich hoffe, du wirst der Prophet dieses Volkes sein."
Nach dem Erlebnis auf dem Berg Hirâ kamen die Offenbarungen regelmäßig zu Mohammed. Er glaubte an Gott und an das, was ihn von Ihm erreichte. Er empfing es voll Freude, ob es bei den Menschen Zufriedenheit oder Ärger auslöste.
Wegen der Behandlung, die die Propheten von seiten der Menschen erdulden müssen, und der Ablehnung, die man ihrer göttlichen Offenbarung entgegenbringt, ist das Prophetentum eine mühevolle Last, die nur die starken und entschlossenen unter ihnen mit Gottes Hilfe und Vermittlung zu tragen vermögen. Mohammed aber führte Gottes Auftrag aus, trotz aller Feindseligkeiten und Kränkungen, die ihm von seinem Stamm widerfuhren.

*

Chadîdscha bekennt sich zum Islam

Chadîdscha glaubte an ihn und an die Offenbarungen, die er von Gott brachte, und stand ihm in seinem Bemühen zur Seite. Sie war überhaupt die erste, die sich zu Gott und seinem Propheten bekannte und seine göttlichen Offenbarungen glaubte. Dadurch erleichterte Gott ihm seine Last, denn immer wenn Mohammed auf üble Ablehnung und Verleumdung stieß und darüber traurig war, ließ Gott es ihn bei ihr vergessen, sobald er zu ihr nach Hause kam, da sie ihn bekräftigte und stärkte, an ihn glaubte und ihn über das Verhalten der Leute beruhigte.

*

Der Beginn der Verpflichtung zum Gebet

Als dem Propheten die Verpflichtung zum täglichen Gebet auferlegt wurde, kam Gabriel auf den Höhen von Mekka zu ihm und grub mit der Ferse ein Loch an einer Stelle am Wadi, worauf dort eine Quelle hervorsprudelte. Während der Prophet ihm zusah, vollzog Gabriel die Waschung, um ihm zu zeigen, wie die Reinigung für das Gebet durchzuführen sei, und darauf wusch sich Mohammed, wie er es von Gabriel gesehen hatte. Dann erhob sich der Engel mit ihm zum Gebet, und der Prophet betete wie er. Nachdem Gabriel wieder entschwunden war, ging Mohammed zu Chadîdscha und verrichtete vor ihr Waschung und Gebet, um es ihr zu zeigen, und Chadîdscha tat es ihm nach.

*

Mohammed tritt öffentlich als Prophet auf

In großer Zahl bekehrten sich nun Männer und Frauen zum Islam, bis ganz Mekka darüber redete. Darauf befahl Gott Seinem Propheten, sich offen zu Seiner göttlichen Botschaft zu bekennen, mit seinem Auftrag öffentlich vor die Menschen zu treten und sie zum Glauben an Ihn aufzurufen. Seit seiner Sendung waren inzwischen drei Jahre vergangen, in denen der Prophet den Auftrag Gottes verheimlicht hatte.

Nun aber sprach Gott:

Gib bekannt, was dir befohlen wird, und wende dich ab von den Heiden, die dem einen Gott andere Götter beigesellen. (Sure 15, 94)

Ferner sprach er:

Und warne deine nächsten Verwandten vor der Strafe Gottes und senke deinen Flügel für die Gläubigen, die dir folgen! (Sure 26, 214) Und sage: Ich bin der deutliche Warner. (Sure 15, 88)

Um sich vor den Leuten ihres Stammes zu verbergen, pflegten die Gefährten des Propheten zum Gebet in die Schluchten außerhalb Mekkas zu ziehen. Eines Tages befand sich Sa'd ibn abi Waqqâs mit einer Gruppe Prophetengefährten dort beim Gebet, als eine Schar Heiden bei ihnen erschien, sie grob unterbrach und wegen ihres Gebetes beschimpfte und schließlich handgreiflich wurde. Sa'd schlug dabei mit dem Kieferknochen eines Kamels auf einen der Ungläubigen ein und verwundete ihn am Kopf. Es war dies das erste Blut, das im Islam vergossen wurde.
Als der Prophet, wie Gott es ihm befohlen hatte, den Islam öffentlich zu verkünden begann, wandten sich seine Stammesgenossen zunächst nicht von ihm ab. Sie wiesen ihn erst zurück, als er ihre eigenen Götter schmähte. Mit Ausnahme einer kleinen verachteten Gruppe, die Gott durch den Islam davor bewahrte, erklärten sie ihn alle für untragbar, bekämpften ihn und waren sich in ihrer Ablehnung einig. Unter den Heiden blieb ihm nur sein Onkel Abu Tâlib freundlich zugetan. Er gewährte ihm seinen Schutz und stellte sich vor ihn. Der Prophet indes führte weiter Gottes Befehl aus und verkündete Seinen Auftrag, ohne daß ihn etwas davon abzuhalten vermochte. Als die Quraisch sahen, daß er ihnen in keinem Punkt, den sie ihm vorwarfen, nämlich der Absage an sie und der Schmähung ihrer Götter, nachgab und daß sein Onkel Abu Tâlib weiter zu ihm hielt und ihn nicht an sie auslieferte, gingen einige Männer des quraischitischen Adels zu Abu Tâlib und sprachen:
„Abu Tâlib! Der Sohn deines Bruders hat unsere Götter beschimpft, unsere Religion geschmäht, unsere Tugenden lächerlich gemacht und unsere Väter des Irrtums bezichtigt. Entweder du sorgst dafür, daß er uns nicht weiter belästigt, oder du läßt uns freie Hand gegen ihn. Du stehst doch ebenso im Gegensatz zu ihm wie wir, und wir werden dich von ihm erlösen."
Abu Tâlib antwortete freundlich und in aller Höflichkeit, worauf sie ihn wieder verließen.
Der Prophet aber fuhr fort, die Religion Gottes zu offenbaren und zum Glauben an Ihn aufzurufen, wodurch sich die Beziehungen zwischen ihm und seinen Gegnern weiter verschlechterten und sie sich noch mehr miteinander verfeindeten. Die Quraisch sprachen immer häufiger von ihm und hetzten einander gegen ihn auf. Schließlich gingen sie wieder zu Abu Tâlib und sprachen:
„Abu Tâlib! Du hast ein ehrwürdiges Alter und besitzt hohes Ansehen unter uns. Wir haben dich gebeten, dem Sohn deines Bruders sein Tun zu verbieten, doch du hast ihn uns nicht vom Leibe geschafft. Wahrlich, wir werden es nicht länger dulden, daß er unsere Väter beschimpft, unsere Tugenden lächerlich macht und unsere Götter verunglimpft. Entweder du bringst ihn dazu, daß er uns nicht mehr behelligt, oder wir werden gegen euch beide kämpfen, bis eine unserer Parteien untergeht."
Darauf verließen sie ihn wieder. Schwer lasteten auf Abu Tâlib die Entfremdung und die Feindschaft seines Volkes, doch konnte er Mohammed einfach nicht preisgeben und enttäuschen.

*

Verhandlungen mit den Quraisch

Den folgenden Bericht erzählte mir ein Überlieferer von Sa'îd ibn Dschubair und Ikrima, einem Freigelassenen des Ibn Abbâs:

Eines Tages bei Sonnenuntergang versammelten sich die führenden Männer der Quraisch an der Rückseite der Ka'ba und sprachen zueinander:

„Lassen wir doch Mohammed holen, und unterhalten wir uns mit ihm, damit man uns später keine Vorwürfe machen kann!"

„Die Edlen deines Volkes", so ließen sie ihm ausrichten, „haben sich deinetwegen versammelt, um mit dir zu sprechen. So komme zu ihnen!"

Schnell eilte der Prophet herbei, da er glaubte, sie hätten ihre Meinung über seine Worte geändert.

Er wollte ja nichts lieber, als sie auf den rechten Weg bringen, da ihr sündhaftes Verhalten ihn schmerzte. Nachdem er sich zu ihnen gesetzt hatte, sagten sie: „Mohammed! Wir haben dich holen lassen, um mit dir zu reden, denn wir kennen wahrlich keinen anderen Mann unter den Arabern, der soviel Unheil über sein Volk gebracht hat wie du. Du hast unsere Väter beschimpft, unsere Religion geschmäht, unsere Götter beleidigt, unsere Tugenden lächerlich gemacht und unsere Gemeinschaft gespalten. Es gibt keine Gemeinheit, die du uns nicht angetan hast. Wenn du dies tust, weil du Geld willst, so sind wir bereit, dir von unserem Vermögen soviel zu geben, daß du der Reichste unter uns wirst. Ist es Ehre, nach der du verlangst, so machen wir dich zu unserem Führer. Ist es ein Königreich, das du möchtest, machen wir dich auch zum König über uns. Wenn du glaubst, daß du von einem Geist besessen bist, der immer zu dir kommt, so werden wir unser ganzes Vermögen für dich aufwenden, um dir eine Arznei zu suchen, die dich von ihm befreit."

„Nichts von alledem möchte ich", erwiderte der Prophet und fuhr fort: „Was ich euch bringe, bringe ich nicht des Geldes, der Ehre oder gar der Herrschaft wegen, sondern Gott hat mich als Propheten zu euch gesandt und mir eine Schrift offenbart. Er hat mir befohlen, Freudenbote und Warner für euch zu sein. Ich habe euch die Botschaft meines Herrn gebracht und guten Rat erteilt. Nehmt ihr meine Worte an, so wird es euer Glück im Diesseits und im Jenseits sein. Lehnt ihr ab, so will ich geduldig Gottes Ratschluß erwarten, bis Er zwischen uns richtet."

„O Mohammed", antworteten sie, „du weißt, daß kein anderes Volk ärmer an Land und Wasser ist und ein härteres Leben führt als wir. Wenn du schon keines unserer Angebote annimmst, dann bitte doch für uns deinen Herrn, der dich mit deiner Sendung beauftragt hat, Er möge uns diese Berge wegbewegen, die uns einschließen, möge unser Land eben machen, möge darin Flüsse wie im Iraq und in Syrien entspringen lassen und möge unsere verstorbenen Ahnen erwecken, damit wir sie befragen können, ob du die Wahrheit sprichst oder nicht. Bestätigen sie deine Worte und kannst du bewirken, worum wir dich gebeten haben, so glauben wir dir, kennen deinen Rang bei Gott und wissen, daß er dich, wie du sagst, als Propheten gesandt hat."

„Dies ist nicht der Inhalt meiner Sendung“, entgegnete Mohammed, „sondern mit meiner Offenbarung wurde ich zu euch gesandt. Nehmt ihr sie an, so wird es euer Glück im Diesseits und im Jenseits sein. Weist ihr sie zurück, so will ich geduldig Gottes Entscheidung erwarten.“
„Wenn du dies nicht für uns tun willst“, bedrängten sie ihn weiter, „so tue etwas für dich! Bitte deinen Herrn, dir einen Engel an die Seite zu stellen, der deine Worte bestätigt und uns widerlegt. Bitte Ihn auch, Er möge dir Gärten und Schlösser, goldene und silberne Schätze schaffen, um dir zu geben, was du offensichtlich brauchst. Denn du gehst auf dem Markt deinen Geschäften nach wie wir, und mußt dir deinen Lebensunterhalt suchen, wie wir es tun. Dann würden wir erkennen, welchen Vorrang und welche Stellung du bei deinem Herrn genießt, wenn du wirklich ein Prophet bist, wie du behauptest.“
Als ihnen der Prophet darauf die gleiche Antwort gab wie zuvor, fuhren sie fort: „So lasse den Himmel in Stücken auf uns herabfallen, wie es nach deiner Behauptung dein Herr tun kann, wenn Er es will. Nur wenn du dies vermagst, werden wir an dich glauben.“
„Dies liegt bei Gott“, gab der Prophet zurück, „wenn Er es mit euch tun will, wird Er es tun.“
Da wandten sie ein:
„Wußte dein Herr denn nicht, daß wir uns mit dir zusammensetzen, dir diese Fragen stellen und unsere Forderungen an dich richten würden? Er wäre doch sonst zu dir gekommen und hätte dir erklärt, was du uns hättest erwidern können, wenn wir deine Worte nicht annehmen. Wir haben erfahren, daß dich jener Mann aus der Landschaft Jamâma, namens Rahmân, unterweist; und an Rahmân werden wir wahrlich niemals glauben. Wir sind dir gegenüber ohne Schuld, Mohammed. Wir werden dich nicht in Ruhe lassen, und du wirst mit uns nicht fertig werden, bevor nicht du oder wir vernichtet sind.“
Und einer von ihnen fügte hinzu: „Wir beten die Engel, die Töchter Gottes an.“
Und ein anderer sprach: „Wir werden so lange nicht an dich glauben, als du uns nicht Gott und die Engel als Bürgen gebracht hast.“
Nach diesen Worten erhob sich der Prophet, um zu gehen.

*

Der Gebetsruf

Zuerst hatte der Prophet daran gedacht, wie die Juden mit einer Trompete zum Gebet aufrufen zu lassen, doch dann mißfiel ihm dieser Gedanke, und er ließ eine Klapper machen, durch deren Schlagen die Muslime zum Gebet gemahnt wurden. In dieser Zeit hatte Abdallâh ibn Zaid einmal einen Traum und ging am nächsten Morgen zum Propheten und erzählte ihm davon:
„Letzte Nacht ging im Traum ein Mann an mir vorüber. Er war mit zwei grünen Gewändern bekleidet und trug eine Klapper in der Hand. Ich fragte ihn:
‚Du Diener Gottes, verkaufst du mir die Klapper?‘
‚Was willst du damit machen?‘

‚Wir rufen zum Gebet damit.'
‚Soll ich dir dafür etwas Besseres sagen?'
‚Nämlich?'
‚Der Ruf: Allâhu akbar, Allâhu akbar, Allâhu akbar! Ich bekenne, daß es keinen Gott gibt außer Gott! Ich bekenne, daß es keinen Gott gibt außer Gott! Ich bekenne, daß Mohammed der Prophet Gottes ist! Ich bekenne, daß Mohammed der Prophet Gottes ist! Auf zum Gebet! Auf zum Gebet! Auf zum Heil! Auf zum Heil! Allâhu akbar, Allâhu akbar! Es gibt keinen Gott außer Gott!'"
Als er dies dem Propheten erzählt hatte, rief dieser aus:
„Wahrlich, ein wahrer Traum, in schâ'a llâh! Gehe zu Bilâl und trage es ihm vor. Er soll mit jenen Worten zum Gebet rufen, denn er hat eine wirkungsvollere Stimme als du!"

*

Das Datum der Hidschra und der erste Feldzug

Der Prophet kam nach Medina am Montag, dem zwölften des Monats Rabî' I., genau am Mittag. Er war damals dreiundfünfzig Jahre alt, und seit seiner Sendung waren dreizehn Jahre verstrichen. Er blieb dann elf Monate ununterbrochen in Medina. Zu Beginn des zwölften Monats, des Monats Safar im folgenden Jahr, begab er sich erstmals auf einen Feldzug, den sogenannten Feldzug von Abwâ', in deren Verlauf er bis Waddân vorstieß. Das Unternehmen war gegen die Quraisch und den Stamm der Damra gerichtet. Der Führer dieses Stammes schloß jedoch Frieden mit ihm, und er kehrte kampflos nach Medina zurück, wo er für den Rest des Monats Safar und den Beginn des Monats Rabî' I. blieb.

*

Die vollzogene Pilgerfahrt

Während der Monate Rabî' bis Schawwâl im Jahre 7 blieb der Prophet in Medina und ließ von seinen Anhängern mehrere Eroberungszüge durchführen. Dann, im Monat Dhu l-Qa'da, jenem Monat, in dem die Ungläubigen ihm im Jahr zuvor das Betreten von Mekka verwehrt hatten, unternahm er die „Vollzogene Pilgerfahrt" anstelle der kleinen Pilgerfahrt, an der man ihn gehindert hatte ... Reihenweise standen die Mekkaner am Versammlungshaus, um den Propheten und seine Gefährten zu betrachten. Als er die Moschee betrat, legte er sein Gewand über die linke Schulter und ließ seine rechte Schulter unbedeckt. Er sprach:
„Gott erbarme sich eines Mannes, der ihnen heute etwas von seiner Macht gezeigt hat."
Er küßte den Schwarzen Stein und lief mit seinen Gefährten langsam um die Ka'ba. Sobald ihn das Gebäude vor den Blicken der Zuschauer verbarg und er

auch die südliche Ecke des Heiligtums geküßt hatte, ging er einfachen Schrittes wieder zum Schwarzen Stein und küßte ihn abermals. Sodann umkreiste er noch sechsmal die Ka'ba, dreimal im Laufschritt und dreimal einfachen Schrittes. Die Muslime glaubten damals, daß dieses Ritual für sie nicht verbindlich sei und daß der Prophet dies nur wegen der Quraisch und dem, was er von ihnen gehört hatte, so getan habe. Erst als er später, während der Abschiedswallfahrt, bei diesem Ritual blieb, wurde es zur Regel.

Während jener Reise heiratete der Prophet im Zustand des harâm Maimûna, die Tochter des Hârith. Derjenige, der für ihn diese Heirat vermittelte, war Abbâs ibn Abdalmuttalib.

Der Prophet blieb drei Tage in Mekka. Am letzten Tag kam Huwaitib ibn Abdal'uzzâ, den die Quraisch beauftragt hatten, dafür zu sorgen, daß der Prophet Mekka wieder verließ, mit einigen anderen Quraischiten zu ihm. Sie sagten: „Deine Frist ist abgelaufen. Verlasse uns!"

„Was würde es euch schaden", entgegnete der Prophet, „wenn ihr mich hierbleiben ließet, so daß ich bei euch die Hochzeit feiern und ein Festmahl veranstalten kann, an dem auch ihr teilnehmt?"

„Wir brauchen dein Essen nicht!" gaben sie zurück, „mach, daß du wegkommst!"

Der Prophet verließ Mekka und gab Maimûna in die Obhut seines Freigelassenen Abu Râfi', der sie ihm dann nach Sarif nachbrachte. Dort vollzog er mit ihr die Ehe und kehrte im Monat Dhu l-Hiddscha nach Medina zurück.

*

Die Krankheit des Propheten

Durch die Überliefererkette: Abdallâh ibn Omar von Ubaid ibn Dschubair, einem Freigelassenen des Hakam, von Abdallâh ibn Amr habe ich erfahren, daß der Freigelassene des Propheten Abu Muwaihiba folgendes erzählte:

Mitten in der Nacht ließ der Prophet mich zu sich kommen und sagte: „Mir wurde befohlen, für die Toten auf dem Baqî'-Friedhof um Vergebung zu beten. So komme mit mir!"

Ich ging mit ihm, und als er mitten zwischen den Gräbern stand, sprach er: „Friede sei über euch, o ihr Volk der Gräber! Freut euch, daß ihr nicht mehr seid, wo die Lebenden sind! Wie Fetzen der finsteren Nacht nahen die Versuchungen, eine nach der anderen, die letzte schlimmer als die erste." Und zu mir gewandt fuhr er fort: „Mir wurden die Schlüssel zu den Schätzen dieser Welt und der Aufstieg ins Paradies nach einem langen Leben hier angeboten, und ich wurde vor die Wahl gestellt, mich dafür oder für die Begegnung mit meinem Herrn und den Eintritt ins Paradies schon jetzt zu entscheiden."

„Ich flehe dich an, nimm die Schlüssel für die Schätze dieser Welt, ein langes Leben darin und den Eintritt ins Paradies!" bat ich ihn, doch er sprach: „Nein, bei Gott, o Abu Muwaihiba! Ich habe mich entschieden, schon jetzt meinem Herrn zu begegnen und ins Paradies einzugehen."

Dann bat er für die Toten um Vergebung, und nachdem er den Friedhof verlassen hatte, begann sein Leiden, durch das Gott ihn zu sich nahm.

*

Der Tod des Propheten

Jahjâ ibn Abbâd ibn Abdallâh erzählte mir von seinem Vater Abbâd, daß dieser Â'ischa hatte sagen hören:
Der Prophet hatte den Kopf an meiner Brust liegen, als er starb. Es war zu einer Zeit, als ich an der Reihe war, und ich war seinetwegen zu niemandem ungerecht. Es geschah durch meine Unerfahrenheit und mein jugendliches Alter, daß er in meinen Armen verschied. Ich legte dann sein Haupt auf ein Kissen, stand auf und schlug mir, zusammen mit den anderen Frauen, auf Brust und Gesicht.

Zuhrî überlieferte mir von Sa'îd ibn Musajjab den folgenden Bericht des Abu Huraira:
Nachdem der Prophet verstorben war, erhob sich Omar und sprach zu den Muslimen:
„Einige Heuchler werden behaupten, der Prophet sei gestorben. Nein! Der Gesandte Gottes ist nicht gestorben, sondern er ist zu seinem Herrn gegangen so wie Moses, der vierzig Nächte von seinem Volk fernblieb und dann zu ihm zurückkehrte, nachdem behauptet worden war, er sei gestorben. Bei Gott, der Prophet wird zurückkehren, wie Moses zurückgekehrt ist, und wird denjenigen Hände und Füße abschlagen, die behauptet haben, er sei gestorben."
Als Abu Bakr davon hörte, begab er sich zum Tor der Moschee, während Omar zu den Leuten sprach. Er achtete auf nichts, sondern ging in das Zimmer der Â'ischa, wo der Prophet mit einem Mantel aus jemenitischem Stoff bedeckt lag. Er trat hinzu, deckte das Gesicht des Propheten auf, küßte es und sprach:
„Du, der du mir teurer bist als Vater und Mutter, hast den Tod gekostet, den Gott dir beschieden hat, und ein zweiter Tod wird dich nicht mehr treffen."
Er legte ihm den Mantel wieder über das Gesicht, trat hinaus, wo Omar zu den Menschen sprach, und forderte ihn auf zu schweigen. Dieser weigerte sich aber und redete weiter. Da wandte Abu Bakr sich selbst an die Gläubigen, und als sie seine Worte vernahmen, ließen sie Omar stehen und kamen zu ihm. Abu Bakr lobte und pries Gott und sprach:
„O ihr Menschen! Wenn jemand Mohammed anbetet, Mohammed ist tot! Wenn jemand Gott anbetet, Gott lebt und wird nie sterben!"

*

Die Beisetzung des Propheten

Nachdem Abu Bakr gehuldigt worden war, kamen die Männer, um die Beisetzung des Propheten am Dienstag vorzubereiten.

Abdallâh ibn abi Bakr, Husain ibn Abdallâh und andere überlieferten mir folgendes:

Ali, Abbâs ibn Abdalmuttalib, dessen beide Söhne Fadl und Qutham sowie Usâma ibn Zaid und Schuqrân, der Freigelassene des Propheten, übernahmen es, den Propheten zu waschen.

Dann stützte Alî den Kopf des Propheten mit der Brust und drehte zusammen mit Fadl und Qutham den Leichnam herum. Usâma und Schuqrân gossen Wasser über ihn, und Alî wusch ihn, wobei er ihn mit der Brust abstützte. Der Prophet trug noch sein Hemd, und Alî rieb den Körper damit von außen ab, ohne daß er ihn mit der Hand unmittelbar berührte. Dabei sprach er:

„Du, der du mir teurer als Vater und Mutter bist, wie wunderbar bist du doch als Lebender und als Toter!"

Am Leichnam des Propheten sah man nicht die Merkmale, wie sie an gewöhnlichen Toten erscheinen.

Als am Dienstag die Vorbereitungen beendet waren, legten sie ihn auf das Bett in seinem Zimmer. Die Muslime hatten sich gestritten, wo sie ihn bestatten sollten. Die einen wollten ihn in der Moschee, die anderen an der Seite seiner verstorbenen Gefährten beisetzen.

Abu Bakr aber sprach:

„Ich habe den Propheten sagen hören: ‚Alle Propheten wurden dort beerdigt, wo sie gestorben sind.'"

Da hoben sie das Bett beiseite, auf dem er gestorben war, und gruben ihm darunter sein Grab. Und die Muslime kamen in Gruppen, um das Totengebet über ihn zu sprechen: zuerst die Männer, dann die Frauen und schließlich die Kinder. Dabei gab es keinen, der das Gebet leitete.

Mitten in der Nacht zum Mittwoch wurde der Prophet dann bestattet.

Die Muslime waren vom Tod des Propheten schwer getroffen. Und Â'ischa – so habe ich gehört – pflegte zu sagen:

„Nach des Propheten Tod wurden die Araber abtrünnig, Christen- und Judentum erhoben ihr Haupt, die Heuchelei wurde offenkundig, und die Muslime glichen, da sie den Propheten verloren hatten, einer im Regen einer kalten Winternacht herumirrenden Schafherde, bis Gott sie unter Abu Bakr wieder sammelte."

II. Im Garten der Götter

Das Gestell: Einen Gott, den man sich vor-stellen kann, kann man auch wieder weg-stellen

18. Die Sterblichen glauben, die Götter hätten Gestalt und Sprache gleich ihnen

Xenophanes, Fragmente 11; 14–16; 23–25

Xenophanes ist um 580 v. Chr. in Kolophon (zwischen Smyrna und Ephesos in Lydien) geboren. Er gehörte dort zur Aristokratie der tausend Vollbürger. Nachdem diese durch eine Tyrannis abgelöst worden war, lebte er in Verbannung und führte bis ins hohe Alter ein Wanderleben durch die Städte der griechischen Welt. Dabei trug er als Sänger auch seine eigenen Dichtungen vor. Er starb nach 478.
Xenophanes war Kritiker mit scharfer Zunge. So kritisiert er die hohe Einschätzung der Olympiasieger und fordert Anerkennung für geistige Leistung. Mythischen Anschauungen stellt er Naturbeobachtung entgegen. Er bezweifelt aber ein sicheres Wissen der Menschen. Scharf spottet Xenophanes über die Vermenschlichung der Göttervorstellungen, wie sie Homer und Hesiod geprägt haben. Ihnen stellt er einen Gott gegenüber, der nicht den Menschen gleicht, keine Glieder hat, der „als ganzer" sieht, hört, denkt, und der, ohne von Ort zu Ort zu gehen, alles mit seiner Denkkraft erschüttert.

Alles haben Homer und Hesiod auf die Götter geschoben, was bei den Menschen wird als Schimpf und Schande betrachtet: Diebstahl und Ehebruch auch und gegenseitige Täuschung. Aber die Sterblichen glauben, die Götter würden geboren und sie hätten Gestalt und Tracht und Sprache gleich ihnen. Schwarz, stumpfnasig: so stellt die Götter sich vor der Äthiope; aber blauäugig und blond malt sich der Thraker die seinen.
Hätten die Rinder und Rosse und Löwen Hände wie Menschen, könnten sie malen wie diese und Werke der Kunst sich erschaffen, alsdann malten die Rosse gleich Rossen, gleich Rindern die Rinder auch die Bilder der Götter, und je nach dem eigenen Aussehen würden die leibliche Form sie ihrer Götter gestalten.
Ein Gott ist unter den Göttern und unter den Menschen der größte, nicht an Gestalt vergleichbar den Sterblichen noch an Gedanken, ganz ist Auge, ganz Ohr und ganz Gedanke sein Wesen. Immer am gleichen Ort verharrt er ohne Bewegung, und es kommt ihm nicht zu, bald dahin, bald dorthin zu gehen. Mühelos schwingt er das All mit seines Geistes Vermögen.

19. Sie haben den Griechen ihre Götterwelt gedichtet

Herodot, Historien, II, 53 (→154)

Woher aber ein jeder Gott entstanden ist oder ob sie immer gewesen und von welcher Gestalt sie sind, das wissen sie (die Griechen) erst sozusagen seit gestern und vorgestern. Denn Hesiod[1] und Homer[2] sind, wie ich denke, nur vierhundert Jahre älter als ich und nicht darüber. Diese sind es aber, die den Griechen ihre Götterwelt gedichtet haben. Sie haben den Göttern ihre Namen gegeben, Würden und Künste unter sie verteilt und ihre Gestalten entworfen. Die Dichter aber, die vor diesen Männern gelebt haben sollen, haben, wie ich glaube, erst nach ihnen gelebt.

20. Götterglaube – die Erfindung eines schlauen Politikers

Kritias, Sisyphos, Fragment 25 D

Kritias (geboren um 460 v. Chr.) war ein Schüler des Sokrates(→133; 217; 241). Wie Alkibiades ging er jedoch in die Politik und tat sich als extremer Demokratenfeind hervor. Als Schriftsteller ist er einer der vielseitigsten älteren Autoren. Das nachstehende Fragment schildert die überlegte Erfindung der Religion zur Stütze der Weltordnung.

Vor alter Zeit, da war der Menschen Leben
Der Ordnung bar und dem der Tiere gleich:
Die Stärke herrschte; weder fand der Gute
Belohnung noch der Frevler seine Strafe.
Dann erst, so scheint mir, schuf man Strafgesetze,
Daß über alle herrsche gleich das Recht
Und daß den Frevel es in Fesseln schlage.
Wer sich verging, bekam es jetzt zu büßen.
Doch weil so das Gesetz die Menschen abhielt,
Wie sonst Gewalttat offen zu begehen,
Schlich das Verbrechen in der Dunkelheit.
Da hat, scheint mir, ein schlauer, kluger Mann
Die Gottesfurcht den Sterblichen erfunden.

[1] Hesiod, um 700 v. Chr., erster als Persönlichkeit faßbarer griechischer Dichter (→167).
[2] Homer, um 800 v. Chr., ältester europäischer Dichter. Gilt als Verfasser der Ilias und der Odyssee (→41).

Ein Schrecken sollte sie den Bösen sein,
Wär' heimlich auch die Tat, Wort und Gedanke.
So führte er die Religion denn ein:
„Ein Wesen ist, in ew'gem Leben prangend,
Des Geist hört, sieht und voll von Weisheit ist,
Der dies uns schenkte, göttlich von Natur.
Er hört ein jeglich Wort, das Menschen reden,
Und keine Tat bleibt seinem Blick verborgen.
Auch wenn im stillen nur du Böses sinnst,
Die Götter merken es; denn überall
Wohnt ihre Weisheit." – Mit dergleichen Reden
Führt'er die feinste aller Lehren ein,
Die Wahrheit mit der Worte Trug verhüllend.
Und als der Götter Wohnung gab er an
Den Ort, des Nam' am meisten ängst'gen mußte
Die Menschen. Denn von dort – das wußt' er – kam,
Was sie erschreckt und was ihr armes Leben
Befördert: droben in der Höhe – sah er –
Da zuckt der Blitz und grollt der Donner furchtbar,
Dort ist des Himmels sternbesätes Zelt,
Der Zeit, der weisen Meist'rin, herrlich Kunstwerk.
Dort wandelt hell der glüh'nde Sonnenball,
Dorther strömt feuchtes Naß zur Erde nieder.
Mit solchen Ängsten wußt' er das Gemüt
Der Menschen zu erschüttern; schlau und passend
Wies er der Gottheit diese Wohnung an.
Und Ungesetzlichkeit wich den Gesetzen. –
So. mein' ich, hat zuerst ein kluger Mann
Der Welt den Götterglauben beigebracht.

21. Der überfüllte Götterhimmel

Lukian, Götterversammlung 9ff.

Lukian (ca. 120–180 n. Chr.) aus Samosata am Euphrat (heute: Samsat, Syrien) war ein erfolgreicher Wanderlehrer in der griechischen und römischen Welt. Er schrieb rund 70 Werke überwiegend satirischen Charakters (→134). Darin gießt er seinen oft boshaften Spott über alles, was ihm als überholt, albern und töricht erscheint, zugleich ist er aber einer der witzigsten und geistreichsten Schriftsteller der Kaiserzeit.
In seiner Götterversammlung führt Lukian auf den Olymp. Die „eingeborenen" griechischen Götter sind empört über die neuen zweifelhaften Gestalten, die sich

aus allen möglichen Ländern in ihren Kreis gedrängt haben. Die Götterspeise (Ambrosia) geht aus, der Nektar wird immer teurer. Wortführer der Unzufriedenen ist Momos (die personifizierte Tadelsucht).

„Aber dieser Attis[1] wenigstens ... und Sabazios[2], von wo kamen die denn zu uns herein, oder jener medische Mithras[3] im persischen Ärmelgewande und mit der Tiara[4], der nicht einmal griechisch spricht und es gar nicht versteht, wenn ihm einer zutrinken will? ... Aber das alles könnte noch hingehen, ihr Götter. Doch du, hundsköpfiger, in Leinen gehüllter Ägypter, wer bist denn du? Wie kannst du bellender Hund ein Gott sein wollen?[5] Und wozu läßt sich der bunte Stier aus Memphis verehren und gibt Orakel und hat Priester?[6] Von Ibissen und Affen und Böcken will ich lieber gar nicht sprechen und auch nicht von dem anderen lächerlichen Zeug, das irgendwie aus Ägypten in den Himmel eingeschmuggelt ist. Wie könnt ihr Götter es nur mitansehen, daß man die ebensogut verehrt wie euch oder womöglich noch besser? ..."
Zeus erwidert: „In der Tat ist das eine Schande, was du da über die Ägypter sagst; und doch, lieber Momos, das meiste davon ist Allegorie[7], und wer nicht darein eingeweiht ist, soll nicht ganz und gar darüber lachen."

22. Über die Bedeutung der Götterbilder

Julian Apostata, epistola 89 b

Flavius Claudius Julianus (331–363), Neffe von Kaiser Konstantin dem Großen; seine Liebe zur hellenistischen Kultur, die Lektüre heidnischer Bücher und die Begegnung mit überzeugten Gläubigen der römischen Religion entfremdeten ihn innerlich dem Christentum. Nach seiner Ernennung zum römischen Kaiser 361 sagte sich Julian auch öffentlich davon los. Er versuchte, die römische Religion neu zu beleben. Den folgenden Brief schrieb er an den Oberpriester der Provinz Asien (vgl. → 7).

Wenn wir die Götterbilder betrachten, sollen wir sie nicht für Stein oder Holz halten, aber auch nicht für die Götter selbst. Auch die Kaiserbilder nennen wir nicht bloßes Holz, Stein oder Erz, aber auch nicht die Kaiser selbst, sondern Abbilder der Kaiser. Wer nun den Kaiser liebt, sieht gern das Bild des Kaisers,

1 Attis, eine phrygisch-kleinasiatische Gottheit, der Geliebte der Großen Mutter Kybele.
2 Sabazios, ein phrygischer Gott der Fruchtbarkeit mit ausschweifendem Kult.
3 Mithras, eine indisch-persische Göttergestalt, die im römischen Reich seit dem 1. Jahrhundert v. Chr. in Mysterienkulten (→ 118/119) verehrt wurde.
4 Tiara, iranische Kopfbedeckung mit Sternenschmuck.
5 Gemeint ist der ägyptische Gott Anubis, der Gott der Toten und der Grabstätten.
6 Apis, der heilige Stier, Herold des Gottes Ptah, des Hauptgottes von Memphis, einem zentralen Tempel Altägyptens.
7 Allegorie: eine bildhafte Verschlüsselung, die nur Eingeweihte – von innen her – verstehen.

wer sein Kind liebt, gern das Bild des Kindes, und wer den Vater liebt, gern das Bild des Vaters. Also blickt auch, wer die Götter liebt, gern auf die Bilder der Götter von Marmor und Erz, in ehrfürchtigem Schauer vor den Göttern, die unsichtbar auf ihn hernieder sehen. Wenn aber jemand meint, sie dürften dann auch nicht zerstörbar sein, weil sie einmal Bilder der Götter heißen, scheint er mir ganz töricht. Dann müßten sie ja auch nicht von den Menschen gemacht sein. Was ein weiser und guter Mann geschaffen hat, kann ein schlechter und unverständiger zerstören. Die lebendigen Abbilder, die die Götter für ihr unsichtbares Wesen geschaffen haben, die Götter, die am Himmel kreisen, bleiben in Ewigkeit. Deshalb soll niemand an den Göttern irre werden, wenn er sieht und hört, wie einige gegen Götterbilder und Tempel gewütet haben.

23. Die Farbe des Chamäleons

Ramakrishna (1836–1886) war der größte religiöse Lehrer Indiens im 19. Jahrhundert. Er lehrte, die Vielfalt der hinduistischen Glaubensanschauungen aus einer umfassenden Einheit zu sehen. Als Priester der Muttergöttin Kali (→ 42) ging er in späteren Jahren zugleich den Weg des Islam und des Christentums: 1866 versenkte er sich in die islamische Offenbarung und erlebte in Visionen die Einheit Allahs mit dem „Ozean des Unbedingten", auf den alle Religionen verweisen. 1874 lernte er das Neue Testament kennen. Obwohl er sich sträubte, erfuhr er sich von Christus überwältigt: „Er ist es, der in ewiger Einung mit Gott lebt. Er ist Jesus, die verkörperte Liebe." So konnte er sagen: „Alle Religionen habe ich erprobt: Hinduismus, Islam, Christentum, und auch die Pfade der verschiedenen Hindu-Sekten bin ich gewandelt ... Ich habe gefunden, es ist derselbe Gott, dem alle auf verschiedenen Pfaden zustreben."

Zwei Menschen stritten sich heftig über die Farbe des Chamäleons. Der eine sagte: „Das Chamäleon auf diesem Palmbaum ist von einem schönen Rot!" Der andere widersprach ihm und sagte: „Du irrst, das Chamäleon ist nicht rot, sondern blau." Da keiner seine Meinung beweisen konnte, gingen sie zusammen zu einem Menschen, der unter jenem Baum lebte und lange beobachtet hatte, wie das Chamäleon seine Farbe beständig wechselt. Einer der Streitenden sagte: „Ist nicht das Chamäleon auf jenem Baume rot?" Der Mann entgegnete: „Ja, Herr." Der andere Streitende sagte: „Was? Wie ist das möglich? Bestimmt ist es nicht rot, sondern blau!" Das Mann gab demütig zur Antwort: „Ja, Herr, es ist blau." Er wußte, daß das Chamäleon beständig die Farbe wechselt, deshalb beantwortete er beide Fragen mit „Ja".
So ist auch das Saccidânanda (= das Göttliche) verschieden gestaltet. Der Fromme, der ihn nur in einer Gestalt sah, kennt allein diese. Nur wer ihn in vielfältiger Gestalt sah, kann sagen: „All diese Formen sind die eines Gottes, denn vielgestaltig ist Gott!"

24. Die Blinden und der Elefant

Sanā'ī ist der älteste der drei großen persischen Sufi Sanā'ī, Attar und Rūmī (→209). Er wurde zu Ghasna geboren und lebte dort am Hofe des Sultans. Eines Tages hörte er, wie jemand auf das Verderben „des elenden Sanā'ī" trank, der „seine Zeit damit zubrächte, lügnerische Verse zu machen, und der einst würde schweigen müssen, wenn er am Tage des Gerichtes gefragt würde, was er für Allah getan hätte". Der damals noch junge Sanā'ī verließ daraufhin den Hof und lebte seitdem in Abgeschiedenheit. Später kehrte er nach Ghasna zurück und starb dort 1150.

In einer großen Stadt ... waren alle Leute blind. Eines Tages besuchte ein König dieses Gebiet und lagerte mit seiner Armee in der nahen Ebene. Er besaß einen großen Elefanten, der seinem Pomp diente und allseits Furcht einflößte und der auch in die Schlacht mitgenommen wurde.

Da wollten die Leute diesen riesigen Elefanten sehen, und eine Anzahl der Blinden machte sich auf – wie Narren –, und jeder eilte hin, seine Gestalt und Form festzustellen. Sie kamen hin, und da sie ja nicht sehen konnten, tasteten sie ihn mit ihren Händen ab.

Jeder berührte irgendeines seiner Glieder und gewann so eine Vorstellung von einem seiner Teile; jeder machte sich auf solche Weise eine völlig irrige und unzutreffende Vorstellung von dem Elefanten und glaubte aber doch an die Wahrheit dieser seiner Einbildung.

Als sie in die Stadt zurückkehrten, versammelten sich die Zurückgebliebenen erwartungsvoll um sie ... und fragten nach dem Aussehen und der Gestalt des Elefanten. Und dann vernahmen sie alle, was jene ihnen erzählten.

Einer, dessen Hand das Ohr des Elefanten betastet hatte, sagte, als er gefragt wurde: Er ist ein großes und schreckliches Wesen, breit und rauh und flach wie ein Teppich. –

Und der, dessen Hand den Rüssel betastet hatte, sagte: Ich fand, er ist lang und innen hohl, wie ein Rohr; ein furchtbares Wesen und ein Mittel der Vernichtung. –

Und der, der die dicken, festen Beine des Elefanten betastet hatte, sagte: Soweit ich erkennen konnte, ist seine Gestalt aufrecht wie eine aufgerichtete Säule. –

Jeder hatte eines seiner Glieder betastet, und alle lieferten eine unzutreffende Beschreibung des Elefanten. Keiner erkannte das Ganze! ... Wie die Toren hatten sie nur Einbildungen. Ebenso kennt der Mensch das Wesen der Gottheit nicht, und die Gelehrten können darüber nichts in Erfahrung bringen!

Götterdämmerung. Vom Sterben und Weiterleben der Götter

25. Der Tod des großen Pan

Plutarch, Rückgang der Orakel, 17 (→131)

Zur Zeit des Kaisers Tiberius fuhr ein Schiff von Griechenland nach Sizilien, das in der Nähe der Inseln Paxos und Propaxos von einer Windstille überfallen wurde. Plötzlich rief eine Stimme vom Ufer her: „Thamuz!" Dies war der Name des Steuermannes, eines Ägypters, der hierauf zunächst nichts erwiderte, aber schließlich, als er zum dritten Mal angerufen wurde, doch antwortete. Da rief eine Stimme: „Wenn du nach Palados kommst, erzähle ihnen, daß der große Pan tot ist!" Nach einigen Überlegungen beschloß Thamuz, wenn die Windstille anhielte, der Stimme zu gehorchen. Sie hielt an, und als das Schiff in der Nähe von Palados vorbeitrieb, rief er vom Schiff aus: „Der große Pan ist tot", was mit einem verworrenen Getön von Staunen und großem Wehklagen erwidert wurde. In Italien angekommen, wurde der Steuermann vor Tiberius zitiert, der merkwürdige Kunde aller Art liebte. Nach vielen Erörterungen entschieden die Gelehrten, die der Kaiser in seinem Dienst hielt, es müsse der Sohn des Hermes und der Penelope sein, und zwar gemäß der damals gültigen Theologie nicht der Gott Pan, sondern ein Dämon desselben Namens.

26. Das Götzenbild des Amr ibn Dschamûh

Ibn Ishâq, Das Leben des Propheten (→17)

Nachdem die Helfer nach der Huldigung bei Aqaba nach Medina zurückgekehrt waren, bekannten sie sich dort öffentlich zum Islam. In ihrem Volk gab es noch einige Alte, die an ihrem Glauben, der Vielgötterei, festhielten, darunter Amr ibn Dschamûh, einer der Führer und Edlen der Banu Salima. Sein Sohn Mu'âdh war bei Aqaba dabeigewesen und hatte dem Propheten gehuldigt. Nach Sitte der Edlen hatte Amr in seinem Haus ein hölzernes Götzenbild namens Manât, das sie als Gott verehrten und ständig sauberhielten. Nachdem die jungen Männer der Banu Salima den Islam angenommen hatten, pflegten sie sich des Nachts zu jenem Götzenbild des Amr zu stehlen, es fortzutragen und kopfüber in eine der Senkgruben des Stammes zu werfen. Am folgenden Morgen rief dann Amr:

„Wehe euch! Wer hat sich vergangene Nacht an unseren Göttern vergangen?" Dann machte er sich auf die Suche nach dem Götzen, und wenn er ihn gefunden hatte, wusch, reinigte und parfümierte er ihn.

„Bei Gott", drohte er, „wenn ich erfahre, wer dies getan hat! Schimpf und Schande werde ich auf ihn häufen!"

Sobald er aber des Nachts schlief, machten sie sich wieder über den Götzen her, und am Morgen mußte ihn Amr, nachdem er ihn in der gleichen schmachvollen Lage gefunden hatte, wieder säubern und von seinem Gestank befreien. Als es ihm schließlich zuviel wurde und er den Götzen wieder einmal aus seiner Lage befreit und ihn wie üblich gereinigt hatte, band er ihm sein Schwert um und sprach: „Wahrlich, ich weiß nicht, wer dir dies antut. Wenn etwas an dir ist, so verteidige dich. Du hast jetzt das Schwert."

Nachdem er abends eingeschlafen war, kamen sie wieder, nahmen dem Götzen das Schwert vom Hals, banden ihm mit einem Strick einen toten Hund um und warfen ihn in eine der Senkgruben des Stammes. Am Morgen sah ihn Amr wieder nicht an seinem Platz und machte sich auf die Suche nach ihm, bis er ihn in jener Grube mit dem Kopf nach unten und mit einem toten Hund zusammengebunden fand. Als er ihn in diesem Zustand erblickte und die Muslime in seinem Stamm mit ihm redeten, nahm er durch Gottes Gnade den Islam an und wurde selbst ein guter Muslim. Danach, und nachdem er Gott erkannt hatte, hielt er seine Erfahrung mit dem Götzen und seinen Dank gegenüber Gott, der ihn aus Blindheit und Irrtum errettet hatte, in folgenden Versen fest:

Wahrlich, wärst du ein Gott, du lägest jetzt nicht
mit dem Hund in der Grube, den Kot im Gesicht!
Schmach über den, der als Gottheit dich weiter verficht!
Wir erkannten dich jetzt, du trauriger Wicht.
Preis sei Gott, dem es niemals an Gnade gebricht
und bei dem jeder Glaube erfährt sein Gericht.
Er allein hat mich errettet zum Licht,
das mir vom Grabesdunkel Erlösung verspricht.

27. Bonifatius fällt die Donareiche

Mit einem Lanzenwurf in seinen Tempel bekundete 627 der northumbrische Oberpriester seine Abkehr von den Heidengöttern. Am Zürcher See schleuderte Gallus die Brandfackel in die Heiligtümer der Einheimischen. Besonders markant aber ist die Tat des Bonifatius (um 675–754), die aus seiner Hessenmission von 723/724 von Rudolf von Fulda (um 800–865) berichtet wird.

Damals aber empfingen viele Hessen, die den katholischen Glauben angenommen und durch die siebenfältige Gnade des Geistes gestärkt waren, die

Handauflegung; andere aber, deren Geist noch nicht erstarkt, verweigerten des reinen Glaubens unverletzbare Wahrheiten zu empfangen; einige auch opferten heimlich Bäumen und Quellen, andere taten dies ganz offen; einige wiederum betrieben teils offen teils im geheimen Seherei und Wahrsagerei, Losdeuten und Zauberwahn; andere dagegen befaßten sich mit Amuletten und Zeichendeuterei und pflegten die verschiedensten Opfergebräuche, andere dagegen, die schon gesunderen Sinnes waren und allem heidnischen Götzendienst entsagt hatten, taten nichts von alle dem. Mit deren Rat und Hilfe unternahm er es, eine ungeheure Eiche, die mit ihrem alten heidnischen Namen die Jupitereiche[1] genannt wurde, in einem Orte, der Gäsmere[2] hieß, im Beisein der ihn umgebenden Knechte Gottes zu fällen. Als er nun in der Zuversicht seines standhaften Geistes den Baum zu fällen begonnen hatte, verwünschte ihn die große Menge der anwesenden Heiden als einen Feind ihrer Götter lebhaft in ihrem Innern. Als er jedoch nur ein wenig den Baum angehauen hatte, wurde sofort die gewaltige Masse der Eiche von höherem göttlichen Wehen geschüttelt und stürzte mit gebrochener Krone zur Erde, und wie durch höheren Winkes Kraft barst sie sofort in vier Teile, und vier ungeheuer große Strünke von gleicher Länge stellten sich, ohne daß die umstehenden Brüder etwas dazu durch Mitarbeit getan, dem Auge dar. Als dies die vorher fluchenden Heiden gesehen, wurden sie umgewandelt, ließen von ihrem früheren Lästern ab, priesen Gott und glaubten an ihn. Darauf aber erbaute der hochheilige Bischof, nachdem er sich mit den Brüdern beraten, aus dem Holzwerk dieses Baumes ein Bethaus und weihte es zu Ehren des heiligen Apostels Petrus.

28. Die Einführung des Christentums auf Island

Auf Betreiben König Olafs von Norwegen (→29) sollte das Christentum auch auf Island eingeführt werden. Aber die Mehrzahl der angesehenen Männer lehnte es ab. Auf einem Thing beider Parteien wurde der Gesetzsprecher Thorgeir, obgleich noch ein Heide, dafür gewonnen, „das Recht im christlichen Sinne zu verkünden“.

Es scheint mir ratsam, sagte er, daß auch wir nicht diejenigen schalten und walten lassen, die am meisten feindlich aufeinander losgehen wollen; vielmehr laßt uns zwischen ihnen vermitteln, so daß beide Parteien wenigstens zum Teil ihren Willen bekommen und wir doch alle ein Recht und einen Glauben behalten. Denn das wird sich bewahrheiten: zerreißen wir das Recht, dann

[1] Zu deutsch: Donareiche.
[2] Vermutlich Geismar bei Fritzlar.

werden wir auch den Frieden zerreißen. Der schließliche Erfolg seiner Rede war, daß beide Parteien sich damit einverstanden erklärten, daß alle ein Gesetz haben sollten, und dies sollte er ihnen nun verkünden. Da wurde nun gesetzlich festgelegt, daß alle Leute, die bislang hier im Lande noch ungetauft waren, Christen werden sollten und die Taufe empfangen; wegen Kinderaussetzung sollten die alten Gesetze in Gültigkeit bleiben, und ebenso wegen Essens von Pferdefleisch. Die Leute dürften auch noch heimlich opfern, wenn sie wollten, aber es koste dreijährige Verbannung, wenn man Zeugen beibrächte. Aber schon nach wenigen Jahren war dieser heidnische Brauch wie andere verschwunden. Diesen Hergang der Einführung des Christentums auf Island hat uns Teit erzählt.

29. Thor und König Olaf

Olafs saga, Tryggvasonar 213

Eine freundliche Erinnerung an den germanischen Götterglauben, von dem das Volk nicht schmerzlos schied, bewahrt die norwegische Sage von einer Erscheinung des Gottes Thor auf dem „Orm“ (Schlange), dem berühmten Drachenschiff Olaf Tryggvassons, der von 996–1000 König von Norwegen war und dort das Christentum einführte.

Als König Olaf eines Tages südwärts bei schwachem und südlichem Wind an der Küste entlangsegelte, stand ein Mann auf einer Klippe und rief ihnen zu. Er bat um die Gefälligkeit, ihn südwärts an Land zu bringen. König Olaf steuerte den „Orm“ auf den Felsen zu, auf dem der Mann stand, und er stieg an Bord. Dieser Mann war stattlich an Wuchs und jugendlich, schön von Angesicht und rotbärtig[1] ... Die Königsmannen fragten ihn, ob er irgendwelche Geschichten, alte oder neue, erzählen könne. Er glaube, erklärte er, daß sie nichts fragen könnten, worüber er keine Auskunft zu geben vermöchte. Sie führten ihn vor den König und sagten, dieser Mann sei sehr weise. Der König sagte: „Erzähle mir irgendeine alte Geschichte, wenn du dich darauf verstehst.“ Er erwiderte: „Damit beginne ich, Herr, daß dieses Land, an dem wir nun entlangsegeln, in alten Zeiten von Riesen bewohnt war. Aber die Riesen kamen einmal raschen Todes um, so daß sie fast alle zugleich starben und niemand mehr übrigblieb als zwei Weiber. Danach siedelten sich Leute aus östlichen Landen hier an, aber die großen Weiber fügten ihnen schweren Verdruß und manche Gewalttätigkeit zu und bedrängten die Leute, die das Land besiedelt hatten, in ihrer Lage so lange, bis sie sich zuletzt entschlossen, diesen roten Bart um Hilfe anzurufen. Sogleich

[1] Der Hinweis auf den roten Bart und den Hammer machen den Fremden als den Gott Thor kenntlich.

ergriff ich meinen Hammer und schlug sie beide tot, und das Volk dieses Landes blieb dabei, mich um Beistand anzurufen, wenn es not tat, bis du, König, alle meine Freunde vernichtet hast, was wohl der Rache wert wäre!“ Dabei schaute er auf den König zurück und lächelte bitter, indem er sich so schnell über Bord stürzte, als wenn ein Pfeil ins Meer schösse, und niemals sahen sie ihn wieder.

30. Die Umwandlung der Götterkulte

Eine bewußte Anknüpfung an die vorchristlichen Kultorte und -bräuche empfahl Papst Gregor der Große (um 540–604) in einem Brief an Bischof Mellitus für dessen Heidenmission in England (ab 601). Dabei bleibt die Frage, wie weitgehend unter neuen Namen die alten Götter überleben.

„Wenn die Tempel gut gebaut sind, ist es notwendig, sie vom Dämonenkult zum Dienste des wahren Gottes umzuwandeln, damit das Volk, wenn es sieht, daß seine eigenen Tempel nicht zerstört werden, von seinem Irrtum läßt und den wahren Gott erkennend und verehrend um so vertrauter sich an den gewohnten Orten versammelt ...

Weil man bei Götzenopfern viele Ochsen zu schlachten pflegt, muß ein solches Fest in ein anderes umgeformt werden. Die Neubekehrten sollen also an Kirchweihtagen oder an den Festen der heiligen Martyrer, deren Reliquien in der Kirche beigesetzt sind, im Umkreis jener Gebäude, die aus Götzentempeln in Kirchen umgewandelt wurden, aus Baumzweigen Hütten errichten und ein Fest mit religiösen Feierlichkeiten begehen. Sie werden dann nicht weiter dem Teufel Tiere opfern, sondern diese Tiere zu Ehren Gottes für ihre Mahlzeiten schlachten ... Denn man kann offenbar den harten Herzen nicht alles auf einmal abschneiden, und wer den höchsten Grad zu ersteigen sich bemüht, muß stufenweise Schritt für Schritt, nicht aber sprungweise emporgeführt werden.“

31. Die Beschlagnahme des aztekischen Haupttempels für den christlichen Gottesdienst

Bernal Diaz del Castillo, Wahrhafte Geschichte der Entdeckung und Eroberung von Mexiko

Seine „Denkwürdigkeiten“ schrieb der Hauptmann Bernal 1568 als „ein alter Mann von 84 Jahren, der Gehör und Gesicht verloren hat“. Seine Geschichte ist

ein verläßlicher Augenzeugenbericht, genauer und wahrhaftiger als die politisch berechnete Darstellung des General-Kapiteins Cortéz an Carl V. Als Cortéz 1519 in Tenochtitlán, der Hauptstadt des Aztekenreiches, einzog, wurde er als eine wiederkehrende Gottheit empfangen. Der „Herr der Menschen", Moteczuma II., ließ ihm die Festgewänder der Götter überreichen und „großen göttlichen Schmuck". Cortéz aber schätzte nur den Goldwert und fragte: „Ist das alles?" Für die Azteken war dies eine Entwürdigung ihrer Götter, aber als sie das Mißverständnis erkannten, war es schon zu spät.

Eines Tages erklärte Moteczuma dem Cortéz bei seinem täglichen Besuch: „Um dir zu beweisen, Malinche, wie sehr ich dich ins Herz geschlossen habe, will ich dir eine meiner Töchter, die übrigens sehr schön ist, als Gattin geben." Cortéz nahm seine Mütze ab und bedankte sich sehr für diese Ehre. Er sagte, er sei leider schon verheiratet und nach den Gesetzen unserer Religion dürfe er nur eine Frau haben. Er werde seine Tochter ihrem Stand gemäß behandeln, sie müsse allerdings Christin werden. Moteczuma war damit einverstanden.
Er zeigte uns gegenüber immer den besten Willen. Nur von den Menschenopfern ließ er sich nicht abbringen, und es verging kein Tag ohne diese Greueltaten. Alle Bitten und Erklärungen von unserer Seite halfen nichts. Cortéz drängte aber auf eine Entscheidung. Dabei mußte er vermeiden, die Priester und die Einwohner der Stadt zur Rebellion zu reizen. Nach einer langen Beratung beschlossen wir, die Götzen auf dem Haupttempel zu stürzen. Sollten die Mexikaner Miene machen, sich zu verteidigen oder gegen uns aufzustehen, dann wollten wir auf den Göttersturz verzichten; in jedem Fall aber wollten wir auf der Plattform des Tempels einen Altar mit dem Marienbild und ein Kreuz errichten. Cortéz ging mit sieben Offizieren und Soldaten zu Moteczuma, um ihm diesen Plan mitzuteilen. Er sagte: „Gnädiger Herr! Ich habe euch oft und oft gebeten, den falschen Göttern, die euch betört haben, keine Menschen mehr zu opfern. Trotzdem sterben nach wie vor täglich Menschen auf diese grauenhafte Weise. Ich komme deshalb mit diesen Offizieren, die im Namen aller Waffengefährten sprechen, zu Euch und bitte Euch, zu erlauben, daß wir die Götzen aus eurem Haupttempel entfernen und dafür dort ein Bild unserer Muttergottes und ein Kreuz errichten. Die Sache liegt uns sehr am Herzen. Wir würden sie auch gegen deinen Willen durchführen. Dann ließe es sich freilich kaum vermeiden, daß der eine oder der andere deiner Papas dabei umkommt."
Moteczuma hörte den Antrag an und sah an unseren Gesichtern, wie ernst wir die Sache nahmen. Er erwiderte: „Ach, Malinche, warum willst du mich zwingen, diese ganze Stadt zugrunde zu richten? Unsere Götter sind schon zornig genug, und wer weiß, was euch bei einem solchen Unternehmen zustößt? Gestatte mir, daß ich alle Papas zusammenrufe, um mit ihnen diese Frage zu besprechen!" Listig, wie er war, bat Cortéz daraufhin den Fürsten, ihn und den Pater Bartolome noch einmal allein anzuhören. Er befahl deshalb seinen Offizieren, sich zurückzuziehen. Dann eröffnete er Moteczuma: es gebe noch ein Mittel, der Stadt den Aufruhr zu ersparen und die Götzen zu schonen. Er

solle nur die Erlaubnis geben, auf der Plattform des Tempels einen Muttergottesaltar und ein Kreuz zu errichten. Es werde ihm sicher gelingen, dafür das Einverständnis seiner Papas zu bekommen. Die Mexikaner würden dann bald selbst feststellen können, daß ihnen diese Maßnahme in jeder Hinsicht Segen bringe. Aber auch diesen Vorschlag konnte Moteczuma nicht ohne weiteres annehmen. Seufzend bat er Cortéz um eine Frist, damit er vorher mit seinen Papas sprechen könne. Nach vielem Hin und Her wurden aber unser Altar mit dem Muttergottesbild und das Kreuz doch auf der Tempelplattform errichtet. Wir dankten dem Allmächtigen und hielten ein feierliches Hochamt. Als Mesner wurde ein alter Soldat bestellt. Er sorgte für Sauberkeit, verbrannte Weihrauch vor dem Altar und sorgte für das Ewige Licht und für die ständige Erneuerung des Blumenschmucks. Cortéz bat Moteczuma, dafür zu sorgen, daß seine Papas den Mann in Ruhe arbeiten ließen. Sobald wir den Altar errichtet und das feierliche Hochamt gehalten hatten, zog sich über uns ein schweres Unwetter zusammen. Die Götter sollen nämlich den Papas gesagt haben, daß sie nun das Land verlassen werden; denn sie könnten unmöglich mit dem Kreuz und dem christlichen Altar an einem Ort wohnen. Wolle man, daß sie bleiben, dann müsse man die Spanier umbringen. Das sei ihr letztes Wort.

32. Das verbrannte Buddha-Bild

In vielen Religionen ist die bildliche Darstellung der Gottheit umkämpft worden. Der Streit geht um die Frage, ob ein gegenständliches Kultbild der Gottheit angemessen ist oder ob bereits jedes Bild aus der Gottheit einen Götzen mache.

Als Tanka zur Zeit der Tang-Dynastie zu Yerinyi in der Hauptstadt rastete, war es äußerst kalt. Da nahm er eines der dort auf dem Altar aufgestellten Buddhabilder herunter, machte damit Feuer und wärmte sich. Als der Hüter des Tempels dies sah, war er höchst entrüstet und rief aus:
„Wie kannst du es wagen, mein hölzernes Buddhabild zu verbrennen?"
Tanka begann in der Asche herumzusuchen, als schaue er nach irgendetwas, und sagte: „Ich sammle die heiligen Sharīras[1] aus der glühenden Asche."
„Wie kannst du", sagte der Wärter, „Sharīras von einem hölzernen Buddha erwarten?"
Tanka erwiderte: „Wenn keine Sharīras in der Asche zu finden sind, kann ich dann auch noch die beiden anderen Buddhas für mein Feuer haben?"
Der Tempelhüter verlor später beide Augenbrauen, weil er gegen Tankas scheinbare Ruchlosigkeit Einwendungen erhoben hatte, indes Tanka niemals vom Zorn des Buddha getroffen wurde.

[1] Sharīra (shari im Japanischen) bedeutet wörtlich „Körper". Im Buddhismus ist jedoch ein „kostbarer Edelstein" gemeint, der sich nach der Verbrennung in der Asche des Verstorbenen finden soll, wenn dieser ein heiliges Leben geführt hat.

Der Eine und die Vielen

33. Obatalas Zerstückelung

Die Yoruba (Nigeria) nennt Hermann Baumann das „mythisch wohl interessanteste Volk Afrikas", und Leo Frobenius (1873–1938), der in lebenslanger Forschung die Seele Afrikas entdeckte und für unsere Kultur zum Sprechen brachte, urteilte: „Ich stehe keinen Augenblick an zu behaupten, daß unter allen polytheistischen Religionssystemen der Welt das yorubische das am klarsten erhaltene ist, das wir kennen."

Im Mittelpunkt der yorubischen Religion steht Olodumare, „der, der die Macht hat". Er ist der Anfang, hinter den nicht zurückgegangen werden kann. Er schuf die orisha (Götter), wird selbst aber nie ein orisha genannt.

An der (verborgenen) Spitze der yorubischen Götterwelt steht Obatala. Er ist ein „Sohn" Olodumares; Olodumare hat ihn aus sich „geboren", ohne daß er verheiratet gedacht würde. Die folgende Mythe will zeigen, daß alle orisha letztlich nur einer sind.

Im Anfang gab es nur einen orisha auf der Erde. Orisha hatte einen Sklaven, den er liebte und der ihm treu diente. Eines Tages fragte ihn der Sklave nach einer Farm, und der Gott gab ihm ein Stück Land. Der Sklave bestellte seinen Acker und baute sich selbst am Fuß des Hügels eine Hütte. Orisha kam oft vorbei, ruhte sich ein wenig bei seinem Sklaven aus. Dieser Sklave war aber schlecht und wollte Orisha vernichten.

Eines Tages, als der Sklave Orisha schon von weitem in seinem weißen Gewand erkannte, eilte er auf den Hügel. Und als Orisha anlangte, rollte der Sklave einen riesigen Felsbrocken herab: Orisha wurde in Hunderte von Teilen zerstückelt.

Als sich die Nachricht von dem Unglück rumsprach, kam Orunmila, der Gott des Orakels, und sammelte so viele Stücke, als er nur fand. Es war mehr als der halbe Orisha; diese Teile legte er in eine heilige Kalebasse und nannte sie Orisha-nla, ‚der Große Orisha'. Seit dieser Zeit gibt es Hunderte von kleineren orisha in der Welt.

34. Am Morgen bin ich Chepra, am Mittag bin ich Re, am Abend bin ich Atum

In vielen Religionen heben sich die Gestalten der Götter nicht scharf voneinander ab. Oft ist die Vielzahl der Götternamen und -gestalten nur Ausdruck des Beziehungsreichtums zu einer umfassenden göttlichen Wirklichkeit.

Isis sprach zu Re: „Sage mir deinen Namen, großer göttlicher Vater, denn derjenige, dessen Name genannt wird, wird leben." Re aber antwortete ihr und sagte:
„Ich bin es, der Himmel und Erde gebildet hat, der die Berge kettete und schuf, was darauf ist. Ich bin es, der das Wasser hervorbrachte, und die Himmelkuh habe ich erschaffen. Ich bin es, der den Himmel und die Geheimnisse beider Horizonte, in die ich die Seelen der Götter setzte, entstehen ließ. Ich bin es, der die Augen öffnete und dadurch das Licht erzeugte, und wenn ich meine Augen schließe, wird es dunkel auf der Welt. Ich bin es, auf dessen Geheiß das Wasser des Nils fließt, ich, dessen wahren Namen die Götter nicht kennen. Ich bin es, der das Jahr öffnet und die Flut strömen läßt. Am Morgen bin ich Chepra, am Mittag bin ich Re, am Abend bin ich Atum."

35. Wie die Sonne allen gemeinsam ist

Plutarch, Über Isis und Osiris, 66f. (→131)

Isis und die ihr verwandten Götter besitzen und kennen alle Menschen; zwar haben sie einige von ihnen erst in letzter Zeit mit den ägyptischen Namen anzurufen gelernt, aber sie kennen von Anfang an die Gewalt eines jeden und verehren sie ... Wie Sonne und Mond und Himmel und Erde und Meer allen gemeinsam sind und nur von den verschiedenen Völkern verschieden benannt werden, so bleiben der eine Logos, der dies All ordnet, und die eine Vorsehung, die über es waltet, und die dienenden Gewalten, die über alle gesetzt sind, ein und dieselben; nur ihre Ehrungen und Anreden sind bei den verschiedenen Völkern nach ihren Bräuchen verschiedene. Die geheiligten Symbole, deren sie sich bedienen, sind bald undeutlicher, bald klarer, aber sie wollen alle dem Geist den Weg zu dem Göttlichen zeigen, einen Weg, der freilich nicht ohne Gefahren ist. Denn einige von ihnen sind vom Wege abgekommen und ganz und gar in Aberglauben abgesunken, andere, die den Aberglauben wie einen Sumpf vermeiden wollten, sind, ohne daß sie es gewahr wurden, in den Abgrund der Gottlosigkeit gestürzt.

36. Der eine Gott hinter den Göttern und Wesen

Bhagavadgîtâ, VII, 1b–10a; 14; 20–22

Die Bhagavadgîtâ ist ein philosophisches Lehrgedicht, „das Lied des Erhabenen". Es entstand im Hauptteil um 300 v. Chr., umfaßt insgesamt 700 Strophen und gehört zu den meistgelesenen Schriften der Hindus. Es gibt hier keinen eigentlichen Gedankenfortschritt, sondern ein philosophisch-meditatives Kreisen um das Geheimnis des hinter dem Schein der Welt (maya) verborgenen Gottes: „Dein Lied ist drehend wie das Sterngewölbe/Anfang und Ende immerfort dasselbe." (Goethe)

(Krishna) der Erhabene sprach:

Wie du mich ganz erkennen wirst, von Zweifel frei, das höre nun!
Dies Wissen und Erkennen dir verkünden will ich ohne Rest;
Wenn du's erkannt hast, bleibt dir hier nichts zu erkennen übrig mehr.
Unter Tausenden von Menschen strebt nach Vollendung einer kaum,
Von den erfolgreich Strebenden kennt wahrhaft mich kaum einer noch.

Erde, Wasser, Feuer, Äther, Luft, Sinn, Geist, Selbstbewußtsein auch –
Dies alles ist meine Natur, die sich achtfältig hat verteilt.
Die niedre ist das! außer ihr hab' ich noch eine höhere
Natur, – sie ist das Leben selbst und sie ist's, die die Welt erhält.
Aus ihrem Schoße kommen all die Wesen her – dies fasse recht!

Ich bin für diese ganze Welt der Urquell und der Untergang.
Es gibt nichts Höheres als mich, – kein andres Ding, was es auch sei! –
Auf mich ist dieses All gereiht wie Perlenreihen an der Schnur.
Ich bin des Wassers Feuchtigkeit, ich bin das Licht in Sonn' und Mond,
Das heilge Om der Veden all, der Ton im Äther, Kraft im Mann!
Der reine Duft im Erdenkloß, der Glanz im Feuer, das bin ich!
Das Leben in den Wesen all, die Buße in den Büßern auch.
Der ew'ge Same bin ich auch von allen Wesen – wisse dies!

Mein göttlich Scheinbild dieser Welt, darüber kommt man schwer hinweg!
Doch wer mir selbst sich wendet zu, der zwinget dieses Zauberbild.

Die, denen Gier das Wissen raubt, die gehn zu andern Göttern hin,
Halten an manche Regel sich, – sie lenkt die eigene Natur.
Und welche Gottheit einer auch im Glauben zu verehren strebt, –
Ich sehe seinen Glauben an und weis' ihm zu den rechten Platz.
Wenn er in festem Glauben strebt nach seines Gottes Huld und Gnad',
Dann wird zuteil ihm, was er wünscht, denn gern wend' ich ihm Gutes zu.

37. Der allumfassende Gott

Maulana (wörtlich: Unser Meister) Dschelaleddin Rūmī (1207–1273) ist der Begründer des Ordens der Tanzenden Derwische (→126) und zugleich einer der größten Mystiker des Islam (→209). Wie die Mystiker anderer Religionen durchbricht er das vordergründige Verständnis des dogmatischen Glaubens. Er behauptet, die Lehren des Koran seien metaphorisch zu verstehen und hätten sieben Bedeutungsebenen. Seine Mystik lehrt die „Geheimnisse des Weges der Einheit". Dabei wagt er Formulierungen, die für heutige religiöse Systemdenker immer noch unerhört klingen.

Die zweiundsiebenzig Bekenntnisse und Sekten in der Welt
Bestehen nicht in Wirklichkeit: Ich schwör's bei Gott,
Jedes Bekenntnis, jede Sekte, das bin ich.
Erde und Luft, Wasser und Feuer, ja sogar Körper und Seele,
das bin ich.
Wahrheit und Falschheit, gut und böse, Wohlsein und Drangsal
vom Anfang bis zum Ende, das bin ich.
Wissen und Gelehrsamkeit, Askese, Frömmigkeit und Glauben,
das bin ich.
Das Höllenfeuer, ihr könnt sicher sein, mit seinen lodernden
Vorhöllen,
Ja, auch das Paradies, der Garten Eden und die Paradiesjungfrauen,
das bin ich.
Diese Erde, dieser Himmel und alles, was sie bergen,
Engel, Elfen, Genien und die gesamte Menschheit, das bin ich.

*

Erblickst du Gottes Bild im Götzentempelschrein,
Verehr' ihn dort – und laß den Rundgang um die Ka'ba sein.
Denn: ist sie nicht vom Duft der Gottvereinigung erfüllt,
Und haftet dieser Duft am Judentempel – so tritt ein!

Kleine Götterversammlung

A. Muttergottheiten

38. Die Weltmutter der Kagaba (Kolumbien)

Viele Völker verehren in ihren Muttergöttinnen die lebensspendende Fruchtbarkeit der Erde, die alles, was sie geboren hat, nährt und erhält (→96–102). Die Kagaba kennen keinen Kult der Mutter-Göttin, auch Gebete werden nicht direkt an sie gerichtet, aber wenn auf den Feldern gepflanzt und ausgesät wird, sagen die Kagaba: „Dann denken wir an die eine und einzige Mutter des Wachstums, an die Mutter aller Dinge."

Die Mutter unserer Gesänge brachte uns zu Beginn aller Dinge zur Welt, und daher ist sie die Mutter aller Arten von Menschen, die Mutter aller Völker. Sie ist die Mutter des Donners, die Mutter der Ströme, die Mutter der Bäume und aller Dinge. Sie ist die Mutter der Welt und unserer älteren Brüder, der Steinmenschen. Sie ist die Mutter der Früchte der Erde und aller Dinge. Sie ist die Mutter unserer jüngsten Brüder, der Franzosen und der Fremden. Sie ist die Mutter unserer Tanz-Geräte, aller unserer Tempel und ist die einzige Mutter, die wir haben. Nur sie ist die Mutter des Feuers und der Sonne und der Milchstraße ... Sie ist die Mutter des Regens und die einzige Mutter, die wir haben.

39. Indisches Preislied an die Erdgöttin

Atharvaveda XII (42; 45; 48; 63)

Die Erde, auf der Nahrung ist, Reis und Gerste, auf der die fünf Rassen der Menschen leben, der Gattin Parjanya[1], der regendurchfetteten, sei Verehrung.
Die Erde, die Völker von mannigfach unterschiedenen Sprachen trägt, die je nach ihrer Heimat andere Sitten haben, die Erde soll mir, wie eine tüchtige Milchkuh, die nicht ausschlägt, tausend Ströme des Wohlstands spenden.
Die Erde, die den Narren und den Weisen trägt, die Gut und Böse auf sich wohnen läßt, die sich mit dem Eber verträgt, stellt sich auch dem Wildschwein.
O Mutter Erde, freundlich setze ich mich auf einen gesicherten Platz, mit dem Himmel zusammen, o du Weise, verhilf mir zu Glück und Gedeihen.

[1] Parjanya: Gott des Regens.

40. Preislied an die babylonische Göttin Ischtar

Gottheit der Männer und Göttin der Frauen,
deren Ratschluß niemand ergründet:
Wo du hinblickst, wird der Tote lebendig,
erhebt sich der Kranke,
kommt zurecht der Verirrte,
der dein Antlitz anschaut.

Dich rufe ich an, dein Knecht, der geplagt ist,
von Schmerzen gequält.
Sieh mich an, meine Herrin, nimm an mein Flehen,
schau auf mich in Gnade, erhör mein Gebet.
Gnade verkünde, dein Gemüt werde sanft:
Gnade für meinen schwachen Leib, voll Verwirrung und Unheil,
Gnade für mein gequältes Herz, voller Tränen und Seufzern!

41. Die Allmutter Erde

Homerische Hymnen, XXX (→ 19)

Die Erde will ich besingen, die Allmutter, die fest begründete, die älteste aller Wesen. Sie nährt alle Geschöpfe, alle, die auf der göttlichen Erde gehen, alle, die in den Meeren sich regen, und alle, die fliegen. Von ihrer Fülle leben sie alle. Dir, o Herrin, entsprießen gute Kinder und gute Ernten, du hast Gewalt, den sterblichen Menschen Leben zu geben oder zu nehmen. Glückselig ist, wen du wohlwollend ehrest. Im Überfluß wird ihm alles zuteil. Das fruchtbare Land ist mit Getreide überladen, die Wiesen bedeckt mit Vieh, das Haus ist mit allem Trefflichen versehen. In der Stadt voll rechtschaffener Frauen herrscht man nach dem Gesetz, begleitet von Reichtum und Glück. Fröhlich frohlocken die Kinder, junge Mädchen, die Hände voll Blumen, springen frohgemut über die Blüten der Felder. Erhabene Göttin, solches genießen, die dich ehren, freigebige Gottheit!
Sei gegrüßt, Mutter Erde, Gattin des gestirnten Himmels. Spende gütig zum Lohn für mein Lied herzerfreuende Nahrung. Ich aber will nun deiner und anderen Sanges gedenken.

42. Der Kali-Tempel zu Kalkutta

Die Symbolik der Großen Mutter kennt nicht nur lebensspendende Zuwendung, sondern auch die in den Tod verschlingende Gier. Aus den Mythen und Märchen aller Völker starren uns Züge dieser Furchtbaren Mutter in zahllosen Hexen- und Vampirgestalten an. Der Schoß der Erde, der alles Leben gebiert und blühen läßt, ist zugleich jener Schoß, der als Maul der Unterwelt, als Abgrund, Hölle, Grabesschlund und dunkles Nichts in den Tod hinein verschlingt. Krankheit, Hunger und Krieg sind die Gehilfen dieser Furchtbaren Mutter. Als Todesgöttin frißt die Mutter Erde ihre eigenen Kinder.
Am eindrucksvollsten unter allen Völkern hat Indien diesen Kult der Furchtbaren Mutter entfaltet. In der Verehrung der Göttin Kali wird die dunkle Seite der Großen Mutter in grauenhafter Realität begangen.

Zu ihrem großen Tempelfest im Frühling – also zur Neubefruchtung der Natur – kommen die Wallfahrer aus der Ebene rings und von den Bergen, die sie im Norden einschließen. Ein Engländer, der 1871 dem Feste beiwohnte, berichtet, daß täglich etwa zwanzig Büffel, zweihundertfünfzig Ziegen und ebenso viele Schweine im Tempel geschlachtet wurden. Unterm Opferaltar war eine tiefe Grube ausgehoben, mit frischem Sand gefüllt; der Sand sog das Blut der enthaupteten Tiere auf. Er wurde zweimal des Tages erneuert, der blutgetränkte aber ward jeweils in die Erde vergraben: als Fruchtbarkeitsstoff. Alles ging sehr sauber zu, ohne blutige Reste und üblen Geruch. Der Lebenssaft, das Blut, sollte der alten Erdgöttin, die alle Nahrung schenkt – der Bergestochter, deren Erdkraft in den himmelragenden Bergen riesenhaft greifbar wird–, erneute Kraft und Fruchtbarkeit für den neuen Erntejahrgang schenken.
Heutzutage ist der Tempel der Kâli am Kâlîghât zu Calcutta berühmt als Hauptort täglicher Blutopfer; er ist wohl das blutigste Heiligtum der Erde. Zur Zeit der großen Pilgerfahrten zum jährlichen Durgâ- oder Kâlîfest (Durgâpujâ) im Herbst werden während der drei Festtage an die achthundert Ziegen geschlachtet – aber der Tempel dient überhaupt einfach als Schlachthaus, denn dem Opfernden verbleibt das Tier, der Tempel nimmt sich nur das Haupt als sinnbildliche Gabe, das Blut aber fließt der Göttin zu. Ihr gebührt ja das Lebensblut aller Wesen als Opfer – es ist ja ihr Geschenk –, darum muß das Tier in ihrem Tempel geschlachtet werden; darum sind Tempel und Schlachthaus eins.
Da geht es freilich fürchterlich und schmutzig zu; im Schlamm von Blut und Erde werden die Häupter der Tiere wie Trophäen vorm Bild der Göttin zuhauf geschichtet, indes der Opfernde mit dem Leib des Tieres zum Festmahl im Familienkreis nach Hause zieht. Die Göttin will nur das Blut der Opfer, darum ist Enthaupten die Form der Darbringung – da bluten sie schnell und gründlich aus. Daher schneiden sich die Figuren der Geschichten in ‚Hitopadescha' und ‚Kathâsaritsâgara' den Kopf ab; der Kopf meint freilich auch das Ganze, die völlige Aufopferung.

In ihrer ‚grauenerregenden Gestalt' führt die Göttin als ‚Kâli', die ‚Dunkle', die Schädelschale voll dampfenden Bluts an die Lippe; ihr Schaubild für innere Andacht zeigt sie blutrot gewandet auf einem Boot in einem Meer von Blut stehend: inmitten der Lebensflut, des Opfersaftes, dessen sie bedarf, um in ihrer huldvollen Erscheinung in unablässiger Zeugung als Weltmutter neuen Lebensgestalten das Dasein zu schenken, um sie als Weltamme an ihren Brüsten zu säugen und ihnen als die ‚Speisevolle' Nahrung zu spenden.

B. Sonnengötter

43. Preislied auf den babylonischen Sonnengott Schamasch

Für die Babylonier hatten die Gestirne eine hohe Bedeutung und waren deshalb eng mit ihren Gottesvorstellungen verbunden: Der Himmel ist Urbild, die Erde das Abbild. Was auf Erden geschieht, hat im Himmel seine urbildliche Voraussetzung. – Von zentraler Bedeutung im babylonischen Weltbild war die Sonnengottheit Schamasch.

Gott Schamasch, der das Dunkel erleuchtet, den Himmel erhellt,
der droben wie drunten das Böse vernichtet:
Dein Glanz bedeckt wie ein Fangnetz die Erde,
die gewaltigen Berge und die Wogen der See.
Alle Fürsten freuen sich, dich anzuschauen,
alle himmlischen Götter jubeln dir zu.
Das Geheime erschauen sie in deinem Glanz;
ihr Schritt ist sicher im Schein deines Lichts.
Auf deine Pracht ist ihr Auge gerichtet;
die vier Himmelszonen lodern im Brand.
Weit offen stehen alle Pforten des Himmels;
aller Himmelsgötter Opfer nimmst du in Empfang.
Bei deinem Aufgang anbeten die Götter der Tiefe,
und laut vor Schamasch erklingt ihre Qual.

44. Uitzilopochtlis Geburt

Ein typischer Mythos von der Geburt der Sonne und ihrem Kampf mit Mond und Sternen: Der junge, kriegerische Sonnengott trägt die Gestalt des aztekischen Stammes- und Kriegsgottes Uitzilopochtli, der in der Verkleidung eines Kolibri (Uitzitzilin) erscheint und als Gott den Süden (Opochtli) regiert. Er wird, wie so viele Sonnenhelden, von seiner Mutter Couatlicue, der Erdgöttin, unbefleckt empfangen und auf dem Schlangenberg, d. h. dem Himmel, geboren. In Wehr und Waffen entsteigt er dem Leib seiner Mutter, tötet die gegen ihn andringenden Uitznaua, die Sterne des Südhimmels, und zerschmettert und zerstückelt deren ältere Schwester Coyolxauhqui, den Mond, mit seiner Waffe, der Feuerschlange, d. h. dem Lichtstrahl. Dann beraubt er die getöteten Uitznaua ihres Schmucks, d. h. ihres Glanzes. Zum Tempel und Opferkult Uitzilopochtlis (→31; 162).

Da wurde Uitzilopochtli geboren, angetan mit seinem vollen Putz: mit seinem Schild, seinem Speer, seinem türkisfarbenen Wurfbrett und seiner Gesichtsbemalung in (gelben) Querstreifen . . .

Er war an Stirn und Ohren mit Federn beklebt, und auch an seinem linken, dünnen (Vogel)fuß war die Sohle mit Federn beklebt; beide Oberschenkel und Oberarme trugen blaue Streifen. Einer namens Tochancalqui setzte nun auf Befehl Uitzilopochtli die Feuerschlange in Brand; darauf zerschmetterte Uitzilopochtli (mit ihr) Coyolxauhqui und schnitt ihr den Kopf ab, der oben am Rande des Schlangenberges liegenblieb, während ihr Leib herunterfiel und dabei zerschellte; Arme, Beine und Rumpf fielen an verschiedenen Stellen nieder.

Nun erhob sich Uitzilopochtli und ging unverweilt den vierhundert Uitznaua zu Leibe. Er brach in ihre Reihen ein, jagte sie vom Gipfel des Schlangenberges herab und trieb sie auseinander. Und nachdem er sie bis an den Fuß des Schlangenberges getrieben hatte, verfolgte er sie weiter und jagte sie viermal rund um den Schlangenberg. Vergebens rasselten sie ihn an mit ihren Schellen, vergebens schlugen sie zur Abwehr gegen ihn auf ihre Schilde; sie kamen nicht mehr gegen ihn auf, konnten sich nicht mehr gegen ihn verteidigen. Uitzilopochtli hetzte sie, trieb sie vor sich her, vernichtete und zersprengte sie und brachte sie zur völligen Auflösung. Als er gar nicht mehr von ihnen abließ und sich immer wieder an ihre Fersen heftete, flehten sie ihn an: „Laß es genug sein!" Aber Uitzilopochtli ließ sich nicht besänftigen; immer aufs neue stürmte er gegen sie an, und nur sehr wenige retteten sich vor seinem Angesicht und entrannen seinen Händen. Diese flohen nach dem Süden; deshalb heißt der Süden Uitztlampa . . .

Und als Uitzilopochtli sie vernichtet hatte und sein Herz mit Rache gesättigt war, nahm er den getöteten Uitznaua ihren Putz ab: das Anecuyotl, das er sich nun selbst aneignete und zu seinem Kleidungsstück, seinem auszeichnenden Schmuck machte.

45. Der Sonnengesang des Pharao Echnaton

Der Pharao Amenophis IV. (1365–1348 v. Chr.), noch im überlieferten Glauben und Brauch zum König geweiht, begann im 5. Jahr seiner Herrschaft eine religiöse Revolution, die wahrscheinlich das ganze Reich in seinen Grundordnungen erschüttert hat: An die Stelle des großen ägyptischen Götterhimmels setzte er den alleinigen Gott Aton, die mit allen Eigenschaften eines Herrschers personifizierte „Sonnenscheibe". Gleichzeitig entwickelte der Pharao, der sich hinfort Echnaton („dem Aton gefällig") nannte, einen zentralen monotheistischen Kult. Er zog mit seinem Regierungsapparat in eine neue Stadt, Achet-Aton („Horizont" bzw. „Lichtland des Aton"). Das bedeutendste literarische Denkmal dieser Zeit ist der Sonnengesang, eine großartige, äußerst lebendige Festhymne für den Gottesdienst.

Mit dem neuen Glauben war Echnaton seiner Zeit zu weit voraus. Die Ägypter blieben ihrer überlieferten Religion treu. Sie kehrten zu ihren alten Göttern zurück, sobald sich nach Echnatons Tod die erste Gelegenheit bot. Seitdem nannten sie Echnaton den „Feind" oder „Verbrecher" von Amarna und suchten alle Erinnerungen an den „Ketzer-König" auszulöschen.

Du erscheinst so schön im Lichtorte des Himmels,
du lebendige Sonne, die zuerst zu leben anfing!
Du bist aufgeleuchtet im östlichen Lichtorte
und hast alle Lande mit deiner Schönheit erfüllt.
Du bist schön und groß, glänzend und hoch über allen Landen.
Deine Strahlen umfassen die Länder, bis zum
Ende alles dessen, was du geschaffen hast;
du bist die Sonne und dringst eben deshalb bis an ihr äußerstes Ende.
Du bändigst sie deinem geliebten Sohne.
Du bist fern, und doch sind deine Strahlen auf der Erde;
du bist im Angesicht der Menschen, und doch kennt man deinen Weg nicht.
Gehst du zur Rüste im westlichen Lichtorte,
so ist die Welt in Finsternis, wie im Tode.
Du vertreibst die Finsternis,
sobald du deine Strahlen spendest.
Die beiden Länder sind in Festesstimmung.
Du machst die Jahreszeiten, um sich entwickeln zu lassen alle deine Geschöpfe,
den Winter, um sie zu kühlen,
die Glut des Sommers, damit sie dich kosten.
Du hast den Himmel gemacht fern von der Erde,
um an ihm aufzuleuchten,
um alles, was du, einzig und allein du, geschaffen hast, zu sehen,
wenn du aufgeleuchtet bist in deiner Gestalt als lebendige Sonne,

erschienen und glänzend, fern und doch nah.
Du machst Millionen von Gestalten aus dir, dem Einen,
Städte, Dörfer, Äcker, Weg und Strom.
Alle Augen erblicken dich sich gegenüber,
indem du die Sonne des Tages bist über der Erde.
Wenn du davon gegangen bist, (...)
(und nicht) Einer mehr (sieht), was du geschaffen hast,
so bist du doch noch in meinem Herzen.
Es gibt keinen andern, der dich wirklich kennte,
außer deinem Sohne König Neferchepurê-Wanrê;
du läßt ihn kundig sein deiner Pläne und deiner Macht.
Die Welt befindet sich auf deiner Hand,
wie du sie geschaffen hast.
Wenn du aufgeleuchtet bist, leben sie;
wenn du zur Rüste gehst, sterben sie.
Du bist die Lebenszeit selbst, man lebt in dir.
Die Augen schauen Schönheit, bis du zur Rüste gehst.
Niedergelegt werden alle Arbeiten, sobald du zur Rüste gehst zur Rechten.
Wenn du wieder aufleuchtest,
so läßt (du jeden Arm) sich rühren für den König,
und (Eile) ist in jedem Beine,
seit du die Welt gegründet hast.
Du erhebst sie wieder für deinen Sohn,
der aus deinem Leibe hervorgekommen ist,
König Echnatôn und die Königin Nefernefruatôn-Nofretête.

C. Dämonen

46. Die friedvollen und die schreckerregenden Dämonen

Das Tibetische Totenbuch beschreibt für die „Geistseele im Zwischenzustand" (→243) eine Begegnung mit friedvollen und schreckerregenden Dämonen. Religionsgeschichtlich betrachtet entstammen diese Gottheiten der vor-buddhistischen bäuerlichen Kultur. Der gebildete Buddhismus in Tibet hat sie jedoch umgedeutet und mit einer tiefschürfenden „Psychologie" verknüpft.

Das Zur-Einsicht-Bringen: Den Toten rufe man bei seinem Namen und spreche: Sohn der Edlen, höre ohne Zerstreuung zu! Als dir bis gestern die Visionen erschienen, ließest du dich durch deine Neigungen in Angst und Schrecken versetzen. Deshalb bist du bis jetzt hier geblieben![1] ... Jetzt sind die vollkommenen Erscheinungen gekommen, um dich zu empfangen ... Diese zweiundvierzig Wesen, die göttlichen Scharen, treten aus deinem Herzen hervor. Und da sie dir erscheinen, steigen sie dir als die wahre Schau deiner selbst auf! Deshalb erkenne sie als solche!

O Sohn der Edlen, diese seligen Gefilde existieren nicht an einem anderen Ort, sondern ausschließlich im Raum deines Herzens, und da sie dem Inneren deines Herzens entsteigen, erscheinen sie dir wie von dir unabhängige Wesen. Diese göttlichen Wesen kommen nicht von irgendwo anders her, sondern sind seit Ewigkeit das ureigene Wirken deiner eigenen Geist-Natur. Deshalb erkenne sie doch als so beschaffen!

Sohn der Edlen, wenn du deine eigenen Erscheinungen nicht als solche wahrlich erkennst, wirst du kein Buddha, auch wenn du alle Verkündigungen, Sutren und Tantras[2] kennst und während eines ganzen Weltzeitalters den Dharma[3] übtest. Wenn du aber die Natur deiner eigenen Erscheinungen erkennst, dann wirst du auf der Stelle in einem Augenblick Buddha. Wenn du aber deine eigenen Erscheinungen nicht erkennst, dann wird, kaum daß du gestorben bist, die Gestalt des Gesetzeskönigs, nämlich Yama, der Todesgott, erscheinen. Die größten Gestalten des Gesetzeskönigs Yama sind dem Himmel vergleichbar, die mittleren sind gleich dem Berg Meru[4], der die ganze Welt erfüllt. So erscheinen sie: Mit bleckenden Zähnen beißen sie auf ihre Lippen; ihr Blick ist wie von Glas; ihr Haar ist am Scheitel aufgebunden; ihre Bäuche sind dick, ihr Hals dünn; in der Hand schwingen sie den Kerbstock, und mit Schreien wie „Schlage! Töte!“ schlürfen sie das Gehirn der Gerichteten, trennen die Köpfe vom Rumpf und reißen die Eingeweide heraus. So füllen sie die Welt aus.

Sohn der Edlen, wenn die Zeit kommt, da dir solches erscheint, dann habe weder Angst noch Furcht. Da du ein Geist-Wesen bist, kannst du nicht wirklich sterben, auch wenn du getötet und zerhackt werden solltest. In Wahrheit besteht deine Gestalt in der Leere, so daß du dich nicht zu ängstigen und zu fürchten brauchst. Denn da auch alle Gestalten des Todesgottes die eigene Ausstrahlung deiner ureigenen Geist-Natur sind, ist nichts an ihnen, was aus Materie gewirkt wäre. Denn Leere kann der Leere nichts anhaben ...

Wenn du dies erkennst, dann ist der Angst und Furcht jeder Boden entzogen, und du wirst mit dem Urgrund des Seins in eins verschmelzen und ein Buddha[5] werden.

[1] Hier geblieben: Gemeint ist der Zwischenzustand zwischen Tod und Wiedergeburt; wenn die Geist-Seele nicht zur wahren Erkenntnis (zur Buddhaschaft) gelangt, der Zwischenzustand also nicht durch ihre Erleuchtung beendet wird, ist ihre Rückkehr in den Kreislauf der Wiedergeburten unvermeidbar.

[2] Sutra, Tantra: die Lehrreden und geheimen Weisheitstraditionen des Buddha.

[3] Dharma: die Lehre, das Gesetz des Buddha.

[4] Berg Meru (vgl. → 93).

[5] Buddha: der vollkommen Erleuchtete. Man unterscheidet den historischen Gautama Buddha und die vielen Buddhas aller Zeiten, die gleich ihm die höchste Wirklichkeit („das wahre Sein“, „die vollkommene Leere“) erreicht haben (14).

47. Über die Wirklichkeit der Dämonen

Das folgende Gespräch führte Alexandra David-Néel (1868–1969), französische Orientalistin und selber Buddhistin. Sie war die erste weiße Frau, die als Bettelpilgerin verkleidet bis nach Lhasa vordrang. Ihr ganzes Leben war Asien verbunden. Ihre Reisen und Erfahrungen haben Bereiche erschlossen, die der europäischen Geistesart fast unerreichbar fernliegen (→244).

Ich unterhielt mich einmal mit einem Einsiedler aus Ga im östlichen Tibet, namens Kutschog Wantschen, über die plötzlichen Todesfälle, die während der Beschwörung böser Geister vorgekommen sind.
Der Lama schien mir durchaus nicht abergläubisch, und so glaubte ich, ihm aus der Seele zu sprechen, als ich sagte: „Wenn Menschen dabei wirklich sterben, so tun sie das nur aus Furcht. Was sie sehen, ist ja nur die Verkörperung ihrer eigenen Gedanken. Jemand, der nicht an Dämonen glaubt, wird auch niemals von ihnen umgebracht werden."
Ich war nicht wenig überrascht, als der Klausner mit sonderbarem Ton antwortete: „Meinen Sie denn etwa auch, daß jemand, der nicht an Tiger glaubt, auch nicht von ihnen zerrissen werden könnte, wenn er sich ihnen auf Sprungweite näherte?"
Und er fuhr fort: „Mit der Verkörperung der seelischen Vorstellungen ist es eine geheimnisvolle Sache, mag sie nun bewußt oder unbewußt vor sich gehen. Was wird aus diesen Gebilden? Wäre es nicht möglich, daß diese unsere Geisteskinder uns einmal gerade so entglitten, wie wir das zuweilen bei unseren leiblichen Kindern erleben müssen? Ob sie dann nicht ebenfalls plötzlich, oder auch nach und nach, ihr eigenes Dasein führen wollen?
Ferner, warum sollten nicht andere ebensogut wie wir selbst derartige Gebilde hervorbringen können? Und angenommen, daß es überhaupt solche Tulpas (Zauberwesen) gibt, dann ist doch auch denkbar, daß wir mit ihnen in Berühung kommen, gleichviel ob es ihre anderweitigen Schöpfer so wollen oder ob wir selbst durch unsere Gedanken diesen Wesen die Möglichkeit erst geben, sich zu zeigen.
Stellen Sie sich einmal zum Vergleich einen Fluß vor, und denken Sie sich in einiger Entfernung von seinem Ufer einen trockenen Landstrich, auf dem Sie wohnen. Fische werden da natürlich nie in Ihre Nähe kommen. Wenn Sie aber zwischen Fluß und Haus einen Verbindungskanal graben und an seinem Ende einen Teich anlegen, so werden die Fische zusammen mit dem einströmenden Wasser Ihnen so nahe kommen, daß Sie sie von Ihren Fenstern aus schwimmen sehen können.
Man muß sich wohl hüten, leichtsinnig ‚Kanäle' zu eröffnen. Die meisten Menschen ahnen nicht, was alles in der Abgrundtiefe des Weltalls enthalten ist, die sie so unbesonnen anbohren."
Und leichteren Tones fuhr er fort: „Ob man selbst oder ob ein anderer der Vater der Tiger ist, man muß sich gegen sie zu verteidigen wissen."

48. Der Dämonentempel

Ähnlich wie Alexandra David-Néel (→47) bereiste Anagarika Govinda (→173) das geheimnisvolle Tibet. Sein Bericht über den verborgenen Dämonentempel sollte mit den zwei voranstehenden Texten zusammen bedacht werden.

Etwas weiter oben am Berg ertönte aus einem kleinen Tempel zu gewissen Stunden des Tages das tiefe Dröhnen einer Ritualpauke. Angezogen von ihrem Rhythmus, der in regelmäßigen Abständen von dem metallenen Getöse rotierender Becken unterbrochen wurde, näherte ich mich dem Tempelchen und hörte die sonore Stimme eines rezitierenden Mönches. Da ich befürchtete, ihn durch meine Gegenwart zu stören, zog ich mich ungesehen zurück. Es dauerte einige Tage, bis ich Gelegenheit fand, ihn um Erlaubnis zu bitten, das Heiligtum zu betreten, das im Gegensatz zum Haupttempel der Öffentlichkeit nicht zugänglich war.

Der Grund wurde mir bald klar. Der kleine Tempel war den schrecklichen, furchterregenden Gottheiten geweiht, den Mächten der Auflösung und Verwandlung, die nur denen furchtbar und zerstörend erscheinen, die an den Dingen dieser Welt und an ihrer eigenen beschränkten Daseinsform hängen, während sie für diejenigen, die ihre wahre Natur durchschauen, zu Kräften der Befreiung und Erlösung werden. Sie sind die Überwinder der Hindernisse, die Befreier von Knechtschaft, die Symbole des höchsten Mysteriums der Selbstüberwindung – in der Ekstase des Durchbruchs zur Transzendenz, aus der Dunkelheit des Nichtwissens und der Enge der Ichheit. Sie sind die Verkörperungen der höchsten Erkenntnis, die wie ein blendender Blitzstrahl alle vernichten würde, die noch nicht reif sind für das Erlebnis einer alle Begriffe des Denkens übersteigenden Wirklichkeit, wie es jenem Jüngling von Sais geschah, der, von Neugierde getrieben, den Schleier von dem verhüllten Bildwerk im Tempel der Isis hob: „Ihn riß ein tiefer Gram zum frühen Grabe."

D. Der höchste Gott

49. Wakan Tanka

Jedes Ding in dieser Welt hat einen Geist, und dieser Geist ist wakan. Deshalb ist der Geist des Baumes oder anderer solcher Dinge auch wakan, obwohl er nicht wie der Geist des Menschen ist. Die wakan-Wesen sind größer als die Menschheit, genauso wie die Menschen größer als die Tiere sind. Sie werden niemals geboren und sterben niemals.

Das Wort Wakan Tanka bedeutet alle wakan-Wesen, denn sie sind alle wie ein einziges Wesen. Wenn ein Lakota zu Wakan Tanka betet, so betet er zur Erde, zum Felsen und zu allen anderen guten wakan-Wesen. Ein Mensch, der etwas Böses tun will, kann zu den bösen wakan beten.

Ich habe deinen Ausruf gehört, als die Sternschnuppe fiel, und ich habe auch gehört, wie du unmittelbar darauf zu den Leuten gesprochen hast. Dann hast du Süßgras verbrannt. Erzählst du mir, warum du das getan hast?
Du bist ein weißer Medizinmann, und du möchtest die Geheimnisse der Lakota erfahren. Warum willst du diese Dinge wissen?
Die alten Indianer, die diese Dinge noch wissen, werden bald tot und vergessen sein; die jungen Indianer wissen nichts mehr davon, es wird für immer verloren sein. Ich möchte es niederschreiben, damit es erhalten bleibt und eure jungen Leute es in späteren Jahren lesen können. Wirst du es mir erzählen?
Mein Vater war ein Schamane, und er lehrte mich die Geheimnisse der Schamanen, und ich werde sie dir erzählen.
Was willst du wissen?
Als der Meteor fiel, hast du laut gerufen: „Wohpa. Wohpe-e-e-e!"
Wozu hast du das getan?
Weil es wakan ist.
Was ist wohpa?
Was du gesehen hast. Ein Stern, der fällt.
Was war die Ursache dafür?
Taku Skanskan.
Warum läßt Taku Skanskan einen Stern herunterfallen?
Was fällt, fällt durch ihn, was sich bewegt, bewegt sich durch ihn.
Wodurch werden deine Bewegungen bewirkt?
Durch Skan.
Wenn ein Pfeil von einem Bogen abgeschossen wird, was bewirkt dann, daß er durch die Luft fliegt?
Skan.
Was läßt einen Stein fallen, wenn ich ihn loslasse?
Skan.
Und wenn ich einen Stein aufhebe, was bewirkt dann die Bewegung?
Skan. Er gibt dir die Kraft, den Stein zu heben, und er ist die Ursache für alle Bewegungen.
Hat der Bogen etwas mit der Bewegung des Pfeils zu tun, den man von ihm abschießt?
Taku Skanskan gibt dem Bogen den Geist und läßt ihn den Pfeil vom Bogen abschnellen.
Was läßt den Rauch nach oben steigen?
Taku Skanskan.
Was läßt das Wasser im Fluß fließen?
Skan.

Was läßt die Wolken über die Welt segeln?
Skan.
Sind Taku Skanskan und Skan derselbe?
Ja. Wenn die Leute mit ihm sprechen, sagen sie Taku Skanskan. Wenn ein Schamane von ihm spricht, sagt er Skan. Skan gehört zur wakan-Sprache der Schamanen.
Gibt es noch andere wakan, die Wakan Tanka sind?
Ja. Inyan, der Felsen, und Maka, die Erde.
Und gibt es noch andere?
Ja. Wi Han, der Mond; Tate, der Wind; Wakinyan, der Geflügelte, und Wohpe, die Schöne Frau.
Gibt es noch andere, die Wakan Tanka sind?
Nein.
Dann gibt es also acht Wakan Tanka, oder?
Nein, nur einen.
Du hast acht genannt und sagst, es gibt nur einen. Wie kann das sein?
Das stimmt. Ich habe acht genannt. Es sind vier: Wi, Skan, Inyan und Maka. Das sind die Wakan Tanka.
Du hast vier weitere genannt, den Mond, den Wind, den Geflügelten und die Schöne Frau. Und du hast doch gesagt, sie sind Wakan Tanka, nicht wahr?
Ja, aber diese vier sind die gleichen wie die Wakan Tanka. Sonne und Mond sind der gleiche, Skan und der Wind sind der gleiche, der Felsen und der Geflügelte sind der gleiche, die Erde und die Schöne Frau sind die gleiche. Diese acht sind nur einer. Die Schamanen wissen das, aber die Leute wissen es nicht. Das ist wakan (ein Geheimnis).

50. Obatala

Obatala steht an der Spitze der yorubischen Götterwelt (→33). Man spricht von ihm als dem orisha. Zwar hat er seine Macht vom Vater Olodumare, doch ist dieser den Menschen fern, während sie Obatala als ihren Gott preisen.

„Er ist geduldig, er ist ohne Zorn.
In der Stille sitzend fällt er sein Urteil.
Er sieht dich mit geschlossenen Augen.
Er ist weit entfernt, aber seine Augen sind in der Stadt, hier.
Die Scheune des Himmels kann nie voll werden.
Wir lassen die Welt dem Herrn der Welt.
Er ist bei seinen Kindern und läßt sie gedeihen.
Er macht sie lachen, und sie lachen.
Ohoho – er ist der Vater des Gelächters.

Sein Auge ist voller Freude.
Er liegt im Himmel wie ein Schwarm wilder Bienen.
Wir tanzen zu unseren sechzehn Trommeln.
Bei acht Trommeln gebückt,
Bei acht Trommeln aufrecht.
Wir schütteln die Schultern und lassen die Hüften kreisen.
Wir tanzen zu deinen sechzehn Trommeln.
Die Reichen verdanken ihm ihren Besitz.
Er nimmt den Reichen und gibt den Armen.
Wenn du einem Reichen etwas nimmst: gib es, gib es mir, Obatala!
Er macht aus Blut unsere Kinder.
Ich habe nur ein Kleid, es ist mit blauem Indigo zu färben.
Ich habe nur ein Kopftuch, es ist mit Rotholz zu färben.
Aber ich weiß: Zwanzig, dreißig Kinder hältst du bereit, die ich tragen werde."

51. Kalunga

Eine Überlieferung der Ndonga in Angola.

Die Alten haben gesagt: „Kalunga stirbt nicht, er ist niemals krank, verändert sich nicht und wird nie alt. Wie er immer war, so bleibt er." Weiter haben sie gesagt: „Kalunga kann man nicht belügen oder betrügen, er ist auch nicht zu beeinflussen oder zu überreden, dies oder jenes zu tun. Nur was er selbst will, das tut er; was er nicht will, das geschieht nicht."
Kalunga ist gütig und barmherzig. Man sagt: „Kalunga ist nicht der Großvater eines Einzelnen, sondern aller Menschen"; „Kalunga ist unser Beschützer"; „Kalunga ist unparteiisch, er läßt auch für den Bösewicht regnen." „Kalunga verläßt dich nicht, wenn du auch von deiner Mutter verlassen würdest." „Er ist der Kalunga der Armen wie auch der Reichen." „Kalunga vernichtet seine Kinder nicht, die er geschaffen hat; sicher hat er ihnen etwas zu geben." „Kalunga ist es, der uns den Regen gibt." „Wir schauen auf zu Kalunga, was er uns tun wird."
Kalunga sieht und hört alles, er hat Kenntnis von allen Dingen. Wenn ein Dieb etwas gestohlen hat und, was er gestohlen hat, versteckt, und wenn die, die ihn gefaßt haben, ihn schlagen wollen, sagen die anderen: „Laßt ihn! Kalunga hat ihn gesehen, er wird ihn schon entdecken."
Wenn ein Mädchen sich in unerlaubten Umständen befindet und es verbirgt, es nachher aber doch offenbar wird, sagt man: „Seht einmal, Kalunga hat sie gesehen und dann auch entdeckt." Wenn jemand lose Reden führt, so weisen ihn die anderen zurecht und sagen: „Du, da du so etwas sprichst, glaubst du, daß Kalunga keine Ohren hat, daß er nicht hört, was du sagst?" Und es wird auch

gesagt: „Kalunga hat lange Ohren, und seine Augen sehen auch im Dunkeln." Kalunga ist allwissend und allmächtig. Man pflegt zu sagen: „Nichts ist Kalunga unmöglich. Der Mensch vermag nichts, aber Kalunga vermag alles." „An Verstand fehlt es Kalunga nicht." Die Alten sagen: „Kalunga ist geschickt. Ihr seht, was er geschaffen hat; kann der Mensch das alles erfassen?" „Die Macht des Menschen ist kurz; die Macht Kalungas ist unermeßlich." „Der Mensch versucht nur, Kalunga aber tut, was er will."

Kalunga ist Herr und Herrscher über alles, weil er alles geschaffen hat und regiert. Wenn die Jäger auf der Jagd viel Wild erlegt haben, sagen sie: „Laßt uns nach Hause gehen, damit wir nicht Kalungas Vieh gänzlich ausrotten."

Weiter sagt man: „Sind nicht alle Dinge Kalungas?" „Kalunga regiert hier unten und droben." „Kalunga ist unbestechlich." „Deinem Sterben wirst du nicht entgehen können; wo nur irgend Kalunga es will, da wird der Tod dich treffen."

Stirbt ein Mensch an einer Krankheit, die der Zauberer nicht bannen kann, oder stirbt jemand plötzlich, so sagt man: „Kalunga hat einen Menschen zu sich gerufen."

Kalunga hat nur einen einzigen Sohn, sein eingeborenes Kind; dessen Name ist Musisi. Einige behaupten, Musisi sei Kalunga selbst, sie sagen aber, sie wüßten es nicht genau. Die Alten aus früheren Zeiten sagen: „Musisi ist Kalungas Sohn, er ist Kalunga gleich. Er hat seine Wohnung in Kalungas Werft und hilft seinem Vater in allen Dingen. Musisi ist unsterblich und unveränderlich und wird auch nicht alt. Er ist und bleibt gerade wie sein Vater. Er hilft den Menschen und ist der Fürsprecher für die Menschen. Er ist allweise und allmächtig und barmherzig wie sein Vater. Der Vater übertrifft ihn nur ein wenig, weil er der Vater und älter ist."

Musisi hat man nicht gesehen wie seinen Vater, er hat noch keine Menschen angeredet. Man weiß nicht, ob er einen Körper hat oder nicht, weil er sich nicht geoffenbart hat wie sein Vater, aber er ist kein Kind mehr: er ist schon betagt, er ist schon lange, lange geboren.

Von Musisi spricht man nicht viel, und er wird nur in einigen Redensarten und Sprichwörtern erwähnt. Es heißt: „Alles, was dir von Musisi gegeben wird – nimm es hin; alles, was Kalunga dir gibt – empfange es mit beiden Händen." „Musisi ist die Zuflucht der Verlassenen, Kalunga ist der Schutz der Armen und der Reichen." „Um was Musisi für dich bittet, das wird Kalunga dir geben." „Wenn du auch von deinem Freunde verlassen bist – Musisi wird dich nicht verlassen."

52. Zeus

Kleanthes von Assos (331–232 v. Chr.)

Höchster der Unsterblichen,
viele Namen nennen dich,

ewig allmächtiger Zeus,
dich, Urquell alles Werdens,
der nach ewigen Gesetzen
herrscht im All, ich grüße dich, Zeus.
Ja, ich darf's. Allein von allem,
was da lebt und kriecht auf Erden,
ist ein Abbild er des Alls:
wir sind deines Geschlechtes.

53. Wotan

Ynglinga saga

Allvater nannten die Germanen ihren höchsten Gott. Bei den Süd-Germanen hieß er Wotan, bei den Nordländern aber Odin. In Wotan, in dem das Wort „Wut" nachklingt, lag der Sinn, daß der Allgott Kräfte besitzt, durch die in der Welt das Außerordentliche geschieht: Rasende Kühnheit macht den Krieger unwiderstehlich, in heiliger Begeisterung und Besessenheit schauen Sänger und Seher das Höchste. Als Herr des Himmels und der Erde ist Odin gewaltig und wissend zugleich wie keiner sonst. „Diese reiche Gottesidee Wotan-Odin ist die Summe aller großen religiösen Gedanken, die unsere Ahnen seit Urzeiten gedacht oder nachgedacht hatten, der höchste, letztgültige Ausdruck ihres eigenen Wesens. Odin ist, wie sein Name sagt, der Begeisterte und Begeisternde. Er ist, so dürfen wir deuten, der Geist, der über den Menschen kommt. Darum ist Odin auch von jeher Dichtergott gewesen; seine Freundin war Saga, die Gestalt gewordene Sage." (Eckart Peterich)

Wenn Odin seine Gestalt wechseln wollte, so lag sein Körper wie schlafend oder tot da, aber er selbst war dann ein Vogel oder ein Tier, ein Fisch oder eine Schlange, und er versetzte sich in einem Augenblick in ferne Länder wegen eigener oder anderer Leute Angelegenheiten. Weiter verstand er durch Worte allein das Feuer zu löschen und die See zu beruhigen und die Winde zu drehen, wohin er wollte. Er besaß auch das Schiff namens Skidbladnir, mit dem er über große Meere fuhr, und er konnte es wie ein Tuch zusammenwickeln. Odin trug bei sich Mimirs Haupt, das ihm das Neueste aus allen Welten mitteilte. Zuweilen weckte er Tote aus der Erde auf oder setzte sich unter Gehenkte. Deswegen nannte man ihn Herr der Geister oder der Gehenkten. Er hatte zwei Raben, die er sprechen gelehrt hatte; die flogen weit über die Lande und berichteten ihm viele Neuigkeiten. Dadurch wurde er außerordentlich weise. Alle diese Künste lehrte er durch Runen und Lieder ...
Odin verstand sich auf die Kunst, die die höchste Macht verlieh, und er übte sie auch selbst: das ist die Zauberkunst. Dadurch war er imstande, die Geschicke

der Menschen und ungeschehene Dinge zu wissen, ferner auch den Menschen Tod oder Unglück oder Krankheit zuzufügen, wie auch die Menschen ihres Verstandes oder ihrer Kraft zu berauben und andern zu verleihen ...
Odin wußte von allen Schätzen, wo sie in der Erde versteckt waren, und er kannte die Lieder, durch die sich vor ihm die Erde öffnete und Berge und Felsen und Hügel, und mit Worten allein bannte er die, welche darin wohnten, und ging hinein und nahm alles, was er wollte. Durch diese Zauberkräfte wurde er sehr berühmt, seine Feinde fürchteten sich vor ihm, aber seine Freunde vertrauten auf ihn und glaubten an seine Zauberkraft und an ihn selbst. Seine meisten Künste lehrte er seine Opferpriester; die waren nächst ihm am meisten in aller Weisheit und Zauberei bewandert. Doch auch manche andere fingen Wichtiges davon auf, und so verbreitete sich die Zauberkunde weithin und hat sich noch lange gehalten. Aber Odin und den zwölf Häuptlingen opferten die Menschen und nannten sie ihre Götter und glaubten noch lange nachher an sie.

E. Alles oder Nichts

54. Alles ist Brahman

Ramakrishnas (→23) bedeutendster Schüler war Swami Vivekananda (1863–1902). Vor seiner Einweihung, d. h. seinem Durchbruch zu eigener religiöser Erfahrung und Reife, hieß er Narendra Nath. 1886 gründete er einen Mönchsorden, die Ramakrishna-Mission, die die Botschaft seines Lehrers durch ganz Indien und die westliche Welt trug. In der Geschichte des Lehrer-Schüler-Verhältnisses zwischen Ramakrishna und Vivekananda verbirgt sich zugleich eine Gotteserfahrung, die alles, was nur Vorstellung ist, weit übersteigt.
Ramakrishna weihte Narendra Nath in die Geheimnisse der Lehre von der Nicht-Zweiheit ein. Narendra Nath wehrte sich gegen diese Lehre und meinte, es gäbe keine größere Sünde, als sich mit Brahman eins zu fühlen. „Ich bin Gott, du bist Gott, diese erschaffenen Dinge sind Gott – was kann es Ungereimteres geben als dies?“ pflegte er dann einzuwenden.
„Was ist der Unterschied zwischen dem Gedanken der All-Einheit und dem Atheismus? Soll die erschaffene Seele sich selbst für den Schöpfer halten? Gibt es etwas Sündhafteres als das? Welche Idee kann sinnloser sein als: Ich bin Gott, du bist Gott, alles, was geboren ist und stirbt, ist Gott.“
Sri Ramakrishna lächelte bei diesen unverblümten Worten Narendras. Aber anstatt sofort seine geistige Haltung anzugreifen, sagte er nur: „Du magst diese Gedanken jetzt nicht gelten lassen, aber warum setzt du der Natur Gottes Grenzen? Fahre fort, ihn, der die Wahrheit selbst ist, anzurufen, aber erblicke dann auch in allem, worin er sich dir offenbart, seine wahre Natur.“

Narendra schenkte diesen Worten kein Gehör, denn alles, was nicht auf Vernunft fußte, erschien ihm damals als unwahr, und gegen jegliche Unwahrheit stemmte er sich von Natur aus.
Kurz darauf erwähnte Sri Ramakrishna Verschiedenes, was die Einheit von Seele und Brahman erkennen ließ. Narendra hörte zwar aufmerksam, doch ohne Verständnis zu. Hinterher ging er zu Hazra, der auch im Tempelgarten wohnte und mit dem er oft diskutierte und sagte: „Ist es jemals möglich, daß der Wasserkrug, die Tasse, was immer wir sehen, Gott ist, und daß auch wir selbst Gott sind?", und beide brachen in Lachen aus. Als Ramakrishna Narendra lachen hörte, trat er, nur teilweise im Besitz äußeren Bewußtseins, wie ein Knabe mit seinem Kleidungsstück unter dem Arm, aus seinem Zimmer und fragte liebevoll lächelnd: „Worüber redet ihr beiden?" Dann berührte er Narendra und versank in Samâdhi.[1]
Narendra schildert die Folgen dieser Berührung: „Sie bewirkte in einem Augenblick eine Veränderung meines ganzen Denkens und Fühlens. Ich fand voller Bestürzung, daß es in Wirklichkeit nichts anderes im Weltall gab als Gott allein. Ich sah dies in voller Klarheit, schwieg aber, um festzustellen, ob es anhielte. Den ganzen Tag über wich diese Erfahrung nicht von mir. Ich ging nach Hause, aber auch dort erschien alles, was ich sah, als Brahman.[2] Ich aß, fand aber, daß alles: Essen, Schüsseln, der Mensch, der mich bediente, und ich selbst nichts anderes waren als ‚Das'. Ob ich aß oder lag, ob ich auf der Straße oder im College war, immer hatte ich die gleiche Erfahrung."

55. Tat tvan asi

Chāndogya-Upanishad

Uddâlaka Âruni belehrt seinen Sohn Shvetaketu.
„Bringe mir eine Frucht von dem Feigenbaum dort." „Hier ist sie, Erhabener." „Spalte sie." „Sie ist gespalten, Erhabener." „Was siehst du darin?" „Diese fast atomgroßen Kerne." „Spalte einen von diesen." „Er ist gespalten, Erhabener." „Was siehst du darin?" „Gar nichts, Erhabener." Da sagte (der Vater) weiter zu ihm: „Dieses ganz Feine, das du nicht mehr wahrnimmst, mein Lieber, aus diesem (erwachsen) steht dieser große Feigenbaum da. Glaube mir, mein Lieber, aus diesem Feinen besteht diese ganze Welt. Dies ist das Wahre (d. h. die letzte wirkliche Realität), dies ist das Selbst (âtman), das bist du selbst (tat tvan asi), o Svetaketu."

[1] Samâdhi: Tiefenmeditation.
[2] Brahman: die Einheit, die alle Vielheit übergreift. Wer ganz einfach wird, also ohne Begierde ist, erkennt sein eigenes Selbst in der Einheit von Gott und Welt. Brahman ist das Bewußtsein der Ganzheit, in dem alle Unterscheidung von „Eigenem" und „Anderem" als Illusion erkannt wird.

56. Das Tao

Laotse, Tao Tê King

Das Wort Tao ist unübersetzbar (→201). Man kann Sinn, Weg, Gesetz, Ordnung, Gott dafür sagen, ohne daß einer dieser Begriffe alle Bedeutungen von Tao wiedergibt. Richard Wilhelm (1873–1930), dessen Übersetzung hier größtenteils vorliegt, sagt statt Tao Sinn. Es ist aber auch möglich, das Wort nicht zu übersetzen und einfach Tao stehenzulassen, weil es für das Namenlose, Nicht-Benennbare steht. „Tao, kann es ausgesprochen werden, ist nicht das ewige Tao. Der Name, kann er genannt werden, ist nicht der ewige Name." – „Wenn Leute geringen Verstandes vom Tao hören, lachen sie sehr. Es wäre nicht das Tao, wenn sie nicht darüber lachten." Wie schwer die dunkle Sprache des Tao Tê King zu übersetzen ist und in welchem Maße jede Übersetzung eine Deutung einschließt, zeigt folgende Synopse:

Victor von Strauss (1870)

Tao, kann es ausgesprochen werden,
ist nicht das ewige Tao.
Der Name, kann er genannt werden,
ist nicht der ewige Name.
Das Namenlose ist des Himmels
und der Erde Urgrund,
Das Namen-Habende ist aller Wesen Mutter.
Darum: „Wer stets begierdenlos,
der schauet seine Geistigkeit.
Wer stets Begierden hat,
der schauet seine Außenheit."
Diese Beiden sind desselben Ausgangs
und verschiedenen Namens,
Zusammen heißen sie tief, des Tiefen
abermal Tiefes, aller Geistigkeiten Pforte.

Richard Wilhelm (1925)

Der Sinn, der sich aussprechen läßt, ist nicht der ewige Sinn.
Der Name, der sich nennen läßt, ist nicht der ewige Name.
„Sein" nenne ich den Anfang von Himmel und Erde.
„Nichtsein" nenne ich die Mutter der Einzelwesen.

Darum führt die Richtung auf das Sein
Zum Schauen des wunderbaren Wesens,
Die Richtung auf das Nichtsein
Zum Schauen der räumlichen Begrenztheiten.

Dies beides ist dasselbe.
Nur durch die hervortretenden Namen unterscheidet es sich.
In seiner Einheit heißt es das Geheimnis.
Des Geheimnisses noch tieferes Geheimnis
Ist das Tor, durch das alle Wunder hervortreten.

*

Es gibt ein Wesen, das allumfassend ist,
vor Himmel und Erde entstanden.
Wie still! Wie leer!
Es allein beharrt und wandelt sich nicht.
Durch alles geht es und gefährdet sich nicht.
Man kann es nennen die Mutter der Welt.

Ich kenne seinen Namen nicht.
Muß ich es nennen, sage ich Tao.
Nur gezwungen nenne ich es groß.
Groß, das heißt verschwindend,
Verschwindend, das heißt ferne,
Ferne, das heißt zurückkehrend.
So ist das Tao groß, der Himmel ist groß, die Erde ist groß.
Und auch der Mensch ist groß.
In der Welt gibt es vier Große, und der Mensch ist einer von ihnen.
Des Menschen Richtmaß ist die Erde,
der Erde Richtmaß ist der Himmel,
des Himmels Richtmaß ist Tao,
Taos Richtmaß ist sein Selbst. (XXV)

*

Der SINN als Ewiger hat keinen Namen.
Wenn er anfängt, sich zu gestalten,
Dann erst gibt es Namen.
Die Namen erreichen auch das Sein,
Und man weiß auch noch, wo Halt zu machen ist,
Weiß man, wo Halt zu machen ist,
So kommt man nicht in Gefahr. (XXXII)

*

Der große SINN ist überströmend,
Er kann zur Rechten sein und zur Linken.
Alle Dinge verdanken ihm ihr Dasein,
Und er weigert sich ihnen nicht.
Ist das Werk vollbracht,
So heißt er es nicht seinen Besitz.
Er kleidet und deckt alle Geschöpfe
Und spielt nicht ihren Herrn.
Sofern er ewig nicht begehrend ist,
Kann man ihn als klein bezeichnen.
Sofern alle Dinge von ihm abhängen,
Ohne ihn als Herrn zu kennen,
Kann man ihn als groß bezeichnen. (XXXIV)

*

Alle Dinge haben im Rücken das Dunkle
Und streben nach dem Licht ... (XLII)

*

Alle Welt sagt, mein SINN sei zwar groß,
Aber sozusagen unbrauchbar.
Gerade weil er groß ist,
Deshalb ist er sozusagen unbrauchbar.
Wenn er brauchbar wäre,
So wäre er längst klein geworden. (LXVII)

57. Vom Etwas zum Nichts

Meister Eckehart, Deutsche Predigten, 42

Die Gottesvorstellungen aller Mystiker (→200–212) berühren sich. Das gilt einschließlich der christlichen Mystik, als deren bedeutendster Vertreter hier Meister Eckehart (1260–1327) zu Wort kommt. Was er über „Gott" und „Seele", das „Eine" und das „Nichts" sagt, muß keinem islamischen, hinduistischen, buddhistischen oder taoistischen Mystiker übersetzt werden: Alle erfassen in dieser Sprache ihre eigenen Erfahrungen und ihr eigenes Denken. Auf dem Wege ihrer mystischen Gotteserfahrungen finden die Religionen der Welt somit ein Bewußtsein, das ihre dogmatischen Besonderheiten übersteigt und in eine höhere Einheit bindet, ohne daß sie dabei ihre Eigenheit und Verschiedenheit aufgäben.

Du sollst ihn bildlos erkennen, unmittelbar und ohne Gleichnis. Soll ich aber Gott auf solche Weise unmittelbar erkennen, so muß ich schlechthin er, und er muß ich werden. Genauerhin sage ich: Gott muß schlechthin ich werden und ich schlechthin Gott, so völlig eins, daß dieses „Er" und dieses „Ich" Eins ist, werden und sind und in dieser Seinsheit ewig ein Werk wirken. Denn, solange dieses „Er" und dieses „Ich", das heißt Gott und die Seele, nicht ein einziges Hier und ein einziges Nun sind, solange könnte dieses „Ich" mit dem „Er" nimmer wirken noch eins werden. Die dritte Kraft heißt Wille, voluntas. Diese Kraft vergleicht man dem Heiligen Geiste. An dieser sollst du einen goldenen Ring tragen: der ist die „Liebe", auf daß du Gott liebest. Du sollst Gott lieben ungeachtet seines Liebenswertseins, das heißt: nicht deshalb, weil er liebenswert wäre; denn Gott ist nicht liebenswert: er ist über alle Liebe und Liebenswürdigkeit erhaben. „Wie denn soll ich Gott lieben?" – Du sollst Gott ungeistig lieben, das heißt so, daß deine Seele ungeistig sei und entblößt aller Geistigkeit; denn, solange deine Seele geistförmig ist, solange hat sie Bilder. Solange sie aber Bilder hat, solange hat sie Vermittelndes; solange sie Vermittelndes hat, solange hat sie nicht Einheit noch Einfachheit. Solange sie nicht Einfachheit hat, solange hat sie Gott (noch) nie recht geliebt; denn recht zu lieben hängt an der Einhelligkeit. Daher soll deine Seele allen Geistes bar sein, soll geistlos dastehen. Denn, liebst du Gott, wie er Gott, wie er Geist, wie er Person und wie er Bild ist, – das alles muß weg. „Wie denn aber soll ich ihn lieben?“ – Du sollst ihn lieben, wie er ist ein Nicht-Gott, ein Nicht-Geist, eine Nicht-Person, ein Nicht-Bild, mehr noch: wie er ein lauteres, reines, klares Eines ist, abgesondert von aller Zweiheit. Und in diesem Einen sollen wir ewig versinken vom Etwas zum Nichts. Dazu helfe uns Gott. Amen.

III. Schöpfung und Urzeit

Die Erschaffung der Welt

58. Ägyptische Schöpfungsmythe

Die ägyptischen Götter (→34; 45; 118; 154) heben sich nicht scharf voneinander ab. In der folgenden Mythe wird der Schöpfergott sowohl Chepra als auch Osiris genannt. Ursache solcher Doppelung können historische Wandlungen sein, welche die Göttergestaltungen und ihre Einflußgebiete in einer mehrtausendjährigen Geschichte erfahren haben. Das Motiv des weinenden Gottes, aus dessen Tränen Menschen entstehen, begegnet auch in anderen Kulturen, zumal in indianischen Mythen.

Ich, Chepra, bin der Schöpfer alles dessen, was Leben in sich trägt, nachdem ich selbst in uralten Zeiten ins Leben trat. Selbst erzeugte ich mich aus dem Urwesen, mein Name ist Osiris, das Urwesen aus dem Urstoff. Ich war der Herr über alle Welt, und die ganze Welt war von mir erfüllt, denn ich war allein. Die Götter waren noch nicht entstanden. Es gab auch sonst noch keine anderen Geschöpfe und Wesen, ich war ganz allein, und ich erschuf alles, was erschaffen ist. Kein Wesen half mir, ich allein erschuf alles. Dann hob ich die ins Leben getretenen Wesen aus dem Urwasser, dem Zustande des Nichtseins empor, obwohl ich noch keinen festen Platz fand, darauf zu stehen. In meinem Herzen formte ich ein herrliches Urbild, den Uranfang legte ich für mich. So erschuf ich alles Lebendige, und es entstanden viele Wesen, die wiederum andere Wesen erzeugten. Ich spie die Gestalten von Schu und Tefent aus und wurde damit aus einem Gott zu einer dreifachen Gottheit, ja aus mir selbst kamen zwei Götter zum Leben. Schu und Tefent wurden aus dem Urwasser, aus mir selbst hervorgehoben, und dann entstand die Pflanzenwelt. Als ich weinte, entstanden die Menschen aus meinen Tränen. Schu und Tefent gaben Geb und Nuth das Leben, Geb und Nuth erweckten die anderen Götter, und diese riefen unzählige Wesen auf der Erde ins Leben. Sie alle rufen meinen Namen an, sie vernichten ihre Feinde, sie äußern Worte der Kraft.

59. Schöpfungsmythe der Sandawe

Afrikanische Schöpfungsmythen gibt es – entsprechend afrikanischer Stammesvielfalt – in sehr großer Zahl. Die folgende Erzählung hat 1910 Otto Dempwolff bei den Sandawe (Ostafrika) aufgenommen.

„Zuerst kam Matunda aus dem Inneren des Brotfruchtbaumes hervor; Gott machte die Öffnung, da stand er auf der Erde.
Als er fertig dastand, stand er im Eingang. Als er dastand, da lief zuerst die Hyäne heraus. Er ließ diese, da lief sie fort. Gleich darauf kamen Schafe heraus, diese alle hielt er zurück und nahm sie fest.
Dann gleich darauf kam eine Frau mit Kindern heraus. Er hielt sie gleich fest und fragte: ‚Wo ist dein Mann?' – ‚Er ist im Hause.' Dieser kam noch hervor; er hielt ihn fest.
Später kam allerlei heraus. Später kamen Rinder heraus, die hielt er fest. Später kamen alle Dinge insgesamt zum Vorschein: die Schlange kam heraus, er ließ sie, da lief sie davon; dann kam der Löwe, der Leopard, die ließ er laufen, dann das Nashorn, der Elefant, der Büffel, die Gazelle, die Vögel – alle ließ er laufen, das Huhn hielt er fest; dann kamen die Giraffe, die Elenantilope, das Zebra, das Warzenschwein heraus, alles Wild kam heraus, und er ließ es laufen."

60. Schöpfungsmythe der Arussi

Eine weitere afrikanische Schöpfungsmythe überliefert Eike Haberland aus dem Süden Äthiopiens.

Die Erde ist die Frau des Himmels. Sie erschufen gemeinsam alles: Gott zeugte, indem er auf der Erde lag und die Erde gebar. Die Erde trägt die Menschen und nimmt sie auf, wenn sie sterben. Die Toten sind ihre „Speise". Wenn es sehr trocken ist, so bittet die Erde den Himmel: „Mein Ehemann, ich bin ganz von der Sonne verbrannt" – und dann gibt er ihr gleich Regen. Später tat die Erde Böses und wurde dem Himmel ungehorsam. Da schlug er sie, so daß sie zu Staub wurde. Er zerstörte auch alles, was sie gemeinsam hervorgebracht hatten. Später schuf Gott alles wieder neu, aber die Erde blieb seitdem Staub und bloße Erde.

61. Die Frage nach dem Schöpfergott

Rigveda X, 129

Veda, wörtlich „Wissenschaft", ist der Sammelname für die ältesten indischen Texte religiösen Inhalts, deren Anerkennung ein Gebot hinduistischer Gläubigkeit ist. Man glaubt, daß die Veden nicht von einer Gottheit geoffenbart wurden, sondern seit Ewigkeit existieren und von den alten Sehern „geschaut" worden sind. Der Veda umfaßt vier Sammlungen, von denen der Rigveda die älteste ist

(Zusammenstellung etwa vom 16.–12. Jahrhundert v. Chr.). Die folgenden Verse sind bemerkenswert wegen ihrer fragenden Zurückhaltung. Sie gehören zu den berühmtesten Stücken der Sammlung, zumal sie sich in ihrer Haltung deutlich von den im Rigveda vorherrschenden Anschauungen unterscheiden. Nach hinduistischer Tradition soll ihr Verfasser – also der hier Fragende – eine Gottheit selbst sein.

Wer weiß in Wahrheit, wer vermag zu künden,
woher sie ward, woher sie kam, die Schöpfung?
Die Götter reichen nicht in jene Ferne –
wer ist's, der weiß, von wo sie ist gekommen?
Von wannen diese Schöpfung ist gekommen,
ob sie geschaffen, ob sie ungeschaffen –
das weiß nur er, der Allbeschauer droben
am höchsten Himmel – oder weiß auch er's nicht?

62. Die Weltschöpfung aus dem Chaos

Ovid, Metamorphosen I, 5

Die „Metamorphosen" (Verwandlungen) des Ovid (43 v. Chr. – 18 n. Chr.) sind ein Sammelgedicht, das von den mythischen Anfängen der Welt bis in die römische Gegenwart des Gaius Julius Caesar Geschichte an Geschichte knüpft. Rund 250 Verwandlungserzählungen werden hier zu einem Ganzen verwoben. Die erste „Verwandlung" ist die Weltschöpfung aus dem Chaos.

Ehe das Meer und die Erde bestand und der Himmel, der alles
Deckt, da besaß die Natur im All nur ein einziges Antlitz,
Chaos genannt, eine rohe und ungegliederte Masse,
Nichts als träges Gewicht, und geballt am nämlichen Orte
Disharmonierende Samen nur lose vereinigter Dinge ...
Zwar war Erde daselbst vorhanden und Meer und auch Lufthauch,
Aber die Erde gewährte nicht Stand, das Wasser kein Schwimmen,
Lichtlos waren die Lüfte. Es schwankten die Formen der Dinge,
Eines hemmte das andere, in ein und dem nämlichen Körper
Kämpften das Kalte und Warme, es rangen das Trockne und Feuchte,
Weiches stritt mit Hartem, was ohne Gewicht mit dem Schweren.
Aber es gab eine Schlichtung des Streites: Ein Gott, eine bessre
Kraft der Natur, schied Himmel und Erde und Erde und Wasser,
Und er trennte den heiteren Himmel vom dickeren Luftdunst.
Als er nun alles entwirrt, aus der finsteren Masse entnommen,
Band er das örtlich Getrennte zusammen in friedlicher Eintracht;

Und so schnellte die leichte, die feurige Kraft des gewölbten
Himmels empor und gewann sich den Platz in der obersten Höhe.
Ihr zunächst ist die Luft an Leichtigkeit wie auch im Raume;
Dichter als sie ist die Erde, die größere Stoffe herbeizog,
Durch ihre Schwere zusammengepreßt; die umfließende Feuchte
Nahm den Rand in Besitz und umschloß den festeren Erdkreis.
Als so der Gott, wer immer er war, die Materie geordnet,
So sie zerteilt und die Teile zu wirklichen Gliedern gestaltet,
Ballte er gleich zu Beginn die Erde, damit sie auf jeder
Seite sich gänzlich gleiche, zur Form einer riesigen Kugel.
Alsdann ließ er die Meere sich breiten; in reißenden Stürmen.
Sollten sie schwellen und rings die Gestade der Erde umgürten.
Quellen gesellte er bei, unermeßliche Teiche und Seen;
Mit sich krümmenden Ufern umzog er die Flüsse, die hierhin
Abwärts rinnen und dorthin; die einen verschwinden im Boden,
Andere gelangen ins Meer: in freierem Laufe durchströmen
Sie die Ebne, statt Ufer umzieht sie Küstengelände.
Felder ließ er sich dehnen und Täter hernieder sich senken,
Wälder sich decken mit Laub und steinige Berge sich heben ...
Kaum hat er alles durch feste Begrenzung umhegt und geschieden,
Als die Gestirne, die lang in der Masse gepreßt und verborgen
Waren, allüberall am Himmel jetzt zu leuchten begannen.
Auf daß keine der Zonen der lebenden Wesen ermangle,
Sollten die Sterne, Gestalten von Götter, den Himmel bevölkern.
Glänzenden Fischen gewähren die Wasser die Wohnung, die Erde
Bot den Tieren das Heim, die beweglichen Lüfte den Vögeln.
Aber ein reineres Wesen, Gefäß eines höheren Geistes,
Über die anderen zu herrschen befähigt, es fehlte noch immer.
Und es entstand der Mensch, sei's, daß ihn aus göttlichen Samen
Jener Meister erschuf, der Gestalter der besseren Weltform,
Sei's, daß die Erde, die jugendfrische, erst kürzlich vom hohen
Äther geschieden, die Samen, die himmelsverwandte, bewahrte.
Denn sie mischte des Iapetus[1] Sohn mit dem Wasser des Regens,
Formte sie dann nach dem Bild der alles regierenden Götter.
Während die anderen Wesen gebückt zur Erde sich neigen,
Ließ er den Menschen das Haupt hoch tragen: er sollte den Himmel
Sehen und aufgerichtet den Blick nach den Sternen erheben.
Also ward nun die Erde verwandelt: soeben noch formlos
Roh, ward sie jetzo geschmückt mit den Menschengestalten, den neuen.

[1] Einer der Titanen, die von Zeus in den Tartaros („so tief unter der Erde, wie der Himmel über ihr") gestürzt wurden. Des Iapetus Sohn ist Prometheus, der den Menschen das Feuer vom Himmel holte; gleichzeitig gilt Prometheus als Menschenbildner: Götter und Menschen seien verwandt, weil Prometheus sie nach dem Bild der Götter geschaffen habe.

63. Der germanische Schöpfungsmythos

Die Erinnerung an den germanischen Glauben ist vornehmlich in den Schriften der „Edda“ überliefert. Edda ist ein Sammelbegriff für vielfältige Götter- und Heldenlieder und eine reiche Spruchdichtung, deren Herkunft anonym ist. Weil eine kurze eddische Quelle, welche die nordische Schöpfungsvorstellung erzählt, nicht erreichbar ist, findet sich hier ein zusammenfassender Text von Eckart Peterich.

Einst gab es eine Zeit, da alles nicht war. Nicht Erde und Meer noch der Himmel darüber mit seinen unzähligen Sternen. Da war nichts als ein ungeheurer finsterer Abgrund: Ginnungagap, die gähnende, lautlose, tote Kluft. Aber in dem grenzenlosen, schweigenden All lebte Fimbultyr, der geheimnisvolle, große und allmächtige Weltgeist, den nie ein Auge gesehen. Allvater ist's, der Starke droben, der alles lenkt und ewige Satzung verordnet.

Und nach seinem Willen entstand im hohen kalten Norden das finstere Nebelreich Nifelheim und fern im Süden Muspelheim, das Reich der Glut, des Feuers.

Und ein Brunnen entsprang im urkalten Nifelheim: Hwergelmir, der brausende Kessel. Aus seiner Tiefe brachen zwölf Ströme hervor, die sich mit donnerndem Rauschen in den unermeßlichen Abgrund stürzten. Diese Fluten erstarrten in der grausigen Kälte Ginnungagaps zu Eis. Eisschicht schob sich über Eisschicht, und im Laufe vieler Jahrtausende füllten die stetig wachsenden Massen einen Teil des gähnenden Schlundes.

Indes zischte und blitzte es in Muspelheim von umherstiebenden Feuerfunken. Aus tausend Essen sprühte und leuchtete die rote Glut, und die Hitze war so groß, daß nur einer sie zu ertragen vermochte: Surtur, der Herr des Flammenreiches Muspelheim. Auf sein flammendes Schwert gestützt, saß er auf einem Felsblock und beobachtete, wie die Funken von seinen Essen über den gähnenden Abgrund nach Nifelheim hinüberflogen, um dort eine neue Welt voll großen, reichen Lebens zu schaffen.

64. Schöpfungsmythe aus der Nahua-Kultur

Die nachstehende Erzählung kommt aus dem Bereich der aztekisch sprechenden Nahua-Stämme (deren Gebiete den Aztekenstaat von Tenochtitlan umlagern). Die Vierheit der Götter entspringt dem Bestreben, alle göttliche Wirksamkeit in die vier Weltrichtungen hinein auszulegen (→83). Zugleich erfolgt eine Gliederung in zwei Paare: Quetzalcoatl (→112) und Uitzilopochtli (→44) sind hier als Sonne und Mond aufzufassen, während der im vorliegenden Textausschnitt nicht genannte Rote und Schwarze Tezcatlipoca Morgen- und Abendstern verkörpern. Das Urmenschenpaar Oxomoco und Cipactonal sind in der Nahua-Überlieferung die Begründer der Kultur, der Zauberei und des Kalenderwesens.

Als die sechshundert Jahre um waren, traten die vier Götter zusammen und sagten, es würde gut sein, wenn sie jetzt Ordnung und Gesetz einführten; und man übertrug es Quetzalcoatl und Uitzilopochtli, den Dingen ihre Ordnung zu geben. Diese schufen im Auftrag der andern beiden und im Einverständnis mit ihnen zuerst das Feuer, sodann eine halbe Sonne, die aber deswegen, weil sie nicht ganz war, nur schwach leuchtete. Dann schufen sie ein Menschenpaar: einen Mann Oxomoco und ein Weib Cipactonal. Sie befahlen ihnen, das Land zu bebauen; das Weib solle spinnen und weben, und von beiden solle das gemeinsame Volk abstammen; Arbeit, nicht Genuß und Freude, solle immerdar ihr Los sein. Und der Cipactonal gaben die Götter Maiskörner, auf daß sie sie bei Krankenheilungen anwende und sie zu Wahrsagerei und Zauberei gebrauche, wie sie noch heutigentags die Frauen üben. Weiter schufen beide Götter die Tage und verteilten sie auf die Monate, auf einen jeglichen zwanzig, so daß es achtzehn Monate und dreihundertsechzig Tage im Jahr gab. Danach erschufen sie den Herrn und die Herrin der Unterwelt und versetzten sie dorthin, ferner die Himmel vom dreizehnten abwärts, das Wasser und darin einen großen Fisch nach Art eines Kaimans namens Cipactli, aus dem sie nachher die Erde machten.

65. Die Schöpfungsgeschichte des Popol Vuh

Das Popol Vuh (sprich: popol vuch) ist das Heilige Buch der Maya aus dem guatemaltekischen Hochland. Es erzählt die Schöpfungsgeschichte sowie die Ursprungs- und Stammesgeschichte der Quiché-Indianer. Das Buch wurde nach alter vorchristlicher Überlieferung erstmals 1530 in lateinischer Schrift aufgezeichnet, aber erst 1857 gedruckt. Popol Vuh heißt „Buch der Matte". Gemeint ist die Matte als vornehme Sitzunterlage („Thron") und insofern als Symbol der Herrschaft. Oft nennt man das Popol Vuh darum auch „Buch der Herrschaft" oder „Buch des Rates".

Das ist die Kunde:
Da war das ruhende All. Kein Hauch. Kein Laut. Reglos und schweigend die Welt. Und des Himmels Raum war leer.
Dies ist die erste Kunde, das erste Wort. Noch war kein Mensch da, kein Tier. Vögel, Fische, Schalentiere, Bäume, Steine, Höhlen, Schluchten gab es nicht. Kein Gras. Kein Wald. Nur der Himmel war da.

Noch war der Erde Antlitz nicht enthüllt. Nur das sanfte Meer war da und des Himmels weiter Raum.
Noch war nichts verbunden. Nichts gab Laut, nichts bewegte, nichts erschütterte, nichts brach des Himmels Schweigen. Noch gab es nichts Aufrechtes. Nur die ruhenden Wasser, das sanfte Meer, einsam und still. Nichts anderes.
Unbeweglich und stumm war die Nacht, die Finsternis. Aber im Wasser, umflossen von Licht, waren diese: Tzakól, der Schöpfer; Bitól, der Former; der Sieger Tepëu und die Grünfederschlange Gucumátz; Alóm auch und Caholóm, die Erzeuger. Unter grünen und blauen Federn waren sie verborgen, darum sagt man Grünfederschlange. Große Weisheit und große Kunde ist ihr Wesen. Darum gab es den Himmel und des Himmels Herz, dessen Name ist Cabavil, Der-im-Dunklen-sieht. So wird berichtet.
In Dunkelheit und Nacht kamen Tepëu und Gucumatz zusammen und sprachen miteinander. Also sprechend berieten sie und überlegten: Sie kamen überein, und ihre Worte und Gedanken glichen sie aus. Und sie erkannten, während sie überlegten, daß mit dem Licht der Mensch erscheinen müsse. So beschlossen sie die Schöpfung und den Wuchs der Bäume und Schlingpflanzen, den Beginn des Lebens und die Erschaffung des Menschen. So wurde entschieden in Nacht und Finsternis vom Herzen des Himmels, Huracán genannt.
Seine erste Erscheinung ist der Blitz, Cakulhá. Seine zweite der Donner, Chipí Cakulhá. Seine dritte der Widerschein Raxa Cakulhá. Diese drei bilden das Herz des Himmels.
Es trafen sich also Tepëu und Gucumátz und sprachen von Leben und Licht; von Helle und Dämmerung; und wer Nahrung schaffen würde und Unterhalt.
„Es geschehe! Es fülle sich die Leere! Weichet zurück, ihr Wasser, und gebet Raum, daß die Erde aufsteige und sich festige!"
So sprachen sie.
„Es werde Licht! Daß Himmel und Erde sich erhellen! Nicht Ruhm noch Größe wird sein, bis der Mensch erscheint, bis der Mensch geschaffen."
So sprachen sie.
Darauf schufen sie die Erde. Die Wahrheit ist, daß sie die Erde schufen. „Erde!" sagten sie, und im Augenblick war sie geschaffen.
In Nebel, Wolken und Staub geschah die Schöpfung, als die Berge sich aus den Wassern erhoben, und sogleich wuchsen die Berge.
Nur durch ein Wunder, durch Zauber wurden die Berge und Täler geschaffen. Und zugleich sproßten Zypressen und Tannen und bedeckten der Erde Antlitz ...
So geschah die Schöpfung der Erde, als sie geformt wurde vom Herzen des Himmels, vom Herzen der Erde, wie jene genannt werden, die sie zuerst befruchteten, als der Himmel noch ruhte und die Erde unter den Wassern verborgen war.
So wurde das Werk vollendet, das sie vollbrachten nach reiflicher Überlegung.

66. Schöpfungserzählung der Muisca

Muisca, „Menschen", nannte sich das Kulturvolk im kolumbischen Hochland, das 1539 von den Spaniern entdeckt wurde. Die Muisca bildeten zwei kleine Staaten mit auffallend unterschiedlichen Erzähltraditionen. Die folgende Überlieferung stammt aus dem Gebiet um Bogotá.

Als es noch Nacht war – und damit meinen die Muisca: ehe es noch irgend etwas von der heutigen Welt gab –, war das Licht in einem großen Etwas verschlossen, das sie Chiminigagua nennen, und aus dem es hernach hervorkam. Dieses Etwas oder Chiminigagua – sie verstehen darunter das, was wir Gott nennen – hub an, hell zu werden und das Licht, das es in sich barg, zum Vorschein kommen zu lassen. Dann begann es, im Schein des ersten Lichtes die Dinge zu erschaffen. Zuerst schuf es große, schwarze Vögel und befahl ihnen in dem Augenblicke, da sie Gestalt angenommen hatten, durch die ganze Welt zu fliegen und aus ihren Schnäbeln einen Hauch ausströmen zu lassen, der reine, strahlende Helle war. Und als die Vögel getan, was ihnen befohlen war, wurde die ganze Welt so hell und licht, wie sie heute ist ...

Diese Gottheit betrachten sie als den allmächtigen Gebieter über alle Dinge und halten sie für grundgütig; sie erschuf auch alles, was es sonst noch in dieser Welt gibt, was sie erfüllt und schön macht. Da die Muisca aber die Sonne als das Schönste von allem, was erschaffen wurde, ansahen, meinten sie, daß man sie (vor allem) anbeten müsse, daneben den Mond als Gattin und Gefährtin der Sonne. Daher ist unter den Götterbildern, die sie verehren, nie eines allein, sondern immer ein männliches und ein weibliches.

67. Die Ordnung der Welt bei den Navaho

Die Navaho (auch Navajo geschrieben) sind ursprünglich mit den Apachen verwandt. In ihrer Mythologie zeigen sich vor allem Einflüsse der Pueblokulturen. – Der Coyote ist in vielen Indianer-Überlieferungen eine mythische Kulturbringer-Gestalt.

Mit Hilfe des Großen Wassergeborenen Coyoten entwarf Erster Mann einen Plan, nach dem die Erde ihre Ordnung haben sollte. Es sollten darin eine Sonne sein und Tage und Nächte. Und die Welt sollte diesmal ohne jenes Wesen eingerichtet werden, das schon früher so viel Unglück gebracht hatte; Erster Zorn sollte nicht länger teilhaben an den Plänen zur Gestaltung der Erde.

Erster Mann breitete die heilige Hirschdecke aus auf den Boden und legte darauf einen großen Türkis, so groß, daß ein Mann mit ausgestrecktem Arme den oberen Rand nicht erreichen konnte. Um diesen Stein steckte er im Kreis zwölf Adlerfedern in den Sand und auch zwölf Federn vom Grünspecht. Dem

großen Türkis gab er dann Mund, Nase und Augen und zeichnete unter den Mund einen gelben Streifen. Erster Zorn, der kam, um zu sehen, was es gäbe, wurde vom Ersten Manne vertrieben.
Danach machte sich Erster Mann auf, um den Herrn des Erdfeuers zu besuchen, der dort wohnte, wo das flüssige Feuer aus der Erde quoll. Diesen bat er, dem Türkis, der die Sonne werden sollte, von seiner Wärme abzugeben. Unter den Türkis aber legte Erster Mann eine große, runde Muschel, vollendet in ihrer Form und blendend weiß; aus ihr sollte der Mond entstehen. Anschließend berührte Erster Mann sein Werk mit jenem Bergkristall, mit dem er einst in der ersten Welt das Feuer entzündet hatte. In zwei dichten Kreisen standen die Menschen um das Werk, um Erstem Zorn den Zutritt zu verwehren, aber immer wieder schlich sich dieser heran und versuchte, eine Erklärung aus den Menschen herauszulocken. So verstärkte Erster Mann die Wachen, die nunmehr in drei Kreisen um den Türkis und die Muschel standen.
Türkis und Weiße Muschel, die beiden Kinder, die im Hogan waren, wurden nun geholt, und Erster Mann sprach zu ihnen: „Eingehen sollt ihr in diese beiden Formen, die der Welt das Licht bringen werden. Türkis, du sollst die Sonne sein, und mit jener zwölftonigen Flöte aus männlichem Schilfrohr, die du stets bläst, sollst du den Ablauf der Monate bestimmen. Du, Weiße Muschel, sei von nun an der Mond, und mit deiner Flöte aus weiblichem Schilf setze den Ablauf der Gezeiten fest.“ Und so geschah es, daß die beiden verwandelt wurden und eingingen in den Stein und in die Muschel, die wie Sonne und Mond waren ...
Erster Mann und seine Helfer machten sich nun daran, den Himmel zu errichten. Im Osten stellten sie einen schwarzen Pfahl auf, der das Himmelsgewölbe stützen sollte; im Süden einen blauen, im Westen einen gelben und im Norden einen weißen Pfahl, damit das Himmelsgewölbe nicht auf die Erde fallen konnte. Um die Pfähle und um den ganzen Horizont zog Erster Mann je vier Kreise, einen gelben, einen weißen, einen schwarzen und einen blauen, auf daß der Bau dauern möge für alle Zeiten und niemand auf der Welt ihm Schaden antun könne. Nun setzten sie die Sonne in den Himmel und gaben dem Mond Macht über die Dunkelheit. Dann gab Erster Mann den Sternen ihre Plätze und belegte jeden mit einem Namen. In der Mitte des Himmelsgewölbes aber hatte er ein Loch gelassen, damit es einen Weg gab in die nächste Welt.
Nachdem Erster Mann den Himmel geschaffen hatte, erschien die Erdfrau bei ihm, und er sprach zu ihr: „Himmelsgewölbe sei fortan dein Gatte. Blicke nach Osten, und dein Mann wird nach Westen blicken, so seht ihr euch immerfort. Wenn aber der Nebel über der Erde liegt und alles in seinem Dunst verhüllt, dann werden wir wissen, daß der Himmel die Erde besucht hat.“
So machte Erster Mann den Himmel und die Erde, gab Sonne und Mond ihre Plätze, schuf aus den Proben der sechs heiligen Berge der dritten Welt die Berge und Hügel der fünften, in der wir leben. Allen Menschen und Tieren gab er Namen und Wohnung. Noch heute sind sie um uns, und die Ordnung der Welt ist so, wie Erster Mann es gewollt hat damals, als seine Gedanken sich mischten mit denen von Erster Frau.

Die Erschaffung des Menschen

68. Ea und Mami erschaffen den Menschen

Die babylonisch-assyrische Mythologie betont, daß die Menschen den Göttern zuliebe erschaffen wurden, und zeigt zugleich den Menschen ihre Bestimmung. Die symbolische Zahl Sieben ist als Zahl der Vollkommenheit zugleich eine heilige Zahl.

Die Götter riefen die Göttin Mami zu sich und sprachen zu ihr: „Du weise Mami, du bist die Schönste unter den Göttern, du bist der göttliche Mutterschoß, bilde uns Lullu, den Menschen, damit er als das herrlichste Wesen der Schöpfung erscheine!“ Mami antwortete: „So einfach geht das nicht; erst muß man eine Form schaffen, nach der der Mensch gebildet werden kann.“ So wurde das Bild des zu schaffenden Menschen zunächst in Lehm geformt, und dann formte Mami aus diesem Lehm, der mit Götterblut gemischt war, den Menschen und machte ihn zu einem lebenden Wesen.

Vor Nintu, die Muttergöttin, wurden vierzehn Mutterschöße gebracht; die Zahl der Schwangerschaftsmonate wurde auf sieben festgesetzt, und zu Repräsentantinnen der Muttergöttin wurden geweihte Tempelfrauen berufen. Ea erschien im Hause der Schicksalsbestimmung, und dann öffnete er den Mutterschoß, er befruchtete die Muttergöttin Mami. Mami war die Mutter, die mit Ea das Menschenpaar erzeugte. Darauf gingen Ea und Mami wieder in das Haus der Schicksalsbestimmung zurück und sprachen Beschwörungsformeln, um Unglück abzuwehren und eine glückliche Geburt zu bewirken. Mami warf die Beschwörung auf den Lehm, der der Formung der Menschen diente, nahm von dem Lehm vierzehn Stücke ab und legte sieben davon zur Linken und sieben zur Rechten. Dazwischen setzte sie den Geburtsstein, rief die „weisen Frauen“ und die zweimal-sieben Mutterschöße, und nun formten sieben die Knaben und sieben die Mädchen. Diese Mütter oder Mutterschöße vollbrachten das Werk für sie, indessen Mami die Gestalten der Menschen in den Lehm zeichnete.

So wurden die Menschen aus Götterblut und Erde erschaffen, den Göttern zuliebe, und ihre vornehmsten Pflichten bestehen darin, die Hacke zu ergreifen, den Tragkorb auf die Schulter zu nehmen und Tempel zu erbauen, in denen die Götter verehrt werden. Ferner sollen sie den Boden kultivieren, Kanäle anlegen, Grenzsteine setzen und Kornspeicher erbauen. Sie sollen alles dies tun, um den Göttern zu huldigen, denn darin liegt ihre Lebensaufgabe und zugleich ihr Heil.

69. Die Erschaffung des Menschen nach dem Popol Vuh

In Fortsetzung der Weltschöpfung erzählt das Popol Vuh (→ 65) von der Erschaffung des Menschen. Doch bevor es zu diesem Akt kommt, wenden sich die Götter an die Tiere: „Sprechet! Rufet uns an! Verehrt uns!“ sagen sie zu ihnen.

Nachdem die Schöpfung der Vierfüßler und der Vögel beendet war, sprachen Tzakól und Bitól, sprachen die Erzeuger also: „Redet, schreit, trillert, ruft! Redet alle, ein jeglicher nach seiner Art.“
So sprachen sie zum Reh, zu den Vögeln, zu Puma, Jaguar und Schlange.
„Redet doch zu uns, in unsern Namen, zu eurem Vater, zu euer Mutter. Lobet uns! Rufet an Huracán, Chipí-Cakulhá, Raxa-Cakulhá, das Herz des Himmels, das Herz der Erde, den Schöpfer, den Former, die Erzeuger. Sprechet! Rufet uns an! Verehrt uns!“ So sagten sie ihnen.
Aber jene konnten nicht wie Menschen sprechen. Sie zischten, schrien und gackerten. Sie konnten kein Wort formen, und ein jegliches schrie nach seiner Art.
Als der Schöpfer und der Former sahen, daß jene nicht sprechen konnten, sagten sie zueinander: „Sie können uns nicht bei unserem Namen nennen, uns, ihre Former und Bildner.“
Und die Erzeuger sagten zueinander: „Das ist nicht gut.“
Zu den Tieren sagten sie: „Wir werden euch ersetzen, da ihr nicht sprechen könnt. Wir haben unseren Sinn geändert. Eure Nahrung, euer Gras, eure Lager und Nester sollt ihr haben, in den Schluchten und Wäldern werdet ihr sie haben. Ihr waret nicht fähig, uns anzubeten und anzurufen. Darum werden wir andere schaffen, die uns willig sind. Das ist fortan euer Schicksal: euer Fleisch wird vertilgt werden. So sei es. Das sei euer Schicksal.“
So verkündeten sie ihren Willen den Tieren auf der Erde Antlitz, den kleinen und den großen.

*

„Auf ein neues!“ sagen die Götter. „Schon naht die Morgenröte. Schaffen wir jene, die uns erhalten und ernähren ... (Die Tiere) konnten uns nicht preisen und verehren. Laßt uns denn ein Wesen schaffen, das gehorsam sei und ergeben und uns ernährt und erhält.“
Also sprachen sie.
Darauf geschah die Schöpfung und Formung. Aus Erde, aus Lehm machten sie des Menschen Fleisch. Aber sie sahen, daß es nicht gut war. Denn es schwand dahin, es war zu weich, es war ohne Bewegung und ohne Kraft, es fiel um, es war weich, es bewegte nicht den Kopf, das Haupt hing zu einer Seite, der Blick war verschleiert, es konnte nicht rückwärts blicken. Wohl sprach es, aber es hatte keine Vernunft. Bald weichten es die Wasser auf, und es sank dahin.

Und es sagten der Schöpfer und der Former: „Es zeigt sich, daß das nicht gehen und sich nicht vermehren kann. Hierüber müssen wir uns beraten.“ So sagten sie.
Dann zerstörten und zerschlugen sie das Werk ihrer Schöpfung. Und sic sagten darauf: „Wie können wir unsere Anbeter, unsere Anrufer vollkommener erschaffen?“

*

Ein zweiter Versuch geht vom Holz aus als Material für die Erschaffung des Menschen –, nicht ohne zuvor sorgfältig die Orakel zu befragen.

Da sprachen die Lose und wahrsagten: „Eure Gebilde aus Holz werden glücken. Sie werden reden und sich verstehen auf dem Antlitz der Erde.“
„So soll es sein“, war die Antwort auf diese Rede.
Und sogleich wurden die Wesen aus Holz geschaffen. Sie glichen dem Menschen, sie sprachen wie Menschen, und sie bevölkerten die Erde.
Sie lebten und bevölkerten die Erde, Söhne und Töchter hatten die Wesen aus Holz. Aber sie hatten keine Seele, keinen Verstand, sie erinnerten sich nicht des Schöpfers und Formers. Ziellos gingen sie herum, und auf allen vieren liefen sie.
Weil sie das Herz des Himmels nicht erinnerten, wurden sie verworfen. Sie sprachen zwar anfänglich, aber ihr Gesicht war bewegungslos. Ihre Füße und Hände waren ohne Kraft. Weder Flüssiges noch Festes war in ihnen, weder Blut noch Fleisch. Trocken waren ihre Wangen, trocken Fuß und Hand, gelb das Fleisch.
Es war nur ein Entwurf, ein Versuch zum Menschen.
Darum vergaßen sie den Schöpfer und den Former, die sie geschaffen hatten und umsorgten.
Das waren die ersten Menschen, zahlreich lebten sie auf der Erde Antlitz.
Darauf wurden sie zerstört und vernichtet, diese Gebilde aus Holz, und empfingen den Tod. Eine Flut erweckte das Herz des Himmels, und große Wasser fielen auf das Haupt der Wesen aus Holz.

*

In einem dritten Versuch werden die Menschen aus Mais, dem Hauptnahrungsmittel der Maya, gebildet. Erst dieses Bemühen ist erfolgreich, denn die neuen Herren wissen um „das Herz der Welt“ (→ 83) und sind fähig, zu ihrem Schöpfer zu beten.

70. Menschenschöpfung und Klassenteilung

Die Inka-Mythe begründet die Klassenteilung der Menschen durch die Schöpfungsordnung. Curacas sind die alten (vor-inkaischen) Stammeshäuptlinge, die es in der Inka-Zeit immer noch gab, wenn auch mit verringerten Befugnissen. Kaziken heißen die adeligen Führer des Volkes; später war Kazike auch Titel für den „Dorfvorstand".

Da nun Uichama sah, daß die Welt ohne Menschen war und die Huacas und der Sonnengott niemand hatten, der ihnen Anbetung erwies, bat er seinen Vater, den Sonnengott, er möge neue Menschen schaffen. Der Sonnengott sandte ihm drei Eier vom Himmel herab, eines aus Gold, das zweite aus Silber, das dritte aus Kupfer. Aus dem goldenen Ei gingen die Curacas und Kaziken hervor und die Vornehmen, die man die Menschen zweiten Ranges nennt; aus dem silbernen die Frauen derselben und aus dem kupfernen das gemeine Volk, das man heute Mitayos nennt, samt Frauen und Kindern.

71. Die Erschaffung des Menschen im germanischen Mythos

Die Edda (→63) faßt ihre Mythen in streng gebundener Sprache, was deren mündliche Überlieferung erleichtert. Wie unter Nr. 63, so erfolgt auch hier eine Wiedergabe der nordischen Tradition in erzählender Sprache, nach einer Fassung von Rudolf Jockel.

Unter den warmen Strahlen der Sonne bedeckte sich Midgard im Laufe der Zeiten mit Gräsern und Kräutern, Blumen und rauschenden Wäldern. Große und kleine Tiere begannen es zu bevölkern. Allein noch fehlte darin der Mensch, das Ebenbild der Götter, dem diese das Land in der Mitte der Erde zur Heimstatt bestimmt hatten. Eines Tages gingen Odin, Hönir und Loki am Meeresstrande entlang und kamen zu zwei Bäumen, der Esche und der Ulme. „Aus diesen beiden Bäumen", sprach Odin zu seinen Brüdern, „lasset uns Menschen machen, auf daß Midgard, die schöne fruchtbare Erde, von ihnen und ihren Nachkommen bewohnt und bebaut werde und wir an ihrem Tun und Treiben, Ringen und Streben, Blühen und Gedeihen Freude haben!"
So sprach Odin, der Allvater, und sie schufen aus der Esche einen Mann und aus der Ulme ein Weib. Odin verlieh ihnen Geist und Leben, Hönir gab Verstand und Bewegung hinzu, Loki spendete ihnen die Sinne, Gefühle, blühende Farbe und Sprache. So stand das erste Menschenpaar vor den Göttern, und Odin streckte seine Hand aus über Midgard und sprach zu den Neuerschaffenen: „Seht! Dies Land ist eure Heimat! Hier sollt ihr fortan wohnen, Tiere züchten und zähmen, das Land bebauen und die Früchte der Bäume und des Feldes essen – ihr und eure Kinder und Kindeskinder!" Da folgten sie seinem Gebot; und von ihnen stammen alle Völker germanischer Zunge, welche das weite Midgard bewohnen.

72. Zwei afrikanische Mythen von der Erschaffung des Menschen

Der Stamm der Mati ist im äthiopischen Hochland ansässig. Ihre Mythen betonen sowohl die irdische als auch die himmlische Herkunft des Menschen.

Als Gott die Welt erschuf, gab es noch keine Menschen. Er griff in die Erde und formte daraus die ersten Menschen. Jedesmal, wenn er in die Erde griff, stöhnte diese laut auf und seufzte: „Ach, tut mir das weh!“ Gott beschwichtigte sie und sagte: „Sei nur ruhig, sie sollen zu dir zurückkommen!“ So machte er Mann und Frau. Als sie starben, legte man sie in die Erde, und sie wurden wieder zu Erde.

*

Der erste Mensch, Gugo, kam vom Himmel herunter und ging auf der Erde herum. Auch Gott lebte dort mit seiner Tochter. Als das Mädchen, das bis dahin allein gelebt hatte, den Gugo zum erstenmal sah, gebärdete sie sich wie eine junge Kuh, die nach dem Stier verlangt und hin und her läuft, ebenso rannte sie hierhin und dorthin, um ihn zu sehen. Er lebte östlich des Ganale in Girga und sie westlich des Flusses, bis sie das Wasser kreuzte, um ihn zu heiraten. Ihr Vater war nicht damit einverstanden und sagte ihr: „Der Gugo ist nichts wert – er ißt nur die Knollen silinga und maroda und die Exkremente der Bienen (Honig) – das ist nicht der rechte Mann für dich!“ Da sie jedoch den Menschen sehr liebte, lag sie ihrem Vater so lange in den Ohren, bis er ihr schließlich seine Einwilligung gab. Später schenkte er ihnen das Vieh, damit sie bessere Nahrung bekamen.

73. Ein Midrasch über die Erschaffung des Menschen

Bereschit Rabba 8,26

Die jüdische Tradition hat die Bibel in zahllosen weiteren Geschichten meditiert und unter neuen Fragestellungen durchdacht. Die daraus entstandene Literatur heißt Midrasch („Suche“, „Forschung“, „Lehre“). Der nachstehende Midrasch umkreist vor allem das Problem, daß die von Gott geschaffene Menschheit „Gerechte und Frevler“ hervorbringt.

In der Stunde, in der Gott den ersten Menschen erschaffen wollte, beriet er sich mit den Dienstengeln und sprach zu ihnen: „Lasset uns Menschen machen nach unserem Abbild, uns ähnlich.“

„Wozu?“ fragten die Engel.
„Damit die Gerechten aus ihm erstehen.“ Er offenbarte ihnen aber nicht, daß Frevler aus ihm erstehen werden. Denn hätte Er ihnen auch dieses offenbart, so würde das Maß der Gerechtigkeit die Erschaffung nicht zugelassen haben. Zu der Stunde sah Gott, daß Gerechte und Frevler aus dem Menschen hervorgehen werden. Da sprach Er: „Erschaffe ich ihn, so gehen Frevler aus ihm hervor; erschaffe ich ihn nicht, wie sollen die Gerechten aus ihm entstehen?“ Was tat Gott? Er entfernte den Wandel der Frevler aus seinem Angesicht und verband sich mit dem Maße der Barmherzigkeit.
Die Liebe sprach, er soll erschaffen werden, denn er wird menschenfreundlich sein; die Wahrheit dagegen sprach, er solle nicht erschaffen werden, denn es wird Lug und Trug geben; die Gerechtigkeit sagte, er soll erschaffen werden, denn er wird Wohltätigkeit üben; der Friede sprach, er soll nicht erschaffen werden, denn es wird Streit und Zank geben. Was tat Gott? Er nahm die Wahrheit und warf sie zur Erde. Die Dienstengel sprachen zu Gott: „Herr der Welten! Warum verachtest du die Ordnung und die hochgeschätzte Wahrheit? Laß die Wahrheit von der Erde aufsteigen.“ Während die Dienstengel so miteinander stritten, erschuf Gott den Menschen. Er sagte ihnen: „Was streitet ihr noch? Der Mensch ist schon erschaffen worden.“
Als Gott den ersten Menschen schuf, war er ein bloßer Klumpen, und er reichte von einem Ende der Welt bis zum anderen; er erfüllte die ganze Welt vom Morgen bis zum Abend, vom Norden bis zum Süden. In der Stunde, da Gott ihn schuf, hatte er zwei Gesichter, Mann und Weib. Gott durchsägte ihn zu zwei Hälften und bildete zwei Rücken aus ihm, einen für den Mann und einen für die Frau.

Sündenfall und Todesschicksal

74. Die Seele des Wals und das brennende Herz

Es gibt hintergründige Entsprechungen zwischen dieser eskimoischen Mythe, „erzählt von Panik vom Utukok-Fluß“, und der Sündenfallerzählung aus Genesis 3. Die Mythe hat Knud Rasmussen (→111) aus Alaska (5. Thule-Expedition 1921–1925) überliefert.

Es war einmal ein dummer und gespreizter Rabe, der zum Meere flog, weit, weit hinaus.

Er flog und blieb am Fliegen, weiter und immer weiter, und als er müde wurde, begann er nach Land auszuspähen; aber es war kein Land da. Zuletzt war er so müde, daß er sich nur noch schwebend etwas über der Wasseroberfläche halten konnte. Und als plötzlich ein großer Wal dicht vor ihm auftauchte, wurde er so verwirrt, daß er diesem gerade in den Schlund hineinflog.

Einen Augenblick blieb es dunkel um ihn herum, es sauste und plätscherte, und als er schon glaubte, sterben zu müssen, taumelte er geradewegs in ein Haus hinein, in ein schönes und reizendes Haus, wo es hell und warm war. Auf der Schlafbank saß eine junge Frau und machte sich an einer brennenden Lampe zu tun. Sie erhob sich und ging freundlich auf den Raben zu und sagte:

„Du bist mir als Gast willkommen, wenn du mir nur einen einzigen Wunsch zu erfüllen gelobst: du darfst niemals meine Lampe anrühren.“

Der Rabe war glücklich, daß er sein Leben gerettet hatte, und beeilte sich, ihr zu versichern, daß er die Lampe niemals anrühren würde. Und dann setzte er sich auf die Schlafbank und wunderte sich, wie fein und rein es in dem kleinen Hause war. Es war ein Haus aus Walfischknochen, gebaut wie die Wohnungen der Menschen, und alles darin war so eingerichtet wie bei den Menschen. Aber eine seltsame Unruhe lag über der jungen Frau; sie saß niemals längere Zeit still; in kurzen Zwischenräumen erhob sie sich von der Schlafbank und schlüpfte zur Tür hinaus. Es dauerte nur einen Augenblick, dann kam sie wieder herein; aber gleich danach war sie wieder fort.

„Was macht dich so unruhig?“ fragte der Rabe.

„Das Leben“, antwortete die junge Frau, „das Leben und mein Atemzug.“

Aber diese Antwort verstand er gar nicht.

Der Rabe, der nun zur Ruhe gekommen war und seine Angst vergessen hatte, fing an, neugierig zu werden.

Was kann das sein, daß ich die Lampe gar nicht anrühren darf?" dachte er; und jedesmal, wenn die Frau hinausschlüpfte und er allein blieb, bekam er immer größere Lust, sein Versprechen zu brechen und hinzugehen, um die Lampe nur ein ganz klein wenig zu betasten. Zuletzt konnte er seine Neugier nicht länger zügeln, und als die Frau wieder zur Tür hinausschlüpfte, sprang er hin und berührte den Docht der Lampe. Im selben Augenblick taumelte die Frau kopfüber zur Tür hinein, fiel auf den Fußboden und blieb da liegen, während die Lampe erlosch.

Zu spät bereute der Rabe, was er getan hatte; er schwankte umher in schwarzer Finsternis, und das schöne, helle Haus war nicht mehr da. Er war nahe daran, zu ersticken. Er irrte zwischen Speck und Blut umher, und so heiß wurde es, daß seine Federn abfielen. Halberstickt taumelte er im Bauch des Wales umher, und nun erst begriff er, was geschehen war.

Die junge Frau war die Seele der Walin, und sie schlüpfte zur Tür hinaus in die frische Luft, jedesmal, wenn die Walin Atem schöpfen mußte, und ihr Herz war eine Lampe mit großer und ruhiger Flamme. Der Rabe hatte aus bloßer Neugier das Herz der jungen Frau berührt, und darum war sie gestorben. Er wußte nicht, daß das Feine und Schöne auch zerbrechlich, vergänglich und leicht zu vernichten ist, denn er selbst war dumm und von zähem Leben; und nun kämpfte er um sein Leben in Finsternis und Blut. Alles, was zuvor schön und rein, war nun häßlich und übelriechend geworden.

Endlich glückte es ihm, auf dem gleichen Wege hinauszuschlüpfen, auf dem er hineingekommen war, und da saß er, ein halbnackter Rabe, beschmiert und besudelt, auf dem Rücken eines toten Wals.

Hier blieb er sitzen und lebte vom Aas, während ihn Wind und Wellen hin und her warfen. Seine Flügel waren zerbrochen durch Hitze und Blut, so konnte er nicht mehr fliegen.

Ein Sturm trieb ihn endlich ans Land, und die Menschen sahen den toten Wal und ruderten in ihren Frauenbooten hinaus, um Fleisch und Speck zu bergen. Als der Rabe sie sah, verwandelte er sich augenblicklich in einen Mann, in einen kleinen, häßlichen, dunkelhäutigen und zerzausten, struppigen Mann, der oben auf dem Wale stand.

Er sprach gar nicht davon, daß er aus lauter Neugier ein Herz angerührt und etwas Feines und Schönes zerstört hatte; er prahlte nur überheblich: „Ich bin es, der den Wal getötet hat! Ich bin es, der den Wal getötet hat!"

Und er wurde ein großer Mann unter den Menschen.

75. Das Ende der goldenen Zeit

Diese Mythe der australischen Aborigines erzählt von Berukburn, dem ersten Menschen, der von Baiame erschaffen und zusammen mit seiner Frau an einen

Platz geführt worden war, an dem es gut zu leben war. Auf einen Jarranbaum aber, in dem ein Bienenvolk lebte, hatte Baiame sein heiliges Zeichen gepflanzt.

„Dies ist mein Baum", sprach er zu Berukburn und seiner Frau, „und dies sind auch meine Bienen. Ihr könnt eure Nahrung suchen, überall in dem Land, das ich euch gegeben habe. Aber diesen Baum und diese Bienen und den Honig, den sie hervorbringen, die dürft ihr nicht berühren. Wenn ihr sie aber doch berührt, so werden euch viele Übel befallen, euch und alle, die nach euch kommen werden."

Dann zog er sich zurück, und, nachdem er gegangen war, gehorchten Berukburn und seine Frau streng dieser Weisung. – Eines Tages aber, als die Frau nach Feuerholz suchte, führte sie ihr Weg zu Baiames Baum. Hier war der Boden übersät mit abgefallenen Zweigen. Als sie sah, wie der heilige Baum sich über ihr wölbte, fürchtete sie sich; aber das viele Holz, das so leicht zu sammeln war, lockte sie näher, und sie raffte einen Arm voll zusammen. Sie empfand eine drückende Last, die über ihr schwebte, und sie erhob ihre Augen noch einmal. Jetzt war sie dicht am Baum und sah, wie die Bienen um den Baum schwirrten und Honigtropfen auf der Rinde glitzerten. Der Anblick fesselte sie so, daß sie die Augen nicht wenden konnte. Niemals zuvor hatte sie solch süßen Saft gekostet, und hier war eine unermeßliche Fülle, die für viele Mahlzeiten reichen würde. So konnte sie der Verlockung der schimmernden Tropfen nicht widerstehen, ließ das Holz fallen und kletterte den Baum hinauf. Plötzlich erhob sich ein Windstoß, und eine dunkle Gestalt hüllte sie mit furchtbaren schwarzen Schwingen ein. Es war Narahdarn, der Böse, den Baiame hier hingesetzt hatte, daß er seinen Jarranbaum bewache.

Berukburns Frau machte, daß sie vom Baum herunterkam, und schlich zu ihrer Behausung, wo sie sich in der dunkelsten Ecke versteckte.

Das Üble, das sie getan hatte, wurde niemals wieder geheilt, denn sie hat Narahdarn, den Bösen, in die Welt gelassen, und von diesem Tage an wurde sie sterblich, sie und alle Nachkommen Berukburns.

Diese Tat war das Ende der goldenen Zeit für Berukburn und sein Weib, und der Jarranbaum weinte darüber bitterlich, jedesmal, wenn er daran dachte. Seine Tränen tropfen die Rinde hinunter, es ist der rote Gummi, den man oft an Jarranbäumen findet.

76. Wie Krankheit, Elend und Tod in die Welt kamen

Paradies- und Sündenfallgeschichten begegnen in vielen weiteren Kulturen. Am häufigsten beschränken sie sich auf die Frage „Wie der Tod in die Welt gekommen ist". Die folgende Mythe der Karaiben in Britisch-Guayana steht im Übergang zu dieser Frage; hier soll sie stellvertretend auf das weltweite Motiv von der Entstehung des Todes verweisen (vgl. →75).

In alter Zeit gab es keinen Streit, alle waren glücklich, und niemand wurde krank oder starb. Damals lebten die Waldgeister unter uns als unsere Freunde und Gefährten. Sie waren kleine Leute wie wir. Ein Waldgeist, Yurokon, pflegte besonders oft zu unseren Vorfahren zu kommen und mit ihnen Paiwari zu trinken. Regelmäßig kam er einmal im Monat zu diesem Zweck.
Als er das letztemal kam, erschien er als eine Frau mit einem Kindchen an der Brust. Man reichte ihr den Pfeffertopf, und sie tauchte die Kassawa hinein, die sie dann aussog und aß. Der Pfeffertopf war aber so heiß, daß sie sich das Innere des Mundes und das „Herz" verbrannte. Daher bat sie um Wasser. Die Hausfrau hatte kein Wasser im Hause. Da forderte Yurokon eine Kalebasse, ließ ihr Kind zurück und ging hinunter ans Wasser, wo sie ihren Durst stillte.
Als sie zurückkam, sah sie sich nach ihrem Kindchen um, konnte es aber nirgends finden. Überall suchte sie es, allein alles Suchen erwies sich als vergeblich. Während ihrer Abwesenheit hatte nämlich eine böse Frau das Kind in den kochenden Kaschiritopf geworfen. Nach einiger Zeit rührte Yurokon das Kaschiri mit dem gebräuchlichen Löffel aus einem Paddelruder um, und während sie rührte, kam der Körper ihres Kindes an die Oberfläche. Da weinte sie, und indem sie sich zu den Leuten wandte, sagte sie: „Warum habt ihr mir dies angetan? Ich habe niemals Böses gegen euch im Sinne gehabt, aber nun sollt ihr dafür büßen. In Zukunft sollen alle eure Kinder sterben, und darüber werdet ihr weinen, so wie ich jetzt weine. Wenn euch Kinder geboren werden, so sollt ihr bei ihrer Geburt Schmerzen und Not erleiden. Und was euch Männer betrifft", fuhr sie fort, „so sollt ihr große Mühe haben, wenn ihr auszieht, um Fische zu fangen." So geschah es. In jenen Tagen brauchten unsere Vorfahren nur ans Ufer zu gehen und das Wasser mit ihren alten Kalebassen herauszuschöpfen, dann lasen sie alle Fische auf, die am Boden des Flusses lagen, und taten das Wasser wieder zurück, damit es neue Fische erzeuge. Yurokon änderte dies alles, und nun haben wir die Mühe und Plage, daß wir die Teiche mit verschiedenen Wurzeln vergiften müssen, um die Fische zu töten und sie fangen zu können. Die böse Frau aber, die das Kind in den Kaschiritopf geworfen hatte, ist von Yurokon getötet worden.

Sintflut-Überlieferungen

77. Altindische Flutmythe

Shatapatha-Brāhmana I, 8

Die Brahmana ist eine Sammlung theologischer Werke, die zum Gebrauch der Opferpriester bestimmt sind. Den Ausführungen zum Kult werden zahlreiche, oft sehr alte Mythen und Sagen in einfacher Prosa eingefügt. Die folgende Flutmythe entstammt dieser Literatur aus vedischer Zeit (→61).

Am Morgen brachten sie dem Manu in üblicher Weise Wasser zum Händewaschen. Als er sich wusch, kam ihm ein Fisch in seine Hände.

Er sprach zu ihm: „Zieh mich auf! Dann will ich dich retten!" „Wovor willst du mich retten?"

„Eine Flut wird alle diese Wesen fortreißen, davor will ich dich retten!" „Wie soll ich dich aufziehen?"

Er sagte: „Solange wir klein sind, herrscht unter uns eine große Vernichtung: ein Fisch verschlingt den anderen. Du wirst mich in einem Topf aufheben. Wenn ich diesem entwachse, dann sollst du eine Grube graben und mich in ihr bewahren. Wenn ich dieser entwachse, dann sollst du mich hinunter zum Meer bringen; denn dann werde ich jenseits aller Vernichtung sein."

Er wurde bald ein sehr großer Fisch; denn er wuchs enorm. Dann sagte er: „In dem und dem Jahr wird die Flut kommen. Du mußt dann auf mich hören und ein Schiff bauen, und wenn die Flut gestiegen ist, sollst du in das Schiff gehen, und ich will dich vor ihr retten."

Nachdem er den Fisch auf diese Weise aufgezogen hatte, brachte er ihn hinunter zum Meer. Und genau in dem Jahr, das der Fisch ihm angegeben hatte, folgte er dem Rat des Fisches und baute ein Schiff; und als die Flut gestiegen war, ging er in das Schiff hinein. Dann schwamm der Fisch zu ihm empor, und an seinem Horn befestigte er das Schiffsseil, und auf diese Weise fuhr er schnell zu dem nördlichen Gebirge dort drüben.

Der Fisch sagte dann: „Ich habe dich gerettet. Befestige das Schiff an einem Baum; aber laß dich nicht durch das Wasser losreißen, solange du auf dem Gebirge bist. Wenn sich das Wasser senkt, kannst du nach und nach hinabsteigen!" Dem entsprechend stieg er allmählich hinab, und daher wird dieser Abhang des nördlichen Gebirges „Manus Abstieg" genannt. Die Flut trieb dann alle diese Wesen hinweg, und nur Manu blieb allein hier.

78. Die Fluterzählung des Gilgamesch-Epos

Zu den berühmtesten Dichtungen der Weltgeschichte gehört das Gilgamesch-Epos, das in Keilschrift und in babylonischer Sprache auf zwölf Tontafeln erhalten geblieben ist. Die Fassung entstammt der Bibliothek des Königs Assurbanipal in Ninive (ca. 650 v. Chr.).
Das Epos erzählt von Gilgamesch, einem tapferen Helden, aber auch gewalttätigem Herrscher, der die Unterdrückung seines Volkes erst beendet, als die Götter ihm Enkidu senden, der zunächst sein Gegner, dann sein guter Freund wird. Sie bestehen gemeinsam Gefahren und Abenteuer. Als aber Enkidu stirbt, wird sich Gilgamesch des unausweichlichen Todes bewußt. Deshalb bricht er auf, um Unsterblichkeit zu suchen. Er strebt „ans Ende der Welt", um Utnapischtim zu finden, einen seiner Vorfahren, der die Sintflut in einer Arche überlebte und deshalb von den Göttern Unsterblichkeit geschenkt bekam. Bei Utnapischtim angelangt, erzählt dieser Gilgamesch die Geschichte von der großen Flut.
Zweifellos besteht eine stoffliche Verwandtschaft zwischen der Fluterzählung des Gilgamesch-Epos und der Sintfluttradition der Bibel, Genesis 6,5–8,22. Eine Annahme direkter Abhängigkeit wird jedoch nicht vermutet. Beide Fassungen gelten als eigenständige Erzählungen, denen eine gemeinsame ältere Überlieferung (vielleicht aus dem Sumerischen) zugrundeliegt.
Unser Buch bietet zunächst einen Auszug aus dem Anfang der Fluterzählung des Gilgamesch-Epos, anschließend ergänzt es die gesamte Sintflut-Geschichte in einer freien Nacherzählung.

Utnapischtim sprach zu Gilgamesch:
Verborgenes, Gilgamesch, will ich dir eröffnen,
Ein Geheimnis der Götter dir verkünden:
Schuripak – eine Stadt, die du kennst,
Am Ufer des Euphrats gelegen –
Diese Stadt war alt, und die Götter waren in ihr.
Eine Sintflut zu machen, beschlossen die großen Götter.[1]
Miteinander berieten ihr Vater Anu,
Der tapfere Enlil, ihr Ratgeber,
Ihr Minister Ninurta, Ennugi, ihr Wächter der Deiche.
Ninigiku-Ea war bei ihnen.
Er gab ihre Worte einem Rohrhaus weiter:
„Rohrhaus! Rohrhaus! Wand, Wand!
Rohrhaus, höre! Wand, versteh!
Mann von Schuripak, Sohn des Ubartutu,
Reiß ab das Haus, baue ein Schiff,
Gib auf den Besitz, suche das Leben,

[1] Aus der Götterversammlung werden genannt: Anu, der Himmelsgott; Enlil, der Gott des Windes und des Schicksals; Niniguka-Ea (→ 68), auch Enki genannt, der Gott des unterirdischen Süßwasserozeans.

Laß fahren die Habe, erhalte dir dein Selbst.
Nimm an Bord des Schiffes allerlei Lebewesen!
Das Schiff, das du bauen sollst –
Seine Maße sollen abgemessen sein.
Breite und Länge sollen gleich sein.
Wie das Apsu[1] sollst du es bedachen."

*

Einstmals planten die Götter eine große Sturmflut, um die Stadt Schuripak von der Erde hinwegzufegen und zu vernichten. Große Götter waren es, die diesen Plan faßten. Anu und Enlil, und auch Ea waren unter ihnen. In Schuripak wohnte damals Utnapischtim in seiner Rohrhütte, und Ea war Utnapischtim wohl gesonnen. So beschloß Ea, Utnapischtim vor der großen Flut zu retten, die über die Stadt und alles Land kommen sollte.
Was im Rate der Götter beschlossen wurde, durfte keinem Sterblichen gesagt werden, darum durfte auch Ea dem Utnapischtim nichts von der kommenden Flut sagen. Aber der weise Gott Ea fand einen Ausweg, Utnapischtim zu warnen. Er begab sich zu Utnapischtims Rohrhütte und sprach zu dieser: „Rohrhütte, Wand, höre! Höre! Utnapischtim, der Mann aus Schuripak, baue ein Schiff, lasse Hab und Gut und allen seinen Reichtum fahren und rette sein Leben!" Dann nannte der weise Ea die Maße und die Form des Schiffes und befahl, allerlei lebende Wesen mithineinzunehmen.
Utnapischtim schlief unterdessen in seiner Rohrhütte, vernahm im Traum, was Ea zur Rohrhütte sprach, und begriff den Sinn der Worte. Aber er wußte nicht, was er zu den Menschen sagen sollte, wenn sie ihn fragen würden, wozu er ein solch großes Schiff baue. Darauf sprach Ea weiter zur Rohrhütte, Utnapischtim solle sagen, der Gott Enlil zürne ihm und wolle nichts mehr von ihm wissen, deshalb könne er, Utnapischtim, nicht länger in dieser Stadt bleiben, die Enlil gehöre. Er solle weiter sagen, er wolle zu den Wassern der Unterwelt hinabfahren, um dort bei Ea zu wohnen.
Utnapischtim erwachte und begann alsbald mit dem Bau des Schiffes. Sieben Stockwerke hatte das Schiff, und jedes der Stockwerke war neunfach geteilt, so daß die Arche dreiundsechzig Räume hatte. Neunzig Meter war sie lang, und ihr Inhalt betrug siebenhundertneunundzwanzig Kubikmeter. Sie hatte eine Tür und war mit Teer verpicht. Als der Bau vollendet war, wurde die Arche mit vieler Mühe ins Wasser geschleppt, und Utnapischtim gab den Bewohnern von Schuripak ein großes Fest. Dann belud er die Arche; all sein Gold und Silber nahm er mit, dazu seine ganze Familie, sein Vieh und seine Handwerker, die ihm beim Bau der Arche geholfen hatten.
Eines Abends begann ein furchtbarer Regen in Strömen herabzustürzen. Utnapischtim bestieg die Arche und verschloß die Tür hinter sich. Ein entsetzliches Unwetter brach nun über die Stadt Schuripak und alles Land ringsum

[1] Apsu: der unterirdische Ozean.

herein. Alle Menschen versuchten in wilder Angst, sich zu retten. Am Horizont ballte sich schweres schwarzes Gewölk, und der Donnergott ließ gewaltige Schläge am Himmel dahinrollen, furchtbare Blitze ließ er herniederzucken. Der Südsturm brauste heran und peitschte die Wogen vor sich her, so daß alles Land um Schuripak überflutet ward. Keine Rettung bot sich den allerorts fliehenden Menschen, und das Entsetzen war so groß, daß selbst die Götter die Flucht ergriffen, zitternd zur höchsten Höhe des Himmels emporstiegen und sich dort niederkauerten.

Ischtar, die Göttin der Geburt, schrie gewaltig wie ein Weib in Geburtsnöten und klagte: „Wie konnte ich nur in der Versammlung der Götter diesem gräßlichen Plane zustimmen? Wie konnte ich mithelfen, meine Kinder so grausam zu vernichten, denen ich selbst zur Geburt ins Dasein verholfen habe?" Auch die anderen Götter jammerten, indes die Sturmgötter hoch droben in den Lüften ihr furchtbares Werk vollendeten. Sechs Tage und sieben Nächte lang wütete ununterbrochen das Unwetter, erst am siebenten Tage ließ der Sturm nach, und das Meer begann sich wieder zu beruhigen.

Da öffnete Utnapischtim, der mit den Seinen in seiner Arche auf der Flut sicher und wohlbehütet geschwommen war, eine Luke im Dach der Arche und sah nach dem Wetter. Er erschrak über die tödliche Stille, die ringsum herrschte, und gewahrte, daß die ganze Menschheit ertrunken und zu Lehm geworden war. Er kniete nieder, und Tränen rannen über sein Antlitz. Am zwölften Tage tauchte der Gipfel eines Berges aus den Fluten auf. Die Arche saß bald fest auf diesem Berge und blieb sieben Tage hängen. Dann ließ Utnapischtim eine Taube aufsteigen, doch sie kam zurück. Daraus schloß er, daß die Erde noch nicht trocken sei. Danach sandte er eine Schwalbe aus, und auch diese kehrte wieder. Endlich ließ er einen Raben hinaus, der kam nicht zurück, und Utnapischtim wußte jetzt, daß die Erde wieder trocken sei.

Nun ging Utnapischtim mit den Seinen aus der Arche ins Freie hinaus und brachte den Göttern in sieben Weihgefäßen ein Rauchopfer von Rohr, Zedernholz und Myrrhen dar. Die Götter rochen den lieblichen Duft und sammelten sich wie Fliegen um die Opfernden. Die Göttin Ischtar erklärte den anderen Göttern, Enlil, der die Flut ausgeheckt hatte, müsse aus der Versammlung der Götter ausgestoßen werden. Gleich darauf erschien Enlil in der Opferversammlung und erblickte das Schiff Utnapischtims. Da ergrimmte Enlil in furchtbarem Zorne, weil nicht alle Menschen untergegangen waren. Er schrie:

„Was ist das für ein Mensch,
wer ist's, der dem Verderben entkam?
Er darf nicht am Leben bleiben!"

Da begriff Enlil, daß nur Ea in seiner großen Weisheit Utnapischtim gerettet habe, und er griff Ea vor den Göttern an. Ea aber verteidigte sich geschickt und sprach: „Wie konntest du nur so unbesonnen zu Werke gehen und durch eine große Flut die ganze Menschheit vernichten wollen? Wenn du der Meinung warst, daß die Menschen wegen ihres gottlosen Treibens bestraft werden müssen – warum hast du dann nicht die wirklich Schuldigen bestraft? Warum hast du so

viele Unschuldige vernichten lassen? Warum wolltest du die ganze Menschheit ausrotten? Was du getan hast, war schlecht und grausam!“
Dann rechtfertigte sich Ea gegen den Vorwurf, er habe das Geheimnis der Götterversammlung an Utnapischtim verraten. Er habe nur zur Wand der Rohrhütte gesprochen; Utnapischtim habe es im Traume gehört und danach seine Maßnahmen getroffen.
Zuletzt aber nahm Ea Utnapischtim, segnete ihn und sprach: „Zuvor war Utnapischtim nur ein Mensch; von nun an sollen er und sein Weib uns Göttern gleich sein. Sie sollen wohnen an der Mündung der Ströme!“

79. Eine Fluterzählung der Kim in Zentraltogo

Im Anfang waren die Tiere immer mit Esso, Gott, zusammen und tranken stets an der gleichen Stelle Wasser. Eines Tages aber hatte Esso Streit mit dem Elefanten. Da ging Esso in den Himmel, und es regnete nicht mehr. Eine große Trockenheit trat ein, nichts wuchs mehr. Kaum gab es noch zu trinken, und es war eine große Not.
Alle Tiere kamen zusammen und sagten: „Es muß etwas geschehen, sonst werden wir alle sterben.“ Weiter sprachen sie: „Wir müssen Esso bitten, seinen Zorn zu lassen und uns wieder Regen zu spenden.“
Nun sandten sie die Schwalbe zu Esso in den Himmel hinauf. Die Schwalbe kam zu Esso und sagte: „Es regnet nicht mehr. Die Felder vertrocknen. Es gibt kein Essen mehr. Viele sterben in dieser Hungersnot. Es gibt nichts mehr zu trinken. Viele verdursten.“ Esso antwortete: „Es ist gut!“ Und die Schwalbe kehrte zurück.
Esso ließ regnen. Es regnete so, daß die Bäche schwollen. Es regnete, daß die Flüsse schwollen. Alle Wiesen standen unter Wasser. Viele ertranken. Es regnete, es regnete, es regnete. Viele, viele starben.
Alle Tiere kamen zusammen. Sie sagten: „Es muß etwas geschehen, sonst werden wir alle sterben.“ Weiter sprachen sie: „Wir müssen Esso bitten, seinen Zorn zu lassen und mit dem Regen aufzuhören.“
Wieder sandten sie die Schwalbe zu Esso in den Himmel hinauf. Die Schwalbe kam zu Esso und sagte: „Es regnet zuviel. Alle Wiesen sind überschwemmt. Viele, viele sind schon ertrunken. Laß es aufhören zu regnen.“ Esso antwortete: „Es ist gut!“ Und die Schwalbe kehrte zurück.
Esso ließ den Regen aufhören. Als die Schwalbe zurückkam, wollte sie im Ohre des Elefanten ihr Nest bauen. Doch der Elefant schüttelte den Kopf und sagte: „Laß das!“ Darum bauen die Schwalben ihre Nester in den Häusern.

80. Zwei Flutmythen der Inkas

Einst regnete es so lange, daß die ganzen Niederungen überschwemmt wurden und alle Menschen ertranken, bis auf die, die in den Höhlen eines sehr hohen Gebirges Unterschlupf fanden. Sie verstopften die kleinen Öffnungen der Höhlen so, daß das Wasser nicht eindringen konnte, und taten viel Nahrung und Tiere hinein. Sobald sie es nicht mehr regnen hörten, jagten sie zwei Hunde hinaus. Als diese mit sauberem, wenn auch feuchtem Fell zurückkehrten, wußten sie, daß das Wasser sich noch nicht vermindert habe. Später jagten sie wieder Hunde hinaus, und als diese mit beschmutztem und trockenem Fell zurückkehrten, erkannten sie daran, daß das Wasser gesunken war, und verließen die Höhlen, um die Erde wieder zu besiedeln. Aber die größte Plage und das größte Hindernis, dem sie hierbei begegneten, waren die vielen großen Schlangen, die Feuchtigkeit und Schlamm erzeugt hatten und die es noch jetzt gibt; zuletzt töteten sie sie aber und konnten von da an in Sicherheit leben.

*

Einst band ein Mann sein Llama auf einem guten Weideplatz an, aber das Tier wollte nicht fressen, sah traurig drein und wehklagte, indem es immer „yu, yu" schrie. Der Hirt, der gerade einen Maiskolben aß, bemerkte es, warf den Strunk nach dem Llama und sagte: „Dummkopf, warum klagst du und lässest dir nicht das Futter schmecken? Habe ich dich denn nicht auf eine gute Weide gebracht?" Das Llama erwiderte: „Tor! Was weißt du! Hast du etwa eine Ahnung von dem, was bevorsteht? Wisse, meine Traurigkeit hat gute Gründe. Fünf Tage lang wird das Meer ansteigen und die ganze Erde bedecken, und alles wird untergehen, was darauf lebt." Der Mann war erstaunt, daß das Llama sprechen konnte, und fragte, ob es denn keine Rettung gäbe. Da sagte ihm das Llama, er solle ihm eilends auf den Gipfel eines hohen Berges namens Uillcacoto folgen und Nahrung für fünf Tage mitnehmen; dann werde er gerettet werden.

Der Mann tat, wie ihm gesagt, nahm seine Last auf den Rücken und gelangte mit dem Llama auf den Gipfel des Berges, wo sie bereits viele verschiedene Arten von Vögeln und vierfüßigen Tieren versammelt fanden. Gerade als er und das Llama den Gipfel erreicht hatten, begann das Meer zu steigen, und die Gewässer füllten alle Täler und bedeckten selbst die Gipfel der Hügel und Berge, nur den Gipfel des Uillcacoto bedeckten sie nicht.

Aber die Tiere mußten sich dicht zusammendrängen, denn das Wasser stieg so hoch, daß einige von ihnen kaum Raum zum Stehen fanden. Unter diesen war der Fuchs, dessen Schwanz von den Wellen benetzt wurde, und das soll der Grund sein, warum die Schwanzspitze des Fuchses schwarz ist. Nach fünf Tagen begannen die Gewässer wieder zu sinken, und das Meer kehrte in seine alten Grenzen zurück. Aber die ganze Erde war ohne Menschen außer jenem Mann, von dem – wie es heißt – alle Menschen abstammen, die es heute gibt.

IV. Das Welthaus

Das indianische Welthaus

81. Der heilige Kreis

Grundfigur für das indianische Welthaus in seinen verschiedenen Verkörperungen ist der Kreis. Als Fundament der Himmelskuppel und zugleich als Grenze der viergeteilten Erde (→82–87; 88) ist er die geometrische Kontur des Welthauses. Für den großen Seher der Ogalalla-Sioux, Schwarzer Hirsch (1863–1950), war der Kreis das höchste Symbol der heiligen Welt. Bereits im Alter von fünf Jahren hatte Black Elk seine erste visionäre Begegnung mit der mythischen Welt der indianischen Urväter (vgl. →122).

Ihr habt bemerkt, daß ein Indianer in allem, was er unternimmt, die Kreisform berücksichtigt, weil die Kraft der Welt sich stets in Kreisen auswirkt, und jedes Ding danach strebt, rund zu sein. In den alten Tagen, als wir ein starkes und glückliches Volk waren, strömte uns alle Kraft aus dem heiligen Ring des Volkes zu. Solange der Ring nicht zerbrochen war, gedieh das Volk. Der blühende Baum war die lebendige Mitte des Ringes, und der Kreis der vier Weltteile nährte ihn. Der Osten spendete Frieden und Licht, der Süden die Wärme, der Westen Regen, und der Norden mit seiner Kälte und dem mächtigen Wind begabte mit Kraft und Ausdauer. Dieses Wissen samt unserer Religion kam zu uns aus der andern Welt. Alles, was die Kraft der Welt tut, vollzieht sich in einem Kreis. Der Himmel ist rund, und ich habe gehört, daß die Erde wie eine Kugel rund ist, und so sind alle Sterne. Der Wind, wenn er seine höchste Macht entfaltet, bildet Wirbel. Die Vögel bauen sich runde Nester, denn ihre Religion ist die gleiche wie die unsrige. Die Sonne kommt hervor und geht wieder in einem Kreise nieder. Der Mond tut dasselbe, und beide sind rund. Selbst die Jahreszeiten bilden ihren wechselnden Gang in einem großen Kreis und kehren immer dorthin zurück, von wo sie gekommen. Eines Menschen Leben ist ein Kreis von Kindheit zu Kindheit, und so verhält es sich mit allem, darin Kraft sich regt. Unsere Tipis waren rund wie Vogelnester, und diese wurden stets in einem Kreise angelegt, dem Ring des Volkes, einem Nest von vielen Nestern, wo der Große Geist wollte, daß wir unsere Kinder hegen.
Aber die Uaschitschun haben uns in diese viereckigen Kisten gebannt. Unsere Kraft ist vergangen, und wir liegen im Sterben, denn die Kraft wohnt nicht mehr in uns. Ihr könnt es an unsern Jungen sehen, wie es um uns bestellt ist. Als wir durch die Kraft des Kreises lebten, so wie wir sollten, waren Knaben im Alter von zwölf oder dreizehn Jahren Männer. Aber jetzt brauchen sie viel mehr Zeit zum Heranreifen.

82. Das Welthaus der Osagen

Eine großartige Symbolik des Welthauses verkörpert besonders eindrucksvoll die Stammesordnung der Osagen. Sprachlich gehören die Osagen zu den Sioux. Bis zu ihrer Umsiedlung nach Oklahoma lebten sie in der Nähe von Kansas City als ein Volk ausgeprägter Prärie-Kultur. Unsere Kenntnisse über die Osagen reichen weiter als bei anderen Indianer-Stämmen, vor allem seit Francis La Flesche (1857–1932), ein völkerkundlich gebildeter Vollblutindianer, umfangreiche Detailforschungen vermittelt hat. Die folgende Darstellung des Indianerforschers Werner Müller fußt auf diesen Materialien La Flesches.

Während dieser Monate des Umherstreifens wohnten die Indianer in Zelten aus großen, ledergedeckten Stangenböcken. Diese „Tipis" waren die typische Unterkunft der mobilen und halbmobilen Ebenenstämme, schnell aufzustellen, schnell niederzulegen und leicht mit Pferden zu transportieren. Der malerische und farbige Eindruck, den die Reitervölker Nordamerikas eh und je auf die Europäer gemacht haben, geht nicht zuletzt auf die Büffelhautzelte zurück. Besonders am Abend muß ein solches Lager einen geradezu zauberischen Reiz ausgestrahlt haben. In allen Behausungen brannten dann die Feuer, aus den Luftklappen wehten blaue Rauchschleier empor, und das gelbe, durch die Lederdecken schimmernde Licht verwandelte die Tipis in große, kegelförmige Laternen. Vereinzelte schwarze Bemalungen mit Tieren, Pflanzen und Sternen verstärkten diesen Eindruck noch. Das Merkwürdigste aber blieb die Anordnung: die Zelte standen nicht in einem regellosen Haufen beieinander, sondern schlossen einen Kreis um einen weiten, freien Platz.

Mit dieser Beobachtung halten wir bereits die erste Wirkung einer mythischen Denkweise in der Hand. Denn dieser Tipiring – in europäischen Augen ein beliebiges Nebeneinander – hat für den Indianer eine hintergründige Aura, eine über das bloß Dingliche hinausweisende Qualität. Er verkörpert nämlich den Kosmos mit allen seinen Erscheinungen. Die osagischen Informatoren sind nicht müde geworden, ihrem Vertrauensmann La Flesche diesen Tatbestand einzuhämmern, denn diese Interpretation schließt das Tor auf, das unmittelbar in die osagische Gedankenwelt hineinführt.

Eine unsichtbare Linie durchschneidet von Osten nach Westen den kosmischen Ring. Die Tipis des nördlichen Halbkreises bilden den Himmel, die Zelte des südlichen Halbkreises die Erde, und aus Himmel und Erde setzt sich der osagische Kosmos zusammen. Schon in diesem Anfang ergreift die religiöse Philosophie auch das soziologische Gefüge des Stammes: die im Norden sitzenden Familien der Tsischu, die „Haushalter", sind Himmelsleute, die im Süden wohnenden Familien der Honga, die „Heiligen", dagegen Erdleute. Die Erdhälfte ihrerseits spaltet sich noch einmal. Die Tipis im Südosten verkörpern die Gewässer der Erde wie Seen, Bäche und Flüsse, während der südwestliche Sektor für das trockene Land steht.

Allein mit dieser groben Einteilung ist es nicht getan. Die Hälften bzw.

Quadranten zerfallen in kleine Untergruppen oder Gentes – wir kommen sofort auf den Sinn dieses Ausdrucks zurück –, und jede Gens vertritt ein Stück ihrer Welthälfte, irgendeinen für das indianische Auge wesentlichen Teil der universalen Dualität. Eben deshalb heißen die Gentes wegatsche, „Teil, den man braucht, um ein Ganzes zu machen", und das Ganze ist hier nichts anderes als das Universum selbst. Die Gentes sind also Teile; ihr Zusammenklang ergibt den Gesamtverband des Kosmos und des Lagerkreises.

Solch eine Gens bewohnt mit ihren Zelten – es können je nach der Größe des Dorfes ein halbes Dutzend sein – einen bestimmten Platz im Lagerring, entsprechend ihrem Lebenssymbol. Nur dort und nirgendwo sonst darf sie ihre Tipis aufstellen. So hausen die Himmelsleute mit ihren waschoigathe Wolken, Schwalbe, Morgenstern, Abendstern, Sonne, Mond und vielen Sternbildern auf der Nordhälfte, die Wasserleute mit Kolbenschilfrohr, Muschel, Rot-Zeder, Flußufer, Flußbett im Südosten, die Erdleute mit Goldadler, Schwan, Felsblock, Wapiti im Südwesten des kosmischen Zeltkreises.

Ein indianisches Auge sieht also den Stammesverband und seine äußere Form völlig anders an als ein europäischer Beobachter. Wo der Europäer nur ein Nebeneinander von Personen und Behausungen erblickt, da schimmern dem Indianer geheimnisvolle Zusammenhänge. Für ihn sind die Gentes seines Volkes nicht Gruppen von Menschen, sondern Teile der Welt. Überflüssig zu sagen, daß diese hintergründige Planmathematik auch das feste Winterdorf ordnet. Dort trennt eine ostwestliche Straße den Norden vom Süden, und diese Straße gilt als Bahn der Sonne.

Das Siedlungsmodell wiederholt sich in kleineren Einheiten. Da sind zunächst die beiden Häuptlingswohnungen, besser Häuptlingssanktuarien. Jede Stammeshälfte stellt ein solches Oberhaupt, und zwar wählt man ihn aus den Friedensgentes, deren es auf der Himmel- wie auf der Erdseite je eine gibt. Die Häuser dieser Amtsträger bilden ebenfalls den Kosmos ab: nach Osten wie nach Westen öffnet sich eine Türe, der Verbindungsgang zwischen ihnen ist die Sonnenbahn und das Feuer in der Mitte die Sonne selbst. Die Hütten fungierten zugleich als Asyle für Schutzsuchende, ihre Feuer galten als heilig und lebenspendend. Beide Sanktuarien standen in der Mitte des Dorfes nördlich und südlich der Straße, nach osagischem Glauben also im Zentrum der Welt.

Das gleiche Muster repräsentiert auch die Ritualhütte, das „Haus der Geheimnisse", in dem die Kandidaten der einzelnen Zeremonialgrade eingeweiht werden, die Neugeborenen ihre Lebensspeise erhalten und die Kinder ihren Gentilnamen empfangen, das heißt: ihren festen Platz im Stammesgefüge.

Schließlich formt dieses „Weltbild" auch noch die Gestalt der Medizinbündel. Diese Behälter, deren rituelles Öffnen stärkste Gefühlswallungen begleiten, enthalten hoch verehrte Signa wie Falkenbälge als Symbole kriegerischen Mutes oder Pelikanfedern als Zeichen langen Lebens. Die äußere Hülle eines solchen Bündels besteht in einer Binsendecke, die sich als schützendes Welthaus um den Inhalt legt. Die Überschlag-Klappe vertritt den Himmel und zeigt in ihrem Geflecht Symbole für Wolken und Sternbilder; die eigentliche Tasche – aus der

anderen Hälfte der Binsendecke gefaltet – bildet die Erde ab mit eingeflochtenen roten und schwarzen Streifen oder Tag und Nacht; die Höhlung der Tasche aber ist der kosmische Raum zwischen oben und unten, der Geburtsort alles Lebendigen.
Man mag sich wenden, wohin man will, stets stößt man in der osagischen Gedankenwelt auf diese im ursprünglichen Wortsinn „weltanschauliche" Exegese. Das Muster des zweiseitigen Welthauses prägt schier alle Erscheinungen des osagischen Stammeslebens. Man versteht das Denken dieser Leute nicht, ohne dieses Urbild zu kennen.

83. Die Suche nach der Mitte

Die Symbolik des gevierteilten Kreises (→82; 88) lebt von ihrer Ausrichtung auf die Mitte. Die Mitte der Erde, so wurde dem forschenden Prinzen Max zu Wied im Winter 1833/1834 erzählt, sei bei der Schöpfung zuerst geschaffen worden. Darum ist sie für eine mythische Weltsicht stets die Herdstätte des kosmischen Hauses. Zugleich ist die Mitte jener Ort, wo der Mensch seine innerste Heimat hat. Man muß sie auf äußeren und inneren Wegen suchen, ohne vorzeitig seßhaft zu werden, wie eine Indianer-Mythe aus Mittelamerika erzählt.

Die beiden „Geliebten" führten die Menschen auf ihrer langen, großen Wanderung nach Osten. Sie lehrten sie und sagten ihnen, daß sie im Hellen und auf den Pfaden der Sonne die Mitte der Welt suchen müßten, über welcher allein sie die Erde fest finden würden und wo sie ruhen und sich in Frieden niederlassen könnten.
Wenn das Volk sich auf seiner Wanderung irgendwo niederließ, vergaß es zuweilen, weiterzuziehen und die Mitte der Welt zu suchen. Da erzitterte die Erde von neuem, und Muschelhörner ließen Warnungsrufe erschallen. Die Menschen murrten, wenn die beiden „Geliebten" sie immer wieder zum Weiterwandern aufriefen, doch sie brachen dennoch auf und folgten ihnen.

Das chinesische Welthaus

84. Fu Hi und das Reich der Mitte

Die alte chinesische Tradition erzählt: „In der Urzeit gab es noch keine sittlichen und gesellschaftlichen Ordnungen. Die Menschen kannten nur ihre Mutter, nicht ihren Vater. Hungrig suchten sie nach Nahrung, gesättigt warfen sie die Reste weg. Sie fraßen ihre Nahrung mit Haut und Haaren und tranken das Blut und hüllten sich in Felle und Schilf. Da kam Fu Hi und blickte empor und betrachtete die Bilder am Himmel, blickte nieder und betrachtete die Vorgänge auf Erden. Er vereinigte Mann und Frau, ordnete die fünf Wandelzustände und setzte die Gesetze des Menschentums fest. Er zeichnete die acht Zeichen, um die Welt zu beherrschen." (Da Dschuan. Die große Abhandlung [zum „I Ging" (→143)], II, 2, § 1)

Fu Hi (Fu Hsi), der mythische Urkaiser, von dem hier erzählt wird, gilt als Begründer der chinesischen Kultur. Der Legende nach ist die Erfindung der neuen Ordnung, die Fu Hi stiftete, an die Entwicklung der Ba Gua (Pa Kua) gebunden (→Abb. S. 153). Im allgemeinen schreibt man Fu Hi die acht Grundzeichen zu, auf denen das I Ging aufbaut.

Die folgende Darstellung von Paul Schwarzenau basiert auf dem I Ging und schildert im Anschluß an verstreute mythische Traditionen das Ordnungsgefüge des chinesischen Universismus. Der holländische Sinologe J.J.M. de Groot hat die Lao-Tse (→15) und Kung-Fu (→16) umgreifende und ihnen voraufliegende chinesische Religion Universismus genannt. Universum (in unum versum) heißt die „in eins gewendete" Wirklichkeit: Himmel und Erde, Gott und Mensch, Natur und Geschichte, Mögliches und Wirkliches, Materie und Geist . . . alles ist für das chinesische Weltbild aufeinander bezogen. Im chinesischen Welthaus durchdringen einander Himmel und Erde.

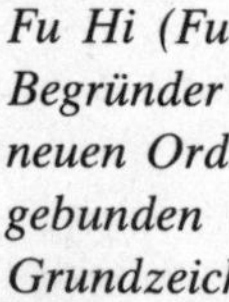

Wu Gi ist der Kreis. Sein chinesischer Name bedeutet „Ururanfang" oder „Nicht-Anfang". Wu Gi symbolisiert eine Wirklichkeit, die dem Anfang voraufliegt: den Ur-Schoß der Welt, weil alles aus dem Ururanfang hervorging. Der Kreis ist Symbol für die ursprüngliche Einheit allen Seins, der belebten und der unbelebten Welt.

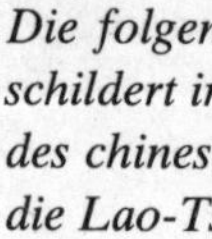

Tai Gi ist das zweite Element im Symbol des „Ururanfangs". Aus dem Urschoß der Welt treten seit jeher Gegensatzpaare auf, die sich unterscheiden und anziehen. Sie bauen die Welt auf und bestimmen ihre Wandlungen: Es sind Licht und Dunkel, Weibliches und

Männliches, Erde und Himmel, Tod und Leben, Materie und Geist . . . Wirklichkeiten, die stets in- und miteinander gegeben sind. Das Helle, Lichte, das Starke, Feste und Männliche heißt Yang; es verkörpert zugleich den Geist und den Himmel; das Dunkle, Schattige, Weiche, das Weibliche und Empfangende heißt Yin; es verkörpert die Kräfte der Erde.

Die Schau

Als Fu Hi über die alte Wahrsagekunst nachdachte, sah er in seinem Geist die Kräfte Yang und Yin durch die beiden Zeichen ausgedrückt. Yang ist der gerade, starke Strich: —— . Er bildet die Kraft des Himmels ab. In fester, ruhig dahinziehender Bahn erscheinen die Sternbilder am Himmel. Die gerade, starke Kraft des Himmels läßt keine Abweichung von der gesetzmäßigen Bahn zu. Sie kennt keine Unterbrechung im Kreislauf des Jahres. Der Himmel beginnt, er zeigt an, was an der Zeit ist, was auf Erden geschehen soll. Yin ist der gebrochene oder schwache Strich: — — . Er bildet die Kraft der Erde ab. Die Erde wandelt sich mit dem Himmel nach den Jahreszeiten. Sie ist durchlässig für den Regen, für Hitze und Kälte, die der Himmel schickt. Der Himmel zeugt, die Erde empfängt. Der Himmel ist Ausdruck der männlichen Kraft, die Erde ein Bild der weiblichen Kraft. In ihrem Schoß ruhen die Keime für alle Gestaltungen, die sie hervorbringen wird. Der Himmel beginnt, die Erde vollendet.
Schon lange beschäftigte Fu Hi ein einziges Problem: Die Urzeit mußte zu Ende gehen. Mensch und Erde waren nicht mehr im Einklang miteinander. Die Erde reichte nicht mehr für die wachsende Zahl der Menschen. Sie brachte nur Wildnis hervor, Urwälder, Steppe und Sumpfgebiete. Der alte Einklang der Menschen und Tiere war längst dahin. Die Urzeit verwilderte unter der wachsenden Not. Immer wieder hatte Fu Hi darüber nachgedacht, ohne eine Lösung zu finden. Zwar hatte Fu Hi damit begonnen, wilde Tiere zu zähmen. Er besaß bereits eine kleine Herde von Rindern. Doch wie sollte er bei den Lagerplätzen im Wald größere Herden halten, wie die Menschen an eine andere Lebensweise gewöhnen? Jahrelang hatte er den Himmel beobachtet. Doch konnte er mit seinen Beobachtungen nichts anfangen. Niemand richtete sich damals, abgesehen von den Orakelzeichen, nach dem Himmel. Nutzlos gingen die Gestirne für den Menschen am Himmel auf und nieder.
Fu Hi starrte von seinem Felsbrocken auf die Schildkröte. Plötzlich sah er in einer Schau das Yang über dem Yin: ⚍ . Er sah den Himmel über der Erde. Das Zeichen riß Fu Hi aus seiner Erstarrung. Sofort wußte er, was es ihm sagen wollte: Die Erde soll sich nach dem Himmel richten! Fu Hi schaute in einem einzigen Augenblick, was später die „Große Abhandlung" zum „Buch der Wandlungen" ausgesprochen hat: „Der Himmel ist hoch, die Erde ist niedrig; damit ist das Schöpferische und das Empfangende bestimmt . . . Am Himmel bilden sich Erscheinungen, auf Erden bilden sich Gestaltungen; daran offenbaren sich Veränderung und Umgestaltung." Wieder schaute Fu Hi das Yang über dem Yin, den Himmel über der Erde: ⚍ . Seit alters hatte der Himmel durch

die beiden Zeichen zu den Menschen gesprochen. Jetzt sprach der Himmel neu: „Yang über Yin", durchfuhr es den Kaiser, „ist das Haus." Der Mensch, das war Fu His Gedanke, soll unter dem Himmel auf der Erde wohnen: der Himmel oben, die Erde unten. Er soll nicht mehr wie in der Urzeit im Schoß der Erdmutter hausen, in Berghöhlen oder im Zelt aus Baumzweigen, die die Erdmutter wachsen läßt. Damals gab es noch keine Häuser. Das Bild des Hauses wurde Fu Hi in der Schau vom Himmel gezeigt. Er brachte mit dem Haus den Himmel auf die Erde. Das Haus hat Dach, Wände und Fundament. Das Dach mit dem Firstbalken (——), das nach oben abschließt, gerade und fest ist, ist ein Bild des Himmels. Die Wände, die auf der Erde stehen und durchlässig sind (– –), weil sie Fenster und Türen haben, sind ein Bild der empfangenden, durchlässigen Kraft der Erde, auf der das Haus ruht. Das Haus ist ein „Reich der Mitte" zwischen Himmel und Erde, ein China im Kleinstformat, ein Himmel auf Erden.

Fu Hi erlebte die Macht des Symbols, das ihm eine neue Möglichkeit nach der andern zeigte, die Welt zu verändern. Ein weiterer Gedanke ging ihm bei der Betrachtung der Zeichen auf: „Das männliche Yang über dem weiblichen Yin: ⚎ , ist die Ehe." – Fu Hi hob, als er nach dieser Schau vor seinen Stamm trat, das uralte Mutterrecht (Matriarchat) der Urzeit auf und stiftete die vaterrechtlich geordnete Ehe (Patriarchat).

Doch auch der Tote, so arbeitete es in Fu His Gedanken weiter, sollte von nun an unter dem Bild des Himmels ruhen. In der Vorzeit „bestattete man die Toten", heißt es in einer Erläuterung zum „Buch der Wandlungen", „indem man sie dicht mit Reisig bedeckte und mitten auf dem Land beisetzte ohne Grabhügel und Baumpflanzungen." Das entsprach dem Wohnen der Menschen in Höhlen und Zelten aus Baumzweigen. Man legte die Toten in den Schoß der Urmutter zurück. Dort lebte er weiter als Geist, dessen Namen man nicht nennen durfte, vor dem man sich fürchtete und den man meiden mußte. Die Toten sanken in den namenlosen Schoß der Erdmutter zurück. Sie wurden vergessen. – Fu Hi führte nach dieser Schau im Stamm die Sargbestattung ein. Der Tote ruhte nun im Sarg wie in einem Haus unter dem Himmel. Aus dem gefürchteten Geist wurde der verehrte Ahn. Unter dem Himmel waren nun alle verbunden, die Lebenden und die Toten. Sie bildeten eine Familie, eine Kette von Generationen, die sich nach dem Ahn nannten. Die Toten wurden nicht vergessen. Im Ahnendienst blieb ihr Name im Haus, dem Himmel auf Erden, genannt. Die Lebenden richteten sich nach dem Vorbild der Ahnen.

*

Die Trigramme

Damit hatte Fu Hi noch nicht die Trigramme gefunden, aus denen die acht Zeichen sich zusammensetzen. Aber längst – das hatte ihm die Schau gezeigt – war der Himmel nicht mehr nur oben und die Erde nicht mehr nur unten. Eine

ganz neue Möglichkeit hatte ihm der Himmel in der Schau entdeckt: ein „Reich der Mitte" . . . einen Himmel auf Erden, einen bisher unbekannten und unzugänglichen neuen Bereich für das Leben der Menschen, der an die Stelle der alten Wildnis treten sollte.
Wenn der Mensch sich nach dem Himmel richtet – das erkannte Fu Hi –, dann vereinigt er in der Mitte die Kräfte des Himmels und der Erde. Dreieinig ist die neue Welt, die der Himmel zeigte: Der Himmel (Tiën) ernennt den Menschen zu seinem Sohn (Dsi), zum Himmelssohn (Tiën Dsi). Er beauftragt den Menschen (Tiën Ming: Auftrag des Himmels), das Reich der Mitte zu gründen, das Himmelreich auf Erden.

„Drei Bereiche sind es", durchfuhr es Fu Hi, „in denen Yang, die Kraft des Himmels, wirkt. Yang zeigt die Zeiten für alles Beginnen an durch die Sternbilder. Yang wirkt in der Tiefe der Erde als zeugende Kraft durch Wärme und Regen. Yang sind die schöpferischen Ideen im Geist des Menschen, der sich, dem Himmel gehorchend, die Kräfte von Himmel und Erde dienstbar macht. In allen drei Bereichen wirkt Yang." Fu Hi sah in der Schau das vollständige Zeichen für Yang in den drei Bereichen, das Trigramm: ☰ . Doch auch die Kraft der Erde, die alles vollendet, was der Himmel beginnt, wirkt nun in den drei Bereichen. Fu Hi sah das Trigramm für Yin: ☷ . Durch sein Denken und Arbeiten vollendete der Mensch die schöpferischen Ideen, die sein Geist empfangen hat. Der Himmel hatte ihm das Bild des Hauses gezeigt. Das ist Yang. Nun galt es, alle Kräfte des Nachdenkens und des Leibes zu regen, Bäume in Bauhölzer, Stoffe der Erde in Baustoffe zu verwandeln, bis das Haus vollendet dastand. Das ist Yin. Der Mensch kann nun den Himmel auf die Erde bringen durch die Kräfte der Erde, die vollenden, was der Himmel beginnt. Himmel und Erde wirken in den drei Bereichen aufeinander, sie durchdringen und vollenden sich gegenseitig.

In der Schau sah Fu Hi mit einem Mal die Kraft Yang schrittweise in Yin: ☷ emporsteigen: ☳☵☶; er sah die Kraft Yin sich durch Yang: ☰ emporarbeiten: ☴☲☱. Damit waren die acht Zeichen oder Trigramme, die Ba Gua, gefunden. Beide Kräfte suchen, vereinigen und trennen sich wieder. Bald herrscht die eine, bald die andere Kraft vor. Sie gleichen ihre Gegensätze aus in einem ewigen Wandel. Wenn die Kräfte von Yang steigen, eilt die Erde dem Sommer zu. Wenn die Kräfte von Yin wachsen, eilt die Erde zur Ernte und erstarrt im Winter. Eine ewige Kreisbahn durchlaufen die abwechselnd steigenden und fallenden Kräfte von Yang und Yin. Ihre Bahn ist das Jahr. Fu Hi zeichnete die Trigramme in einer Kreisbahn vor sich hin.

Die Trigramme werden von außen nach innen gelesen. Dem Norden entspricht der Winter, dem Süden der Sommer. Die Zeichen beschreiben das steigende und fallende Jahr. Die Bahn des Jahres kreist um den Menschen in der Mitte. Die Chinesen zählen fünf Himmelsrichtungen: Norden, Süden, Osten, Westen und Mitte. Der Himmel hatte Fu Hi, dem ersten Kaiser, die Mitte entdeckt.

*

Das Tao

Ehe Fu Hi vor die Stammesmitglieder trat, um ihnen den Auftrag des Himmels zu verkünden, dachte er noch lange über alles nach, was mit den Symbolen zusammenhing. Fu Hi hatte das Gesetz entdeckt, das Himmel und Erde regiert. Fu Hi nannte es Tao. „Tao" bedeutet: Weg, Bahn. Es enthält aber auch die Bedeutung in sich von „führen, sprechen, belehren, ermahnen". Durch die Bahn des Himmels und der Erde spricht der Himmel zum Menschen, erfährt der Mensch den Willen und Auftrag des Himmels. Durch den Himmel spricht der „höchste Gott". Das Tao, die Bahn des Himmels und der Erde, ist das Wort Gottes, das der Mensch nun in den Trigrammen Fu His lesen und anwenden kann.

*

Die Stadt

Fu Hi besprach alles, was er im Sinn hatte, mit Nü Gua, seiner späteren Gemahlin. Ihr teilte er zuerst den Auftrag des Himmels mit. Gemeinsam traten sie vor den Stamm, den Fu Hi auf einen freien Platz in der Steppe beschieden hatte. Dorthin, wo niemals vorher Menschen gewohnt hatten. Fu Hi und Nü Gua hatten alles genau vorbereitet.

Den Auftrag, den ihm der Himmel gegeben hatte, sagte er dem Stamm durch eine Tat. Nü Gua, die als weise Priesterin der Erdmutter von allen verehrt wurde, sprach für Fu Hi zum ganzen Stamm: „Der Himmel hat zu Fu Hi gesprochen. Tut alles, was Fu Hi sagt!" Gewohnt, den Worten der Priesterin zu folgen, gab das Volk seine Zustimmung. Dann begannen Fu Hi und Nü Gua gemeinsam das große Werk, den Bau der großen, künftigen Stadt.

Dort, wo Nü Gua stand – die Stelle sollte die Mitte der Stadt sein –, ließ Fu Hi eine Grube auswerfen. Er nannte die Grube: Nabel der Erde. In die Grube ließ er einen dafür vorbereiteten Baumstamm einrammen. Er nannte ihn: Pfeiler des Himmels.

An diesen band Fu Hi eine Schnur von der halben Länge der künftigen Stadt. Er hatte sie vorher aus vielen Tierfellen, die er mit dem Steinmesser zerschnitten hatte, zusammengeknotet. Er nannte sie: die Meßschnur der Welt. Ans andere Ende der Schnur befestigte er einen unten zugespitzten Pfahl aus hartem Holz. Fu Hi schaute nach der Sonne aus. Aus ihrem Stand am Himmel ermittelte er den Osten. Im Osten beginnt der Himmel (Yang) sich über die Erde zu erheben. Fu Hi schritt nach Osten, bis die Schnur straff gespannt war. Er ließ an der Stelle, wo er anhielt, einen Pfeiler in die Erde schlagen. Ebenso schritt er nach Süden, Westen und Norden. Die fünf Pfeiler bezeichneten die fünf Himmelsrichtungen: Norden, Süden, Osten, Westen und Mitte. Dort sollten die Tore stehen für Eingang und Ausgang.

Als das vollendet war, schritt Fu Hi wieder mit der Meßschnur nach Osten. Dort stand inzwischen Nü Gua, die ihm eines seiner gezähmten Rinder vorführte. Eine schwere Astgabel diente als Joch, mit Lederschnüren dem Rind um den Hals gebunden. Eine Schnur verband den zugespitzten Pfahl, der als erster, noch sehr primitiver Pflug und Zirkel dienen sollte, mit dem Joch des Rindes. Die schwerste Arbeit wartete auf den Kaiser. Ungewohnt war das Rind dieser neuen Arbeit, schwer in den Händen zu halten der spitze, rundliche Pfahl, immer mußte die Schnur fest gespannt bleiben: der erste Zirkel, der erste Pflug, der erste Pflüger und der erste Pflugstier umschrieben den großen Kreis der Welt. Fu Hi nannte ihn: Kreisbahn des Himmels, Umwallung der Welt. Nur dort, wo innerhalb des Walls die Tore entstehen sollten, hob er den Pflug.

Als das getan war, warfen Fu Hi und Nü Gua alle vom Urpflug aufwärts geworfenen, nach draußen gefallenen Erdschollen nach innen. Alles, was nun entstand, sollte vom Himmel und seiner Bahn umschlossen sein.

Dann ergriff Nü Gua die Meßschnur. Sie spannte sie, im Osten stehend, aus. Fu Hi pflügte die Schnur entlang nach Osten. Ebenso pflügte er, während Nü Gua die Schnur hielt, nach Süden, Westen und Norden. Der Grundriß des Himmels – der Kreis und die Himmelsrichtungen – war auf die Erde gezeichnet als Grundriß der künftigen Stadt:

Das Volk hatte mit Staunen Fu Hi und Nü Gua zugeschaut. Wie ein neues Gestirn kam ihnen der Urpflüger vor, der – anders als die Sonne – den ganzen Kreis des Himmels durchlaufen kann. Wie eine Zauberhandlung, die sie in Bann schlug, kam ihnen alles vor. Sie taten, was Fu Hi und Nü Gua sagten. Durch ihr Tun bauten sie sich in die neue Ordnung von Himmel und Erde hinein. Jeden Tag beschieden Fu Hi und Nü Gua das Volk auf den Platz. Auf Befehl des Kaisers und der Kaiserin schlugen sie Bauhölzer im Wald. Ein Palisadenwall

entstand dort, wo Fu Hi den Kreis gepflügt hatte. Nun sollten sie die Erde in den Himmel hineinbauen.
Die Erde ist rechtwinklig. Fu Hi zeichnete mit Hilfe der Schnur ein riesiges Quadrat in den Kreis. So hatte es ihm der Himmel entdeckt. In neun Felder mit einem Quadrat in der Mitte unterteilte er das Quadrat der Stadt. Straßen sollten von den Toren der Himmelsrichtungen in die neue Richtung der Mitte laufen:

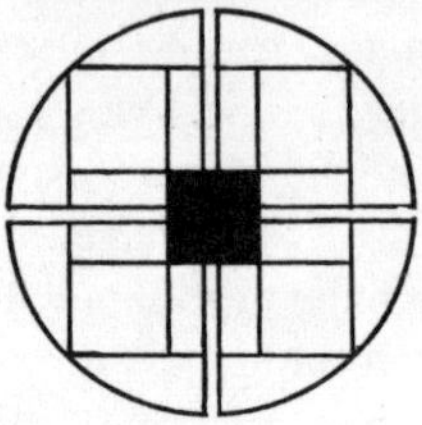

Wo Fu Hi den „Nabel der Erde“ und den „Himmelspfeiler“ eingesetzt hatte, erbaute das Volk das erste Haus, den Tempel des Himmels auf der Erde, der nun in der „Mitte der Welt“ stand. Im innersten Quadrat baute das Volk rechtwinklige Häuser, Himmelsbilder auf der Erde, für Fu Hi und seine Gemahlin Nü Gua, die beim Einzug in die Mitte der Welt die Ehe vollzogen und dadurch die Ehe für das ganze Volk stifteten. Fu Hi und Nü Gua gaben dem Volk, das sie in acht Großfamilien oder Sippen unterteilten, je ein Quadrat als Wohnsitz. Ehen wurden in den Sippen gestiftet, rechtwinklige Häuser für die Ehen und Familien in den Quadraten erbaut. An die Stelle des Stammes trat das Reich der Mitte. Ein altchinesisches Bild zeigt Fu Hi und Nü Gua. Nü Gua hält den Kompaß, Fu Hi das Winkelmaß in den Händen. Der Kompaß, den Nü Gua erfand, ist rund, ein Bild des Himmels und der Himmelsrichtungen. Er ist Yang, Nü Gua ist Yin. Das Winkelmaß, der Maßstab für die Rechtwinkligkeit der Erde, ist Yin. Fu Hi, der es erfand, ist Yang. Beide Kräfte, Yang und Yin, sind durch Fu Hi und Nü Gua in Harmonie gebracht.
Der Vollender von Fu His Werk ist Yü der Große.
Er wohnte als „Himmelssohn“ in der Mitte seiner Stadt, die wie Fu His Stadt aus neun Quadraten bestand.
Nun erst war die Erde durch den Kaiser ganz an den Himmel angeschlossen.

85. Peking – die Mitte der Welt

Eine durchsichtigere Weltspiegelung der Stadt als die Anlage des alten Peking ist wohl kaum sonstwo zu finden. Den Kern dieses Kosmos bildet die „Purpurne Stadt", genau in der Mitte des Straßenkreuzes, das die Weltachsen darstellt: „Purpurn schimmert das Zentrum der Welt, purpurn leuchtet auch der Polarstern, purpurn muß demnach das Mauerquadrat gefärbt sein, in dem der Sohn des Himmels, die Mitte des Kosmos, wohnt. Sein Thron steht in dem großen Audienzsaal, der ‚Halle der höchsten Harmonie' zwischen vier mächtigen Holzpfeilern ... Rings um diesen purpurnen Kern dehnt sich die ‚Gelbe Stadt' mit den kaiserlichen Gärten, und um die Gelbe Stadt legt sich die Tartarenstadt mit dem gewöhnlichen Volk" (Werner Müller). Den Sinn dieser Anlage beschreibt Hugo von Hofmannsthal (1874–1929) in einem Gedicht mit dem Titel „Der Kaiser von China".

In der Mitte aller Dinge
Wohne Ich, der Sohn des Himmels.
Meine Frauen, meine Bäume,
Meine Tiere, meine Teiche
Schließt die erste Mauer ein ...
Stumm von meinen Rasenbänken,
Grünen Schemeln meiner Füße,
Gehen gleichgeteilte Ströme
Osten-, west- und süd- und nordwärts,
Meinen Garten zu bewässern,
Der die weite Erde ist ...
Meine Edlen wie die Sterne,
Wohnen rings um mich, sie haben
Namen, die ich ihnen gab,
Namen nach der einen Stunde,
Da mir einer näher kam,
Frauen, die ich ihnen schenkte,
Und den Scharen ihrer Kinder;
Allen Edlen dieser Erde
Schuf ich Augen, Wuchs und Lippen
Wie der Gärtner an den Blumen.
Aber zwischen äußern Mauern
Wohnen Völker meiner Krieger
Völker meiner Ackerbauern.
Neue Mauern und dann wieder
Jene unterworfenen Völker
Völker immer dumpfern Blutes,
Bis ans Meer, die letzte Mauer,
Die mein Reich und mich umgibt.

Die heilige Stadt

86. Gründung einer etruskischen Stadt

Wenn die Etrusker eine Stadt gründen wollten, befolgten sie ein festes Ritual, das die Römer später übernahmen und jahrhundertelang beibehielten. Die wichtigsten Berichte über diesen Brauch stammen von Plutarch (46–120 n. Chr.; →131) und Varro (116–27 v. Chr.).

Plutarch, Romulus 11

Nachdem Romulus den Remus und mit ihm seine Erzieher auf dem Platz Remoria begraben hatte, gründete er die Stadt, wozu er aus Etrurien Männer kommen ließ, die nach gewissen heiligen Satzungen und Aufzeichnungen zu allem die Anweisung und Anleitung gaben wie bei Mysterien. Es wurde nämlich auf dem jetzigen Comitium eine runde Grube ausgehoben und Erstlinge von allem, was man der Sitte nach als gut oder der Natur nach als notwendig in Gebrauch hatte, da hineingelegt. Zuletzt brachte jeder eine Handvoll Erde aus dem Lande, woher er gekommen war, und warf sie darauf, und dann rührte man alles durcheinander. Diese Grube benennen sie mit demselben Worte wie das Weltall: mundus. Hierauf beschrieb man um sie wie um das Zentrum eines Kreises die Stadtgrenze. Der Gründer befestigt an einem Pflug eine eherne Pflugschar, spannt einen Ochsen und eine Kuh davor und zieht selbst, rings an der Stadtgrenze entlanggehend, eine tiefe Furche, und Aufgabe der Hinterhergehenden ist es, die Schollen, die der Pflug aufwirft, nach innen zu werfen und darauf zu achten, daß keine draußen liegen bleibt. Durch diese Linie bestimmen sie den Verlauf der Mauer, und man nennt sie zusammengezogen pomerium, das heißt hinter der Mauer (= post-moerium). Wo man ein Tor einzulegen beabsichtigt, zieht man die Pflugschar heraus, hebt den Pflug hinüber und schafft so einen Zwischenraum. Daher gilt die ganze Mauer als geweiht außer den Toren; hielte man auch sie für geweiht, so wäre es ja ein religiöser Verstoß, Dinge, die notwendig, aber nicht rein sind, hereinzuholen oder hinauszubefördern.

*

Varro, Über die lateinische Sprache 5, 143

Viele gründeten in Latium Städte nach etruskischem Brauch, d. h. mit zwei ans Joch geschirrten Rindern, einem Stier und einer Kuh an der inneren Seite, warfen sie rings eine Furche mit dem Pflug auf – das taten sie aus religiösen

Gründen an einem nach vorangegangener Vogelschau bestimmten Tage –, um so durch Graben und Mauer geschützt zu sein. Die Stelle, aus der sie die Erde herausgepflügt hatten, nannten sie Graben und die nach innen geworfene Erde Mauer. Der Kreis (orbis), der so entstand, war der Anfang der Stadt (urbis).

87. Gründung einer afrikanischen Stadt

Einem verwandten Weltbild entsprechen die Stadtgründungen, wie sie aus dem Norden des Sudan aus alter Zeit durch Leo Frobenius überliefert werden. Mit den Forschungen Leo Frobenius' (1873–1939) hat Afrika für uns zu sprechen begonnen. Auf unermüdlichen Reisen hat er Mythen, Märchen, Legenden und Sagen gesammelt und noch gerade rechtzeitig vor dem Untergang bewahrt. In seinem großen Werk „Atlantis" liegt die bedeutendste afrikanische Mythensammlung vor.

Die Numu mußten durch Orakel feststellen, ob der Ort gesegnet sei und glückliche Zukunft verspreche. Hühner wurden ausgesetzt. Wurden sie von Schakalen und Hyänen gefressen, so war die Zukunft düster. Überstanden sie eine Nacht, dann konnte man Gutes erwarten. Danach ward mit der Arbeit begonnen, zu der umwohnende Bauern angehalten wurden. Aber nicht jede Zeit war gut. Nur der Tag des ersten Auftauchens des neuen Mondviertels war ersprießlich. Der Platz wurde im Kreis oder im Viereck umsteckt. Vier Tore wurden von vornherein vorgesehen, eines nach Osten, eines nach Norden, eines nach Westen, eines nach Süden. Dreimal zog die ritterliche Jungmannschaft mit den Schmieden und mit einem jungen starken Stier um den Platz. Die Stellen, die im Gehege schon freigelassen waren für die Tore, wurden übersprungen.
Das erste, was sich in dem Raume fand, war nicht Menschheit, sondern Vieh, nämlich der junge Stier zusammen mit vier Kühen. Man wartete, bis der Stier drei von den Kühen besprungen hatte, dann wurde er geopfert. Man tötete ihn, aber in der zeremoniellen Weise, indem man ihm, der jung und toll umhersprang, von hinten her die Fesseln durchschlug, so daß er brüllend und zornig zusammenbrach und mit seinem Blute weithin den Boden netzte.
Sein Fleisch ward zum Teil im Feuer verbrannt, zum Teil verzehrt. Die Horro, Djalli und Numu, die damit ihr erstes Mahl im Raume der zukünftigen Stadt genommen hatten, waren solcherweise blutmäßig für alle Zeit, für sich und alle Nachkommen, verbrüdert. Nie durfte einer die Tochter eines der anderen berühren, stets mußten sie einander Treue bewahren – Treue bis zum Tode.
Das Glied des jungen Stieres ward über dem Feuer gedörrt und zunächst in einem hohlen Raume in der Mitte des umfriedeten Platzes beigesetzt. Das fand statt am Tage der letzten Sichel des Mondes. An diesem Tage wurde über der Höhlung mit der Reliquie ein Altar in Form eines Phallus errichtet. Daneben wurde noch eine Opfergrube angelegt. Das Opferblut floß später in diese stets zu

Zeiten des Mondwechsels. Drei Tiere wurden stets auf dem Altar dargebracht. Dazu in anderen Zeiten vier Tiere über der Opfergrube.
Nun konnten die Menschen ihren Einzug halten. Hütten und Häuser wurden errichtet. Die Handwerker begannen ihre Arbeit. Alles Leben aber spielte sich in der Stadt selbst ab, nicht außerhalb der Umfriedung. Kein Markt, zu dem die Leute von auswärts kamen, durfte vorerst abgehalten werden, kein Handwerker durfte seine Ware nach außerhalb verkaufen. Kein Ritter durfte auf Raub ausziehen, niemand durfte noch heiraten, auch durfte kein Stier geschlachtet werden. Drei Monate zumindest währte dieser Zustand.

*

Nach dem Opfertode des ersten Stieres lebte nur noch ein diesem in allem gleichender Bruder als einziger Stier in der Umfriedigung. Wenn nun die Zeit der Sonnenwende kam, riß dieser Stier sich los und rannte aus der Umfriedigung in das Land hinaus. Im Lande draußen raste er umher, bis er vor der Hütte einer mannbaren Jungfrau aus edlem Blute stehenblieb. Stets war es eine Jungfrau, nie war es ein Mädchen, dessen Schoß schon geöffnet war; stets war sie schön, stets makellos am Körper und gut und ergeben den Vorschriften der strengen Numu.
Vor der Hütte oder dem Hause der Jungfrau blieb der rasende Stier stehen. Dort stand er, bis die nachfolgenden Horro und Djalli und Numu aus der neuen Stadt ihn fanden. Diese gingen in das Haus. Sie fanden die Jungfrau. Sie trugen sie heraus. Sie feierten sie. Die Barden besangen ihre Schönheit und Tugend. Die Numu weihten sie, indem sie Korn über ihr ausstreuten. Im Jubel ward die Jungfrau auf den Rücken des Stieres gehoben. Der Stier ließ es sich gefallen. Auf dem Rücken des Stieres ritt sie der neuen Einfriedigung zu. Dreimal führte der Stier sie um die Umfriedigung. Der Umritt erfolgte nach dem Lauf der Sonne. Dann betrat er die Umfriedigung von Osten. Kaum aber war der Stier in den Kreis der Umfriedigung eingetreten, kaum war er hier bis zur Mitte vorgedrungen, so wurden der Stier und die Maid mit dem Speere geopfert, der Stier über dem Altar und die Jungfrau über der Grube. Dazu sangen die Barden ein Lied, in welchem die Hochzeit zwischen Sonne und Mond gefeiert wurde. Denn der Stier ward als Symbol des Mondes, die Jungfrau als Symbol der Sonne angesehen. Die beiden Leichen wurden danach hoch geehrt.
Die Leiche der Jungfrau wurde links, die des Stiers rechts vom Osteingang beigesetzt. Das Blut beider ward wohl aufbewahrt als große und heilige Sache. Über den Leichen wurden die Pfeiler des Tores errichtet.
Mit Holz und Lehm wurden die vier Tore aufgerichtet. Darauf folgte die Errichtung des Stadtwalles zwischen den Toren. Aber schon die Vollendung der Tore erschloß die Stadt dem Verkehr. Nachdem der Stier seine kostbare Beute in die Umfriedigung getragen und somit der edelste Gast Aufnahme gefunden hatte, durften die Einwohner die Stadt zum Zwecke von allerhand Unternehmungen verlassen. Waren die Tore vollendet, durften sie sie rückkehrend wieder betreten. Jetzt entwickelte sich der Handel.

Das Mandala

88. Über die Symbolik des Mandala

Seitdem der Tiefenpsychologe Carl Gustav Jung (1875–1961) das Mandalamotiv als eine unbewußte Konstellation in der menschlichen Seele aufzeigte, wird dem Vorkommen dieser Bilder in unterschiedlichen Kulturen wieder Aufmerksamkeit entgegengebracht. Mandalas finden sich nicht nur in östlichen Religionen, sondern ebenso in Amerika und Afrika. In der christlichen Tradition sind sie am bedeutendsten im frühen Mittelalter belegt, meist mit Christus in der Mitte und den vier Evangelistensymbolen an den Kardinalpunkten. Im gleichen Mandalatypus finden sich bereits Jahrtausende früher ägyptische Ordnungsbilder.

Auch das Mandala ist ein Welthaus. In seiner einfachsten Gestalt ist es bestimmt durch Mittelpunkt (bindu) und Peripherie. In der indischen Upanishaden-Literatur findet sich mehrfach die Metapher einer Spinne, die im Mittelpunkt ihres Netzes sitzt und ihre Fäden in konzentrischen Kreisen, die alle in einem Punkt zusammengehalten werden, aussendet und wieder in sich aufnimmt. Diese Metapher veranschaulicht den Grundgedanken der indischen Weltanschauung: die Einheit in der Verschiedenheit. Für die indische Spiritualität steht die Suche nach der umfassenden Erfahrung des Einen im Mittelpunkt. Der Mensch befindet sich auf einer lebenslangen Reise zur Wahrheit, und alles kommt darauf an, die Einheit des Einen, den einzigen Mittelpunkt des Universums, spirituell zu erfahren.
„Der Sucher fragt:
Wer kennt den Mittelpunkt der Welt?
Wer kennt den Himmel, die Erde, den weiten Luftraum zwischen ihnen?
Wer kennt den Geburtsort des mächtigen Surya (Sonne)?
Ich frage dich nach der äußersten Begrenzung der Erde,
ich frage dich, wo ist der Mittelpunkt der Welt?
Der Priester antwortet ihm:
Ich kenne den Mittelpunkt der Welt um uns herum.
Ich kenne Himmel, Erde und den weiten Luftraum zwischen ihnen.
Ich kenne den Geburtsort des mächtigen Surya ...
Dieser Altar hier ist die äußerste Begrenzung der Erde; dieses unser Opfer hier ist der Mittelpunkt der Welt." (Yajur-Veda 23, 60–61)
In diesem Text wird die Opferplatte des Altares symbolisch in das kosmische All und dessen Mittelpunkt verwandelt: sie wird zum geistigen Mandala, das die Ganzheit des Seins veranschaulicht.

Die Struktur eines jeden Mandala wird aus Kreis und Quadrat gebildet. Das innere Quadrat weist mit seinen Toren in die vier kosmischen Richtungen. Diagonalen teilen dieses Feld in dreieckige Viertel, die sich (in unterschiedlichen Farben) als gegensätzliche Elemente gegenüberstehen. Durch einen inneren Kreis werden sie verbunden und geeint. Die Meditation über ein Mandala findet ihre Aufgabe und Zielsetzung aus der Mitte, die bei tibetischen Mandalas meist das Bild Buddhas zeigt, während indische Yantras oft ein anderes Zentralsymbol kennen. Peripherie und Mittelpunkt, kosmische Gegensätzlichkeit und Vielfalt mit letzter Einheit zu verbinden, ist die entscheidende Zielsetzung der Meditation.
Mandalas umspannen in ihrer Bedeutung drei Bereiche:
Erstens den Bereich des eigenen Lebens (die mikrokosmische Dimension): Das Mandala will dem Betrachter ermöglichen, sich selbst „im Mittelpunkt" des Seins zu entdecken und zugleich als Teil eines heiligen Kosmos, in dem alles miteinander verbunden ist. Die Symbolstruktur eines Mandala ist nicht konstruiert, sondern spricht eine archetypische Sprache, die in verschiedenen Kulturen unserer Welt unabhängig voneinander vorkommt und die auch dem heutigen Menschen aus eigenem Vermögen (etwa in seinen Träumen oder unbewußten Zeichnungen) noch möglich ist. Darum gilt das Mandala in der Tiefenpsychologie als Symbol einer »archetypischen Ganzheit".
Zweitens den kosmischen Bereich: Mandalas sind Symbole für den Geheimnisgrund der Welt. Mit ihrer Hilfe sucht der Mensch seinen wahren Ort inmitten der Ordnung des Universums und inmitten des göttlichen Mysteriums zu finden. Die symbolische Sprachlehre des Mandala läßt ein Universalmuster von der Gesamtheit des Seins sichtbar werden. Der Betrachter soll über die Vielfalt der Dinge hinaus eine sie unterfangende und übergreifende Einheit finden und zugleich sich selbst inmitten dieses Kosmos.
Drittens den göttlichen Bereich: Der individuelle und der kosmische Bereich werden ihrerseits aufgehoben in der göttlichen Dimension des Mandalas. Dies ist seine eigentliche Wirklichkeit. Um sie dreht sich die gesamte Symbolik. Ein Mandala ist die nach außen gekehrte Gottheit, die ins Abstrakte enthüllte Darstellung der transzendenten Wirklichkeit. Darum gelten Mandalas nicht als Kunstwerke oder ästhetische Objekte, sondern als Yantras (das sind „Werkzeuge"), die dem Meditierenden helfen wollen, die Gottheit in sich selbst Gestalt werden zu lassen. Dem Mandala gegenüber ist auch jedes äußerlich genießende Sehen wesensfremd. Das Mandala spiegelt innere Anschauung und will zu innerer Erfahrung anleiten. So sind Mandalas Orte dauerhaften Verweilens, an denen sich der Betrachter des Gesamtzusammenhangs seiner Existenz inmitten der Gottheit und der Welt bewußt wird und seiner eigenen Identität mit dem einzigen unwandelbaren Zentrum.
Im Zentrum des Yantras kann die Gottheit entweder in menschengestaltiger Form oder als abstraktes Symbol gezeigt werden. Im berühmten Šri-Yantra wird jede bildliche Darstellung durch das abstrakteste aller Symbole ersetzt: durch einen Punkt ohne mathematische Ausdehnung, den bindu. Der bindu steht für

das „Eine“, das „Ganze“ oder „Vollständige“; es ist der Weltenkeim, der Ursprungs- und Zielpunkt aller kosmischen Prozesse, die Einheit des Statischen und des Kinetischen.

In der Meditation ist der bindu der Ort des Absoluten, in dem die höchste Vereinigung des Meditierenden mit dem Göttlichen stattfindet. Er ist Ort der Leere und zugleich der Urschoß des Universums (in unum versum – in eins gewendet), aber auch Symbol für die Einheit aller Dualität, für die Aufhebung des männlichen und weiblichen Prinzips.

Der bindu ist vollkommen transzendent. Er hält alle zentrifugalen Kräfte gesammelt; in ihm gründet die spannungsreiche Vielfalt des Universums. Hier ist die Heimat der Welt, die Mitte des Selbst inmitten der Gottheit. Was das Mandala aus dieser Mitte heraus an veränderbarer Fülle entfaltet, bleibt dennoch in ursprünglicher Einheit hier verwurzelt.

Die meditative Erfahrung des bindu bedeutet (psychologisch gesehen), daß sich der Sadhaka (spirituelle Schüler) seiner Ganzheit bewußt ist. Alle nach außen gerichteten Energien werden in einen Zustand innerer Ruhe und Einheit zusammengeführt. Nun ist der Meditierende der Erscheinungswelt nicht mehr verhaftet. Ihn bindet nicht mehr dies oder das, er ist in der Mitte, wo alle Gegensätzlichkeiten und Wandlungen ihre Aufhebung erfahren. Dies ist jedoch noch nicht das Ende, denn der Sadhaka muß sich noch über den Zustand des bindu erheben, um in die Leere, das göttliche „Nichts“ einzutauchen. Hierüber gibt es keine sprachliche Vermittlung mehr.

Gleichzeitig ist das Mandala überflüssig geworden. Auf dessen äußeren Weg ist der Schüler zunächst gegangen, hat dabei seine innere Wirklichkeit eingeholt und in sich selbst eingestaltet und ist so über die äußere Form hinausgelangt. Deshalb kann man das Mandala eine Straße der ewigen Rückkehr in die heimatliche Mitte des Seins und einen Weg zur Ganzheit nennen, eine Brücke zwischen Endlichem und Unendlichem, über die der Schüler in einen jenseitigen Seinsbereich reist. Das Mandala verwandelt in die Wahrheit, die der Schüler sucht.

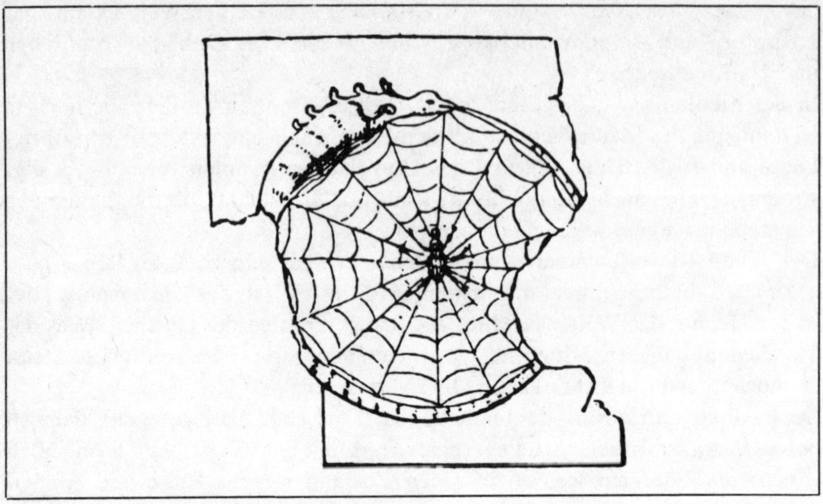

Maya, die ewige Weberin der Sinnenwelt, umschlossen vom Ouroboros, der vom Schwanz her sich auffressenden Drachen. (Vignette vom Titelblatt einer brahmanischen Spruchsammlung)

Schema-Zeichnung eines tibetischen Mandalas. Die Grundelemente sind Kreis und Quadrat mit dem zentralen Lotus der Entfaltung. In den vier dreieckigen Sektoren des inneren Quadrats, das mit seinen Toren in die kosmischen Richtungen weist, stehen sich jeweils gegensätzliche Elemente gegenüber, die nur durch den Kreis verbunden und geeint werden.

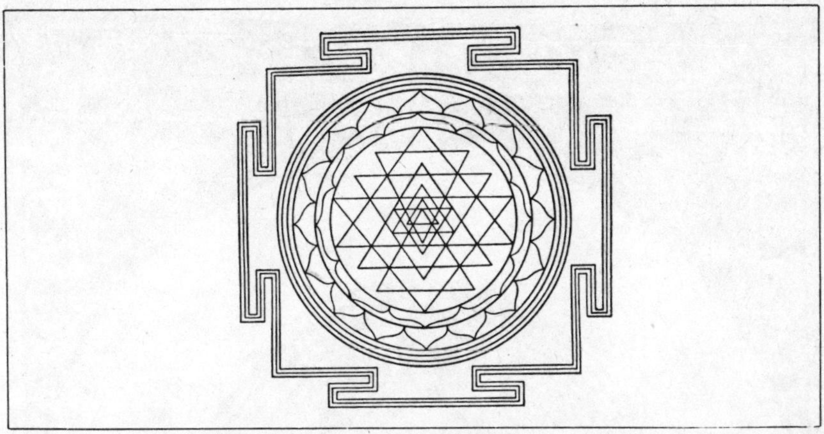

Das Shri-Yantra ist das bedeutendste aller Yantras: eine symbolische Summe der Welt, nicht männlich noch weiblich, sondern beide Prinzipien in ihrer Ganzheit, in der ständigen Neigung zur Verschmelzung. Diese umfassende, die Dualität überschreitende Einheit wird in der rätselhaften, aber harmonischen Anordnung der Dreiecke wiedergegeben. Darum verkörpert das Shri-Yantra alle „Teile" oder Aspekte des Ganzen: alles, was der Erfahrung zugänglich ist, und zugleich die transzendente unendliche Ganzheit.

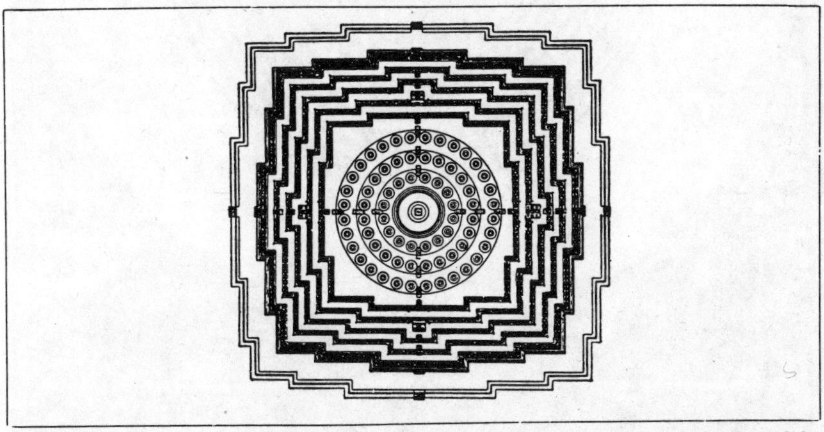

Der Boro-Budur-Stupa (8. Jahrhundert) auf Java (Indonesien) ist ein räumliches Mandala. Es erhebt sich wie ein terrassenförmiger Berg mit neun Stufen, die den neun Kreisformen des Shri-Yantra entsprechen. Der Stupa, auf einem quadratförmigen Unterbau errichtet, mit vier Eingängen und fünf ummauerten Terrassenstufen, hat drei kreisförmige Aufbauten mit zahllosen Darstellungen des Buddha. Die neunte Stufe wird durch einen abschließenden Stupa gekrönt, der für den Bereich des höchsten Buddha steht.
Der Boro-Budur-Stupa verkörpert den kosmologischen Grundriß des mythischen Weltenberges Meru (→93). Er gilt als Ort der spirituellen Pilgerfahrt. Die Reise beginnt an einem der vier Eingangstore und setzt sich über die unteren Terrassen fort. Wenn sich der Pilger in Form einer Spirale zu den oberen Terrassen bewegt, die sich zum Himmel hin öffnen, werden die Buddha-Bildnisse immer abstrakter – eine Wandlung, die den Übergang von der Welt der Materie zur Welt des Geistes darstellt, um im bindu auf dem Gipfel ihre Mitte und Aufhebung zu erfahren.

„Die wahre Dreiheit in der wahren Einheit" – Darstellung aus dem Hildegardis-Codex von 1147. In seiner Grundstruktur ist dieses Bild ebenfalls als Mandala zu verstehen. Hildegard von Bingen beschrieb ihre Vision, die der Rupertsberger Meister malte, folgendermaßen: „Danach sah ich ein überhelles Licht und darin eine saphirblaue Menschengestalt, die durch und durch im sanften Rot funkelnder Lohe brannte. Das helle Licht durchflutete ganz die funkelnde Lohe und die funkelnde Lohe ganz das helle Licht. Und beide, das helle Licht und die funkelnde Lohe, durchfluteten ganz die Menschengestalt, alle drei als eine einzige Lichtfülle wesend in einer Kraft und Macht."

Steinplatte aus Palermo (9. Jahrhundert): in der Mitte ein Mensch, um ein sechsgeteiltes Rad gebogen. Seine Hände umfassen die Füße, so daß der Mensch selber zum Rad wird – der vieleine Mensch. Die Figuren zu beiden Seiten verweisen mit ihrer Stabsymbolik auf die Bedeutung des Rades: die linke zeigt zur Erde, in die Todessphäre, die rechte nach oben zum Licht. So faßt auch das Rad Untergang und Aufgang in sich zusammen.

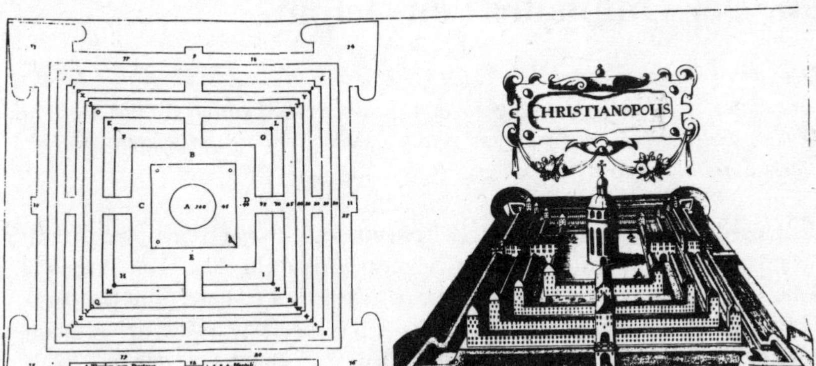

Johann Valentin Andreä, schwäbischer Theologe, nennt diesen Entwurf von 1619 „Christianopolis" (Christenstadt), die sich in ihrer idealen Gestalt als Mandala entwirft.

Nabel der Welt

89. Der Weltenbaum

Rudolf von Fulda († 865), Translatio Sancti Alexandri 3

Die Weltesche Ygdrasil, wie der germanische Glaube sie deutet, ist ebenso wie sonstige Weltbäume ein kosmisches Symbol. In verschiedenen Gestaltungen begegnet uns diese Veranschaulichung der Allmitte im vedischen Indien wie im alten China. Alle diese Kulturen kennen den Weltenbaum, dessen Wurzeln hinabreichen bis zum Herzen der Erde und dessen Zweige an den Himmel rühren. Von mancherlei Unterschiedlichkeiten abgesehen, glaubt man übereinstimmend, daß der Weltenbaum im Zentrum der Welt steht.

Laubreichen Bäumen und Quellen zollten sie Verehrung. Auch einen Baumstamm von nicht geringer Größe, der unter freiem Himmel errichtet war, verehrten sie und nannten ihn in ihrer Muttersprache Irminsul, was auf Latein universalis columna (Weltensäule) heißt, da sie gleichsam alles trägt.

90. Der Omphalos von Delphi

Der Omphalos von Delphi (→131–133) galt in antiker Zeit als Nabel der Welt (omphalos = Nabel). Die Nachrichten darüber beantworten freilich nicht alle Fragen. Peter Hoyle hat zusammengetragen, was die Altertumswissenschaft über dieses Symbol der Mitte heute weiß.

Delphis, der Name, der zu Platons Zeiten gebräuchlich war, ist ein altes Wort für Schoß, und bei steinzeitlichen Menschen galt eine Höhle häufig als „magischer Schoß, der das Fruchtbarkeits-Totem bewahrte". Der früheste Kult war der der Mutter Erde, und eine solche Höhle wäre die gegebene Stätte der Anbetung gewesen. In der Höhle stand vielleicht auch der ... Omphalos, den die Delpher so hoch verehrten.
Im Apollontempel war der Omphalos der älteste und heiligste Gegenstand. Er galt als Merkzeichen, daß sich hier der Nabel oder Mittelpunkt der Welt befand, und nahm einen wichtigen Platz im Adyton ein. Durch seine Vermittlung ließ sich die Pythia zum Sprechen bewegen. Durch ihn stand sie in Verbindung mit den verborgenen Gewalten der Erde, von der in diesem kleinen Stein gespei-

cherten Kraft durchdrungen, war sie bereit, den nahenden Gott selbst zu empfangen. Nach manchen Legenden war der Omphalos die in Kreta abgefallene Nabelschnur des Zeus ...

Dieser Omphalos war ursprünglich ein Erdhügel mit einem Pfeiler, auf dem der Himmel ruhte. Pfeiler wurden häufig als Zeichen der Gottesverehrung errichtet, und Apollon erscheint zuweilen in poetischer Umschreibung unter dem Bild des hochragenden Pfeilers ...

Gleich beim Eingang zum Museum von Delphi liegt ein großer, eiförmiger Marmorblock, eine Kopie des Omphalos. Er war auf der Terrasse vor dem Tempel zur Besichtigung für die Besucher ausgestellt, und Pausanias hat ihn im zweiten Jahrhundert n. Chr. dort gesehen. Der eigentliche Omphalos, der heiligste Kultgegenstand, lag natürlich im Adyton[1] und war damit dem Blick der Allgemeinheit entzogen. Auf der Nachbildung ist die Darstellung eines Netzes geknüpfter Wollfäden eingemeißelt, das den eigentlichen Omphalos bedeckte und mit der rituellen Benutzung des Steins durch die Pythia in Verbindung stand.

Beiderseits des Omphalos im Adyton stand je ein massiv goldener Adler zur Erinnerung an die Adler des Zeus, die ausgesandt waren, den Mittelpunkt der Erde zu suchen.

91. Im Mittelpunkt der Welt: die Ka'ba

Der Deutsche Leopold Weiss (alias Muhammad Asad) unternahm als Muslim eine Pilgerreise nach Mekka, über die er 1955 einen Bericht veröffentlichte. Seine gläubige Erfahrung spiegelt jene symbolische Weltsicht, die sich mit allen heiligen Orten, die Ziel weiter Wallfahrten sind, seit jeher verbindet.

Es gehört zur Pilgerfahrt, siebenmal den Rundgang um die Ka'ba zu machen: nicht nur um dem größten Heiligtum des Islam Ehrfurcht zu erweisen, sondern auch um sich die grundlegende Forderung des islamischen Lebens zu vergegenwärtigen. Die Ka'ba ist ein Symbol der Einheit Gottes; und die körperliche Bewegung der Pilger um sie herum ist ein symbolischer Ausdruck des menschlichen Seins und Tuns – ein Hinweis darauf, daß nicht nur unser inneres, sondern auch unser äußeres Leben, unser Tun und unsere praktischen Bestrebungen Gott zum Mittelpunkt haben müssen.

Und auch ich begann den Umgang. Ab und zu wurde ich eines Mannes oder einer Frau um mich gewahr; einzelne Bilder huschten an meinen Augen vorbei und verschwanden. Da war ein riesiger Neger in weißem ihram, einen großkugeligen Rosenkranz wie eine Kette um das starke, schwarze Handgelenk geschlun-

[1]Adyton: heilige Stätte, die als Ort einer göttlichen Macht nur besonderen Personen zugänglich ist.

gen. Ein alter Malaie trippelte eine Weile neben mir; seine Hände schlenkerten seltsam ratlos um den gebatikten Sarong. Ein graues Auge unter buschiger Braue – wem gehörte es? –, und schon war es in der Menge verloren. Unter den vielen Menschen vor dem Schwarzen Stein sah ich eine junge Inderin stehen: sie war offenbar krank; in ihrem schmalen, zartgeschnittenen Gesicht lag der Ausdruck einer merkwürdig offenen Sehnsucht, so deutlich sichtbar wie das Leben der Fische und Algen am Grund eines kristallenen Teichs. Sie hielt beide Hände mit aufwärtsgedrehten, blassen Handflächen lose vor sich hingestreckt, der Ka'ba zu, und die Fingerspitzen zitterten, als wollten sie das wortlose Gebet begleiten ...

Ich ging und ging, die Minuten vergingen, alles Kleine und Bittere in meinem Herzen floß allmählich aus meinem Herzen hinaus, ich wurde zum Teil des kreisförmigen Stroms – oh, war dies der Sinn unseres Tuns: sich bewußt zu werden, daß man Teil eines Kreislaufs ist? War dies, vielleicht, aller Verwirrung Ende? Und die Minuten zerflossen, und die Zeit stand still, und dies war der Mittelpunkt der Welt ...

92. Der Tempel als Mitte der Welt

Als einen Berg Meru (→ 93) errichtet der Priester-König Gudea (um 2000 v. Chr.) einen stufenförmigen Tempel, „der die Welt mit Glanz erfüllt“. Gudea herrschte über die sumerische Stadt Lagasch in Mesopotamien. Sein Tempelturm Enninu ist Vorläufer des „Turms von Babel“. Der auf Tonzylindern überlieferte Bericht über diesen Bau ist zugleich ein Beispiel für andere Tempelbauten des Altertums. Jede dieser Anlagen gilt als Nabel der Welt, als Mittensymbol und Kraftzentrum, aus dem die Welt ihr Leben empfängt.

Als die festgesetzte Zeit gekommen war, ging Gudea in den alten Tempel. Als der Sonnengott zu vollem Glanze erstrahlt war, trat er an die heilige Stätte, opferte einen Stier und ein Zicklein und warf sich dann im Tempel auf sein Angesicht. Danach ergriff er den Formkasten für den Backstein, und während Zimbeln und Trommeln musizierten, tat er heiliges Wasser hinein. Dazu legte er die Platte mit der Aufschrift und strich Honig, Butter und Öl darüber. Schließlich tat er Ton in den Formkasten und führte alles Nötige aus, um des Tempels Backstein herzustellen. Als die Sonne über seiner Stadt Lagasch unterging, hob er den Backstein aus der Form ans Licht. Auf seine Aufschrift, die im Ton eingedrückt war, richtete er den sorglichen Blick und strich Zedernsalbe darüber. Auf dem Stein, den er in dem Formkasten hergestellt hatte, erglänzte die Sonne. König Gudea hob ihn empor und brachte ihn zu seinem Volke, dann legte er ihn im Tempel als Grundstein nieder.

*

Dem Priesterfürsten, dem Erbauer des Tempels, wurde alles Wertvolle herbeigebracht. Im Kupfergebirge, zu Kimasch, wurde die Tonerde für ihn ausersehen, das Kupfer wurde dort in Körben ausgegraben. Als dem Erbauer des Tempels wurde dem Fürsten Gold aus dem Gebirge so zahlreich wie Staub herbeigebracht. Gudea brachte man Silber aus dem Gebirge herbei, Porphyr aus Meluchcha brachte man ihm in Fülle, aus dem Marmorgebirge brachte man ihm Marmor herbei.
Um den Tempel mit edlem Metall zu versehen, stellte Gudea Edelmetallarbeiter an, um ihn mit edlen Steinen zu versehen, stellte er Steinschneider an, um ihn mit Kupfer und Blei zu versehen, stellte der Priester dieSchmiede des Nintukalamma an die Spitze. Während des Tempelbaus kam nächtlicher Schlaf nicht über ihn, zu vollem Schlaf legte er sein Haupt nicht mehr nieder. Mitten in seinem Baubetrieb hielt er die Leute bei guter Stimmung, mit Freuden begaben sie sich an die Arbeit. Von der Peitsche entfernten die Aufseher den Riemen, Schafwolle banden sie daran. Die Mutter zankte nicht mit dem Kinde, auf den schuldigen Sklaven achtete sein Herr nicht, der Sklavin, die eine Übeltat gegen sie hatte, schlug ihre Herrin nicht ins Gesicht. Gudea, der Tempelerbauer, legte die Fundamente, führte die Mauern auf. Ein Stockwerk legte er hin mit Namen: „Von Backsteinen mit Zierde bedeckt." An dem Tempel setzte er ein zweites Stockwerk auf: „Seine Zierde sind Geschenke, die auf dem Kopf herbeigetragen werden." An dem Tempel setzte er ein drittes Stockwerk auf: „Imdugut, der auf einem Stier die Flügel ausbreitet." An dem Tempel setzte er ein viertes Stockwerk auf: „Der Panther, der den schrecklichen Löwen streckt." An dem Tempel setzte er ein fünftes Stockwerk auf: »Der klare Himmel voller Glanz." An dem Tempel setzte er ein sechstes Stockwerk auf: „Der Opfertag voller Pracht." An dem Tempel setzte er ein siebentes Stockwerk auf: „Das Eninnu ist die Leuchte, welche die Welt mit Glanz erfüllt." Die Steintore, welche er oben aufgestellt hatte, trugen den reinen Himmel als Krone, er war gleichsam auf die Steintore gesetzt. Das Emach, das obere Tempelgebäude, reckte sich bis an den Himmel. Er baute den Tempel, setzte die Bäume darauf.
Den Tempel, den er wie ein Gebirge aufgerichtet hatte, den er wie ein Wunderzeichen am Himmel hatte erstrahlen lassen, den er gleichsam vom Grundwasser bis über die Berge sich hatte erheben lassen, diesen Tempel erhöhte er wie ein Gebirge von der Erde bis zum Himmel. Wie eine Zeder, die in der Steppe wächst, ließ er das Eninnu von Sumer-Ziegeln in Herrlichkeit strotzen.
Die Bäume, welche er auf dem Tempel gepflanzt hatte, glitten wie eine Meeresschlange an demselben herab. Der Zaun des Tempels lag wie die Gebirgsschlange um ihn. Die Staken, die ihn bildeten, waren aus Zedernholz, großartig geschmückt, mit Chaschurru-Holz. Die Wasserleitung, die er angebracht hatte, war über den Räumen des Eninnu mit Bleiplatten belegt.
Der Priesterfürst erbaute den Stufenturm, ließ ihn heranwachsen, wie einen großen Berg ließ er ihn wachsen, baute ihn ins Riesenhafte, baute ihn an Himmel und Erde.

93. Der Berg Meru

Neben Baum, Höhle, Stein und Tempel sind Berge häufige Symbole der Weltenmitte: Der griechische Olymp als Berg der Götter, der Berg Sion wie auch Golgota (→ 95), der Garizim in Iran, der Weltenberg Sumeru in Indien, der heilige Berg Kailas in Tibet und nicht zuletzt die altbabylonischen Zikkurate oder der Borobodur-Stupa auf Java als künstliche Tempelberge (→88) haben alle an der gleichen Symbolik des mythischen Zentrums teil.
In der indischen Überlieferung gilt insbesondere der (symbolische) Berg Meru als Mittelpunkt des menschlichen und göttlichen Kosmos.

Weit nördlich der höchsten Bergkette der Erde, des Himalaja, der Heimat des Schnees, ragt der majestätische Berg Meru mit seinen drei Spitzen hervor. Über dreiunddreißigtausend Meilen erstreckt sich sein Massiv, vierundachtzig Meilen hoch bohrt er seine Gipfel in den Himmel. Sonne, Mond und Sterne, alle Himmelskörper kreisen um ihn. Höher als die Sonne und ihrer Strahlen nicht teilhaftig, hat er eigenes Licht und gleicht einer riesigen Feuermasse. Weit und breit in die Runde fällt sein Schein auf Berge und Ebenen; sie leuchten in der roten Glut, die von seinen Felswänden ausgeht. Hier liegt der Garten, in dem die Götter zusammenkommen, um sich darin zu ergehen. Von hier führt ein Pfad durch den Luftraum in den Himmel, wo die Götter ihren Wohnsitz haben.

94. Der Berg Zion als Mitte der Welt

Für die jüdische Tradition steht seit frühesten Zeiten die Bedeutung Jerusalems und des Berges Zion (auf dem Jerusalem errichtet wurde) als Weltenmitte fest. Das Buch der Jubiläen nennt den Zion „den Mittelpunkt des Nabels der Erde" (8, 19), und für das Henoch-Buch ist der Zion als Weltenberg höher als alle anderen Gipfel der Erde. Schon beim Propheten Jesaja heißt es: „Der Berg, auf dem das Haus des Herren steht, wird feststehen, höher als alle Berge" (2,2), und Ezechiel 5,5: „Dies ist Jerusalem, die ich mitten unter die Völker gestellt habe und rings um sie her Länder." Diese alten Mittelpunkte und Nabelvorstellungen für Jerusalem und den Zion konzentrieren sich bisweilen noch gezielter auf den Tempel bzw. auf die Herzkammer des Tempels, das Allerheiligste. Seit der Zerstörung des ersten Tempels stellt man sich diesen Raum leer vor, doch berichtet der babylonische Talmud Joma V 2: „Seitdem die Lade fort war, befand sich da ein Stein aus den Tagen der ersten Propheten, der Grundstein (schetija) genannt wurde. Er war drei Finger höher als der Fußboden, und auf diesen setzte er (der Hohepriester) (das Räucherwerk) ab." Ein palästinischer Kommentar zu dieser Stelle fragt: „Warum hieß er eben schetija?" „Weil von ihm aus die Welt gegründet wurde."
Im Midrasch Tanchuma heißt es Kedoschim 10:

So wie der Nabel in der Mitte des Menschen ist, so ist das Land Israel in der Mitte der Welt ... Das Land Israel liegt in der Mitte der Welt und Jerusalem in der Mitte des Landes Israel und das Heiligtum in der Mitte Jerusalems und die Tempelhalle in der Mitte des Heiligtums und die Bundeslade in der Mitte der Halle, und vor der Lade ist der Grundstein der Welt, von welchem die Welt gegründet wurde.

95. Golgota als Mitte der Welt: Grab Adams und Stätte der Erlösung

Auf dem Fundament einer biblisch-mythischen Geographie fußen zahlreiche Sagen in der alten Kirche, die dort in syrischer Sprache in Umlauf waren. Aus dem 5. bis 6. Jahrhundert ist ein Werk erhalten, das fälschlich Ephraem dem Syrer († 373) zugeschrieben wird, tatsächlich aber wohl aus verschiedenen Einzelquellen kompiliert worden ist. Unter dem Titel „Die Schatzhöhle" führt dieses Buch das mythische Weltzentrum mit den Grundgegebenheiten des christlichen Glaubens zusammen.

In der neunten Stunde geschah ihr Ausgang aus dem Paradies. Und nachdem sie herausgegangen waren in Trauer, da redete Gott mit Adam, tröstete ihn und sprach: ... „Nun da du übertreten hast mein Gebot, so gehe heraus, aber gräme dich nicht! Nach der Erfüllung dieser Zeiten, die ich über euch verhängt habe, daß ihr fremd seid außen auf der Welt des Fluches, siehe da will ich meinen Sohn senden und er wird herabkommen zu deinerErlösung ...
Aber befiehl deinen Kindern und sag ihnen, daß sie nach deinem Tode deinen Körper salben sollen mit Myrrhen, Zimt und Stakte und ihn in die Höhle legen sollen, darinnen ich euch wohnen lasse (von) heute bis zu der Zeit, da euer Ausgang geschehen wird aus der Umgebung des Paradieses auf die außerhalb liegende Erde. Und der, welcher übrig ist in jenen Tagen, wird deinen Leichnam mit sich nehmen, ihn wegtragen und niedersetzen in der Mitte der Erde, wo ich es ihm zeigen werde; denn dort wird dir die Erlösung zuteil werden, dir und allen deinen Kindern."
Und es offenbarte Gott Adam die ganze Zukunft, und daß der Sohn anstatt seiner leiden werde.
Und Adam und Heva stiegen herab über den Berg des Paradieses und fanden eine Höhle auf dem Gipfel eines Berges; und sie gingen hinein und bargen sich darin. Dann nahm Adam von den Grenzen des Paradieses Gold, Myrrhen und Weihrauch und setzte es in die Höhle, segnete sie und heiligte sie, so daß sie sein und seiner Söhne Bethaus sei, und nannte sie „Schatzhöhle".

*

Und es lebte Adam neunhundertunddreißig Jahre ... Es kam aber heran und nahete sich der Tag seines Hinscheidens. Da versammelten sich und kamen zu ihm sein Sohn Seth und Enos und Kenan und Mahalaleel; und sie wurden von ihm gesegnet, und er betete über sie. Er gebot seinem Sohne Seth und sprach zu ihm: „Mein Sohn Seth! Achte auf das, was ich dir heute gebiete ... Derjenige, welcher übrig bleibt von allen euren Nachkommen, soll an jenem Tage, da euer Ausgang sein wird aus diesem Lande, der Umgebung des Paradieses, meinen Leichnam mit sich nehmen und soll ihn forttragen und niedersetzen in der Mitte der Erde. Denn dort wird mir die Erlösung zuteil werden, mir und allen meinen Nachkommen" ... Am vierzehnten des Monates, im Monate Nisan, in der neunten Stunde, an einem Freitag, in derselben Stunde, da des Menschen Sohn am Kreuze seinen Geist dem Vater zurückgab, in der nämlichen gab unser Vater Adam seine Seele seinem Schöpfer zurück und schied aus dieser Welt. Und als Adam gestorben war, salbte ihn sein Sohn Seth, wie er ihm befohlen hatte, mit Myrrhen, Zimt und Stakte. Deshalb weil er der erste Gestorbene auf Erden war, war die Trauer um ihn sehr groß; sie trauerten über seinen Tod hundertundvierzig Tage und brachten seinen Leichnam auf den Gipfel des Berges hinauf und begruben ihn in der Schatzhöhle.

*

Und Abraham war im Alter von neunundneunzig Jahren, da Gott in sein Haus hineinging und Sarah einen Sohn schenkte: und Abraham war im Alter von hundert Jahren, als ihm Isaak geboren wurde. Und Isaak war im Alter von zweiundzwanzig Jahren, als ihn sein Vater nahm und hinaufstieg auf den Berg Jâbos zu Melchisedech, dem Diener des allerhöchsten Gottes: der Berg Jâbos ist nämlich das Gebirge von Amoräa, und auf diesem Platze wurde das Kreuz des Messias errichtet. Und daselbst sproßte ein Baum auf, welcher das Lamm trug, das Isaak errettete. Und dieser Ort ist der Mittelpunkt der Erde und das Grab Adams und der Altar des Melchisedech und Golgatha und die Schädelstätte und Gabbatha. Und dort sah David den Engel, welcher das feurige Schwert trug. Und dort brachte Abraham seinen Sohn Isaak als Brandopfer dar, und er sah das Kreuz des Messias und die Erlösung unseres Vaters Adam. Der Baum war ein Vorbild des Kreuzes des Messias, unseres Herrn, und das Lamm in seinen Zweigen das Geheimnis der Menschwerdung des einigen Wortes.

*

In der neunten Stunde des Freitags stieg Adam hernieder zum flachen Lande von der Höhe des Paradieses; und Freitags in der neunten Stunde stieg der Messias von der Höhe des Kreuzes hinab zu den unteren Örtern der Erde, zu denen, die im Staub lagen.

Und wisse: in allem ist der Messias Adam gleich geworden, wie es geschrieben stehet. An jenem Orte, da Melchisedech als Priester dienete, wo Abraham seinen Sohn Isaak zur Opferung hinaufführte, dort wurde der Stamm des Kreuzes errichtet. Dieser Ort ist der Mittelpunkt der Erde, und dort stoßen die

Vierteile zusammen. Denn als Gott die Erde schuf, lief seine Kraft vor ihr her, und die Erde lief hinter dieser her; und dort, auf Golgatha, blieb die Kraft Gottes stehen und kam zur Ruhe: und dort vereinigten sich die vier Enden der Welt; dieser selbige Ort bildet die Grenzen der Erde. Und als Sem den Leichnam Adams hinaufbrachte, da war derselbige Ort die Pforte der Erde: sie öffnete sich, und nachdem Sem und Melchisedech den Leichnam Adams in den Mittelpunkt der Erde gelegt hatten, da liefen die vier Teile zusammen und umschlossen Adam. Und sofort schloß sich die Pforte wieder, so daß keines der Kinder Adams sie öffnen konnte. Und als oberhalb von ihr das Kreuz des Messias errichtet wurde, des Erlösers Adams und seiner Nachkommen, da öffnete sich die Türe des Ortes über Adam: und als oberhalb derselben der Kreuzesstamm eingerammt war, und der Messias durch den Speer den Sieg errang, da lief von seiner Seite Blut und Wasser und floß hernieder in den Mund Adams und bildete für ihn die Taufe, und er wurde dadurch getauft.

V. Mutter Erde

Gaja, die Erdmutter

96. Ein Erdlied der Dakota

Alles, was lebt, ist ihr Lied,
Alles, was stirbt, ist ihr Lied.
Auch der Wind, der da weht, ist ein Erdlied,
Und die Erde will alle ihre Lieder singen.

97. Ich bin beschämt vor der Erde

Bevor gegen Ende des 19. Jahrhunderts Torlino, ein Schamane der Navahos, sich bereit fand, dem Wissenschaftler Washington Matthews die Geschichte von der Erschaffung der Erde zu erzählen (→67), stellte er sich mit einer feierlichen Erklärung in engsten Zusammenhang mit dem Kosmos, damit seine Geschichte vor den Kräften des Alls bestehen könne.

Ich bin beschämt vor der Erde
Ich bin beschämt vor den Himmeln
Ich bin beschämt vor der Dämmerung des Morgens
Ich bin beschämt vor dem Zwielicht des Abends
Ich bin beschämt vor dem Blau des Himmels
Ich bin beschämt vor der Sonne
Ich bin beschämt vor der Stimme in mir, die mit mir spricht.
Manches sieht mich beständig an.
Ich bin nie außer Sicht.
Deshalb muß ich die Wahrheit sagen.
Ich halte mein Wort fest an mein Herz.

98. Traumgesang eines Ottawa-Indianers

Die Verbindung des Menschen mit den Elementen der Erde – „ob Stein, ob Blatt, ob Tier“ –, das Bewußtsein einer letzten Einheit, schwingt auch im folgenden Gesang:

Ich bin es, der in den Winden wandert,
Ich bin es, der in der Binse flüstert,
Ich schüttele die Bäume,
Ich schüttele die Erde,
Ich wühle allenthalben die Wasser auf.

99. Gesang der Kwakiutl beim Sammeln von Zedernrinde

Wenn die Frauen der Kwakiutl im amerikanischen Nordwesten in die Wälder gehen, um Zedernrinde zu holen – aus den Fasern der Rinde werden Körbe geflochten –, sprechen sie vor ihrer Arbeit zuerst den Baum an, von dem sie die Rinde nehmen wollen.

Sieh mich an Freund
ich komme, dich um dein Kleid zu bitten
denn du bist da, uns zu helfen
denn kaum etwas gibt es, wobei du uns nicht helfen kannst
denn du bist willens, wirklich dein Kleid uns zu geben
und ich komme, dich darum zu bitten
du Bringer langen Lebens
denn ich will einen Korb aus dir machen
für Lilienwurzeln
ich bitte dich, Freund, sei mir nicht gram für das, was ich dir antu
und ich bitte dich, Freund, sag unseren Freunden, den Zedern, den anderen
worum ich dich bitte
steh mir bei, Freund
und halte Krankheit ab von mir
damit ich nicht sterbe
Freund

100. Die Erde weint

Eine Klage des Entsetzens ergriff den Sauk-Häuptling Kenekuk um 1840, als er den „behaarten Mann aus dem Osten" in sein Land eindringen sah.

„Die Weißen verderben unser Land, sie machen die ganze Natur seufzen. Sie schneiden die Kräuter mit langen Messern, sie verderben die Kräuter, und die

Kräuter weinen. Sie töten die Bäume mit mörderischem Eisen, sie tun den Bäumen unrecht, und die Bäume weinen. Sie reißen die Eingeweide der Erde auf, sie tun der Erde weh, und die Erde weint. Sie vergiften das Wasser unserer klaren Flüsse und machen es trübe, die Fische sterben, und die Fische und die Flüsse weinen. So seht ihr: die Fische und Flüsse weinen, die Bäume weinen, die Erde weint, die Wiesenkräuter weinen – ja die ganze Natur machen die Weißen seufzen. Oh, die Undankbaren! Auch sie wird Strafe ereilen!"

101. Die Erde gehört nicht den Menschen – der Mensch gehört zur Erde

Bevor Häuptling Seattle vom Stamm der Duwamish durch seine Unterschrift unter den Port-Elliott-Vertrag 1855 sein Land verkaufte, wandte er sich mit einer berühmt gewordenen Rede an den Gouverneur Isaac Stevens. Seine Rede schaut weit in die Zukunft und unterschätzt trotz aller Skepsis die ausbeuterische Mentalität der Weißen – denn mit dem Landverkauf besiegelte der Häuptling zugleich das Gefangenendasein seines Volkes in einem streng kontrollierten Reservat.

Wenn wir Euch das Land verkaufen, müßt Ihr wissen, daß es heilig ist, und Eure Kinder lehren, ... daß jede flüchtige Spiegelung im klaren Wasser der Seen von Ereignissen und Überlieferungen aus dem Leben meines Volkes erzählt. Das Murmeln des Wassers ist die Stimme meiner Vorväter. Die Flüsse sind unsere Brüder – sie stillen unseren Durst. Die Flüsse tragen unsere Kanus und nähren unsere Kinder.

Wenn wir Euch unser Land verkaufen, so müßt Ihr Euch daran erinnern und Eure Kinder lehren: Die Flüsse sind unsere Brüder – und Eure –, und Ihr müßt von nun an den Flüssen Eure Güte geben, so wie jedem anderen Bruder auch ... Wir wissen, daß der weiße Mann unsere Art nicht versteht. Ein Teil des Landes ist ihm gleich jedem anderen, denn er ist ein Fremder, der kommt in der Nacht und nimmt von der Erde, was immer er braucht. Die Erde ist sein Bruder nicht, sondern Feind, und wenn er sie erobert hat, schreitet er weiter ... Er behandelt seine Mutter, die Erde, und seinen Bruder, den Himmel, wie Dinge zum Kaufen und Plündern, zum Verkaufen wie Schafe oder glänzende Perlen. Sein Hunger wird die Erde verschlingen und nichts zurücklassen als eine Wüste. Ich weiß nicht – unsere Art ist anders als die Eure. Der Anblick Eurer Städte schmerzt die Augen des roten Mannes. Vielleicht, weil der rote Mann ein Wilder ist und nicht versteht. Es gibt keine Stille in den Städten der Weißen. Keinen Ort, um das Entfalten der Blätter im Frühling zu hören oder das Summen der Insekten. Aber vielleicht nur deshalb, weil ich ein Wilder bin und nicht verstehe. Das Geklapper scheint unsere Ohren nur zu beleidigen. Was gibt es schon im

Leben, wenn man nicht den einsamen Schrei des Ziegenmelkervogels hören kann, oder das Gestreite der Frösche am Teich bei Nacht? Ich bin ein roter Mann und verstehe das nicht. Der Indianer mag das sanfte Geräusch des Windes, der über eine Teichfläche streicht – und den Geruch des Windes, gereinigt vom Mittagsregen oder schwer vom Duft der Kiefern. Die Luft ist kostbar für den roten Mann – denn alle Dinge teilen denselben Atem – das Tier, der Baum, der Mensch – sie alle teilen denselben Atem ... Das Ansinnen, unser Land zu kaufen, werden wir bedenken, und wenn wir uns entschließen anzunehmen, so nur unter einer Bedingung. Der weiße Mann muß die Tiere des Landes behandeln wie seine Brüder.

Ich bin ein Wilder und verstehe es nicht anders. Ich habe tausend verrottende Büffel gesehen, vom weißen Mann zurückgelassen – erschossen aus einem vorüberfahrenden Zug. Ich bin ein Wilder und kann nicht verstehen, wie das qualmende Eisenpferd wichtiger sein soll als der Büffel, den wir nur töten, um am Leben zu bleiben. Was ist der Mensch ohne die Tiere? Wären alle Tiere fort, so stürbe der Mensch an großer Einsamkeit des Geistes. Was immer den Tieren geschieht – geschieht bald auch den Menschen. Alle Dinge sind miteinander verbunden. Was die Erde befällt, befällt auch die Söhne der Erde ...

Lehrt Eure Kinder, was wir unsere Kinder lehren: Die Erde ist unsere Mutter ... Wenn Menschen auf die Erde spucken, bespeien sie sich selbst! Denn das wissen wir, die Erde gehört nicht den Menschen, der Mensch gehört zur Erde – das wissen wir. Alles ist miteinander verbunden, wie das Blut, das eine Familie vereint ... Der Mensch schuf nicht das Gewebe des Lebens, er ist darin nur eine Faser. Was immer Ihr dem Gewebe antut, das tut Ihr Euch selber an ...

Wir werden Euer Angebot bedenken. Wenn wir zustimmen, so nur, um das Reservat zu sichern, das ihr versprochen habt. Dort vielleicht können wir unsere kurzen Tage auf unsere Weise verbringen.

Wenn wir Euch unser Land verkaufen, liebt es, so wie wir es liebten, kümmert Euch, so wie wir uns kümmerten, behaltet die Erinnerung an das Land, so wie es ist, wenn ihr es nehmt. Und mit all Eurer Stärke, Eurem Geist, Eurem Herzen, erhaltet es für Eure Kinder und liebt es – so wie Gott uns alle liebt.

Denn eines wissen wir – unser Gott ist derselbe Gott. Diese Erde ist ihm heilig. Selbst der weiße Mann kann der gemeinsamen Bestimmung nicht entgehen. Vielleicht sind wir doch – Brüder. Wir werden sehen.

102. Gesang von mir selbst

Walt Whitman (1819–1892), nordamerikanischer Bauernsohn, nach Versuchen in vielen Berufen Journalist und Dichter, schrieb eine Hymne, in der der Kontinent noch einmal seine Stimme erhob –, diesmal aus weißem Munde und bereits zu einer Zeit, „da die Kastanienwälder Neuenglands längst ihren letzten Schlaf als Schwellen unter Eisenbahnschienen schliefen“.

Ich glaube, ein Grashalm ist nicht geringer als das Tagwerk der Sterne,
Und die Ameise ist ebenso vollkommen,
Und ein Sandkorn und des Zaunkönigs Ei,
Und die Baumkröte ist ein Meisterstück des Höchsten,
Und Brombeerranken könnten die Hallen des Himmels schmücken!
Und das schmalste Gelenk meiner Hand beschämt jedes Maschinenwerk,
Und die Kuh, die gesenkten Hauptes wiederkäut, übertrifft jegliches Bild,
Und eine Maus ist Wunders genug,
Sextillionen von Ungläubigen zu erschüttern.
Mir scheint, ich verkörpere Gneis, Kohle, langhaariges Moos,
Früchte, Ähren, eßbare Wurzeln,
Ich bin über und über mit einer Stukkatur von Vierfüßlern und Vögeln bedeckt,
Ich habe, was hinter mir liegt, aus guten Gründen weit überholt,
Aber ich rufe, wenn ich es will, alles wieder zu mir heran.

Im Schicksal verbunden: Mensch und Tier

103. Die heiligen Tiere der Ägypter

Herodot, Historien, II, 65; 69; 74 (→154)

Obgleich Ägypten an Libyen grenzt, so hat es doch nicht sonderlich viele wilde Tiere; die aber da sind, werden alle für heilig gehalten, und einige bekommen ihren Unterhalt bei den Menschen, einige nicht. Wollte ich sagen, warum sie geheiligt worden sind, so würde ich mich mit meiner Rede in göttliche Dinge einlassen, welche ich zu erzählen nicht gesonnen bin. Was ich aber gesagt habe, das habe ich nur berührt und notwendig sagen müssen. Wegen der Tiere ist diese Gewohnheit eingeführt: Es sind gewisse Männer und Weiber unter den Ägyptern bestellt, für das Futter jeder Art insbesondere zu sorgen, und der Sohn erlangt diese Ehre vom Vater. Ein jeder in den Städten tut ihnen sein Gelübde und ruft den Gott an, dem das Tier geheiligt ist ...

Tötet jemand ein solches Tier mit Vorsatz, so folgt die Todesstrafe darauf; tut er's ohne Vorsatz, so erlegt er die Strafe, die die Priester bestimmen. Wer aber einen Ibis oder Habicht, sei es mit Vorsatz oder ohne Vorsatz, umbringt, der muß sterben ...

Bei einigen Ägyptern sind die Krokodile heilig, bei anderen nicht, sondern sie verfolgen sie als Feinde. Die, welche um Theben und den See Möris wohnen, halten sie sehr heilig. In beiden Gegenden füttern sie ein zahmgemachtes Krokodil; demselben machen sie Gehänge von Steinen und Gold in die Ohren und Ringe an die Vorderbeine, geben ihm besondere und heilige Speisen und halten es auf das allerbeste, solange es lebt. Stirbt es, so salzen sie es ein und begraben es in einem heiligen Sarg. Die aber, die um Elephantine wohnen, essen diese Tiere, weil sie dieselben nicht für heilig halten. Sie heißen aber nicht Krokodile, sondern Champsä ...

Um Theben finden sich heilige Schlangen, welche dem Menschen keinen Schaden tun; sie sind klein und tragen zwei am Kopf herausgewachsene Hörner. Die toten Schlangen begraben sie im Tempel Jupiters: denn diesem Gott sollen sie heilig sein. Es ist eine Gegend in Arabien, welche der Stadt Butis gegenüberliegt. Auch zu diesem Ort bin ich gegangen, um mich wegen der geflügelten Schlange zu erkundigen. Ich sah daselbst unzählbare Knochen und Gerippe von Schlangen in sehr vielen großen, kleinen und noch kleineren Haufen.

104. Der Schlangentempel

Die Schlange galt vielen Religionen als heiliges Tier. Ihre symbolische Bedeutung umfaßte in Afrika ein breites Spektrum. Die Ibo nennen die Python „meine Mutter"; sie ist für sie eine Repräsentantin der Erde und der Erdgöttin. Im mittleren Kongo und anderswo ist die Schlange – ein Tier, das sich häutet – mit dem Mond verbunden. Bei den Yoruba ist die Schlange Opfertier für Obatala (→33). Die Galla im äthiopischen Hochland verehren sie als den mythischen Vater der Menschen. Ein besonderer Schlangenkult wurde im vergangenen Jahrhundert aus Dahome bezeugt. Der Missionar Unger schrieb darüber 1864 folgenden Bericht:

Eine auffallende Erscheinung ist die Menge von Aasgeiern, die in Scharen über der Stadt kreisen und sich auf Häuser und Bäume, ja selbst mitten in den Straßen niederlassen. Außerdem gibt es eine Menge von Fledermäusen und besonders von Schlangen. Dieser Umstand erklärt sich daraus, daß der Fetischdienst in Dahome sich fast ausschließlich an lebende Tiere knüpft, unter denen die Schlange für heilig gehalten wird, so daß man ihr göttliche Verehrung zollt. Die am häufigsten vorkommende gehört zu dem Geschlechte der Python. Man sieht sie in allen Größen bis zu 18 und 20 Fuß Länge ruhig in den Straßen und quer über die Wege hinliegen. Die Eingeborenen, die ihnen begegnen, knien nieder, küssen die Erde dicht am Kopfe der Schlange und gehen dann weiter. Sie fassen sie auch zuweilen geschickt am Genick, nehmen sie auf und bringen sie in den Schlangentempel.

Schon ehe ich nach Whyda kam, hatte man mich gewarnt, daß ich ja keiner Schlange etwas zuleide tun möchte, da eine Strafe von 500 Dollars darauf gesetzt sei. Mein Wirt sagte mir, daß man von einem Europäer soviel nehmen würde, als irgend möglich sei.

Der Schlangentempel ist an einem schönen und sauberen Platze, der zu den Versammlungen der Ältesten dient. Dort liegt ein Häuserkomplex von einer Mauer umgeben, der mir als Wohnung des obersten Priesters mit den Haupttempeln bezeichnet wurde. In die Umfassungsmauer eingebaut steht ein Fetischtempel, rund, mit spitzem Strohdach. Ich hielt diesen Raum für einen Durchgang zu dem inneren Hofe. Als ich aber darin stand, hieß es: „Dies ist der Schlangentempel!" Ich sah dann auch wohl dreißig oder mehr Schlangen der verschiedensten Größe in träger Ruhe in den mannigfachsten Windungen auf der Mauer liegen oder in den Dachsparren eingenistet. Gerade hinter mir hing ein Hauptexemplar von gewiß 20 Fuß Länge vom Dache herunter, um dessen Sparren es sich mit dem Schwanzende geschlungen hatte. Mir war unheimlich, und es wurde mir noch unheimlicher, als ich sah, wie der Oberpriester die Schlangen zu sich rief. Mit phantastischer Gebärde, mit dem Fetischstabe gestikulierend, singend und pfeifend, lockte er die Schlangen an sich. Dieselben wanden sich an ihm hinauf oder kamen von oben auf ihn herab und legten sich ihm um den Hals, Schulter und Arme.

105. Der Yogi und der Skorpion

Ein Yogi saß am Ufer der Ganga und meditierte. Als er die Augen öffnete, sah er einen Skorpion, der ins Wasser gefallen war und verzweifelt um sein Leben kämpfte. Voll Erbarmen streckte der Yogi seine Hand ins Wasser und legte den Skorpion ans Ufer; der aber stach seinen Retter, und es schmerzte ihn sehr. Nach einer Weile, als er von neuem die Augen öffnete, sah der Yogi den Skorpion, der ein zweites Mal ins Wasser geglitten war und zu ertrinken drohte. Und wiederum rettete er das Tier, und das Tier stach so heftig, daß der Yogi aufschrie. Als sich der Vorgang ein drittes Mal wiederholte, konnte sich ein Bauer, der alles vom Wegrand her beobachtet hatte, nicht länger halten. Verwundert rief er: „Maharaj, warum hilfst du der elenden Kreatur immer wieder, wenn du als Dank nur schmerzhafte Stiche erntest?" – „Wir beide folgen doch nur unserer Natur", antwortete der Yogi. „Es liegt in der Natur des Skorpions zu stechen und in meiner, Barmherzigkeit zu üben."

106. Mahatma Gandhi und die heiligen Kühe

Im Mittelpunkt des Hinduismus steht der Schutz der Kuh. Für mich ist der Schutz der Kuh eine der wunderbarsten Erscheinungen in der menschlichen Entwicklung. Er führt den Menschen über seine eigene Spezies hinaus. Für mich bedeutet die Kuh die ganze nichtmenschliche Schöpfung. Durch die Kuh ergeht an den Menschen der Auftrag, seine Einheit mit allem, was lebt, zu verwirklichen. Es ist für mich ganz klar, warum die Kuh für diese Apotheose[1] erwählt wurde. In Indien ist die Kuh der beste Freund, sie war das Füllhorn. Sie gab nicht nur Milch, sie machte die Landwirtschaft erst möglich. Die Kuh ist ein Gedicht des Mitleids. Man kann Mitleid an dem freundlichen Tier lernen. In Indien ist sie die Mutter von Millionen. Schutz der Kuh heißt Schutz der ganzen stummen Kreatur Gottes. Dies ist das Geschenk des Hinduismus an die Welt. Und der Hinduismus wird leben, solange es Hindus gibt, die die Kuh beschützen.

*

Für mich ist die Kuh die Verkörperung der Unschuld. Schutz der Kuh bedeutet den Schutz der Schwachen und Hilflosen ..., Bruderschaft zwischen Mensch und Tier. Das ist ein edles Gefühl, das durch geduldige Mühe und tapasya (Kasteiung) wachsen muß. Es kann niemandem aufgezwungen werden. Kuh-Schutz mit gezücktem Schwert zu befördern, ist eine widersinnige Vorstellung.

[1] Apotheose: Vergöttlichung

Rishis der alten Zeiten haben, wie man sagt, für die Sache der Kuh Buße getan. Laßt uns den Spuren der Rishis folgen und selber Buße tun, auf daß wir rein genug werden, um die Kuh zu schützen und alles, was diese Lehre bedeutet und in sich schließt.

107. Buddhistische Tierliebe

Das Töten von Tieren steht gegen die Sittengebote des Buddhismus. Ein wesentlicher Grund hierfür liegt im Glauben an die Wiedergeburt (→248), der in seiner verbreiteten volkstümlichen Form eine Reinkarnation in niederen Lebewesen annimmt. Lama Anagarika Govinda (→173) schreibt:

... das Töten von Tieren geht gegen die Sittengebote des Buddhismus.
Jagd wird in Tibet nicht als Sport, sondern als ein Verbrechen betrachtet, und selbst wenn das Töten von gezähmten Tieren, infolge von Futtermangel im Winter, zur Notwendigkeit wird, bittet der Hirte die Tiere um Vergebung und betet für ihre Wiedergeburt in besseren Lebensformen. Das Töten selbst der unscheinbarsten Geschöpfe wird als ein Übel betrachtet und darum, soweit es möglich ist, vermieden, trotz der schwierigen Lebensverhältnisse Tibets, wo Obst und Gemüse fast unbekannt sind und nur in den tieferen, künstlich bewässerten Tälern größerer Flüsse gedeihen, so daß Tsampa (Mehl von gerösteter Gerste) die Hauptnahrung ist. Das Fischen und das Töten von Vögeln gilt als besonders verabscheuungswürdig, da es einer größeren Anzahl von Lebewesen bedarf, um eine einzige Mahlzeit zu bereiten. Vögel, Hasen, Murmeltiere und dergleichen sind daher Menschen gegenüber von erstaunlicher Furchtlosigkeit. Ich erinnere mich eines Hasen, der ruhig in seinem Lager liegen blieb, bis ich ihn berührte. Vögel spazierten oft in mein Zelt, um sich darin umzusehen, und kleine, murmeltierähnliche Geschöpfe (von einigen Reisenden als „schwanzlose Ratten" bezeichnet) tauchten aus ihren Löchern auf, um zu beobachten, was in dem plötzlich auf ihrem Territorium errichteten Lager vor sich ging.

108. Tierliebe in Tibet

Heinrich Harrer (geboren 1912) lebte infolge des Zweiten Weltkriegs von 1943 bis 1951 in Tibet, wo er Freund und Lehrer des Dalai Lama (→11) wurde. In seinem Erlebnisbericht notiert er auch Beobachtungen über das Verhältnis der Tibeter zum Tier.

Schon nach kurzem Aufenthalt war es mir nicht mehr möglich, gedankenlos eine Fliege zu töten. Und in Gesellschaft eines Tibeters hätte ich nie gewagt, nach einem Insekt zu schlagen, nur weil es mir lästig war. Diese Haltung wirkt oft rührend. Krabbelt bei einem Picknick eine Ameise an jemandem hoch, so wird sie zärtlich genommen und fortgetragen. Wenn eine Fliege in die Teetasse fällt, ist das eine kleine Katastrophe. Sie wird vor dem Ertrinken gerettet, denn sie könnte ja die Wiedergeburt der verstorbenen Großmutter sein. Immer und überall ist man bemüht, solche Seelen- und Lebensrettungen durchzuführen. Im Winter bricht man das Eis der zugefrorenen Tümpel auf und rettet Fische und Würmer, bevor sie erfrieren. Im Sommer wieder holt man sie heraus, wenn die Lachen auszutrocknen drohen. Kinder, Bettler und die Diener der Adeligen stehen oft stundenlang im Wasser und fischen aus der letzten Brühe alle Lebewesen heraus. Man sammelt sie in Eimer und Konservendosen, läßt sie im Fluß wieder frei und hat damit etwas für sein Seelenheil getan. Oder man geht von Haus zu Haus und verkauft die „Geretteten" an Wohlhabende, damit auch sie an dem verdienstvollen Werk teilhaben können. Je mehr Leben man rettet, desto glücklicher ist man. Diese Verbundenheit mit aller Kreatur ist ein wahrhaft rührender Zug der Seele dieses Volkes.

Ein Erlebnis dieser Art mit meinem Freund, dem Mönchsbeamten Wangdüla, werde ich nie vergessen. Wir gingen zusammen in das einzige chinesische Restaurant Lhasas und sahen dort im Hof eine Gans umherrennen, die sichtlich für den Kochtopf bestimmt war. Plötzlich zog Wangdüla eine hohe Banknote heraus, kaufte dem Chinesen die Gans ab und ließ sie von seinem Diener heimtragen. In seinem Haus sah ich sie noch viele Jahre herumwatscheln und ein friedliches Alter genießen. Typisch für diese Einstellung zu allem Lebendigen war auch der Erlaß, daß während der dreijährigen Meditationszeit des jungen Dalai Lama die Bautätigkeit in ganz Tibet eingestellt werden mußte. Eilboten wurden in alle Richtungen ausgeschickt; in jeden Winkel des Landes, bis zum letzten Bauernhof mußte das Gebot dringen. Denn bei Erdarbeiten ist es unvermeidlich, daß Würmer und Insekten getötet werden, sosehr auch die Leute dies zu vermeiden trachten. Später, als ich selber Erdarbeiten leitete, konnte ich mit eigenen Augen sehen, wie die Kulis immer wieder ihr Werkzeug hinwarfen und aus jeder Schaufel Erde alle Lebewesen herausklaubten, um sie zu retten.

109. Franz von Assisi und die Kreatur

Übereinstimmung mit der Natur und Liebe zur Mitkreatur begegnet im christlichen Bereich fast nur in der außergewöhnlichen Gestalt des Franz von Assisi (1182–1226). Im „Speculum perfectionis" (in der heute vorliegenden Fassung auf 1318 festzusetzen) wird erzählt „von seiner Liebe zu den Geschöpfen und von der Liebe der Geschöpfe zu ihm".

Wie er das Feuer nicht löschen wollte, das seine Hosen verbrannte

Unter allen niedrigen und gefühllosen Geschöpfen liebte er am meisten das Feuer wegen seiner Schönheit und Nützlichkeit. Daher wollte er nie, daß man es schlecht behandle.
Als er einmal am Feuer saß, fingen seine leinenen Hosen in der Nähe der Knie zu brennen an, ohne daß er es merkte. Als er dann die Hitze des Feuers spürte, wollte er es dennoch nicht löschen. Als sein Begleiter sah, wie seine Kleider brannten, eilte er herbei, um das Feuer zu löschen; er verbot es ihm aber und sprach: „Liebster Bruder, ärgere das Feuer nicht!" Und er wollte es durchaus nicht zulassen, daß es gelöscht werde. Jener Bruder aber eilte zum Guardian und führte ihn zum seligen Franziskus.
Dieser löschte dann sogleich gegen den Willen des seligen Franziskus das Feuer aus.

*

Von seiner großen Liebe zum Wasser, zu den Felsen, zum Holze und zu den Blumen

Nach dem Feuer liebte er vor allem das Wasser als das Sinnbild der heiligen Reue und Buße, durch welche die sündige Seele reingewaschen wird, und als das Element, durch das die Seele in der Taufe gereinigt wird. Und wenn er sich die Hände wusch, so tat er dies stets an einem Platze, wo das Wasser, welches auf die Erde floß, nicht mit den Füßen getreten werden konnte.
Den Bruder, der das Brennholz beschaffte, bat er, nie einen ganzen Baum zu fällen, sondern stets einen Teil des Baumes unversehrt zu lassen, aus Liebe zu dem, der unser Heil am Holze des Kreuzes erwirken wollte.
Den Bruder, der den Garten bestellte, bat er, nie das ganze Erdreich mit Gemüsen zu bepflanzen, sondern einen Teil des Gartens für Blumen frei zu lassen, damit er zu jeder Zeit des Jahres unsere Schwestern, die Blumen, hervorbringe, aus Liebe zu der, welche genannt wird „die Blume des Feldes und die Lilie der Täler".
Darum bat er den Bruder Gärtner, stets in einem Winkel des Gartens ein schönes Beet anzulegen und daselbst duftende Kräuter und schöne Blumen anzupflanzen, damit zu allen Zeiten des Jahres die Menschen durch den Anblick dieser Blumen und Kräuter zum Lobe Gottes begeistert würden. Denn jedes Geschöpf ruft uns zu: „Gott hat mich um deinetwillen erschaffen, o Mensch." Und wir, die wir mit ihm gelebt haben, haben gesehen, wie er sich an allen Geschöpfen freute; wenn er sie berührte oder sie ansah, schien sein Geist mehr im Himmel als auf Erden zu weilen. Und weil er von den Geschöpfen so viel Trost empfangen hatte, verfaßte er kurz vor seinem Tode ein Lied, in welchem er den Herrn in seinen Geschöpfen pries; dadurch wollte er die Herzen der Menschen zum Lobe Gottes begeistern, damit der Herr von den Menschen in seinen Geschöpfen gepriesen werde.

*

Wie er den Kaiser um ein Gesetz bitten wollte, wonach die Menschen am Weihnachtstage für die Vögel, für ihre Ochsen und Esel und für die Armen sorgen sollten

Wir, die wir mit dem seligen Franziskus gelebt und dieses aufgeschrieben haben, bezeugen, daß wir ihn oft haben sagen hören: „Wenn ich mit dem Kaiser sprechen könnte, würde ich ihn bitten, aus Liebe zu Gott ein besonderes Gesetz aufzustellen, wonach niemand unsere Schwestern, die Lerchen, fangen, töten oder sie sonst belästigen dürfte. Ferner, daß alle Bürgermeister und Burgherren verpflichtet sein sollten, alljährlich am Weihnachtstage die Menschen zu zwingen, Weizenkörner und anderes Getreide auf die Wege außerhalb der Städte und Burgen zu streuen, damit unsere Schwestern, die Lerchen, und die anderen Vögel an einem so großen Feiertage keine Not leiden; und aus Ehrfurcht vor dem Sohne Gottes, den die Jungfrau Maria in dieser seligsten Nacht zwischen einem Ochsen und einem Esel in die Krippe gelegt hat, sollte jeder, der einen Ochsen und einen Esel besitzt, ihnen in der Weihnachtsnacht das allerbeste Futter vorsetzen; auch sollten die Armen an diesem Tage von den Reichen mit guten Speisen gesättigt werden."

110. Der König und der Hund

Mahābhārata VIII (Swargarohana Parva)

Das große indische Epos „Mahābhārata" (zwischen 400 v. Chr. und 400 n. Chr. entstanden; überliefert sind 19 Bücher mit 106 000 epischen Doppelversen) erzählt in seiner letzten Geschichte von König Yudhisthira, der lange Wege der Bewährung bestehen muß. Er verliert auf diesem Weg die engsten Verwandten und Freunde. Nachdem die letzte Schlacht geschlagen ist, bestellt der König einen Nachfolger und beschließt, im Verlangen nach dem Tode, die Reise, die aus dieser Welt herausführt, anzutreten. Von jenen, die ihn begleiten, stirbt einer nach dem anderen. Schließlich läuft nur noch ein Hund hinter ihm her.

Als Yudhisthira den Gipfel des Himalaya erreicht hatte, erschien der große Gott Indra in seinem Strahlenwagen, um ihn in das himmlische Reich zu geleiten. Yudhisthira war der einzige Mensch, dem das Vorrecht zuteil werden sollte, den Himmel in seiner sterblichen Gestalt betreten zu dürfen. Als Indra ihm gebot, seinen Wagen zu besteigen, sagte Yudhisthira, daß seine Gattin und seine Brüder tot auf dem Wege lägen. Ohne sie könnte er nicht in das himmlische Reich eingehen. Der große Gott Indra versicherte ihm, daß diese nach ihrem Tode sogleich in den Himmel eingegangen wären und dort bereits seiner harrten.

Yudhisthira sprach weiter: „Dieser Hund folgte uns, seit wir uns auf unsere

Wanderung begaben. Ich will den Himmel nicht betreten, wenn der Hund nicht mit mir kommt."
Indra sprach: „Heute noch wirst du Unsterblichkeit, Erlösung und unvergängliche Glückseligkeit gewinnen. Du begehst keine Sünde, wenn du diesen unreinen Hund zurückläßt."
„Nein", beharrte Yudhisthira, „nicht für alle Schätze des Himmels will ich diesen Hund zurücklassen."
Indra sprach wieder: „Ein Hund ist ein unreines Tier. Wer immer einen Hund hält, kann nicht in den Himmel gelangen. Die Götter des Zorns, die Krodhavasas, vernichten alle Opferfrüchte, sobald sie eines Hundes ansichtig werden. Du machst dich keiner Untreue schuldig, wenn du dieses widerwärtige Tier verläßt."
Doch Yudhisthira blieb unbewegt. Lieber wolle er auf den Himmel verzichten. Er habe Weib und Brüder hinter sich gelassen, weil sie unterwegs gestorben seien und er nichts habe für sie tun können. Dieser Hund aber sei bei ihm. Wie könnte er ihn im Stiche lassen, der seinen Schutz gesucht habe und ihm treu ergeben gewesen sei.
Der Hund war jedoch kein Hund, sondern Yama selbst, der Gott des Todes und der Gerechtigkeit, in der Gestalt eines Hundes. Nun warf er diese Gestalt ab und erschien vor Yudhisthira in seiner wahren Form. Er sprach: „Ich folgte dir in Gestalt eines Hundes, um dich zu prüfen. Du bist wahrhaftig fromm und gut zu allen Geschöpfen. Schon einmal hatte ich dich geprüft, das war damals, als ihr während der Zeit eurer Verbannung im Walde lebtet und du deine Brüder um Wasser sandtest, wobei sie alle umkamen. Als ich dir damals versprach, einen von ihnen wieder zum Leben zu erwecken, batest du nicht um das Leben eines deiner Vollbrüder, sondern um das Nakulas, deines Halbbruders. Ja, du bist wahrhaftig edelgesinnt. Keiner im Himmel gleicht dir. Du bist willkommen in seinem Glanz und seinen Freuden."

VI. Die heilige Gabe des Festes

Der göttliche Ursprung des Festes

111. Wie die heilige Gabe des Festes zu den Menschen kam

Von seiner fünften Thule-Expedition in Alaska (1921/1924) brachte der große Freund und Erforscher der eskimoischen Kultur, Knud Rasmussen (1879–1933), die bedeutende Mythe von der Entstehung des Festes mit, „erzählt von Sagluaq vom Colville-Fluß".
Rasmussen war bestrebt, durch seine Thule-Expeditionen die Einheitlichkeit der eskimoischen Lebensform deutlich zu machen. Sie drückt sich in der sogenannten Thule-Kultur aus, deren älteste Formen bis in die Zeit um Christi Geburt zurückreichen und deren Höhepunkt um das Jahr 1000 liegt. Für die Literatur und Volkskunde der Eskimo ist Knud Rasmussens Forschung von grundlegender Bedeutung.

Es war einmal eine Zeit, da die Menschen keine Freude kannten. Ihr ganzes Leben bestand aus Arbeit, Essen, Verdauung und Schlaf. Ein Tag verging ihnen wie der andere. Sie schliefen nach ihren Mühen ein, nur um zu neuer Anstrengung zu erwachen. Und ihr Sinn verzehrte sich in Einförmigkeit.
In diesen Zeiten lebte ein Mann mit seiner Frau einsam in einem Dorf, nicht weit vom Meere entfernt. Sie hatten drei Söhne, tüchtige Knaben, die gerne ebenso große Jäger werden wollten wie ihr Vater. Sie trieben allerhand Leibesübungen, die sie stark und ausdauernd machten, noch ehe sie erwachsen waren. Und Vater und Mutter waren stolz auf sie; denn sie sollten ihre Stütze im Alter werden und ihnen Nahrung verschaffen, wenn sie selbst es nicht mehr vermochten.
Aber da geschah es, daß zuerst der älteste Sohn auf der Jagd verschwand und dann der zweitälteste. Sie kamen nicht zurück, und sie hinterließen keine Spur. Niemand konnte nach ihnen suchen. Vater und Mutter trauerten tief über ihren Verlust und achteten nun ängstlich auf den jüngsten Knaben, der schon so groß war, daß er mit seinem Vater auf die Jagd gehen konnte. Der Sohn, er hieß Teriaq (Hermelin), jagte am liebsten das wilde Rentier; der Vater ging am liebsten auf Seetierfang. Da Jäger nicht ihr ganzes Leben in Angst verbringen können, durfte der Knabe gehen, wohin er Lust hatte, tief ins Land hinein, während der Vater in seinem Kajak auf das Meer hinaus ruderte.
Eines Tages war Teriaq wie gewöhnlich auf Rentierjagd. Da erblickte er einen gewaltigen Adler, einen großen, jungen Adler, der über ihm kreiste. Teriaq

nahm hurtig seine Pfeile hervor. Da senkte sich der Adler herab und setzte sich ein wenig von ihm entfernt auf die Erde. Er streifte seine Kapuze vom Kopf und wurde zum Menschen. Und er sprach zum Rentierjäger und sagte:
„Ich bin es, der deine beiden Brüder getötet hat. Ich werde auch dich töten, wenn du mir nicht versprichst, Gesangfeste zu feiern, sobald du nach Hause kommst. Willst du, oder willst du nicht?“
„Ich will es gerne, aber ich begreife nicht, was du sagst. Was ist Gesang? Was ist Fest?“
„Willst du, oder willst du nicht?“
„Ich will gern, aber ich weiß nicht, was es ist.“
„Wenn du mir folgst, wird meine Mutter dich lehren, was du nicht verstehst. Deine beiden Brüder verschmähten die Gabe des Gesanges und des Festes; sie wollten nicht lernen; darum tötete ich sie. Nun kannst du mir folgen, und sobald du gelernt hast, Worte zu einem Gesang zusammenzusetzen und diesen zu singen, und sobald du gelernt hast, vor Freude zu tanzen, wird es dir frei gestattet sein, in dein Dorf heimzukehren.“
„Ich komme mit“, antwortete Teriaq. Dann brachen sie auf. Der Adler war kein Vogel mehr, sondern ein großer und kräftiger Mann in schimmerndem Gewand aus Adlerfedern. Sie gingen und gingen weit, weit über das Land hin, durch Schluchten und Täler, bis zu einem hohen Berge, den sie zu besteigen begannen.
„Hoch oben auf dem Gipfel dieses Berges liegt unser Haus“, sagte der junge Adler.
Und sie stiegen den Berg hinan, kamen höher und höher hinauf und hatten eine weite Aussicht über die Ebenen, wo die Menschen Rentiere zu jagen pflegen. Aber als sie sich dem Berggipfel näherten, hörten sie plötzlich einen pochenden Laut, der stärker und immer stärker wurde, je näher sie dem Gipfel kamen. Es hörte sich an wie der Schlag von gewaltigen Hämmern, und so stark war das Dröhnen, daß Teriaq die Ohren sausten.
„Kannst du etwas hören?“ fragte der Adler.
„Ja, einen seltsamen, ohrenbetäubenden Laut, den ich niemals je zuvor gehört habe!“
„Es ist meiner Mutter Herz, das klopft“, antwortete der Adler. Dann kamen sie zum Hause des Adlers, das ganz oben auf dem höchsten Gipfel erbaut war.
„Warte hier, bis ich zurückkomme, ich muß meine Mutter vorbereiten“, sagte der Adler und ging hinein.
Nach einem Augenblick kehrte er zurück und holte Teriaq. Sie gingen in einen großen Raum, der in gleicher Weise gebaut war wie die Häuser der Menschen; drinnen auf der Schlafbank saß ganz allein die Mutter des Adlers, alt, hinfällig und betrübt. Nun ergriff der Sohn das Wort und sagte:
„Hier ist ein Mann, der versprochen hat, ein Gesangfest zu halten, wenn er nach Hause kommt. Aber er sagt, daß die Menschen nicht verstehen, Worte zu einem Gesang zusammenzusetzen, und sie verstehen auch nicht, die Trommel zu schlagen und vor Freude zu tanzen. Mutter, die Menschen verstehen nicht, ein Fest zu feiern, und nun ist dieser junge Mann gekommen, um es zu lernen!“

Diese Worte brachten großes Leben in die alte, hinfällige Adlermutter, und ihre müden Augen leuchteten plötzlich auf, während sie sagte:
„Zuerst müßt ihr ein Festhaus bauen, in dem sich viele Menschen versammeln können."
Nun bauten die beiden jungen Männer das Festhaus, das „Qagsse" genannt wird und das größer und schöner ist als gewöhnliche Häuser. Und als es fertig war, lehrte sie die Adlermutter, Worte zu einem Gesang zusammenzusetzen und die Töne zusammenzufügen, so daß sie zu Melodien wurden. Sie fertigte eine Trommel an und lehrte sie, die Trommel im Takt zu den Liedern zu schlagen, und sie zeigte ihnen, wie man zu den Gesängen tanzen muß. Als Teriaq all das gelernt hatte, sagte sie:
„Vor jedem Fest sollt ihr viel Fleisch sammeln und dann viele Menschen einladen. Dies sollt ihr tun, wenn ihr euch ein Festhaus gebaut und eure Lieder gedichtet habt; denn der Menschen Beisammensein in der Freude erfordert große Festgelage!"
„Aber wir wissen von keinen anderen Menschen als von uns selbst", antwortete Teriaq.
„Die Menschen sind einsam, weil sie noch nicht die Gabe des Festes erhalten haben", sagte die Adlermutter. „Trefft nun eure Vorbereitungen, so wie ich euch gesagt habe. Wenn alles bereit ist, sollst du hinausgehen, um nach Menschen zu suchen. Du wirst sie zu zweien treffen. Du sollst sie versammeln, bis es ihrer viele sind, und sie einladen. Und dann sollt ihr ein Gesangfest feiern."
So sprach die alte Adlermutter; und als sie Teriaq genau eingeprägt hatte, was er tun sollte, sagte sie schließlich:
„Wohl bin ich ein Adler, aber doch auch eine alte Frau, welche die gleichen Freuden hat wie andere Frauen. Ein Geschenk verlangt ein Gegengeschenk, und es wäre angebracht, wenn du mir zum Abschied ein wenig Sehnenschnur geben wolltest. Unbedeutend bleibt zwar deine Wiedervergeltung, aber sie würde mich doch erfreuen."
Teriaq war zuerst unglücklich; denn woher sollte er sich hier, so weit weg von seinem Dorf, Sehnenschnur verschaffen? Aber dann dachte er an die Sorrunge für seine Pfeilspitzen, und er wickelte sie ab und gab sie dem Adler. So unbedeutend war sein Gegengeschenk für alles, was er bekommen hatte.
Darauf zog der junge Adler sein schimmerndes Gewand wieder an und bat seinen Gast, sich auf seinen Rücken zu legen und die Arme um seinen Hals zu schlingen. Dann flog er hastig den Berg hinunter. Ein starkes Sausen entstand ringsum, und Teriaq glaubte, es wäre vorbei mit ihm. Doch das Ganze dauerte nur einen Augenblick, dann hielt der Adler an und bat ihn, die Augen zu öffnen. Da waren sie schon an jener Stelle, wo sie sich getroffen hatten. Sie verabschiedeten sich herzlich voneinander; sie waren Freunde geworden und trennten sich nun. Teriaq aber eilte nach Hause zu seinen Eltern und erzählte ihnen alles, was er erlebt hatte. Und mit diesen Worten schloß er seinen Bericht:
„Die Menschen sind einsam und leben ohne Freude, weil sie kein Fest zu feiern

verstehen. Nun haben mir die Adler das heilige Geschenk des Festes gegeben, und ich habe gelobt, alle Menschen an der Gabe teilnehmen zu lassen."

Vater und Mutter lauschten verwundert den Worten des Sohnes und schüttelten ungläubig das Haupt; denn wer niemals sein Blut heiß werden und nie sein Herz in Erregung schlagen fühlte, kann des Adlers Geschenk mit seinen Gedanken nicht erfassen. Aber die Alten durften nicht widersprechen; denn schon zwei ihrer Söhne hatten die Adler genommen, und sie verstanden, daß das Gebot befolgt werden mußte, wenn sie den letzten Sohn behalten wollten. Darum taten sie alles, was die Adler verlangt hatten. Ein Festhaus gleich dem des Adlers wurde gebaut, und die Fleischständer wurden mit Fleisch der See- und Rentiere gefüllt.

Vater und Sohn setzten fröhliche Worte zusammen, schilderten liebe und ernste Erinnerungen im Gesang, den sie zu Melodien stimmten. Sie machten sich Trommeln, lärmende Holztrommeln aus runden Holzrahmen mit ausgespannten Rentierfellen, und im Takt mit den Schlägen der Trommeln bewegten sie Arme und Beine zu den Liedern in ausgelassenen Sprüngen, in mutwilligen Krümmungen des Körpers. Und sowohl der Körper als auch die Gedanken wurden heiß; sie begannen alles ringsum in vollkommen neuer Weise zu fühlen und zu sehen. Es konnte vorkommen, daß sie manch einen Abend spaßten und lachten, schwatzhaft und übermütig, zu einer Zeit, wo sie sonst aus Langeweile über einen endlosen Abend geschnarcht hätten.

Sobald alle Vorbereitungen getroffen waren, ging Teriaq hinaus, um die Leute zum Fest einzuladen, das sie feiern sollten. Zu seinem großen Erstaunen entdeckte er nun, daß er und seine Eltern nicht mehr einsam waren, wie sie es stets zuvor gewesen. Frohe Menschen erhalten Gesellschaft. Er traf plötzlich überall Menschen, aber nur zu zweit, seltsame Menschen, einige in Wolfspelze gekleidet, andere in Felle von Vielfraß, Luchs, Rotfuchs, Silberfuchs, Kreuzfuchs, ja in Pelze von allen Tierarten. Teriaq lud sie zum Gastmahl in ihrem neuen Festhaus ein, und sie folgten ihm alle mit Freuden.

Dann hielten sie das Gesangfest ab – ein jeder brachte seine eigenen Lieder vor. Man lachte, erzählte und lärmte; und die Menschen waren sorgenfrei und froh, wie sie nie zuvor gewesen waren. Gastmähler wurden abgehalten, Fleischgaben ausgetauscht, Freundschaften geschlossen, und es gab auch einige, die sich Geschenke von kostbarem Pelzwerk machten. Die Nacht verging, und erst als das Morgenlicht ins Festhaus schien, nahmen die Gäste Abschied. Aber während sie in wildem Getümmel aus dem Hausgang stürzten, fielen sie alle vornüber auf ihre Hände und sprangen fort auf allen vieren. Jetzt waren sie keine Menschen mehr, sondern verwandelten sich in Wölfe, Vielfraße, Luchse, Silberfüchse, Kreuzfüchse, ja in alle Tiere des Waldes. Das waren Gäste, die der alte Adler geschickt hatte, damit Vater und Sohn nicht vergebens bitten sollten. So gewaltig war die Macht des Festes, daß selbst Tiere zu Menschen wurden. Und die Tiere, die immer einen leichteren Sinn hatten als die Menschen, wurden der Menschen erste Gäste in einem Festhaus.

Kurz darauf geschah es, daß Teriaq wieder draußen war, um zu jagen, und

wieder traf er den Adler. Dieser schlug sofort seine Kapuze zurück und wurde zum Menschen, und sie gingen zusammen zur Adlerwohnung hinauf, denn die alte Adlermutter wollte noch einmal den Mann sehen, der das erste Fest der Menschen gefeiert hatte.
Aber schon ehe sie sich dem Gipfel genähert hatten, kam ihnen die Adlermutter entgegen, um zu danken, und siehe: die alte, hinfällige Adlerin war wieder jung geworden.
Denn wenn die Menschen Feste feiern, werden alle alten Adler jung.

112. Die Herkunft der Musik

Ein Gesang aus einem Nahua-Manuskript des 16. Jahrhunderts (Mexiko) schildert, wie der Gott Tezcatlipoca den Gott Qetzalcoatl (→64) bat, ins göttliche „Haus der Sonne" zu reisen, von dem alles Leben kommt. Dort solle er um Musikanten bitten, damit Freude auf der Erde einzieht.

Tezcatlipoca, Gott des Himmels und der vier Himmelsrichtungen, kam auf die Erde und war traurig.
Von den äußersten Punkten der vier Himmelsrichtungen rief er:
Komme, o Wind!
Komme, o Wind!
Komme, o Wind!
Komme, o Wind!
Über die traurige Erde verteilt, hörte ihn der klagende Wind, erhob sich über alles Geschaffene, peitschte die Wasser des Ozeans und zauste die Bäume, bis er zu Füßen des Himmelsgottes Ruhe fand und seine Sorgen abschüttelte.
Da sprach Tezcatlipoca:
Wind, die Erde ist des Schweigens überdrüssig.
Sie hat Licht, Farbe und Früchte,
doch fehlt ihr die Musik.
Aller Kreatur soll Musik geschenkt werden.
Dem erwachenden Tag,
dem träumenden Mann,
der wartenden Mutter,
dem fließenden Wasser und dem Vogel in der Luft,
alles Leben soll die Musik erfüllen.
Eile durch die grenzenlose Trauer
zwischen dem blauen Dunst und dem Raum
zum hohen Haus der Sonne.
Umgeben sitzt dort Vater Sonne von Musikanten,

die süße Töne ihren Flöten entlocken
und mit glühendem Gesange
das Licht ausstreuen.
Eile, bringe die besten
Musikanten und Sänger zur Erde.
Die schweigende Erde durcheilte der Wind, durchmaß sie mit der Kraft seines treibenden Atems, bis er erreichte das Dach des Himmels, wo alle Melodien im Lichte wohnten.
Vierfarbig waren die Musikanten gekleidet:
in Weiß die Sänger der Wiegenlieder,
in Rot, die Liebe und Krieg besangen,
in Himmelblau die Troubadoure der wandernden Wolke,
in Gelb die Flötenspieler, die Gefallen fanden
am Golde, das die Sonne von den Gipfeln der Welt holte.
Keine dunkelgekleideten Musikanten gab es.
Glänzend und glücklich waren sie, ihr Blick war nach vorn gerichtet. Als die Sonne den Wind entdeckte, warnte sie ihre Musikanten:
Da kommt der lästige Erdenwind.
Stellt die Musik ein!
Hört auf zu singen!
Gebt keine Antwort!
Wer nicht gehorcht,
muß ihm auf die schweigende Erde folgen.
Auf den Lichtstufen des Sonnenhauses rief der Wind mit lauter Stimme:
Kommt, Musikanten!
Da antwortete keiner.
Der listige Wind erhob seine Stimme und rief:
Musikanten, Sänger!
Der höchste Gott ruft euch!
Doch blieben die Musikanten stumm und tanzten im gleißenden Licht der Sonne.
Da ergrimmte der Windgott.
Aus der Ferne trieb er schwarze Wolken mit seiner blitzenden Peitsche heran, das Haus der Sonne zu bestürmen. Donner ließ er grollen.
Alles verkehrte sich, und die rote Sonne schien zu ertrinken.
Angstvoll suchten Musikanten und Sänger nun Schutz beim Windgott.
Sanft, damit er die zarten Melodien nicht verletze, nahm der Windgott sie mit sich zur Erde.
Unten erhob die Erde ihr Antlitz zum Himmel und lächelte.
Die erwachte Stimme seines Volkes,
die Schwingen des Quetzalvogels,
die Blumen und Früchte grüßten den Gott.
Als die Musikanten sich über die Erde verstreuten und das Glück einkehrte, da vergaß der Wind seine Klagen und sang, Täler, Wälder und Seen liebkosend.

So kam die Musik auf die Erde.
So lernte alles zu singen: der erwachende Tag, der träumende Mann, die wartende Mutter, das fließende Wasser und die Vögel in der Luft.
Seit damals ist das Leben voll Musik.

113. Die Einsetzung der Sabbatfeier

Genesis 2, 1–3

Luther-Übersetzung

Also ward volendet Himel und
Erden mit jrem gantzen Heer.

Vnd also volendet Gott am siebenden
tage seine Werck die er machet

vnd rugete am siebenden tage
von allen seinen Wercken die er machet.

Vnd segnete den siebenden tag
vnd heiliget jn
darumb das er an dem selben
geruget hatte von allen seinen Wercken
die Gott schuff vnd machet.

Buber-Rosenzweig-Übersetzung

Vollendet waren der Himmel und die
Erde, und all ihre Schar.

Vollendet hatte Gott am siebenten
Tag seine Arbeit, die er machte,

und feierte am siebenten Tag von
all seiner Arbeit, die er machte.

Gott segnete den siebenten Tag
und heiligte ihn,
denn an ihm feierte er
von all seiner Arbeit,
die machend Gott schuf.

114. Das Geschenk der Götter

Platon, Gesetze (Nomoi), 653 c-d

Übersetzung von Hieronymus Müller

So ordneten die Götter aus Mitleid
mit dem seiner Natur nach
drangsalsvollen Geschlechte der
Menschen
als Rast von diesen Drangsalen
den bei den Festen geschehenden
Wechselverkehr mit den Göttern an
und verliehen ihnen zu Festgenossen
die Musen,
den Musenführer Apollon und den
Dionysos,
damit sie ihn in Ordnung brächten,
ferner die Erziehung, die an den
Festen durch Hilfe der Götter
geschieht.

Übersetzung von Josef Pieper

Die Götter aber, sich erbarmend
über der Menschen
zur Arbeit geborenes Geschlecht,
haben ihnen,
zur Erquickung in der Mühsal,
die wiederkehrenden Götterfeiern
gesetzt
und ihnen zu Festgenossen
die Musen und
den Musenführer Apollon und den
Dionysos gegeben,
auf daß sie, sich nähernd im fest-
lichen Umgang mit den Göttern,
wieder Geradheit empfingen und
Richte.

115. Das Fest des ewigen Lebens

Johannes Tauler, Predigten, Nr. 12

Als ein Schüler des Meisters Eckehart (→57) und über Jahrhunderte weniger vergessen als dieser, lebte Johannes Tauler (um 1300–1361) überwiegend in Straßburg. „Das ewige Leben als höchstes Fest“ zu sehen, verkündet er in einer christlichen Tradition, die keine Festfeindlichkeit kennt und die in den Gleichnissen Jesu ihren Wurzelgrund hat.

Unser Herr sprach: „Geht ihr hinauf zum Fest; ich will jetzt nicht dorthin gehen; eure Zeit ist immer da; meine Zeit ist noch nicht gekommen.“ Was ist das für ein Fest, zu dem unser lieber Herr uns hinaufgehen heißt und dessen Zeit immer da ist? Das oberste und wahrste und allerletzte Fest ist das des ewigen Lebens, die ewige Seligkeit, da Gott in Wahrheit zugegen ist. Das kann hier nicht sein, aber das Fest, das wir hier feiern können, das ist von jenem ein Vorgeschmack, ein Gefühl inwendigen Genusses, inwendigen Fühlens der Gegenwart Gottes im Geist. Das ist die Zeit, die stets unser ist, daß wir Gott suchen und seine Gegenwart im Sinn haben in all unseren Werken, unserem Leben, unserem Wollen und Lieben. Und so sollen wir uns erheben über uns selber, und über alles, was nicht Gott ist, indem wir nur ihn wollen, nur ihn lieben und nichts anderes; diese Zeit ist stets unser.

Nach diesem wahren Fest des ewigen Lebens begehren nun alle Menschen von Natur, denn alle Menschen wollen von Natur aus selig werden. Aber dieses Verlangen genügt nicht; wir müssen Gott erstreben und suchen um seiner selbst willen. Und diesen Vorgeschmack von dem großen wahren Hochfest, denhätten auch viele Leute gerne, und sie klagen, daß er ihnen nicht zuteil werde. Und finden sie keine höchste Freude in ihrem Grunde, wenn sie beten, und fühlen sie auch Gottes Gegenwart nicht, so verdrießt sie das, und sie beten dann um so weniger oder um so unlieber und sagen, sie fühlten Gott nicht, darum verdrieße sie ihr Wirken und Beten. Das sollte der Mensch nicht tun: wir sollen darum kein Werk weniger eifrig tun, denn Gott ist dabei doch gegenwärtig; aber wenn wir es auch nicht fühlen, er kam doch heimlich zu dem Fest. Wo Gott sich aufhält, da ist in Wahrheit ein hohes Fest; und er kann das nicht unterlassen noch darauf verzichten; er muß notwendigerweise da sein, wo man ihn reinen Herzens erstrebt und ihn allein sucht, da muß er notwendig sein; ist er auch in verborgener Weise zugegen, er ist doch stets gegenwärtig.

116. Vorschlag, alle Feste abzuschaffen

Martin Luther (1483–1546) gründet seine Reformation auf das Wort der Schrift. Jeder soll die Bibel lesen können –, also muß er lesen können. Das fordert die intellektuelle Bildung des Einzelnen und fördert sie zugleich; es steht gegen die vitale kollektive Sinnenfreude des Kirchenvolkes, es bricht die Leibhaftigkeit des Symbols, des Kultes und des Festes. In „An den christlichen Adel deutscher Nation von des christlichen Standes Besserung" (1520) schreibt er:

Zum achtzehenten: Daß man alle Fest abetät und allein den Sonntag behielt. Wollt man aber je Unser Frauen und der großen Heiligen Fest halten, daß sie all auf den Sonntag wurden verlegt oder nur des Morgens zur Meß gehalten, darnach ließ den ganzen Tag Werkeltag sein. Ursach: Denn als nu der Mißbrauch mit Saufen, Spielen, Mußiggang und allerlei Sund gaht, so erzurnen wir mehr Gott auf die heiligen Tag denn auf die andern: Und sein ganz umkehret, daß heilig Tag nit heilig, Werkeltag heilig sein und Gott noch seinen Heiligen nit allein kein Dienst, sondern groß Unehre geschieht mit den vielen heiligen Tagen, wiewohl etlich tolle Prälaten meinen, wenn sie Sankt Ottilien, Sankt Barbaren und ein jeglicher nach seiner blinden Andacht ein Fest macht, hab gar ein gut Werk tan, so er viel ein bessers tät, wo er zu Ehren einer Heiligen aus einem heiligen Tag ein Werkeltag macht.
Dazu nimmt der gemein Mann zween leiblichen Schaden uber diesen geistlichen Schaden: Daß er an seiner Ärbeit versäumt wird, dazu mehr verzehret dann sonst, ja, auch seinen Leib schwächt und ungeschickt macht, wie wir das täglich sehen und doch niemand zu bessern gedenkt ...
Und zuvor sollte man die Kirchweihe ganz austilgen, seintemal sie nit anders sein dann rechte Tabern, Jahrmarkt und Spielhofe worden, nur zur Mehrung Gottes Unehre und der Seelen Unseligkeit. Es hilft nit, daß man will aufblasen, es hab ein guten Anfang und sei ein gut Werk. Hub doch Gott sein eigen Gesetz auf, das er vom Himmel herab geben hat, da es in ein Mißbrauch verkehret ward, und kehret noch täglich um, was er gesetzt, zubricht, was er gemacht hat, um desselben verkehreten Mißbrauchs willen, wie im 18. Psalm steht von ihm geschrieben: Du verkehrest dich mit den Verkehreten.

Initiationen

117. Einweihungsriten bei den Papua

Die Papua in Neuguinea umfassen eine Vielzahl von Rassen, Sprachgruppen und Stämmen. Vor wenigen Jahrzehnten von einer fast noch steinzeitlichen Kultur bestimmt, wurde den Sippenverbänden zugemutet, von Ahnenkult und Totemismus über zehntausend Jahre Entwicklung hinwegzuspringen und einen eigenen Staat zu begründen (1973).
Albert Maori Kiki, geboren 1931, hat seine Kindheit noch unter den Bedingungen einer Jahrtausende alten Stammeskultur verbracht. Begabung und Lerneifer führten ihn aber später in die koloniale Zivilisation. Er leistete Gewerkschaftsarbeit, wurde Sekretär der Pangu Pati (Partei der Eingeborenen) und ist heute Minister in der ersten Regierung des Landes Papua-Neuguinea.

Das erste Ritual bestand darin, daß wir in das maupa eravo eingeführt wurden. Ein wenig scheu betraten wir das große, festlich geschmückte Haus, das erfüllt war vom Lärm unzähliger Schwirrhölzer. Im Halbdunkel zeigte man uns eine unheimliche, in einen Sack gehüllte Gestalt, die sich auf dem Boden krümmte. Man sagte uns, das sei uvari, die Erdmutter, die Mutter allen Lebens. Nachdem wir unsere Härte bewiesen hatten, indem wir schwere Schläge unbewegt einsteckten, nahmen wir die reich geschmückten Pfeile und Bogen entgegen. Damit galten wir aber noch lange nicht als Männer, wir hatten nur den ersten Schritt in die Mannheit getan. Wir hatten nun das Recht zu kämpfen, und wir durften nicht mehr im uvi schlafen. Ich konnte jetzt an den Beratungen der jungen Männer im maupa eravo teilnehmen, die sich gewöhnlich um die von uns auszuführenden Arbeiten drehten. Wir rodeten den Busch, halfen beim Bauen oder beim Decken der Häuser, schafften neugezimmerte Kanus zum Fluß und dergleichen mehr. Wenn geheime Beratungen über Belange unserer Sippe stattfanden, dann durften auch wir mit in das hehe eravo, mußten uns aber im Hintergrund halten, wo jede Sippe einen kleinen Raum für sich hatte ...
Während wir für die zweite Stufe der Einweihung, das kovave-Fest, vorbereitet wurden, lernten wir die Mythen und Lieder des Stammes.
Ein kovave ist die erste Maske, die man einen jungen Mann tragen läßt. Wir durften nicht dabei sein, als die Masken gefertigt wurden, und so mußten wir aus dem maupa eravo in ein kleineres eravo ziehen, das eigens für uns gebaut war. Während wir dort lebten, halfen die älteren Burschen, die dieses Zeremoniell schon hinter sich hatten, den Männern, die kovave-Masken anzufertigen. Das ist eine heilige Handlung, und selbst beim Schneiden des Rohres müssen Zauber-

formeln gesprochen werden. Die Monate vor dem Fest vergehen in gespannter Erwartung. Die Frauen im Dorf sind emsig dabei, Sago für das große Fest vorzubereiten, aber wir dürfen nicht erfahren, welche Familie oder welche Sippe an unseren kovave-Masken arbeitet. Eine Maske zu erhalten, ist Ehre und Verpflichtung zugleich. Der die Einweihung empfängt, ist ein hare hare akore, das heißt, ein Junge, der ein Freund von kovave ist. Der hare hare akore übernimmt bindende Verpflichtungen gegenüber den Leuten, die ihm die Maske geben. Sie erwarten von ihm, daß er ihnen später bei der Gartenarbeit hilft und daß er sich um sie kümmert, wenn sie alt sind. Wer einem Jugendlichen eine kovave-Maske überläßt, beweist damit, daß er ihm vertraut. Und je größer die Zahl derer, die ihm so ihr Vertrauen bekunden, um so stolzer ist der Jugendliche am Tag seiner Einweihung. Ich erhielt acht kovave an meinem Einweihungstag.

Für meine Vorbereitungszeit bestellte mein Vater einen Führer, der mich durch die verschiedenen Proben leiten sollte. Nach dem Brauch muß er einer anderen Sippe angehören. Er hat es in dieser entscheidenden Zeit durchaus nicht leicht. Er darf viele Speisen nicht essen und muß sich lange des Geschlechtsverkehrs enthalten. Verstieß er gegen eines dieser Gebote, so hätte er mich während des Festes meiner Kraft beraubt, und auch wenn ein Führer Ehebruch begeht, wird sein Schützling, wie es heißt, nie ein richtiger Mann.

Der Führer arbeitete im geheimen an meiner Maske. Er kaute die Rinde eines heiligen Baumes, spie sie in die Maske und sprach dabei die Zauberworte:

> Zieh das Land zusammen von beiden Seiten,
> werde stark in der Mitte.
> Mavao – eine Frau reitet auf deinem Rücken.
> Mavao – ein Mädchen reitet auf deinem Rücken und wacht über dich.
> Du bist ein Vogel – alle kennen deine Geschichte.
> Zieh das Land zusammen von beiden Seiten,
> werde stark in der Mitte.

Der Sinn dieser Worte war, daß mir Kraft zufließen sollte vom Stamm meines Vaters und dem meiner Mutter, daß ich stark werden möge wie ein Baum, der in zweierlei Scholle seine Wurzeln hat. Mein Führer Mavao aber, der sich selber Frau und Mädchen nannte, würde mir beistehen und mich beschützen.

Als der große Tag kam, führte er mich auf einem schmalen Pfad in den Busch. Ein Fasttag hatte unsere Sinne geschärft. Wir wußten oder fühlten, daß etwas Unerwartetes, Schreckliches mit uns geschehen würde. Ich prüfte besorgt jeden Baum, konnte aber nichts entdecken. Plötzlich erhob sich von den Bäumen ringsum ein Rufen und Geschrei, und ehe ich mich's versah, hatte man mir von hinten die Maske aufgestülpt. Nun hätte ich zu dem Versammlungsort eilen müssen, einer Lichtung im Busch; weil ich aber besonders jung und klein war, wurde ich samt der Maske von meinem Führer und einem Onkel hingetragen. Dort warteten schon Hunderte von Leuten auf uns. Es gab ein schreckliches Gedränge, und das Blasen der Schneckentrompeten verlieh dem Ganzen etwas Übernatürliches.

Ich mußte in den Kreis treten und umherstolzieren, mich schütteln, mit meinem Stab fuchteln, um allen meine Manneskraft vor Augen zu führen. Jeder meiner Schritte, jede Bewegung sollte Kraft und Stärke ausweisen. Durch den Mund meiner Bambusmaske sah ich ganz deutlich meine Onkel, die wieder aus den Bergen zu uns gekommen waren. Sie weinten vor Ergriffenheit und riefen in ihrer Sprache: „Er ist ein Mann, ja, ein richtiger Mann." Dann gab man mir noch sieben andere Masken, die ich der Reihe nach tragen mußte. Als ich die Masken endlich ablegen durfte, überhäuften mich meine Onkel mit Geschenken und hüllten mich förmlich in Muscheln ein. Reicher geschmückt als alle anderen Jungen mußte ich nun vor die Versammlung treten. Jemand rief meinen Namen: Maori Kiki, und führte mich so in den Kreis der Männer ein. Dann wurden mir die Gesetze der Gemeinschaft verkündet:

Du sollst keines anderen Mannes Schwein töten mit dem Bogen,
den du von uns erhalten hast.
Du sollst keines anderen Mannes Weib berühren.
Du sollst nicht lügen.
Du sollst nicht stehlen im Garten eines anderen.
Du sollst deinen eigenen Garten bestellen.
Du sollst eine Ehe eingehen.
Du sollst eine Familie gründen.
Du sollst deinen Nächsten achten.
Du sollst deinen Platz in der Gemeinschaft kennen.
Du sollst ältere Verwandte lieben.

Sollte ich auch nur eines dieser Gesetze brechen, belehrte man mich, dann müßte ich sterben, und es gäbe keine Heimzahlung für meinen Tod. Nach all diesen Ermahnungen mußte ich vortreten und geloben, daß ich später, in meinen Mannesjahren, andere lehren würde, einen Garten zu bestellen, zu jagen, zu fischen und Rat zu halten.

Anderntags wurden uns diese Lehren nochmals eingeschärft, und dann wurden wir, die kovave-Maske auf dem Kopf, zum Strand geführt. Als wir uns dem Dorf näherten, mußten wir im seichten Wasser gehen, damit keine Spuren zurückblieben. Dann klopfte jemand auf den Boden und rief: „Lauft zu!" Da liefen wir zum Dorf hin, wo uns die Frauen mit Geschrei erwarteten oder sich auf den Boden warfen, damit wir über sie sprangen.

Die kovave-Zeremonie gipfelt in einem Fest, dem laụi huha. Für diesen Tag wurde die Mitte unseres Scheitels kahlgeschoren, und mein Vater und seine Angehörigen mußten zwölf Schweine schlachten und sie der Sippe meiner Mutter geben.

Die letzte Stufe der Einweihung, miro ava akore, habe ich selbst niemals mitgemacht. Mit ihr erst hätte ich die volle Mannesreife erlangt und damit das Recht, zu heiraten und das hehe eravo zu betreten. Aber als ich soweit war, war unser eravo niedergebrannt und der Brauch gebrochen. In diesem letzten Abschnitt leben die jungen Männer lange Zeit abgeschieden im eravo. Wenn sie hinausgehen, dann nur mit einer korbähnlichen Maske bedeckt, die bis zu den

Knöcheln reicht. Sie essen ganz bestimmte Speisen und nehmen manchmal Stäbchen zu Hilfe, wie die Chinesen. Sie lassen sich das Haar lang wachsen, und wenn sie zum erstenmal wieder unter Menschen gehen, warten schon die Mädchen auf sie und erwählen sich einen Mann. Am begehrtesten sind die Männer mit ganz langem Haar, denn das gilt nicht nur als schön, sondern soll auch von Kraft und Charakterstärke zeugen. Wem das Haar nicht wachsen will, den hält man für habgierig und selbstsüchtig, und er hat es schwer, eine Frau zu finden. In Orokolo suchen sich die Mädchen den Mann aus.

Sie treten vor ihn hin und sagen: „Dies sei mein Baum." Ein hübscher Kerl, der noch dazu langes Haar hat, kann, wenn er das eravo verläßt, auch von zwei oder drei Mädchen erwählt werden – und das Gesetz macht es ihm gar nicht leicht, ein Mädchen abzuweisen.

Die eindrucksvollste Zeremonie in Orokolo war das hevehe-Fest. Da wurden die riesigen hevehe-Masken ins Dorf gebracht, die viel sorgfältiger gearbeitet waren als die kovave. Sie wurden von den mai evera haele, den Männern mit kundiger Hand, angefertigt. Die Kunst, hevehe-Masken herzustellen, wurde nie gelehrt. Es gab keine Lehrzeit dafür, sondern ein paar ältere erfahrene Männer mit der „kundigen Hand" übernahmen es, sie zu machen. Diese Masken – sie konnten fünfzehn bis zwanzig Fuß hoch sein – bestanden aus einem Rohrgeflecht, das man mit tapa, d.h. einem Baststoff umhüllte. Der wurde dann mit Hilfe eines feinen und biegsamen Stäbchens bemustert und schließlich bemalt. An Farben gab es in Orokolo: schwarz, gewonnen aus Holzkohle, weiß, aus Kalk, rot, aus Ockererde, gelb, aus Tonerde und grau, aus Felsstaub.

Die Motive der einzelnen Masken stehen in Beziehung zu der betreffenden Sippe. Jede Maske muß ein getreues Abbild der beim letzten hevehe-Fest zerstörten Maske sein. Erst wenn alle älteren Männer sich darin einig waren, daß sie der früheren aufs Haar glich, durfte sie getragen werden. Manchmal ließen sie kleine Änderungen daran vornehmen.

Wenn die hevehe-Masken das eravo endlich verließen, führten sie einen Monat lang im Dorf Tänze auf. Am Ende des Festes mußten die Geister, die so lange unter uns geweilt hatten, wieder in ihre Geisterheimat zurückgetrieben werden. Dazu mußten die hevehe-Masken feierlich zerstört werden. Das oblag einem jungen Mann, der einen Pfeil auf den Anführer der Maskenträger abschoß und ihn „tötete". Danach wurden die Masken feierlich verbrannt und ihre Asche und alle Überreste vom hevehe-Fest ins Meer geworfen, wo der große Geist aller hevehe-Bewohner wohnt, der sie verschlingt.

Leider kam man kurz vor dem Krieg von diesem Brauch ab, und auch das kovave wurde vor etwa fünfundzwanzig Jahren aufgegeben. Meine eigene kovave-Einweihungsfeier war die vorletzte überhaupt.

Warum gaben meine Stammesbrüder diese Feste auf? Schuld daran sind sicher auch die Missionare. Sie sahen es natürlich nicht gern, wenn wir unsere Einweihungsbräuche pflegten, und wollten uns davon abbringen, aber damals war ihr Einfluß in Orokolo noch nicht sehr groß.

Ich glaube, daß die Besteuerung ein Hauptgrund war. Obwohl die Steuer

anfänglich nur zehn Schillinge pro Kopf betrug und erst später auf ein Pfund erhöht wurde, mußten die jungen Männer doch die Dörfer verlassen, um das Geld für sich und ihre Väter aufzubringen. Sie gingen nach Kerema oder nach Port Moresby und verdingten sich in einem Laden oder bei einem Weißen. Und während sie Geld verdienten, blieb niemand zurück, um an diesen Zeremonien teilzunehmen. Viele von den jungen Männern verloren auch das Interesse, als sie andere „überlegene" Lebensformen kennenlernten.
Meinen Landsleuten ist nicht bewußt, welche Gründe zur Abkehr von der einstigen Lebensweise führten. Einen Teil der Schuld geben sie Leuten wie mir. „Du hast die Lebensformen der Weißen angenommen", sagen mir die Alten. „Sieh dich doch nur an: Du setzt Fett an. Darf ein Mann aus Orokolo so aussehen?" Sie denken voller Wehmut an vergangene Zeiten, als die kovave-Masken noch ins Dorf stürmten und die Mädchen sich „ihren Baum" erwählten. Auch ich trauere um die vergangene Zeit. Wenn ich jetzt zurückdenke, scheint mir fast, daß wir damals gesünder und glücklicher waren. Ich entsinne mich eigentlich kaum eines Krankheitsfalles in Orokolo. Wir waren so gut wie nackt, aber unsere Körper waren geschmeidig und voller Kraft.
Gewiß, kein Brauch währt ewig, nirgendwo, und Orokolo ist keine Ausnahme. Dennoch fühle ich mich wie betrogen, weil ich nie das miro avo akore-Fest erlebt, nie im hehe eravo gesessen habe und kein Mädchen aus Orokolo mich zu „ihrem Baum" erwählt hat.

118. Einweihung in die Isis-Mysterien

In der hellenistisch-römischen Welt entwickelten sich Mysterienkulte, die allen Außenstehenden geheimgehalten wurden. Nur Eingeweihte bekamen Zugang zu den religiösen Feiern. Durch eine symbolische Handlung wurden sie in die Wirklichkeit der dargestellten Gottheit eingestaltet, wurden gleichsam die Gottheit selbst.
Seit dem 2. Jahrhundert v. Chr. war die Verehrung ägyptischer Gottheiten im römischen Reich populär geworden. Die Menschen dienten lieber einer göttlichen Mutter als einem göttlichen Vater und nahmen besonders bereitwillig den Kult der Isis an. Dadurch wurde Isis eine universale Gottheit. Apuleius (um 125–180; →6) gibt in seinen „Metamorphosen" (meistens unter dem Titel „Der goldene Esel" bekannt; ein Roman über die Erlebnisse des zeitweilig in einen Esel verwandelten Lucius) eine Darstellung der Einweihung in den Isis-Kult, die als zuverlässig gilt.

Höre denn und glaube, denn was ich erzähle, ist wahr. Ich kam nahe an die Grenze des Todes und betrat die Schwelle der Proserpina[1]. Ich wurde durch alle

[1] Proserpina: römische Göttin der Unterwelt.

Elemente getragen und kehrte zur Erde zurück. In tiefer Nacht sah ich die Sonne hell scheinen. Ich näherte mich den Göttern droben und drunten und diente ihnen von Angesicht zu Angesicht. Siehe, ich habe dir Dinge gesagt, die du nun gehört hast und doch nicht verstehen kannst. Deshalb will ich nur so viel erzählen, wie dem Verstande des Uneingeweihten, ohne eine Sünde zu begehen, mitgeteilt werden darf.
Sobald es Morgen wurde und die feierlichen Riten vollzogen waren, kam ich heraus, bekleidet mit den zwölf Gewändern des Eingeweihten, einem Aufzug, der wirklich höchst heilig ist, über den zu berichten jedoch kein heiliger Bann verbietet, zumal es zu jener Zeit viele waren, die ihn mich tragen sahen. Denn genau in der Mitte des Heiligtums, vor dem Bild der Göttin, war eine hölzerne Plattform, auf die zu treten ich geführt wurde, bekleidet mit einem Gewand, das, obwohl es nur aus Leinen war, durch seinen reich bestickten Schmuck die Blicke auf sich zog. Ein kostbarer Mantel hing von meinen Schultern abwärts bis zum Boden, und er war, wohin du auch immer blicktest, mit Tierfiguren in unterschiedlichsten Farben geschmückt. Darauf waren indische Drachen, hyperboreische Greifen, wie Vögel mit Flügeln versehen, aber einer anderen Welt entstammend. Das nennen die Eingeweihten das Himmelsgewand. In meiner rechten Hand hielt ich eine flammende Fackel, mein Kopf war mit einer Krone aus weißen Palmblättern geschmückt, die wie Strahlen ausgebreitet waren. Als ich so wie ein Bild der Sonne geschmückt und wie ein Götterbild aufgestellt war, wurde plötzlich der Vorhang hinweggerissen, und das Volk drängte sich, um mich zu sehen.

119. Die Stiertaufe der großen Mutter Kybele

Prudentius, Peristephanon, X, 1011–1050

Die Verehrung der Muttergottheit Kybele, ursprünglich in Kleinasien beheimatet, verbreitete sich ebenfalls im Römischen Reich. Im Jahre 204 v. Chr. – als der Zweite Punische Krieg Angst und Not mehrte – war ihr Kult in Rom eingeführt worden. Die Weihe vollzog sich durch ein sogenanntes Taurobolium, eine Art „Taufe" unter einem ausblutenden Stier. Der christliche Dichter Prudentius (348–405) schildert dieses Ritual aus ablehnender Distanz.

Der Hohepriester, der geweiht werden soll, wird hinab in eine tief ausgegrabene Grube gebracht, er ist prächtig geschmückt mit einem Haarband, das seine Schläfen wie ein Kranz umgibt, sein Haar ist unter einer goldenen Krone zurückgekämmt, und er trägt eine seidene Toga.
Darüber errichten sie einen Holzrost mit weiten Zwischenräumen, der aus netzartig zusammengefügten Bohlen besteht; dann trennen oder durchbohren

sie diese Fläche und durchstechen das Holz wiederholt mit einem spitzen Werkzeug, so daß es voll von kleinen Löchern erscheint.
Hierhin wird ein mächtiger Bulle von wildem und struppigem Aussehen gebracht; er ist mit Blumengirlanden festgebunden, seine Hörner sind umkleidet. Wahrhaftig, die Stirn des Opfers funkelt golden, und das Aufblitzen von Metallplatten färbt sein Haar.
Dem Ritus gemäß muß das Tier hier getötet werden, und sie durchstechen seine Brust mit einem heiligen Speer. Die aufklaffende Wunde läßt eine Welle heißen Blutes ausströmen, das sich dampfend auf den Holzrost darunter ergießt und weit verbreitet.
Dann regnet der Erguß durch die Tausende von Öffnungen in den Gittern hernieder wie ein ekelhafter Tau, den der in der Grube eingeschlossene Priester schamlos auffängt, indem er seinen Kopf unter alle Tropfen hält, die seine Kleidung und darunter seinen Körper beschmutzen.
Er wirft wahrhaftig sein Gesicht zurück, er bringt seine Wangen auf den Weg des Blutes, hält seine Ohren und Lippen darunter, ebenso seine Nasenlöcher, er wäscht selbst seine Augen mit dieser Flüssigkeit, und er läßt auch seine Kehle nicht aus, sondern befeuchtet seine Zunge und trinkt tatsächlich das dunkle Blut.
Nachher, wenn sie überzeugt sind, daß alles Blut herausgeflossen ist, tragen sie den toten Körper von dem Gitter hinweg, und der Hohepriester, fürchterlich in seinem Aussehen, kommt hervor und zeigt seinen nassen Kopf, seinen vom Blut schweren Bart, seine tropfenden Haarbänder und durchweichten Kleider.
Diesen Mann, der derart besudelt ist und ekelerregend durch das Blut des kürzlichen Opfers, begrüßen und verehren alle von weitem, denn gewöhnliches Blut und ein toter Ochse haben ihn in einer schmutzigen Grube gewaschen.

120. Der Kumang-Bund

Der Kumang-Bund ist eine Vereinigung der Alten. Als »alt« galt unter den Bosso (im Niger-Stromgebiet) freilich nicht erst der Greis, zumal die Lebenserwartung in den frühen Stammesordnungen geringer war als in nordischen Ländern. Ganz allgemein wurde man „ein Alter“ etwa mit 40 Jahren. Zu dieser Zeit war die Arbeitsperiode des Lebens beendet, und die Ära des Behaglichkeitskultes konnte beginnen. Wenn die Männer zu solcher Würde aufgestiegen waren, wurden sie in die dritte Altersklasse aufgenommen, die sich im Kumang-Bund darstellte.
Die Feste des Kumang-Bundes wurden alle sieben Jahre gefeiert. Frauen, Jugendliche und Männer durften dem Kreis der Alten niemals auch nur nahekommen, wenn dieser sein Fest beging. Wer in den Kumang-Bund aufgenommen werden wollte und die Zustimmung der Mitglieder erhielt, mußte einen schwarzen Stier und eine Kalebasse mit Hirsebrei stiften. Der Stier wurde dann auf eigenartige Weise geopfert, nämlich auf einen Palmbaum gezogen und dort oben getötet.

In alten Zeiten hatte der Kumang-Bund unbegrenzte Macht, die später von außen eingeschränkt wurde, weil bei den großen Kumang-Festen allzuviele Menschen starben. Denn im Kern der Sache ging es um einen weissagenden Tanz und ein soziales „Reinemachen": Der Tod ereilte nicht nur eine Reihe alter Kumang-Mitglieder, die sich zum Fest an einem geheimen Ort im Wald versammelten, sondern auch Bewohner der umliegenden Ortschaften. Leo Frobenius (→87) berichtet:

Sollte das siebenjährige Fest abgehalten werden, so sandte der Mare, der Leiter oder Verwahrer des Kumang, Boten an alle Mitglieder nach allen Richtungen. Jeder der Alten rüstete dann sein Festkleid, das aus gelbem Stoff gefertigt war und aus Hose, Überhang und Mütze bestand. Die Mütze war in Reihen mit lauter Amuletten bedeckt. Außerdem hatte jeder seinen zeremoniellen und würdigen Fliegenwedel, einen Ochsenschwanz, der mit rotem Kopfe und einer Kette geziert war. Die Kette ward über den Arm gestreift, so daß der Wedel, wenn nicht bewegt, wie ein Fächer herabhing. Außerdem brachte jeder noch seine Gabe für die Sitzung mit; das waren Schlachttiere und berauschende Getränke. So ausgerüstet machte er sich auf den Weg zum Sitzungsplatz.
Der Mare, der Verwalter und Leiter der ganzen Veranstaltung, hatte inzwischen den Platz neu hergerichtet, der den Gelagen und Tänzen diente. Er selbst nahm auf einer Menschenhaut Platz, und zwar auf der Haut eines Albino, über die das Fell eines schwarzen Schafbockes ausgebreitet war. Darauf kam nun einer der Alten nach dem andern, begrüßte den Mare und lieferte seine Gaben ab. Auch war jeder so vorsichtig, seine magischen Mittel mitzubringen und bereitzuhalten. Die Alten ließen sich um den Mare herum nieder, und nun wurde beschlossen, die Speisebereitung besorgt und dann geschmaust und gezecht. Sieben Tage währte das Gelage, und während dieser siebentägigen Schlemmerzeit war noch nichts von den eigentlichen Masken des Kumang zu sehen. Ich irre aber wohl nicht, wenn ich die verschiedenen nicht ganz klaren Angaben meiner Berichterstatter dahin deute, daß man sich während dieser sieben Tage schon darüber einigte, wer etwa hinweggeräumt werden sollte, oder wie diese Volksangelegenheit durch Eingriff des Kumang am besten zu regeln sei. An einem Mittwoch wurde die siebentägige Schlemmerei abgeschlossen, und dann legte jeder Alte sein gelbes Staatskleid an, um sich würdig auf das Kommende vorzubereiten.
Auf dem Zusammenkunftsplatze ragte ein Jagobaum empor. Der Jagobaum galt als Muster des Kumang. Aus seinem Holze wurde die Maske des Bundes geschnitzt. An dem Fuße dieses Baumes war auf Anordnung des Mare eine Grube ausgehoben worden, in der war der Kumang mit Maske und Federkleid untergebracht. An dem bedeutsamen Mittwoch stieg er etwa gegen drei Uhr zum Tageslicht empor. Zuerst wurden Opfergaben an Kola, Mehl, Blut der geschlachteten Ochsen und auch von den magischen Mitteln daraufgeworfen, und dann begann der Kumang-Sänger, der Vorsitzende des Mahles, sein feierliches und heiliges Lied zu singen. Der Text begann mit den Worten: „Loch, Kumang, daneben Baum, (eine) Blüte blüht ab, (eine) Blüte knospt." –

Während das gesungen wurde, regte es sich im Loch, und langsam erhob sich die Federmaske in der Grube. Die Kumang-Maske begann zu schreien. Der Kumang begann einige Worte zu singen, und die Leute im Kreise antworteten. Die Alten saßen nämlich zunächst in einem Kreise, das Gesicht alle nach innen, den Rücken nach außen gewendet. Sie klatschten zum Tanze der Maske in die Hände, aber keiner durfte sich bei Todesstrafe umsehen. Um diesen Kreis tanzte inzwischen der Kumang. Aber jetzt schon starben der eine oder der andere unter dem gewaltigen Andrängen der richtenden Macht, die dem Kumang innewohnte.
Der Kumang selbst war erst klein wie ein Kind von zehn Jahren, dann aber wuchs die Maskengestalt mächtig empor zur Höhe der Palmbäume. Er wechselte beim Rundtanze beständig die Größe, die Form, die Geste, wie ich das selbst in Kumi sehen und Nansen, mein Zeichner, es skizzieren konnte. Er rückte empor und sank zusammen. Er wechselte die Form seines Federkleides und schien bald größer, bald kleiner, bald weißer, bald grauer. Er tanzte schon an diesem Mittwoch, dem ersten Tage seines Auftretens, bis in die Nacht hinein, und nachdem die erste Reigenlinie um den Kreis der Vertreter gezogen war, traten diese auseinander, und jeder hatte nun das Recht, nach der Zukunft dieser oder jener Sache zu fragen, nach dem Schicksal dieses oder jenes Menschen. Und der Kumang erteilte Antwort und Auskunft über alles, was in den sieben Jahren bis zum nächsten Feste vorkommen würde.
Man konnte fragen und war sicher, daß die Maske über alles Auskunft gab: über Krankheit, Tod, Besitz und Wohlfahrt, Aufkommen und Niedergang der Familien, ja die einzelnen Angehörigen der verschiedenen Berufe erhielten Bescheid und vielfach Ratschlag, Jäger und Fischer, Ackerbauer und Viehzüchter. Das währte drei Tage lang hintereinander, einen Mittwoch, Donnerstag und Freitag. Und an diesem Freitag sagte die Maskengestalt endlich zum Schlusse dem Mare, dem Verwalter und Leiter des Kumang-Bundes, ob er noch bis zur nächsten Tagung, also noch sieben Jahre, leben würde. Er wurde aufgefordert, nach Hause zu gehen, das Kleid abzulegen und es einem Manne zu übergeben, den der Kumang gleichzeitig als Nachfolger ernannte. Das war das letzte wichtige Ereignis, das während der Tagung des Kumang vorkam ...
Man geht natürlich nicht fehl, wenn man annimmt, daß diese Todesernte eine Folge der während der ersten sieben Tage des Gelages stattgefundenen Altenbesprechung gewesen sei.

Ein Festreigen

121. Das Verschenk-Fest

Lame Deer (→1) erzählt von den Give-away-Festen der Sioux-Indianer: „Bei diesen Festen gab man alles her, sogar das Hemd auf dem Leib. Das war nicht nur ein bloßes Dahergerede wie bei den Weißen, wir taten es wirklich. Man teilte aus, bis es schmerzte, bis nichts mehr da war zum Herschenken."

Wir halten fest an otuhan, unserem Verschenkfest, denn es hilft uns, Indianer zu bleiben. Alle großen Ereignisse in unserem Leben – Geburt und Tod, Freude und Trauer – können Anlaß für ein Give-away sein. Wir halten nichts vom plötzlichen Reichtum einer Familie durch Erbschaft. Es ist besser, die Besitztümer eines toten Menschen werden hergegeben. Auf diese Weise wird er, oder sie, den anderen immer im Gedächtnis sein.
Wenn ein Mann seine Frau verliert, kommen seine Freunde und helfen ihm weinen. Er weint vier Tage, aber keinen Tag länger, denn das Leben muß weitergehen, und wenn er zuviel weint, geben ihm die Geister noch einen Extragrund zum Weinen. Es ist noch nicht lange her, da sah ich eine alte Frau, die sich aus Trauer um ihren toten Enkel auf die alte Weise das Haar kurz geschnitten hatte. Nach vier Tagen räumten sie und ihr Mann das ganze Haus leer. Sie gaben das große Klavier her, den Fernseher, sogar ihr Bett. Sie saßen auf dem nackten Boden und riefen den Leuten zu, die ihnen die Ehre erwiesen: „Sag, Bruder, Schwester, brauchst du irgend etwas? Wenn du es brauchen kannst, nimm es." Als der Tag zu Ende ging, waren nur mehr die weißen Wände übrig. Freunde gaben ihnen ein neues Bett. Wopila – eine Danksagung für etwas Gutes, das einem widerfahren ist – ist ebenfalls ein Grund, um Sachen zu verschenken.

122. Der Sonnentanz

Die Feier des Sonnentanzes hat teil an der allgemeinen Weltbild-Symbolik der Sioux, wie Schwarzer Hirsch (→81) bestätigt: „Ich muß euch hier erklären, daß wir in Wirklichkeit ein Abbild des Weltalls herstellen, wenn wir die Sonnentanzhütte aufbauen; denn seht, jeder die Hütte einfassenden Pfosten stellt ein bestimmtes Wesen der Schöpfung dar, so daß der ganze Kreis die gesamte

Schöpfung ist, und der eine Baum in der Mitte, auf dem die 28 Stangen ruhen, ist Wakan Tanka (→49), der die Mitte von jedem Ding ist."
Seinen Ursprung hat der Sonnentanz bei den Cheyenne-Arapaho. Der Name ist eine von bestimmten Sioux-Bräuchen abgeleitete Fehlbezeichnung; in Wirklichkeit handelt es sich um eine Geburtsfeier der Erde: Der gewaltige Mittelpfahl ist der Weltenbaum, alle weiteren Pfosten und Stangen verweisen auf die Weltachsen und symbolisieren das Welthaus insgesamt (→82).

In der Mitte des Monats, der fett macht (Juni), begab sich das ganze Dorf eine Strecke flußaufwärts nach einem Platz, der für einen Sonnentanz wie geschaffen war. Das Tal war hier weit und flach; wir lagerten in einem großen Langrund, das ein Fluß durchzog, und in der Mitte errichteten sie in Kreisform aus Zweigen die Laube für die Tänzer, mit der Öffnung gegen Osten, von wo das Licht kommt. Wächter wurden auf allen Seiten aufgestellt, um den heiligen Ort zu bewachen. Sitzender Stier, zu jener Zeit der größte Medizinmann unseres Volkes, hatte diesen Tanz durchzuführen, der das Volk reinigen und ihm Kraft und Ausdauer verleihen sollte. Er wurde im Monat des Gedeihens abgehalten, weil das die Zeit ist, da die Sonne am höchsten steht und die Gewalt des Wachstums in der Welt am stärksten ist. Ich will erzählen, wie er vollzogen wurde.
Zuerst wurde ein heiliger Mann ganz allein ausgeschickt, um den Uagatschun zu suchen, der in der Mitte des Tanzplatzes stehen sollte. Niemand wagte es, ihm zu folgen, um zu sehen, was er tat, oder die heiligen Worte anzuhören, die er sprechen würde. Und wenn er den richtigen Baum gefunden hatte, dann teilte er dies den Leuten mit, und sie kamen singend und ganz mit Blumen bedeckt. Waren sie um den heiligen Baum versammelt, dann umtanzten ihn einige Frauen, die guter Hoffnung waren, weil der Geist der Sonne alle Fruchtbarkeit liebt. Hierauf kam ein Krieger, der in diesem selben Sommer eine mutige Tat getan, um den Baum zu fällen, wobei er jeden Schlag zählte; war das geschehen, dann hatte er an diejenigen Leute, die am wenigsten besaßen, Gaben zu verteilen, und je tapferer er war, um so mehr gab er hin.
Danach kamen junge Mädchen unter Gesang heran, mit scharfen Äxten in den Händen; und sie mußten so trefflich und unbescholten sein, daß niemand etwas gegen sie sagen konnte, und kein Mann durfte sie gekannt haben; und jeder, der über eine von ihnen etwas Schlechtes wußte, hatte die Pflicht, dies dort offen und vor allen Leuten zu berichten und zu beweisen. Doch wenn einer etwa log, so war das für ihn sehr schlimm. Die Mädchen schälten des Baumes Rinde ab und schnitten seine Äste weg. Die Häuptlinge, die Söhne von Häuptlingen waren, führten den heiligen Baum an unseren Ort, wobei sie unterwegs viermal anhielten, für jede Jahreszeit einmal; und für jede Jahreszeit sagten sie Dank. Wenn dann der heilige Baum nach Hause gebracht worden, doch noch nicht in der Mitte aufgerichtet stand, versammelten sich Krieger zu Pferd um die Mitte des Dorfes, und auf ein Zeichen jagten sie alle auf die Stelle los, wo der Baum stehen würde, und jeder versuchte, den Flecken als erster zu berühren; und wer der erste war, der konnte in diesem Jahr im Krieg nicht umkommen...

Später gab es eine große Mahlzeit und für jedermann tüchtig zu essen und einen ausgiebigen Tanz, ganz so als hätten sie einen Sieg errungen.
Am folgenden Tage wurde der Baum von heiligen Männern, welche heilige Lieder sangen und dem Geist heilige Gelöbnisse hersagten, in die Mitte eingepflanzt. Am nächsten Morgen brachten stillende Mütter ihre heiligen Kleinen, um sie zu Füßen des Baumes niederzulegen, auf daß die Söhne tapfere Männer und die Töchter die Mütter tapferer Männer würden. Die heiligen Männer durchbohrten den Kleinen die Ohren, und für jede Durchbohrung schenkten die Eltern ein Pony an einen, der in Not war.
Am nächsten Tage begann das Tanzen, und diejenigen, welche daran teilnehmen sollten, waren gebührend vorbereitet, denn sie hatten gefastet, sich in den Schwitzhäusern gereinigt und dann gebetet. Zuerst wurden sie am Körper von den heiligen Männern bemalt. Darauf legte sich jeder einzeln unter dem heiligen Baum nieder, als sei er tot, und der heilige Mann kam und schnitt von dem Fleisch seiner Brust oder seines Rückens einen Streifen los, derart, daß ein Riemen aus ungegerbter Haut, der am obern Ende des Baumes befestigt war, durch das Fleisch gezogen und festgeknüpft werden konnte. Dann erhob sich der Mann zum Schall der Trommel und zog solange an den Riemen, wie er den Schmerz aushalten konnte oder bis das Fleisch riß.

123. Das Sonnenfest

Der Chronist Garcilaso de la Vega „el Inca" (1540–1616) beschreibt das höchste Fest des Inka-Reiches. Seine Mutter war eine Inka-Prinzessin, Enkelin des Inka-Kaisers Tupac (und Urenkelin des großen Inka Pachacuti), sein Vater ein Conquistador aus spanischem Adel. Da Garcilaso erst 1540 in Cuzco geboren wurde, hat er das Sonnenfest wohl kaum noch aus eigener Anschauung erlebt, da die spanischen Eroberer die überlieferte Religion der Inkas gleich unterdrückten. Wie seine Chronik „Comentarios Reales de los Incas" zeigt, hat er viel von der Mutter und den älteren Verwandten mütterlicherseits über die Inka-Vergangenheit erfahren.

Unter vier Festen, die die Inka in der Stadt Cuzco feierten, war das feierlichste das Fest der Sonne im Monat Juni, das sie Intip Raîmi nannten. Das soll „feierliches Fest der Sonne" heißen ...
Mit diesem Fest feierten sie die Sommersonnenwende.
Sie brachten es der Sonne dar, um sie als ihre höchste, einzige und allumfassende Gottheit zu verehren, die mit ihrem Licht und ihrer Heilkraft alle Dinge der Erde schuf und erhält. Sie glaubten, daß sie der natürliche Vater des ersten Inka Manco Capac und der Coya Mama Occlo Huaco sei und auch der Erzeuger aller Könige und deren Söhne und Nachkommen, die auf die Erde gesandt worden

seien zum allgemeinen Nutzen der Menschen. Aus diesen Gründen, so sagten sie, sei das Fest so überaus feierlich.

Zu dem Fest fanden sich die wichtigsten Leute des Reiches ein: alle führenden, schon in den Ruhestand versetzten Kriegshauptleute und auch die Offiziere, die zur Zeit nicht im Heer benötigt wurden, und alle Curacas, die Herren Vasallen des ganzen Reiches. Sie kamen nicht aufgrund eines Befehls, der sie zu erscheinen gezwungen hätte, sondern weil sie sich freuten, an den Feierlichkeiten eines so großen Festes teilzunehmen. Und weil es die Anbetung ihres Sonnengottes und die Verehrung des Inka, ihres Königs, zum Anlaß hatte, gab es niemanden, der nicht daran teilgenommen hätte.

Wenn die Curacas nicht kommen konnten, weil sie durch Alter oder Krankheit oder wichtige Geschäfte im Dienste des Königs verhindert waren oder wegen der großen Entfernung nicht kommen konnten, schickten sie ihre Söhne und Brüder, begleitet von den Edelsten der Verwandtschaft, damit sie in ihrem Namen an dem Fest teilnähmen, auf dem sich der Inka persönlich befand, sofern er nicht gerade an einem Krieg teilnahm oder das Reich bereiste.

Der König führte die wichtigsten Zeremonien als höchster Priester aus, obwohl er immer einen Oberpriester aus seinem eigenen Blut besaß, denn dieser mußte Bruder oder Onkel des Inka sein. Aber auf diesem Fest, da es das besondere Fest der Sonne war, führte der König als erstgeborener Sohn der Sonne die Zeremonien selbst aus. Ihm kam es zuallererst und hauptsächlich zu, das Fest der Sonne zu feiern.

Die Curacas kamen in ihrem schönsten Festschmuck, den sie selbst entworfen hatten: Einige trugen die Kleider mit Gold und Silber beschlagen und Girlanden des gleichen Metalls auf den Köpfen über ihren Frisuren. Andere kamen so, wie man Herkules darstellt: in ein Löwenfell gekleidet und den Kopf in dessen Kopf geschoben, denn jene Curacas brüsteten sich, von einem Löwen abzustammen. Mit einer strengen Fastenzeit, die drei Tage dauerte, bereiteten sich alle auf das Sonnenfest vor.

Während dieser Zeit aßen sie nur etwas weißen und rohen Mais und ein paar Kräuter, die sie Chucam nennen, und tranken nur klares Wasser. Während dieser drei Tage entzündeten sie auch kein Feuer in der ganzen Stadt.

Wenn die Fastenzeit in der Nacht vor dem Fest zu Ende ging, begannen die Inkapriester, die mit der Gestaltung der Opferfeier beauftragt waren, die Hammel und Lämmer für die Opferung und auch die Eßwaren und Getränke, die sie der Sonne anzubieten hatten, vorzubereiten. Alles das war für die Leute bestimmt, die zu dem Fest gekommen waren, denn die Gaben mußten für das ganze Volk reichen, nicht nur für die Curacas und Gesandten, sondern auch für die Verwandten, Vasallen und Diener.

Die Frauen der Sonne begannen in dieser Nacht eine große Menge von Maisteig herzustellen, den sie Sancu nennen. Sie formten daraus runde Brötchen in der Größe eines gewöhnlichen Apfels. Und es ist zu bemerken, daß diese Indios nie ihr Getreide zu Teig und dann zu Brot verarbeiteten, außer bei diesem Fest und einem anderen, das sie Citua nennen. Sie aßen das Brot auch nicht zur gesamten

Mahlzeit, sondern nur zwei oder drei Bissen zu Beginn. Ihr gewöhnliches Essen anstelle des Brotes sind gekochte oder geröstete Maiskörner.
Das Mehl für dieses Brot, vor allem das, welches der Inka und die Personen seines königlichen Blutes essen sollten, wurde von ausgesuchten Jungfrauen gemahlen und zu Teig verknetet, von Frauen der Sonne, und diese kochten auch die Speisen für das Fest, denn das Mahl glich mehr einem Bankett, das die Sonne ihren Kindern gab. Und deswegen bereiteten die Frauen das Mahl, da sie Frauen waren, die der Sonne angehörten.
Für die übrigen, gewöhnlicheren Leute bereitete eine unzählige Menge anderer Frauen, die für diese Arbeit abgeordnet worden waren, das Brot und kochte die Speisen. Aber das Brot bereiteten sie, obwohl es für die Allgemeinheit bestimmt war, mit Sorgfalt und Aufmerksamkeit zu und achteten darauf, daß wenigstens das Mehl von vornehmeren Jungfrauen gemahlen wurde, denn dieses Brot hielten sie für heilig, und es war nicht erlaubt, es während des Jahres zu essen, sondern nur zur Gelegenheit dieses Festes, das das Fest ihrer Feste war.

124. Memento mori

Herodot, Historien II, 78 (→154)

Bei fröhlichen Zusammenkünften trägt ein Mann, wenn sie (die Ägypter) die Mahlzeit halten, in einem Sarg einen aus Holz geschnitzten Toten herum, welcher durch die Malerei und Bildung demselben sehr ähnlich und eine oder zwei Ellen lang ist. Er zeigt denselben einem jeden Gast mit den Worten: „Indem du diesen ansiehst, trink und sei lustig; denn nach dem Tod wirst du ebenso aussehen." Das ist ihre Gewohnheit bei den Gastereien. Sie beobachten aber nur die eigenen Volkssitten und nehmen keine anderen an.

125. Das Hochzeitsgeschenk

Eine chinesische Geschichte erzählt, wie jedes Fest von der inneren Gesinnung seiner Teilnehmer lebt, sofern es stattfinden soll.

Die Brautleute hatten nicht viel Geld, waren aber doch der Meinung, daß viele Menschen mitfeiern sollten. Geteilte Freude ist doppelte Freude, dachten sie. Es sollte ein großes Fest werden, mit vielen Gästen. Auch wenn sie selbst wenig besaßen, sollte doch ihre Freude ansteckend sein und allen Trübsinn überwinden. Also baten sie ihre Gäste, jeder möge zum Fest ein Maß Wein mitbringen. Am Eingang würde ein großes Faß stehen, in das alle ihren Wein gießen

könnten. So solle jeder die Gabe des anderen trinken, und alle sollten mit allen froh und ausgelassen sein.
Als nun das Fest eröffnet wurde, schöpften alle aus dem großen Faß. Doch wie groß war das Erschrecken der Gastgeber und ihrer Gäste, als sie merkten, daß nur Wasser in den Trinkbechern war. Versteinert starrten sie sich an, als ihnen bewußt wurde, was geschehen war, daß eben jeder gedacht hatte: Den einen Krug Wasser, den ich hineingieße, wird niemand schmecken. Nun wußten sie, daß jeder so gedacht hatte: Heute will ich auf Kosten anderer feiern.
Unsicherheit und Scham erfaßte alle, und als um Mitternacht das Flötenspiel verstummte, ging jedermann schweigend nach Hause und wußte: Das Fest hat nicht stattgefunden.

126. Der Tanz der Derwische

Der junge Engländer Reshad Feild folgt den Weisungen eines Türken, die ihn auf die Wege des Ordens der tanzenden Derwische und seines Begründers, Dschela-leddin Rūmī (→209), in das Hochland von Anatolien bis zu dessen Grab nach Konya führen. Dort gewinnt er Einlaß in eine Zusammenkunft des Ordens der tanzenden Derwische.
Die islamische Orthodoxie war gegen alle Art von Musik eingestellt, und selbst die Handbücher des Sufismus (→208–212) erörtern lang und breit, ob Musik und Wirbeltanz gestattet seien oder nicht. Schon Rūmī erlebte diese Kontroverse. Für ihn war der Reigen ein Fenster, eine Himmelsleiter, um ihn wieder zurückzubringen in das verlorene Paradies der unmittelbaren Gottesnähe.

Er begann einen Sprechgesang, mit einer sonderbar dünnen und näselnden Stimme. Die lautstarke Entgegnung der übrigen Männer schuf einen seltsamen Kontrast. Ich konnte die Worte, die er sang, nicht verstehen, doch immer wenn er innehielt, antworteten die Männer mit „Hu-Allah, Hu-Allah". Bald wurde ein großes Tamburin hervorgeholt, und einige der Derwische begannen rhythmisch zu klatschen, sich dabei im Takt hin und her wiegend. Die beiden Männer, zwischen denen ich saß, ergriffen meine Hände. Es war zu spät, zu unterbrechen und zu fragen, was hier vor sich ging. Ich wurde hineingesogen in den Rhythmus, und bald fiel ich in ihre Antwort ein. Der Rhythmus wurde stärker und schneller, und jetzt hielten sich alle bei den Händen und schwangen vor und zurück. Die bisher auf den Stühlen und dem Sofa gesessen hatten, knieten nun auf dem Boden, und dem Tamburinspieler hatte sich ein zweiter Musiker angeschlossen, der auf einer langen Bambusflöte spielte ...
Nach einer Weile schlug er mit der flachen Hand auf den Boden. Sogleich begannen alle, „Allah, Allah" zu singen. Ein junger Mann stellte sich in die Mitte des Kreises ...

Dann begann er sich zu drehen, noch langsam zunächst, die Arme über der Brust gekreuzt. Ganz allmählich wurden seine Drehungen schneller; sobald er seine Arme ausbreitete, beschleunigte sich der Rhythmus immer mehr, das Trommeln wurde immer intensiver. Ich hatte eine schwere Wolljacke an, der Schweiß lief mir in Strömen. Das Knien war höchst unbequem, ich hatte Krämpfe in den Beinen. Am liebsten hätte ich aufgehört, aber die Männer neben mir zogen mich mit dem Rhythmus vor und zurück, bis ich jedes Gefühl für meinen Körper verlor. Ich hörte nur noch den Ruf „Allah" in mir widerhallen, ich sah nur noch Licht, das überall verströmte. Der wirbelnde Derwisch hielt sich vollkommen im Gleichgewicht, sein Kopf war leicht nach links zurückgeneigt. Manchmal stieß er einen Schrei aus. Ich hatte das Gefühl, daß ich in jedem Moment das Bewußtsein verlieren könnte und nichts mehr übrigbleiben würde als der Klang des Wortes und dieses Licht, das immer noch stärker wurde. Doch dann, im Höhepunkt der Intensität, hielt der Derwisch ganz plötzlich in seiner wirbelnden Bewegung inne. Ihm schien überhaupt nicht schwindlig zu sein. Er machte einfach halt, kreuzte seine Arme über der Brust und verneigte sich tief. Das Trommeln hörte auf, das dhikr verstummte, und die Männer neben mir küßten meine Hände. Der ganze Raum vibrierte vor Liebe und Freude, es war, als sähen sich alle nach einer langen Trennung wieder.

VII. Auf der Rückseite des Geistes

Der magische Flug

127. Schamanenreise

„Himmelfahrt" und „Flug" gehören zu einer Erfahrung, die in der gesamten primitiven Menschheit bezeugt wird. Der „Flug" drückt anschaulich die Fähigkeit besonders geeigneter Menschen aus, willentlich den Körper zu verlassen und „im Geist" durch die drei kosmischen Bereiche zu reisen. In primitiven Gesellschaften ist vorrangig der Schamane zu diesem magischen Flug befähigt. Er unternimmt den „Flug", d.h. er verursacht eine Ekstase, um etwa die Seele eines Kranken zu suchen, von der man annimmt, daß sie sich verirrt haben könnte oder von Dämonen geraubt worden sei. Ein anderer Anlaß kann sein, die Seele eines Toten zu ihrer neuen Wohnstätte zu geleiten. Schließlich genügt auch die Absicht des Schamanen, aus eigenem geistigen Bedürfnis den ekstatischen Flug anzutreten. Der schamanische Flug ist offensichtlich mit einem rituellen Tod gleichbedeutend: „Die Seele verläßt den Körper und entfließt in die Lebenden unzugänglichen Sphären. Durch seine Ekstase wird der Schamane den Göttern, Toten und Geistern gleich: Die Fähigkeit zu ‚sterben' und ‚aufzuerstehen', d.h. willentlich den Körper zu verlassen und wieder anzunehmen, ist das Kennzeichen, daß er die menschliche Seinsweise überstiegen hat" (Mircea Eliade).

Will ein Schamane Takánakapsâluk besuchen, so sitzt er auf der Schlafstelle hinter einem Vorhang, und er darf dabei nichts weiter auf dem Leib tragen als seine Kamikker (Stiefel aus Seehundfell) und Fausthandschuhe. Einen Schamanen, der sich auf diese Reise vorbereitet, nennt man „einen, der auf den Grund des Meeres hinunterfällt". Dieser bemerkenswerte Ausdruck ist vielleicht teilweise darauf zurückzuführen, daß niemand wirklich weiß, wie diese Reise tatsächlich stattfindet. Einige behaupten, nur die Seele oder der Geist gehe auf die Reise, aber andere erklären, es sei der Schamane selbst, mit Fleisch und Blut, der in die Unterwelt hinabsteige.
Eine einzelne Person (die den Schamanen für seine Mühe entlohnt) kann Grund für die Reise sein; vielleicht gibt es in der Familie dieses Menschen eine scheinbar unheilbare Krankheit, oder er ist bei der Jagd besonders erfolglos gewesen. Es kann aber auch für ein ganzes Dorf geschehen, das von Hunger und Tod bedroht ist, weil die Jäger kein jagdbares Wild mehr finden. Wenn dieser Fall eintritt, versammeln sich alle erwachsenen Mitglieder der Gemeinschaft in dem Haus, von wo aus der Schamane aufbricht. Sobald er die richtige Stellung eingenommen hat – im Winter auf dem Boden aus festgestampftem Schnee, im Sommer auf der bloßen Erde –, müssen die anwesenden Frauen und Männer

alles Beengende an ihrer Kleidung, die Schnallen ihres Schuhwerks und den Hosenbund lösen und dann mit geschlossenen Augen still sitzenbleiben; alle Lampen sind gelöscht oder brennen mit so kleiner Flamme, daß der Raum praktisch dunkel ist.

Der Schamane sitzt eine Zeitlang schweigend und tief atmend, und nach einer Weile beginnt er, die helfenden Geister anzurufen; dabei spricht er immer wieder den Satz: „Der Weg ist für mich bereitet, der Weg öffnet sich vor mir", und darauf müssen alle im Chor antworten: „So sei es!"

Wenn die hilfreichen Geister ankommen, öffnet sich die Erde unter dem Schamanen; meist aber schließt sie sich sofort wieder, und der Schamane muß lange Zeit gegen verborgene Mächte kämpfen, ehe er endlich rufen kann: „Jetzt ist der Weg offen!" Alle Anwesenden müssen antworten: „Möge der Weg für ihn offen sein; möge er freie Bahn haben."

Und jetzt hört man, zuerst unter dem Schlafplatz: „Halala-he-he-he, halal-he-he-he!" und danach unter dem Gang, aus der Erde wieder: „Halele-he!" Deutlich hört man, wie der Ruf sich weiter und immer weiter entfernt, bis er sich endlich verliert, und alle wissen jetzt, daß der Schamane auf dem Weg zum Herrscher der Seetiere ist.

In der Zwischenzeit singen die Mitglieder des Haushalts im Chor, und dabei kann es geschehen, daß die zurückgebliebenen Kleider des Schamanen lebendig werden und über den Köpfen der Sänger, die mit geschlossenen Augen dasitzen, im Haus herumfliegen. Man hört die Seufzer und das Atmen von längst Verstorbenen; es sind die Seelen der Namensvettern des Schamanen, die zu Hilfe gekommen sind. Ruft man sie jedoch mit dem Namen an, so verschwindet das Seufzen, und alles ist still im Haus, bis eine andere tote Seele zu seufzen beginnt.

In dem dunklen Haus hört man nur das Seufzen und Stöhnen der Toten, die vor vielen Generationen gelebt haben. Dieses Seufzen und Schnaufen erweckt den Anschein, als seien die Seelen wie Meerestiere im Wasser, und zwischen all diesen Geräuschen hört man das Platschen von Lebewesen, die zum Atmen an die Oberfläche kommen.

128. Hexenflug

Das Motiv des „Fliegens" ist auf allen archaischen Kulturstufen bezeugt und begegnet auch in der christlich-europäischen Geschichte. Es ging den „nachtfahrenden Weibern" allemale um eine Durchbrechung der alltäglichen Erfahrungswelt. Solange nur das „Wirklichkeit" ist, was jedermann für die Wirklichkeit hält, bleibt man in gesellschaftlicher Dummheit gefangen. Durch den „Flug" soll diese gesellschaftliche Konstruktion der Wirklichkeit durchbrochen und eine höchste Freiheit erreicht werden.

Die Nachtfahrenden

Die Kunde von den sogenannten Nachtfahrenden hat die Gesellschaft natürlich immer bewegt und zu allerlei Deutungen veranlaßt. So den bekannten Fastenprediger Johann Geiler von Kaiserberg im Jahre 1508, der in Straßburg von der Kanzel verkündigte:

„Nun fragestu: Was sagstu uns aber von den weibern, die zu nacht faren und so si zusamen kumen? Du fragest, ob ettwas daran sei. Wen sie faren in fraw Venusberck, oder die hexen, wenn sie also hin und her faren, faren sie oder bleiben sie, oder ist es ein gespenst? Nun zum ersten sprich ich, das sie hin und her faren und bliben doch an einer stat, aber sie wenen sie faren, wan der teuffel kan inen ein schein also in kopff machen und also ein fantasey."

Andererseits aber lehrte derselbe Prediger:

„. . .der teuffel kan ein ding von einem ort an das ander tragen, das leiplich ist (per motum localem), durch die angeschöpffte stercke, die er hat von got dem allmechtigen. Daher kummet es, wann ein hex uff ein gabel sitzt und salbet die selbig und spricht die wort, die sie sprechen sol, so fert sie dan dahin."

*

der salbung krafft

Man wußte von den Nachtfahrenden auch, daß sie sich bisweilen mit geheimnisvollen Pflanzensalben einrieben, worauf ihr Leib in Erstarrung fiel, während ihre Seele in die Wildnis, auf den Bocksberg oder andere Orte entwich. Gleichwohl wollte es der neapolitanische Magier und Gelehrte Giambattista della Porta genau wissen, wohin sich der Körper der Frau während ihres nächtlichen Fluges bewege.

Als ich nun solchen dingen mit gantzem fleiß ein scharpffes nachgedenkken hat . . . ist mir eine alte Vettel an die hand gestossen . . . die hat mir freywilliglichen zugesagt vnnd versprochen / sie wölle mir in eyl vber meine fragē guten bescheid bringen / Heisset derhalben mich vn alle die so bey mir waren / hinauß gehen. Nach dem sie nun außgezogē / hat sie sich gantz vnd gar / ich weiß nit mit was Salbē / geschmieret / welches vns den durch ein spaltlein der Thüren wol ist zusehen gewest. Also ist sie auß krefftiger wirckung der schlaffendmachenden Salben zu boden gefallen / vnnd in einen tieffen schlaff versuncken. Wir aber sind zugefahren / die Thür geöffnet / vnd jr die haut ziemlich erbehrt[1]. Aber so hert hat sie geschlaffen / daß sie es nit vmb ein haar empfunden hette. Nach solchem sind wir widerumb hinauß gewichen / der sachen weiters außwarten wöllē. So bald nun der salbung krafft nachgelassen / ist sie eins mals erwachet /

[1] Erbehrt: Man hat ihr die Haut gegerbt, hat sie verhauen.

vnd ... wie sie vber Berg vnd thal gefahren sey / erzehlet. Wir verneineten es / sie wolt recht haben / wir wiesen jhr die streich / aber es war verlorn / in summa / es war bey jhr all vnser fürnemen vnd handeln / nit anderst / denn als der in einen kalten Ofen blast.

*

Halluzinogenes Experiment

Manche Wissenschaftler wollten es selbst erfahren, was mit ihnen während des „Fliegens" geschehe. So legte sich einer während einer Walpurgisnacht in einen Kahn tief im einsamen Wald, bestrich seinen Leib mit einer Salbe aus Nachtschattengewächsen und erlebte eine ungewöhnliche Nachtreise.

Der Körper, den ich verlassen hatte, lag wie tot im Kahn. Ich selbst, mein Astralleib, oder wie man es nennen will, schwebte. Ein Wunsch, ein Gedanke genügte, um mich hinzubefördern, wohin ich wollte. Alle Bewegungen waren von euphorischen Lustgefühlen begleitet. Ich wünschte mich zum nächsten Baum – schon war ich dort. Aber als ich nach dem Baumstamm griff, blieb er mir sozusagen in der Hand, oder besser, er ging durch meine Hand. Dann schwebte ich ganz durch den Baumstamm hindurch, das heißt, eigentlich müßte ich sagen: Der Baum ging durch mich hindurch, während ich mich vorwärts bewegte. Ich wußte nun, daß ich mich hinwünschen konnte, wohin ich wollte, und ich wünschte mich an den nächsten Ort einer Walpurgisorgie. Im Nu war ich dort. Das Bild, das sich mir bot, war unbeschreiblich. Nackte weibliche Wesen von unsagbarer Schönheit schwebten dort umher. Waren es Feen, Göttinnen, Teufelinnen? Ich weiß es nicht.
Ich mischte mich in den Reigen, wünschte mich zu der nackten Fee, die mir als die schönste erschien. Ihr Sinnenzauber war unschilderbar – und ich vereinigte mich mit ihr ...

Im weiteren Fortgang dieser Reise kommt es zu einer verblüffenden Begegnung mit sich selbst.

Plötzlich stand ich vor einem großen Spiegel, und als ich hineinschaute, starrte mich ein riesiger Jaguar an. Gleichzeitig spürte ich den Jaguarkörper ... Ich war in diesem Körper, und ich fühlte ihn, so, wie ich meinen eigenen nie gespürt hatte. Und obgleich ich anscheinend ganz ‚jaguarhaft' geworden war, behielt ich noch irgendein infinitesimales menschliches Bewußtsein.

Einige Stunden später, als er sich seiner Menschlichkeit vergewissern konnte, notierte er:

Hätte ich für jemanden, der mich gesehen hätte, wie ein Jaguar ausgesehen? Irgendwie denke ich: ja. Aber ich fühle mich jetzt verpflichtet hinzuzufügen, ich hätte nur ausgesehen wie ein dummer Ethnologe, den Halluzinationen aus seinem Gehirn geschossen hatten und der wie ein Irrer auf dem Boden herumkrabbelte und idiotische Laute von sich gab.

*

Fliegen mit dem Teufelskraut

Ähnliche Erfahrungen machte der amerikanische Anthropologe Carlos Castaneda, der in die Zauberer-Lehre des Yaki-Indianers Juan Matus ging. Um ihn aus der Zwangsjacke seines wissenschaftlichen Weltverständnisses zu befreien und ihm die „Rückseite des Geistes" zu zeigen, ließ der Schamane seinen weißen Schüler halluzinogene Kräuter rauchen.

Am gleichen Tag, Freitag, dem 5. Juli (1963), spät am Nachmittag bat mich Don Juan, die Einzelheiten meines Erlebnisses zu erzählen. Ich gab, so genau ich konnte, die ganze Episode wieder.
„Die zweite Dosis des Teufelskrauts wird zum Fliegen gebraucht", sagte er, als ich fertig war. „Die Salbe allein ist nicht genug. Mein Wohltäter sagte, daß allein die Wurzel die Richtung und Weisheit gibt und daß sie die Ursache des Fliegens ist. Wenn du mehr weißt und sie oft nimmst, um zu fliegen, wirst du beginnen, alles mit großer Klarheit zu sehen. Du kannst Hunderte von Meilen weit durch die Luft jagen und an jedem Ort, den du dir vorstellst, sehen, was geschieht, oder du kannst deinen Feinden in der Ferne einen tödlichen Schlag versetzen. Wenn du mit dem Teufelskraut vertrauter wirst, wird es dich all diese Dinge lehren. Zum Beispiel hat es dich schon gelehrt, die Richtung zu ändern. Auf die gleiche Weise wird es dich unvorstellbare Dinge lehren."
„Was denn zum Beispiel, Don Juan?"
„Das kann ich dir nicht sagen. Jeder Mensch ist verschieden. Mein Wohltäter sagte mir niemals, was er gelernt hatte. Er sagte mir, wie ich vorgehen sollte, aber niemals, was er sah. Das ist nur für dich selbst."

Für den weißen Wissenschaftler, dessen Sprache den greifbaren Tatsachen verhaftet ist, bringt die Erfahrung des schamanischen Fliegens nur Verwirrung. Was ihm geschah, kann er nicht einordnen, statt dessen rätselt er herum, in welcher Gestalt man ihn von außen hätte wahrnehmen können.

Bevor ich an diesem Abend wegfuhr, mußte ich ihn schließlich fragen: „Bin ich wirklich geflogen, Don Juan?"
„Das hast du mir doch gesagt. Nicht wahr?"
„Ich weiß, Don Juan. Ich meine, ist mein Körper geflogen? Bin ich wie ein Vogel davongeflogen?"
„Du stellst mir immer Fragen, die ich nicht beantworten kann. Du bist geflogen. Dafür ist ja die zweite Dosis des Teufelskrauts da. Wenn du mehr davon nimmst, wirst du das Fliegen ganz beherrschen. Es ist keine einfache Sache. Ein Mann fliegt mit der Hilfe der zweiten Dosis des Teufelskrauts. Das ist alles, was ich dir

sagen kann. Was du wissen willst, ist sinnlos. Vögel fliegen wie Vögel und ein Mann, der das Teufelskraut genommen hat, fliegt auch so."
„Wie die Vögel fliegen?"
„Nein, er fliegt wie ein Mann, der Kraut genommen hat."
„Dann bin ich nicht wirklich geflogen, Don Juan. Ich bin in meiner Vorstellung geflogen, allein in meinen Gedanken. Wo war mein Körper?"
„In den Büschen", erwiderte er scharf, aber gleich begann er wieder zu lachen. „Der Ärger mit dir ist, daß du die Dinge nur auf eine Art verstehst. Du glaubst nicht, daß ein Mann fliegt; und doch kann ein brujo[1] in Sekundenschnelle tausend Meilen zurücklegen, um zu sehen, was vor sich geht. Er kann seinen Feinden auf große Entfernung einen Schlag versetzen. So, fliegt er also, oder fliegt er nicht?"
„Wirklich, Don Juan, du und ich sehen die Dinge verschieden. Angenommen, um nur ein Beispiel zu geben, einer, mit dem ich studiere, wäre hier bei mir gewesen, als ich das Teufelskraut nahm. Wäre es ihm möglich gewesen, mich fliegen zu sehen?"
„Da bist du wieder mit deinen Fragen, was würde geschehen wenn ... Es ist sinnlos, so zu reden. Wenn dein Freund oder irgend jemand anders die zweite Dosis des Krauts nimmt, kann er nicht anders als fliegen. Wenn er dich also nur beobachtet hätte, hätte er dich vielleicht fliegen sehen oder auch nicht. Das hängt von ihm selbst ab."
„Aber ich meine, Don Juan, wenn du und ich einen Vogel fliegen sehen, sind wir uns einig, daß er fliegt. Aber wenn zwei meiner Freunde mich hätten fliegen sehen, wie ich es letzte Nacht tat, hätten sie dann beide geglaubt, daß ich geflogen bin?"
„Ja, vielleicht. Du glaubst, daß Vögel fliegen, weil du sie fliegen sahst. Fliegen ist eine bekannte Sache bei Vögeln. Aber du stimmst nicht anderen Dingen zu, die Vögel tun, weil du sie niemals bei Vögeln gesehen hast. Wenn deine Freunde von Männern wüßten, die mit dem Teufelskraut fliegen, würden sie sich einig sein."
„Ich will es noch anders sagen, Don Juan. Ich wollte sagen, wenn ich mich mit einer schweren Kette an einem Felsen festgemacht hätte, wäre ich dann genauso geflogen, weil mein Körper nichts mit meinem Fliegen zu tun hatte?"
Don Juan sah mich kopfschüttelnd an. „Wenn du dich an einen Felsen kettest", sagte er, „dann, befürchte ich, wirst du mit einem Felsen an seiner schweren Kette fliegen müssen."

[1] Brujo: Hexenmeister, Zauberer, Schamane.

129. Die Nachtreise

Das Symbol des Fliegens bzw. der Auffahrt verweist immer auf die Überwindung eines gebundenen Zustands, auf einen Durchbruch, der den Übergang zu einer anderen Bewußtseinsebene ermöglicht. Letztlich geht es um die Aufhebung eines Systems von Bedingungen, denen der Mensch normalerweise unterliegt.
Aus dem Leben des Propheten Mohammed überliefert Ibn Ishâq (→17) eine zweifache Erfahrung des „Fliegens“: eine „Nachtreise“ und eine „Himmelsreise“ (wie auch von Buddha „die sieben Schritte“ zum Gipfel der kosmischen Welt erzählt werden). Diese mystischen Erfahrungen Mohammeds und Buddhas verkörpern eine höher entwickelte Linie der allgemeinmenschlichen Himmelfahrtssymbolik, doch bleibt (vgl. →127–130) zu beachten, daß – wie immer in der Religionsgeschichte – Vergleichen und Verwechseln zweierlei sind.

Während ich im Heiligtum in Mekka schlief, kam Gabriel zu mir und stieß mich mit dem Fuß. Ich setzte mich auf, sah aber nichts und legte mich wieder hin. Da kam er ein zweites Mal und stieß mich mit dem Fuß. Wieder setzte ich mich auf, legte mich aber wieder hin, als ich nichts sah. Schließlich kam er zum dritten Mal und stieß mich mit dem Fuß. Ich setzte mich auf, und er ergriff mich am Oberarm. Ich erhob mich, und er führte mich hinaus zum Tor des Heiligtums, und siehe, da stand ein weißes Reittier, halb Maultier halb Esel. An den Schenkeln hatte es zwei Flügel, mit denen es seine Hinterbeine vorantrieb, während es seine Vorderbeine dort aufsetzte, wohin sein Blick reichte. Es setzte mich auf sich und machte sich mit mir auf die Reise, wobei wir uns nicht mehr trennten.
Der Prophet ritt zusammen mit Gabriel bis nach Jerusalem. Dort fand er Abraham, Moses und Jesus inmitten anderer Propheten. Mohammed trat als Vorbeter vor sie hin und betete mit ihnen. Sodann wurden ihm zwei Gefäße gebracht, das eine mit Wein gefüllt, das andere mit Milch. Der Prophet nahm das Gefäß mit der Milch und trank davon. Das Gefäß mit dem Wein aber ließ er stehen. Da sprach Gabriel zu ihm:
„Rechtgeleitet wurdest du für die Schöpfung, und rechtgeleitet wurde dein Volk, oh Mohammed! Der Wein ist euch verboten.“
Darauf begab sich der Prophet nach Mekka zurück und erzählte am Morgen den Quraisch, was geschehen war. Die meisten Leute sprachen:
„Dies ist nun wirklich unmöglich! Die Karawane braucht einen Monat von Mekka nach Syrien und wieder einen Monat für den Rückweg. Wie will dieser Mohammed beides in einer Nacht tun!“
Viele von denen, die sich bereits bekehrt hatten, fielen wieder ab vom Glauben, und die Leute kamen zu Abu Bakr und fragten ihn: „Was hältst du nun von deinem Freund? Er behauptet, er sei vergangene Nacht in Jerusalem gewesen, habe dort gebetet und sei wieder nach Mekka zurückgekehrt.“
„Ihr lügt!“ entgegnete Abu Bakr, doch sie blieben bei ihren Worten und fuhren fort:

„Dort im Heiligtum ist er und erzählt den Leuten davon."
„Bei Gott", sprach darauf Abu Bakr, „wenn er es sagt, ist es auch wahr. Was verwundert euch so daran? Er berichtet mir ja auch, daß ihn Offenbarungen von Gott, vom Himmel zur Erde, in einer Stunde der Nacht oder des Tages erreichen, und ich glaube es ihm. Dabei ist es viel erstaunlicher als das, worüber ihr euch jetzt wundert."
Dann ging er zu Mohammed und fragte ihn:
„O Prophet Gottes, hast du jenen Leuten erzählt, du seist heute nacht in Jerusalem gewesen?", und als Mohammed seine Frage bejahte, fuhr er fort:
„So beschreibe es mir, denn ich bin schon dort gewesen!"
Der Prophet begann, Abu Bakr Jerusalem zu beschreiben, und immer, wenn er etwas geschildert hatte, rief Abu Bakr aus:
„Du hast die Wahrheit gesprochen! Ich bezeuge, daß du der Gesandte Gottes bist!"

*

Der Körper des Propheten wurde in jener Nacht nicht vermißt, sondern Gott ließ nur seinen Geist die Nachtreise machen.

130. Die Himmelsreise

Alle „Himmelsreisen" haben in ihrer Symbolik eine gemeinsame Struktur: Das Übersteigen der Welt – als Übergang von der Erde zum Himmel – führt zur Aufhebung aller menschlichen Wahrnehmungsbegrenzung. Damit wird eine Erfahrung der Selbstentschränkung verbunden. Bayazid al-Bistāmi († 875), von dem hier erzählt wird, war einer der kühnsten islamischen Mystiker Persiens.

Ich sah, daß mein Geist zum Himmel getragen wurde. Er sah auf nichts und beobachtete nichts, obgleich das Paradies und die Hölle sich vor ihm entfalteten; denn er war vom Schleier der Erscheinungswelt befreit. Dann wurde ich ein Vogel, dessen Körper aus Einheit und dessen Flügel aus Dauer waren, und ich fuhr fort, in der Luft des Absoluten zu fliegen, bis ich in die Sphäre der Läuterung gelangte und auf das Feld der Ewigkeit schaute und dort den Baum der Einheit[1] erblickte. Als ich hinsah, war ich selbst all dies. Ich schrie auf: „O Herr, in meiner Eigenliebe kann ich dich nicht erreichen, und ich kann meinem Selbst nicht entrinnen. Was soll ich tun?" Gott sprach: „O Abū Yazīd, du mußt Befreiung von deinem Du-Sein gewinnen, indem du meinem Geliebten[2] folgst. Bestreiche deine Augen mit dem Staub seiner Füße und folge ihm beständig."

[1] Baum im siebenten Himmel, zur rechten Seite vom Thron Allahs.
[2] Mohammed.

Orakel – die Stimme der Götter

131. Das Orakel von Delphi

Am Ende der langen Geschichte des Apollontempels lebte ein Mann, der persönlich Anteil an ihm nahm und dessen Name stets mit Delphi verbunden sein wird: Plutarch.
Plutarch wurde in Chaironeia, einer kleinen Stadt Mittelgriechenlands, etwa im Jahre 45 n. Chr. geboren. Er war Historiker und Philosoph, ein liebenswürdiger Gelehrter, und die meisten Leser haben seinen Charakter, wie er sich aus den Schriften ergibt, verehrt und bewundert. 900 Jahre nach seinem Tode betete ein byzantinischer Bischof des 11. Jahrhunderts: „O Herr, wenn du in deiner Gnade willens bist, irgendwelche Heiden vor der Verdammnis zu retten, so bitte ich dich demütig, Platon und Plutarch zu erlösen."
Als einer der angesehensten Männer seiner Zeit wurde er zum Oberpriester in Delphi berufen und schrieb mit Vorliebe über die im Tempel begangenen feierlichen Handlungen. Zu seinen Lebzeiten war die politische Macht der Griechen vollständig verschwunden, Aberglaube und Verderbtheit herrschten im Römischen Reich, von dem Griechenland ein Teil war. Wenn auch das Orakel des Apollon im Niedergang begriffen war und ein neues religiöses Zeitalter am Horizont heraufdämmerte, so hatte doch für Plutarch und die wenigen vorurteilsfreien Menschen der griechische Gottesglaube den Höhepunkt der Vergeistigung erreicht. In der schwindenden Macht des Orakels erkannte Plutarch das Versagen menschlicher Glaubenskraft. Die Handhabung des Orakels, die Deutung der verkündeten Worte und die Niederschrift der heiligen Sprüche, das alles war Menschenwerk, und Menschen waren mit Fehlern behaftete Werkzeuge; die göttliche Macht aber blieb bestehen. „Der Gott ist kein Bauchredner", erklärte Plutarch (→ 132; 133).

Das Orakel war nicht jedem, der es um Rat fragen wollte, jederzeit zugänglich. Wenn auch die Sprüche in späterer Zeit häufiger erteilt wurden, gab es doch immer einen streng eingehaltenen Terminplan. Nachdem es die Heimstatt Apollons geworden war, sprach das Orakel zunächst nur einmal im Jahr, und zwar Ende Februar am siebenten Tag des Bysios, dem Geburtstag des Gottes. Später, als der Ruf des Heiligtums zunahm, wurden während neun Monaten des Jahres einmal monatlich Sitzungen abgehalten. Plutarch sagt, es sei möglich, „den Gott einmal im Monat in einen sterblichen Körper einzuschließen". In sehr geschäftigen Zeiten mögen wichtige Besucher vielleicht auch noch zwischendurch einmal vorgelassen worden sein, doch war der Zutritt an bestimmten

Tagen streng untersagt. Dazu gehörten auch die drei Wintermonate, in denen Apollon im Heiligtum nicht anwesend und die Orakelerteilung deshalb unmöglich war.
Besonders lebhaft ging es in Delphi während der Festlichkeiten zu, die alle vier Jahre im August gehalten wurden und bei denen die Besucher aus der ganzen griechischen Welt zusammenströmten. An manchen Tagen sollen bis zu 50 000 Menschen durch Kirrha, den alten Hafen bei Itea, gekommen sein. Natürlich brauchte man nicht persönlich im Orakel zu erscheinen, um sich Rat zu holen. Viele Städte und Herrscher hatten eigene Interessenvertretungen in Delphi; oft wurde die Bitte um eine besondere Auskunft schriftlich eingesandt. Aesop soll als Bote des lydischen Königs Kroisos nach Delphi gekommen sein ...
Viele Bittsteller suchten das Orakel persönlich auf, und natürlich gab es zahlreiche Leute, die einfach als Pilger zum Heiligtum nach Delphi kamen ...
Wer das Orakel ernsthaft zu befragen wünschte, mußte sich an die Vorschriften halten, wozu vor allem gehörte, daß er ein Opfer darbrachte und einen Pelanos weihte.
Der Pelanos war ursprünglich ein weiches Gebäck – aus weißem Mehl, Honig, Öl und Wasser – und vielleicht dem jetzigen Halwa irgendwie ähnlich. Man verbrannte ihn auf dem Hochaltar oder übergab ihn den Priestern, die einen Teil davon verbrannten. In späterer Zeit zahlte der Besucher eine seinem Rang entsprechende Gebühr, und der Pelanos wurde dann von dem diensttuenden Priester geliefert.
Das Schlachten des Opfertiers war eine ungleich schwerer ins Gewicht fallende Sache. Gewöhnlich nahm man eine Ziege, und vom Ausfall dieses Ziegenopfers hing der weitere Fortgang ab. Fiel das Opfer ungünstig aus, trat das Orakel erst gar nicht in Tätigkeit ...
Überall in Griechenland legte man bei Opferhandlungen Wert darauf, daß das Opfertier mit dem Kopf nickte und so sein Einverständnis mit der ihm zugedachten Rolle erklärte, in Delphi jedoch, sagte Plutarch, „wird kein Orakel gegeben, wenn das Opfertier nicht zittert und, während es geweiht wird, am ganzen Körper bis zu den Hufen hinab erbebt. Es genügt nicht wie bei anderen Opfern, daß das Tier den Kopf bewegt, es muß an allen Gliedern zittern und mit einem rasselnden Geräusch erschauern. Wenn diese Zeichen nicht auftreten, bedeutet es, daß das Orakel nicht tätig ist, und die Pythia wird nicht hereingeführt."[1]
Es war jedoch nicht bloß nutzlos, das Orakel leichtfertig zu befragen, es konnte auch äußerst gefährlich sein. Gewöhnlich wurde das Opfertier mit kaltem Wasser begossen, um die gewünschte Wirkung hervorzurufen. Gelegentlich aber, wenn einflußreiche Besucher von fernher erschienen, zeigten die Priester auch Übereifer. Plutarch erzählt von einem Vorfall aus der Zeit, als sein Freund Nikandros Oberpriester war:
„Fremde waren gekommen, um das Orakel zu befragen, und man sagte ihnen,

[1] Plutarch, Moralia: Über die eingegangenen Orakel, 46.

das Opfertier habe die erste Weihe empfangen, ohne sich zu bewegen oder sonst eine Wirkung zu zeigen. Die Priester aber verdoppelten ihre Bemühungen, sie suchten einander zu überbieten und erhielten schließlich unter vielen Schwierigkeiten eine halbe Zustimmung. Was aber geschah nun mit der Pythia? Sie stieg, wie man uns erzählt, zum Ort der Weissagung mit Abscheu und großem Widerwillen hinab. Schon bei der ersten Antwort wurde aus der Heiserkeit ihrer Stimme deutlich, daß sie hilflos war wie ein Schiff in Seenot. Anscheinend war sie von einem wortkargen, bösartigen Geist besessen. Am Ende stürzte sie vollkommen verwirrt mit einem seltsam schrecklichen Schrei durch die Tür und veranlaßte nicht nur die Ratsuchenden, sondern auch den Propheten und die anwesenden Priester zur Flucht. Diese kehrten wenig später zurück und hoben sie auf. Sie kam wieder zu Bewußtsein, lebte aber nur noch wenige Tage."[1]
Schließlich, wenn das Opfer günstig ausgefallen war, wurden die Vorbereitungen für das eigentliche Orakel getroffen. Die Zeremonie stand unter der Leitung jenes Apollonpriesters, den man den Propheten nannte. Propheten wurden zeitweise nur Angehörige der mächtigsten Adelsfamilien von Delphi, sonst aber auch andere angesehene und gebildete Männer. Ihm zur Seite stand ein Fünfmännerrat, die sogenannten hosioi (Heiligen); sie wurden auf Lebenszeit aus Familien gewählt, von denen man annahm, daß sie von Deukalion, dem griechischen Noah, abstammten.
Bevor sie zum Tempel gingen, entsühnten sich die aufgeregten Besucher durch Waschungen in demselben Kastalischen Quell und schritten dann auf der Heiligen Straße an Statuen und Denkmälern vorbei und um den großen Altar herum, wo die Opferfeuer brannten. Die Reihenfolge, in der sie eintreten durften, war von vornherein festgesetzt. Gewisse einflußreiche Besucher hatten nach einem seit langem gewohnten Brauch den Vortritt, alle anderen wurden durch das Los bestimmt.
Im Tempel brannte ständig ein mit Kiefern- und Lorbeerholz gespeistes Feuer und warf flackernde Lichter auf die goldenen Ausstattungsstücke aus dem Besitz des Gottes. Nahe der Mitte des Tempels war das Allerheiligste oder Adyton, der Schauplatz des Orakels, eine vergleichsweise kleine, vielleicht nur drei mal vier Meter messende, in den Boden des Tempels eingetiefte Kammer, die ihrerseits wahrscheinlich wieder aus zwei Teilen mit unterschiedlicher Fußbodenhöhe bestand. Im höher gelegenen gab es Sitze, wo der Ratsuchende auf die Ankunft der Pythia wartete.
Die Pythia war die Priesterin, durch deren Mund der Gott sprach . . .
Zur Zeit Plutarchs war die Pythia eine Bauernfrau. Er sagt:
„Die Pythia, die die eigentliche Verbindung mit dem Gott herstellt, muß aus einer der ehrbarsten und ansehnlichsten Familien der näheren Umgebung stammen und ein stets untadeliges Leben geführt haben. So wie sie zum Ort der Wahrsagung hinabsteigt, hat sie keine angeborenen oder erworbenen besonderen Fähigkeiten, denn sie ist im Hause armer Bauern aufgewachsen."[2]

[1] Ebd., 51.
[2] Ebd., Über die Antworten der Pythia, 22.

Selbst wenn die Pythia eine bedeutendere Persönlichkeit war, was zu anderer Zeit vorkam, gab es doch nie einen Zweifel, daß ihre Stellung weder besondere Ausbildung noch Begabung verlangte. Es war allein der Gott, der aus ihr sprach. Sie war also nicht so etwas wie eine Sibylle, eine Seherin, die die Fähigkeit hatte, in die Zukunft zu blicken. Berühmte wahrsagende Sibyllen gab es eine ganze Anzahl, und man hat oft die Pythia irrtümlicherweise zu ihnen gerechnet.
Sobald sie für den Orakeldienst gewählt worden war, legte die Pythia ein Keuschheitsgelübde ab und bezog ein besonderes Haus im Heiligtum. In früherer Zeit soll üblicherweise ein junges Mädchen Pythia geworden sein, später war sie eine ältere Frau. Wie es dazu kam, berichtet Diodor:
„Man erzählt sich, daß der Thessalier Echekrates bei der Zeremonie zugegen gewesen und, als er das Mädchen, das die Prophezeiungen sprach, ansah, wegen ihrer großen Schönheit von heftigem Verlangen nach ihr ergriffen worden sei; so riß er sie an sich und schändete sie. Auf diesen Skandal hin beschlossen die Delpher, in Zukunft kein Mädchen mehr als Prophetin zu wählen, sondern eine über fünfzig Jahre alte Frau.“[1]
Nach ihrer Vorbereitung betrat die Pythia im einfachen weißen Gewand den Tempel und stieg, vom Propheten begleitet, zum Adyton hinab.
Die Vorstellungen einer wahnsinnigen Pythia, von giftigen Dämpfen berauscht oder in einer Atmosphäre finsteren Schreckens vom Gott leibhaftig besessen, sind vermutlich ganz falsch. Der Vorgang im Tempel war höchstwahrscheinlich sehr einfach und sehr viel eindrucksvoller. Die Pythia war, jedenfalls zur Zeit Plutarchs, eine ehrbare Frau, die Tochter armer Bauern. Nachdem sie in der Kastalia gebadet und aus der Kassotis getrunken hatte, legte sie das schlichte weiße Gewand an und wurde an den wartenden Besuchern vorbei in die abgeschlossene Kammer geführt. Hier war sie dem Standbild Apollons, eines schönen jungen Gottes, ganz nahe, der mit ernsten, verständnisvollen Augen auf sie niederblickte. In einer Hand hielt sie die wollene Schnur, die sie mit dem heiligen Omphalos verband, in der anderen den Lorbeerzweig.
Die Pythia begann zu sprechen, und der Prophet gab ihre Worte weiter. Später kam sie dann wieder zu sich, erinnerte sich womöglich nur an weniges von dem, was sie gesagt hatte, und kehrte zu ihren stillen Pflichten im Umkreis des Tempels zurück.
Was wirklich vorging, werden wir trotz vielhundertjährigen Überlegungen niemals erfahren ...
Gleichgültig, auf welche Weise die Pythia zu ihren Worten kam, sobald sie die Botschaft ausgesprochen hatte, stieg der Prophet zu dem wartenden Besucher hinauf und gab ihm Antwort auf seine Frage ...
Der Prophet überbrachte die Antwort der Pythia mündlich, setzte sie auf Verlangen aber auch schriftlich auf. Sehr wichtige Orakelsprüche wurden oft zur ständigen Erinnerung in Stein gemeißelt. Wenn die Frage von einem Stadtstaat

[1] Diodor, Geschichtsbibliothek, XVI.

kam und schriftlich eingereicht worden war, gab man dem Boten die Antwort auf einer versiegelten Schreibtafel, die er sich feierlich verpflichten mußte nicht zu öffnen ...

Das Delphische Orakel war ein Teil der festgefügten griechischen Ordnung; es wurde nichts verlangt, als daß man sich ihm in gebührender Demut näherte, seine Frage sorgfältig formulierte und die Vorschriften einhielt. Anderswo gehörte die Wahrsagerei zu den zweifelhaften Geschäften, und der blinde Zufall spielte die Hauptrolle. Davon war in Delphi nicht die Rede; selbst wenn man die Antwort mißverstand oder falsch deutete, war sie ein vom Gott gewährter kurzer Blick auf die Wahrheit.

132. Krösus und das Orakel von Delphi

Herodot, Historien I, 47 f.; 50; 53–56; 73; 85; 91 (→154)

Kroisos war König von Lydien, dem mächtigsten Staat im damaligen Kleinasien. Solon, der athenische Gesetzgeber (→215), machte einen Besuch an seinem Hof von Sardes. Dabei rühmte sich der König seiner großen Schätze, doch Solon weigerte sich, seines Reichtums wegen einen Menschen für besonders glücklich zu halten. Obwohl Kroisos sich über diese Kränkung ärgerte, beeindruckte ihn die Weisheit und Würde des Atheners.

Damals kamen die Perser zu politischer Macht. Kroisos hätte gern gewußt, ob er gegen sie Krieg führen sollte. Um Klarheit zu erlangen, beschloß er, ein Orakel zu befragen, jedoch wollte er kritisch vorgehen und deswegen zunächst die bekanntesten Orakel in Griechenland und Lydien auf die Probe stellen.

Krösus schickte die Lydier, um die Orakel zu versuchen, mit dem Befehl ab, sie sollten von dem Tag ihrer Abreise die Tage zählen und alle am hundertsten Tag zu den Orakeln gehen und dieselben fragen, was Krösus, der Sohn des Alyattes, der König in Lydien, an demselben Tage tue; was nun ein jedes Orakel antwortete, sollten sie aufschreiben und ihm überbringen. Was nun die anderen Orakel ausgesprochen hatten, wird von niemand berichtet; zu Delphi aber, wo die Lydier gleich in den Tempel gingen und den Gott um das, was ihnen befohlen war, fragten, antwortete die Pythia also:

„Ich weiß die Zahl des Sandes und die Weite und Tiefe des Meeres,
Ich verstehe die Stummen und höre den Sprachlosen.
Ich empfinde den starken Geruch von einer Schildkröte,
Welche mit Lammfleisch in Kupfer gekocht wird,
Welches auf Kupfer steht und mit Kupfer bedeckt ist.“

Diesen Ausspruch der Pythia schrieben die Lydier auf und gingen nach Sardes zurück. Als nun auch die anderen, welche Krösus herumgeschickt hatte, kamen und Götteraussprüche brachten, machte er die Schriften auf und sah sie durch;

aber es gefiel ihm keiner von denselben. Sobald er aber den delphischen hörte, nahm er ihn ehrerbietig an, weil er glaubte, daß allein das delphische Orakel seine Verrichtungen entdeckt habe. Denn als er nach den Orakeln ausgeschickt hatte, beachtete er den gesetzten Tag, an demselben etwas auszufinden und zu tun, welches man unmöglich erraten und erklären könnte. Er ließ nämlich eine Schildkröte und ein Lamm zubereiten und beides in einem kupfernen Kessel, auf welchen er einen kupfernen Deckel legte, kochen ...

Krösus versöhnte darauf den Gott zu Delphi mit großen Opfern; denn er opferte dreitausend Stück von auserlesenen Tieren und brachte vergoldete und versilberte Betten, goldene Schalen, purpurne Decken und Kleider auf einen großen Scheiterhaufen zusammen und verbrannte sie in der Hoffnung, sich dadurch der Gnade des Gottes noch mehr zu versichern. Allen Lydiern befahl er zugleich, alles, was ein jeder hätte, demselben zu opfern. Als das Opfer vollbracht war, schmolz er eine große Menge Gold und ließ aus demselben Halbziegel verarbeiten, wovon die größten sechs, die kleinsten drei Hände lang, ein jeder aber handbreit dick war. Ihre Zahl belief sich auf hundertsiebzehn. Vier von denselben waren aus feinstem Gold, und ein jeder wog dreieinhalb Talente; die anderen waren aus blassem Gold, und ein jeder hatte zwei Talente Gewicht ...

Den Lydiern, welche diese Geschenke in den Tempel bringen sollten, befahl Krösus, die Orakel zu fragen, ob Krösus die Perser bekriegen und ob er ein Heer von Bundesgenossen annehmen sollte. Als die Lydier in die Tempel kamen, wohin sie geschickt waren, übergaben sie die Geschenke und befragten das Orakel mit diesen Worten: „Krösus, der König der Lydier und anderer Völker, welcher diese Orakel für die einzigen in der Welt hält, schickt euch anständige Geschenke wegen der Sprüche und fragt euch nun, ob er die Perser bekriegen und ein Heer von Bundesgenossen annehmen soll." Sie taten diese Anfrage, und beide Orakel stimmten überein, indem sie dem Krösus verkündeten, wenn er gegen die Perser in den Krieg zöge, werde er ein großes Reich zerstören. Sie gaben ihm dabei den Rat, er sollte die Mächtigsten unter den Griechen aussuchen und zu seinen Freunden machen ...

Als Krösus die erteilten göttlichen Antworten hörte, war er über die Orakel überaus vergnügt; und weil er die gewisse Hoffnung hatte, daß er das Königreich des Cyrus über den Haufen werfen würde, schickte er wieder zur Pythia und beschenkte die Delpher, nachdem er ihre Anzahl erfahren hatte, einen jeden mit vier goldenen Statern. Die Delpher aber gaben dafür dem Krösus und den Lydiern das Recht des Vorranges in der Befragung des Orakels, Kundmachung des Ausspruchs und den Vorsitz wie auch die Freiheit, das Bürgerrecht nach Belieben anzunehmen ...

Nach der Beschenkung der Delpher fragte Krösus das Orakel zum dritten Male; denn nachdem er die Wahrhaftigkeit desselben erfahren hatte, ließ er sich durch dasselbe ganz regieren. Er fragte aber, ob seine Regierung lange dauern würde, und die Pythia erteilte ihm die Antwort: „Wenn einst ein Maultier den Medern als König gebietet, dann entflieh, zartfüßiger Lyder, zum steinigen Hermos ohne Weilen und scheue dich nicht, ein Feigling zu heißen."

Diese Worte machten dem Krösus die allergrößte Freude, denn er glaubte, daß niemals ein Maulesel statt eines Menschen über die Meder regieren und also sein und seiner Nachkommen Reich niemals aufhören werde ...
Krösus aber zog gegen Kappadokien, teils aus Begierde, mit diesem Land sein Reich zu vermehren, teils aus Vertrauen auf den Götterspruch und in der Absicht, am Cyrus ... Rache auszuüben ... Es kam zu einer großen Schlacht, in welcher auf beiden Seiten viel Volk blieb ...
Krösus selbst hatte folgendes Schicksal: Er hatte einen Sohn... der sonst von guter Art, aber stumm war. Bei seinem vorigen Wohlstand hatte Krösus alles an ihm getan und, nachdem er auf allerlei Mittel gedacht hatte, auch nach Delphi geschickt, um Rat zu fragen. Die Pythia gab ihm die Antwort: „Du König vieler Völker, sehr unwissender Krösus, verlange doch nicht die höchsterwünschte Stimme des redenden Sohnes zu hören. Denn es ist dir besser, weit davon entfernt zu sein. Denn er wird an einem unglücklichen Tag das erste Mal reden."
Nach der Einnahme der Stadt ging ein Perser, welcher den Krösus nicht kannte, so auf ihn los, als wenn er ihn niedermachen wollte. Krösus sah ihn zwar kommen, achtete es aber bei dem Unglück, das ihn betroffen hatte, nicht, und es war ihm gleichgültig, das Leben einzubüßen. Da aber der stumme Sohn den Feind auf ihn zugehen sah, öffnete ihm die Furcht den Mund, und er brach in diese Worte aus: „Mensch, bring den Krösus nicht um!" Das waren seine ersten Worte; nachher hat er die ganze Zeit seines Lebens reden können ...
Über die erteilte Antwort aber beschwerte sich Krösus mit Unrecht. Denn Apollo verkündete ihm, wenn er die Perser bekriegte, würde er ein großes Reich zerstören; da hätte die Klugheit erfordert, von neuem zu schicken und fragen zu lassen, ob sein oder des Cyrus Reich gemeint sei; weil er aber den Ausspruch nicht verstanden und nicht wieder gefragt habe, so müsse er sich die Schuld selbst beimessen. Auch das, was auf seine letzte Anfrage Apollo von dem Maulesel gesagt hatte, hatte er nicht verstanden; denn Cyrus war dieser Maulesel, welcher Eltern hatte, die nicht von einem Volk herstammten. Die Mutter war vornehmer, der Vater geringer; jene aus Medien und eine Tochter des Königs der Meder, dieser ein Perser und ein Untertan der Meder; obgleich er aber in allen Stücken geringer war, heiratete er dennoch seine Herrin. Diese Antwort gab die Pythia den Lydiern, diese aber brachten sie dem Krösus nach Sardes, welcher daraus erkannte, daß er selbst und nicht der Gott gesündigt habe. So ging es also mit dem Reich des Krösus zu.

133. Sokrates und das Orakel von Delphi

Platon, Apologie, 20 D – 22 B

In seiner „Apologie des Sokrates" erzählt Platon, wie ein Ausspruch des delphischen Orakels des Sokrates Leben (→227), als er noch jung war, veränderte und ihn letztlich vor Gericht brachte.

Und nun, Männer von Athen, macht mir keinen Lärm, auch nicht, wenn ich mich zu überheben scheine. Denn, was ich sagen will, sind nicht meine Worte, sondern ich werde sie euch auf eine glaubwürdige Aussage zurückführen. Ich will euch nämlich darüber, ob meine Weisheit wirklich existiert und welcher Art sie ist, als Zeugen anführen – den delphischen Apollon. Nämlich – ihr kennt doch wohl den Chairephon? Der war mein Freund von Jugend auf und war auch Parteigenosse von euch Demokraten und ist mit euch vertrieben worden und mit euch wieder heimgekommen. Und ihr wißt ja, wie Chairephon war, wie ungestüm in allem, was er angriff. Und so kam er auch einmal nach Delphi und war so verwegen, an das Orakel folgende Frage zu stellen – und, wie gesagt, kein Lärm, ihr Männer – er fragte also, ob jemand weiser sei als ich. Und die Pythia gab die Antwort, niemand sei weiser. Und das kann euch sein hier anwesender Bruder bezeugen, da jener selbst bereits tot ist. Bedenket aber, warum ich das erzähle: ich will euch nämlich darüber aufklären, wie die gehässige Meinung gegen mich entstanden ist. Als ich das nämlich hörte, kamen mir folgende Erwägungen: Was will der Gott wohl sagen und was gibt er da für ein Rätsel auf? Denn ich bin mir doch bewußt, weder sehr noch auch nur ein bißchen weise zu sein. Was meint er also, wenn er sagt, ich sei der Weiseste? Denn lügen wird er doch wohl nicht! Das wäre ja gegen seine Natur. Und lange Zeit war ich ungewiß, was er wohl meine. Dann machte ich mich, ungern genug, daran, die Sache auf folgende Art zu untersuchen. Ich ging zu einem, der als weise galt, um hier, wenn irgendwo, das Orakel zu widerlegen und dem Spruch darzutun: dieser ist doch mehr weise als ich, du aber hast mich dafür erklärt. Als ich diesen nun beobachtete – der Name tut nichts zur Sache, es war ein Politiker, mit dem ich die Erfahrung machte, ihr Männer von Athen – wie ich also mit dem redete, bekam ich den Eindruck, daß dieser Mann zwar vielen anderen und besonders sich selbst weise vorkomme, es aber nicht ist; und da suchte ich ihm zu zeigen, daß er zwar glaube, weise zu sein, es aber nicht sei. Infolgedessen wurde ich ihm und vielen anderen, die dabei waren, verhaßt. Bei mir selbst aber dachte ich im Weggehen: mehr weise als dieser Mensch bin ich schon; es scheint ja zwar keiner von uns beiden was Rechtes und Ordentliches zu wissen, aber er glaubt, etwas zu wissen, und weiß doch nichts, ich aber weiß zwar auch nichts, glaube es aber auch gar nicht. Mithin scheint es, als ob ich eben um dieses Wenige mehr weise wäre denn er, daß ich, was ich nicht weiß, mir auch gar nicht einbilde zu wissen. Da ging ich zu einem anderen, der für mehr weise galt als jener, bekam aber genau den gleichen Eindruck; und da wurde ich auch ihm und vielen anderen verhaßt. Darauf ging ich der Reihe nach weiter und machte die betrübende und gefährliche Wahrnehmung, daß ich mich verhaßt machte. Trotzdem schien es mir notwendig, den Ausspruch des Gottes über alles andere zu setzen. So mußte ich denn, um den Sinn des Orakels herauszubringen, zu jedem hingehen, der dafür galt, etwas zu wissen ...

Ich muß euch ja wohl meine ganze Wanderung berichten, wie ich mich mit allerlei Mühen gequält habe, um das Orakel zu widerlegen. Nach den Politikern ging ich nämlich zu den Dichtern, den tragischen, dithyrambischen und den anderen, um mich da auf der Tat zu ertappen als einen, der weniger wisse denn sie. Ich nahm die Gedichte von ihnen vor, auf die sie anscheinend die meiste Arbeit verwendet hatten, und fragte sie darüber aus, denn ich wollte zugleich etwas von ihnen lernen. Und ich muß mich schämen, euch die Wahrheit zu sagen, muß es aber dennoch aussprechen: mit einem Wort – alle, die dabei waren, konnten über die Werke der Dichter besser Auskunft geben als diese selbst. Und so merkte ich denn bald, daß die Dichter nicht infolge eines besonderen Wissens schaffen, sondern vermöge einer gewissen Naturanlage und im Enthusiasmus wie die Wahrsager und Orakelsänger. Denn auch sie reden viel Schönes, wissen aber nichts von dem, was sie sagen. In einem ähnlichen Zustande befinden sich offenbar auch die Dichter. Und zugleich bemerkte ich, daß sie sich wegen ihrer Dichtkunst einbilden, auch in allen anderen Dingen die Weisesten zu sein, was sie doch nicht sind. Auch von ihnen ging ich also weiter, in der Meinung, ich sei ihnen in demselben Sinne überlegen wie den Politikern. So kam ich endlich zu den Handwerkern. Denn von mir selbst wußte ich, daß ich nichts verstehe, von diesen aber, daß sie sich auf viel Schönes verstünden. Darin täuschte ich mich auch nicht, denn sie verstanden wirklich Dinge, die ich nicht verstand, und waren insofern weiser als ich. Aber auch die guten Handwerker, ihr Männer von Athen, hatten denselben Fehler an sich wie die Dichter: jeder Meister bildete sich ein, weil er sein Handwerk gut verstand, auch alles andere, selbst das Wichtigste, gut zu verstehen. Und dieser ihr Weisheitsdünkel wog ihr wirkliches Wissen reichlich auf. Ich fragte mich daher im Namen des Orakels, was ich wohl vorziehen sollte: so zu sein, wie ich bin, nicht weise wie sie, nicht ungebildet wie sie – oder aber in beidem zu sein wie sie. Und ich gab mir selbst und dem Orakel die Antwort: es ist für mich von größerem Nutzen, so zu sein, wie ich bin. Aus dieser Erforschung sind mir viele Feindschaften beschwerlichster und drückendster Art entstanden, es erwuchsen mir daraus alle die Verleumdungen, und man nennt mich Sophist. Denn wer bei einer solchen Unterredung zugegen ist, meint immer, ich müsse in den Dingen ein Wissen besitzen, worin ich einen anderen widerlege. In Wahrheit aber dürfte die Sache so liegen, daß der Gott weise ist und mit seinem Orakel eben das sagen will, daß die menschliche Weisheit wenig oder gar nichts wert ist. Und offenbar will er dies nicht von Sokrates aussagen, sondern hat sich meines Namens nur bedient, um mich als Beispiel anzuwenden, wie wenn er sagen wollte: der von euch Menschen ist der Weiseste, der wie Sokrates erkannt hat, daß er in Wahrheit nicht zur Weisheit taugt. Um dies nach des Gottes Wunsch zu untersuchen und zu erforschen, gehe ich auch jetzt noch umher, wo ich von einem der Stadtbürger oder Fremden vermute, er sei weise; wenn es sich dann herausstellt, daß er es nicht ist, so trete ich für den Gott ein und zeuge dem Betreffenden, daß er nicht weise ist. Bei dieser Tätigkeit habe ich weder Zeit für igendeine bedeutende Leistung im Staatsleben noch Muße für meine häuslichen Angelegenheiten gehabt, sondern ich lebe in tausendfacher Armut infolge des dem Gotte geleisteten Dienstes.

134. Die Orakelfabrik

Lukian, Alexander oder der Lügenprophet, 6 ff.

Lukian (→21) hat manches mit den Aufklärern des 18. Jahrhunderts gemein. Immer wieder tadelte er in seinen Schriften, mal belehrend, mal ironisierend, die Leichtgläubigkeit der Menschen. Aus diesem Grunde kritisierte er auch den geschäftstüchtigen Mißbrauch der Orakel und geriet dabei insbesondere mit einem der berüchtigsten Scharlatane seiner Zeit, Alexander von Abonoteichus, aneinander, der wie kaum ein anderer den Aberglauben seiner Zeitgenossen auszubeuten verstand. Lukian war bemüht, ihn durch seine Schrift zu verhöhnen und seine Machenschaften zu entlarven. Alexander seinerseits wollte ihn ermorden lassen, und nur durch einen Zufall wurde Lukian gerettet. Lukians Schrift, um 180 n. Chr. aufgezeichnet, bietet ein farbiges Bild der Zeitverhältnisse.

Alexander von Abonoteichus, über dessen listige Anschläge, verwegene Streiche und gauklerische Künste ich hier berichten möchte, verbündete sich zu Beginn seiner Tätigkeit mit einem Mann namens Cocconas, und diese beiden verworfenen Charaktere zogen nun in der Welt umher und zeigten den Leuten ihre Gaukeleien, bis sie schließlich eines Tages nach Makedonien gelangten. Hier sahen sie eine besondere Gattung selten großer Schlangen, die so zahm sind, daß sie von den Frauen wie Haustiere gehalten werden, bei den Kindern schlafen und sich, ohne böse zu werden, würgen und treten lassen. Unsere beiden verwegenen, zu jeder Schurkerei allezeit bereiten Spitzbuben, die sich das Wort gegeben hatten, stets gemeinsame Sache zu machen, merkten bald, daß Furcht und Hoffnung jene große Tyrannen sind, die das menschliche Leben beherrschen.

Sie merkten, daß sowohl für den Ängstlichen wie auch für den Hoffenden nichts nötiger und wünschenswerter ist, als das Zukünftige voraus zu wissen, und daß die großen Orakel von Delphi, Delos und Claros nur deshalb so reich und berühmt wurden, weil die Leute, von jenen beiden Tyrannen getrieben, in der begierigen Hoffnung, die Zukunft zu erfahren, zu diesen Tempeln liefen, ihre Opfergaben darbrachten und goldene Ziegeln spendeten. Sie faßten also nach langer sorgfältiger Überlegung den Entschluß, eine förmliche Orakelfabrik zu errichten, in der Überzeugung, daß sie durch dieses Geschäft zu großem Reichtum kommen müßten. Und in der Tat gelang ihnen das über alle Erwartung.

Zuerst einmal berieten sie darüber, an welchem Ort sie die Sache ins Werk setzen wollten. Cocconas meinte, der geeignetste Ort wäre Chalcedon, weil diese Stadt an einer bedeutenden Handelsstraße liegt. Alexander dagegen gab seiner Heimat den Vorzug und bemerkte sehr richtig, daß man ein solches Unternehmen nur dann glücklich eröffnen könne, wenn man es von vornherein mit beschränkten und einfältigen Menschen zu tun habe, die alles für bare Münze nehmen. Dergleichen Leute aber wären seine Paphlagonier, zumal diese in der Gegend von Abonoteichus, ein abergläubisches, dummes Volk, das

jedem Gaukler mit aufgesperrtem Maul zulaufe und ihn als einen vom Himmel gestiegenen Propheten angaffe.
Nachdem sie eine Weile über diese Frage gestritten hatten, siegte endlich Alexander. Weil ihnen aber Chalcedon für ihre Absichten förderlich zu sein schien, so zogen sie erst einmal nach dieser Stadt und vergruben im dortigen uralten Apollotempel eigene eherne Tafeln mit einer Aufschrift, die besagte, daß der Gott Äskulap demnächst mit seinem Vater Apollo nach Pontus kommen und seinen Sitz in Abonoteichus nehmen werde. Diese Tafeln versteckten sie sorgfältig so, daß sie gefunden werden mußten, und es verbreitete sich sehr schnell die Nachricht über das ganze Land, und zu Abonoteichus, wohin sie bald gelangte, beschlossen die Einwohner unverzüglich, einen Tempel zu erbauen, und fingen wirklich an, das Fundament zu graben.
In der Zwischenzeit aber verstarb Cocconas, und Alexander zog allein in seine Heimat. Er trug ein weißgestreiftes Purpurgewand, über das er einen weißen Talar geworfen hatte, und in der Hand hielt er stets einen krummen Säbel, wie ihn der Held Perseus auf Bildwerken zu tragen pflegte. Und die elenden Tröpfe von Paphlagoniern, die doch recht gut wußten, daß seine Eltern gemeine und arme Leute waren, fielen dennoch auf ihn herein. Er verstand auch, seine Mitbürger durch verschiedene Blendwerke zu täuschen und sich bald ein großes Ansehen zu verschaffen. Bisweilen stellte er sich, als ob er von heiliger Wut befallen sei, und sprudelte Schaum aus dem Munde. Das konnte er sehr leicht bewerkstelligen, wenn er nur die Wurzel des Seifenkrautes, einer Färbepflanze, kaute. Die guten Leute aber sahen etwas Übernatürliches und Schauerliches in diesem Schaum ...
Alexander verfertigte sich nun aus leinenen Lappen einen Drachenkopf, der einige Ähnlichkeit mit einem Menschengesicht aufwies, und bemalte ihn so farbenprächtig, daß er wie lebendig aussah. Der Mund wurde an Pferdehaaren auf- und zugezogen und streckte, gleichfalls durch Haare in Bewegung gesetzt, eine gespaltene schwarze Schlangenzunge heraus. Daneben fütterte er seine Schlange aus Makedonien sorgfältig, da sie ja die Hauptrolle in seiner Komödie spielen sollte.
Endlich schlich er sich einmal bei Nacht an den Ort, wo das Fundament für den neuen Tempel gegraben worden war. Dort hatten sich Regen- und Grundwasser in einer Grube gesammelt, in deren schlammigem Grund Alexander ein ausgeblasenes Gänseei niederlegte, das eine kleine, eben erst ausgeschlüpfte Schlange barg. Am nächsten Morgen rannte er fast nackt, nur mit einem goldenen Gürtel um die Hüfte bekleidet und dem krummen Säbel in der Hand, auf den Markt, schüttelte seine aufgelösten Locken wie ein begeisterter Priester der Cybele, bestieg ein Postament und sprach von da aus zu dem Volk von dem außerordentlichen Glück, das dieser Stadt bevorstehe, die einen leibhaftigen Gott in ihre Mauern aufnehmen solle. Alle Anwesenden, denn fast die ganze Bevölkerung der Stadt, Weiber, Kinder, Greise, war zusammengelaufen, staunten, fielen auf die Knie und beteten ihn an. Inzwischen stieß der merkwürdige Prophet viele unverständliche Worte aus, die wie hebräisch oder phönizisch

klangen und auf die Menge einen um so stärkeren Eindruck machten, weil sie, die Namen Apollo und Äskulap ausgenommen, die er einmal um das andere wiederholte, gar nicht verstand, was er überhaupt sagte.

Plötzlich rannte er zu dem angefangenen Tempel, stieg bei einer so pfiffig angelegten Orakelquelle in das Wasser und sang mit mächtiger Stimme Hymnen auf Äskulap und Apollo. Dann ließ er sich eine Schale reichen, fuhr damit unter das Wasser und schöpfte samt dem Schlamm das Ei herauf, in das er seinen Gott eingesperrt hatte und an dem die Fuge des Deckels mit weißem Wachs und Bleiweiß aufs beste verklebt war. „Hier“, rief er, indem er das Ei emporhielt, „hier habe ich den Äskulap!“ Mit stieren Augen gaffte die Menge, was da kommen solle, denn schon die Erscheinung eines Eies in diesem Wasser erfüllte sie mit Staunen. Als er das Ei zerbrach, die junge Schlangenbrut in seine hohle Hand schüttete, so daß alle Umstehenden sehen mußten, wie sich das Tier regte und um seine Finger ringelte, da brachen sie alle in ein lautes Geschrei aus, hießen den Gott willkommen, priesen das hohe Glück ihrer Stadt und nahmen die Mäuler gewaltig voll, um Schätze, Überfluß und Gesundheit sowie alle möglichen Güter von ihm zu erflehen. Unser Held aber lief spornstreichs nach Hause, seinen eben ausgeschlüpften Gott in den Händen, der ganze Troß hinter ihm her, alle besessen von der neuen Gottheit und trunken von Hoffnungen.

Dann hielt er sich einige Tage zu Hause auf in der sehr richtigen Erwartung, daß sich das Gerücht von diesem Vorgang bald verbreiten und eine große Menge Paphlagonier herbeiziehen werde. Dies geschah auch, die ganze Stadt füllte sich mit Leuten, die man kaum von einer Herde Schafe unterscheiden konnte. Dann endlich kleidete sich der Prophet in prächtige Gewänder und ließ sich in einer Art Zelt auf einen Polsterstuhl nieder. In seinem Schoß lag jene oben erwähnte große prächtige Schlange, die so lang war, daß sie sich noch um seinen Hals schlang und den Schwanz auf der Erde ringelte. Nur ihren Kopf hielt er unter seiner Achsel verborgen, was sie sich gedulig gefallen ließ, statt dessen hielt er aber den leinenen Kopf aus seinem Mantel hervor, als ob er zu der Schlange gehörte, die man vor sich sah.

Nun muß man sich den engen Raum vorstellen und die von allen Seiten herbeiströmenden Menschen, die schon vor Neugierde ganz aufgeregt waren und nun das Wunder erblickten, daß der kleine Wurm nach wenigen Tagen sich zu einem so gewaltigen Drachen ausgewachsen hatte, dessen Kopf noch dazu einem Menschenantlitz glich. Überdies war das Gedränge so groß, daß sich die Menschen gegenseitig wieder hinausdrängten und daher nichts Genaues sehen konnten.

Allmählich strömten die Leute aus Bithynien, Galatien und Thrakien herbei, überall verbreitete sich das Gerücht, daß ein Gott zur Welt gekommen und zu außerordentlicher Größe herangewachsen sei, daß er den Leib einer Schlange und den Kopf eines Menschen habe und ähnliches mehr. Bald verbreitete man schon Abbildungen von ihm, sowohl Gemälde wie Gußbilder in Erz und Silber, und Alexander gab ihm den Namen Elykon, angeblich auf göttliches Geheiß hin.

Nach einiger Zeit gab der Prophet allen Ankömmlingen bekannt, daß der Gott Orakel erteilen würde, und setzte einen bestimmten Tag dafür fest. Gleichzeitig teilte er mit, daß jeder die Frage, an deren Beantwortung ihm am meisten gelegen sei, auf eine Schreibtafel schreiben, diese sodann mit Bindfaden umwinden und mit Wachs, Ton oder ähnlichem Material gut versiegeln solle. Er würde sich dann die Tafel geben lassen, sich damit in das Innere des inzwischen fertiggestellten Tempels zurückziehen und nach einiger Zeit, wenn er die Aussprüche des Gottes vernommen, die Eigentümer der Tafel durch einen Herold der Ordnung nach aufrufen und jedem seine Tafel im ursprünglichen verschlossenen Zustand wieder zustellen lassen; und dennoch werde man darauf die Antwort des Gottes niedergeschrieben finden.
Alexander, der mehr als eine Art ausfindig gemacht hatte, um versiegelte Schriften heimlich zu öffnen, las die Fragen alle, beantwortete jede nach Gutdünken, band die Schreibtafel wieder zu, versiegelte sie und gab sie dann zum größten Erstaunen des Besitzers zurück. „Ist es möglich", so lautete die allgemeine Haltung, „alles zu wissen, was unter Siegel von schwer nachzuahmendem Gepräge geschrieben steht? Dieses Wesen muß doch ein Gott sein!" Dabei hatte es Alexander gar nicht einmal so schwer. Entweder löste er mittels einer glühenden Nadel das Wachssiegel von der Schreibtafel ab, und nachdem er den Inhalt gelesen hatte, erwärmte er mit seiner Nadel das Wachs und das Siegel und fügte es so ohne große Mühe wieder zusammen. Bei einem zweiten Verfahren bediente er sich des sogenannten Collyriums, einer aus Judenpech, feingestoßenem Kristall, Wachs und Mastix zusammengesetzten Masse, die am Feuer erweicht und auf das mit Fett bestrichene Wachssiegel gedrückt wird. Während das Collyrium trocknete und dabei hart wurde, wozu es nur weniger Augenblicke bedurfte, öffnete Alexander den Brief mit aller Bequemlichkeit, trug sodann wieder Wachs auf und siegelte mit dem inzwischen steinhart gewordenen falschen Stempel, der dem echten vollkommen glich. Einen ähnlichen Abdruck der Siegel konnte er auch aus einer Masse von Gips und Buchbinderleim herstellen und sich ihrer ebenfalls zum Siegeln bedienen.
Er fing also wirklich an, Orakelsprüche zu erteilen, ging dabei aber mit großer Schlauheit zu Werke und gab seinen erdichteten Antworten immer etwas Wahrscheinliches. Übrigens waren diese meist geschraubt und doppelsinnig, einige auch gänzlich unverständlich, weil er hier glaubte, ganz nach Prophetenart verfahren zu müssen. Auch verordnete er Heilmittel und Kuren gegen verschiedene Krankheiten, was er auf Grund gewisser ärztlicher Kenntnisse, die er besaß, doch verhältnismäßig leicht tun konnte. Besonders viel hielt er dabei auf eine merkwürdige Salbe, die er aus gewöhnlichem Ziegenschmalz bereitete. Der festgesetzte Preis für jeden Spruch war eine Drachme und acht Obolen. Jedes Jahr brachte er seine siebzig- bis achtzigtausend Drachmen zusammen, denn die Menschen waren so begierig nach seinem Orakel, daß sie zehn oder fünfzehn Fragen auf einmal einreichten.
Seine Schlange ließ er, so oft man es wünschte, sehen, und zum Staunen des Volkes versprach er sogar, daß der Gott selbst reden und ohne Propheten

Orakelsprüche erteilen werde. Es fiel ihm nicht schwer, aus mehreren Kranichgurgeln eine Röhre zu bilden, die er in dem menschenähnlichen Drachenkopf anbrachte und durch deren äußeres Ende ein hinter ihm versteckter Gehilfe die Antworten hineinrief, so daß die Stimme aus dem leinenen Gott zu kommen schien.

135. Das Einholen von Vorzeichen

Livius I, 18, 6ff.

Die Bestellung hoher Amtsträger durfte im Römischen Reich nur nach Einholen von Vorzeichen (auspices) erfolgen. Dafür wurde eine Örtlichkeit von viereckigem Grundriß bestimmt: das templum. Der Augur (Vorzeichendeuter) bestimmt mit seinem lituus (Krummstab) genau die Grenzen und erbittet von der Gottheit Zeichen, ob die zu bestellende Person ihr genehm sei. Livius (→155) berichtet von der Inauguration (Einweihung, Einführung) des Numa Pompilius. Dieser wurde als zweiter König Roms gewählt. Folgende Regierungsmaßnahmen gehen auf Numa zurück: Kalenderreform (Hinzufügung der Monate Ianuarius und Februarius); Einführung neuer Priestertümer: Flamines maiores Vestales (→5) u. a., Errichtung des Janusbogens und Vestatempels bei gleichzeitigem Verbot, Gottesbilder zu errichten. – Numa starb über achtzigjährig.

(Numa) wurde von dem Augur auf die Burg geführt und nahm nach Süden gewandt auf einem Steine Platz. Der Augur setzte sich mit verhülltem Hinterkopf zu seiner Linken, in der Rechten einen gekrümmten Stab ohne Knoten, den man lituus nannte. Dann blickte er über Stadt und Feld hin und bestimmte nach einem Gebet die Regionen (am Himmel) von Osten nach Westen, erklärte, die rechte sei die nach Süden, die linke die nach Norden, und merkte sich Zeichen am äußersten Horizonte. Dann nahm er den lituus in die Linke, legte die Rechte Numa aufs Haupt und betete so: „Vater Juppiter, wenn es erlaubt ist, daß dieser Numa Pompilius, dessen Haupt ich halte, König in Rom sei, so mögest du uns unzweideutige Zeichen erscheinen lassen in den Grenzen, die ich gezogen habe.“ Dann nennt er die Zeichen, die er gesandt wünscht.

136. Das Orakel des Trophonios in Lebedaia

Pausanias, Beschreibung Griechenlands, IX, 39

Pausanias, dessen Beschreibung Griechenlands in 10 Büchern zwischen 160 und 180 n. Chr. verfaßt wurde, stützt seine Darstellungen auf eigene Reiseerfahrungen. Alles, was er schildert, ist durch Augenschein überprüft und wird z. T. bis ins Detail mitgeteilt. In seinem 9. Buch beschreibt Pausanias den Höhlenkult und das Orakel des Gottes Trophonios in der Landschaft Böotien (Attika).

Wenn die Nacht eingebrochen ist, führen ihn zwei ungefähr dreizehnjährige Knaben aus bürgerlichen Familien zum Flusse Herkyna; dort salben sie ihn mit Olivenöl und waschen ihn. Diese Knaben werden Hermen genannt; sie waschen den Besucher des Trophonios und verrichten für ihn alle notwendigen Dienste. Danach wird er von den Priestern nicht sofort zum Orakel geführt, sondern zu zwei nahe beieinander liegenden Wasserquellen. Hier hat er von dem Lethe genannten Wasser zu trinken, um alles, was er vorher gedacht hat, zu vergessen. Darauf trinkt er ein anderes Wasser, das Wasser der Mnemosyne; dadurch behält er alles im Gedächtnis, was er beim Hinabsteigen gesehen hat. Dann sieht er ein Standbild, das angeblich ein Werk des Daidalos sein soll und das die Priester niemand anderem zeigen außer denen, die zu Trophonios hinabgehen wollen. Und wenn er dieses Standbild gesehen und ihm Verehrung und Gebet dargebracht hat, nähert er sich dem Orakel ...
In seiner Gestalt gleicht es einem Backofen. Seine Breite im Durchmesser dürfte ungefähr sechs Fuß betragen, und seine Tiefe wird man nicht über zwölf Fuß einschätzen. Es führen auf den Boden keine Stufen hinab, aber wenn ein Mann hinabgeht, um Trophonios zu besuchen, bringen sie ihm eine schmale, leichte Leiter. Wenn er hinabgestiegen ist, findet er eine Öffnung zwischen dem Erdboden und dem Mauerwerk, deren Breite zwei und deren Höhe eine Spanne zu betragen schien. Er legt sich auf den Erdboden, wobei er Honigkuchen in den Händen hält; er streckt seine Füße in die Öffnung und schiebt sich vorwärts, wobei er versucht, seine Knie in die Öffnung zu bringen. Der übrige Körper wird sogleich hinterhergezogen und folgt seinen Knien nach, als ob ein großer und schneller Strom einen Mann in einem Strudel ergriffen hätte und ihn hinabziehen würde. Wenn man in das Innere des Heiligtums gekommen ist, so wird man nicht durchweg in gleicher Weise über die Zukunft aufgeklärt; einige bekommen etwas zu hören, andere etwas zu sehen. Der Rückweg erfolgt durch die gleiche Öffnung, mit den Füßen zuerst ...
Wenn ein Mann aus der Behausung des Trophonios hervorgekommen ist, übernehmen ihn wieder die Priester und setzen ihn auf den sogenannten Sitz der Mnemosyne, der nicht fern vom Heiligtum ist, und während er dort sitzt, fragen sie ihn nach allem, was er gesehen und erfahren habe. Wenn sie das gehört haben, übergeben sie ihn der Obhut seiner Freunde, die ihn aufheben und ihn zum Haus der Agathe Tyche[1] und des Daimon Agathos[2] bringen, wo er schon vorher geweilt hat; denn er ist noch ganz von Furcht ergriffen und seiner selbst und derer um ihn herum nicht bewußt. Später aber werden seine Lebensgeister ungeschmälert zu ihm zurückkommen, und er wird auch wieder lachen können. Ich schreibe dies nicht vom Hörensagen, denn ich selbst habe Trophonios befragt und auch gesehen, wie andere es taten.

[1] Agathe Tyche: Göttin des guten Geschicks; Fortuna.
[2] Daimon Agathos: göttlicher „Zuteiler" des guten Geschicks.

137. Alea iacta est – Die Würfel sind gefallen

Sueton, De vita Caesarum 31–32

Der Rubicon ist der von Caesar im Jahre 49 v. Chr. überschrittene Grenzfluß zwischen Gallia Cisalpina und Italia.

Caesar erreichte seine Kohorten am Flusse Rubicon, der die Grenze seiner Provinz bildete, machte dort einen kurzen Halt und überlegte die Größe seines Unternehmens. Dann sagte er, zu seiner nächsten Umgebung gewendet: „Jetzt können wir noch umkehren. Haben wir aber diese kleine Brücke überschritten, dann müssen alles die Waffen entscheiden."

Sein Zögern wurde durch die folgende Erscheinung unterbrochen: ein großgewachsener schöner Mann zeigte sich plötzlich den Blicken; er saß in der Nähe und blies auf einer Flöte. Als außer einigen Hirten auch viele Soldaten, unter ihnen auch Trompeter, aus ihren Reihen tretend, zu ihm liefen, um ihm zuzuhören, riß der Unbekannte plötzlich einem Soldaten die Trompete aus der Hand, sprang zum Fluß hinunter, begann mit gewaltigen Tönen das Signal zum Angriff zu blasen und ging aufs andere Ufer hinüber. Darauf rief Caesar: „Auf, laßt uns ziehen, wohin die Zeichen der Götter und die Ungerechtigkeit der Gegner uns rufen! Der Würfel ist gefallen!"

138. Orakelbräuche bei den Germanen

Tacitus, Germania, 10

Vorzeichen und Losorakel schätzen sie wie kein anderes Volk. Das herkömmlichste Verfahren beim Losen ist einfach. Sie schneiden den Zweig von einem wilden Fruchtbaum in kleine Stäbe, versehen diese mit bestimmten Zeichen und streuen sie auf ein weißes Tuch blindlings und zufällig aus. Danach hebt, wenn eine Befragung von Staats wegen vorgenommen werden soll, der Priester, wenn in Privatangelegenheiten, das Oberhaupt der Familie mit einem Gebet zu den Göttern und die Augen zum Himmel gerichtet drei Stäbe einzeln auf und deutet die aufgehobenen nach den vorher eingeritzten Zeichen. Wenn die Zeichen es verwehren, erfolgt in der betreffenden Angelegenheit an demselben Tage keine weitere Befragung; wenn sie es zulassen, wird außerdem noch die Befragung durch Vorzeichen eingeholt. Man kennt auch hier den Brauch, Vogelstimmen und Vogelflug zu erforschen; eine Eigentümlichkeit dieses Volkes ist aber, auch auf die Ahnungen und Mahnungen der Pferde zu achten. In den schon erwähnten Hainen und Wäldern werden auf Staatskosten weiße Rosse gehalten, unberührt von jeglichem Menschendienst. Wenn sie vor den heiligen Wagen gespannt werden, begleiten sie der Priester und der König oder Häuptling des Stammes und beobachten ihr Wiehern und Schnauben. Keinem Vorzeichen mißt man größeren Glauben bei, nicht nur im Volk und bei den Vornehmen, sondern auch bei den Priestern. Sie halten sich nämlich für die Diener der Gottheit, jene aber für ihre Vertrauten. Schließlich gibt es noch eine Beobachtung von Vorzeichen, wodurch sie den Ausgang schwerer Kriege erkunden. Sie lassen einen irgendwie aufgegriffenen Gefangenen aus dem Stamme, mit dem sie Krieg führen, mit einem auserlesenen Krieger des eigenen Volkes kämpfen, jeden mit seinen heimischen Waffen: der Sieg des einen wie des andern gilt als Vorbedeutung.

139. Islamische Wahrsage-Tafel

Wenn man die Wahrsage-Tafel befragt, spricht man zuerst das Eröffnungskapitel des Koran und den 60. Vers der 6. Sûre: „Bei Ihm sind die Schlüssel des Verborgenen; keiner kennt sie als Er allein. Und Er weiß, was auf dem Lande ist und was im Meer. Und nicht ein Blatt fällt nieder, ohne daß Er es weiß; und kein Körnchen ist in der Erde Dunkel und nichts Grünes und nichts Dürres, das nicht in einem deutlichen Buch verzeichnet wäre."

	1	2	3	4	5	6	7	8	9	10
1	h	w	g	t	e	ü	e	e	h	n
2	t	r	d	u	t	e	e	u	e	h
3	d	s	l	s	a	i	t	d	i	l
4	ch	h	e	m	t	v	u	d	m	e
5	o	t	i	e	d	r	t	ch	r	i
6	d	h	u	o	c	i	u	n	h	h
7	e	t	d	n	d	s	u	g	e	e
8	e	n	e	f	r	r	r	n	u	s
9	t	e	i	r	ü	h	c	e	c	n
10	a	h	ss	h	d	t	t	e	t	e

Dann tippt man – ohne hinzusehen – mit dem Finger auf das Buchstabenfeld und notiert den angezeigten Buchstaben. Von hier aus geht man fünf Felder weiter, notiert diesen Buchstaben, dann wieder fünf Felder weiter . . . und so fort . . . bis man zu jenem Buchstaben zurückkehrt, den man zuerst aufgeschrieben hat. Insgesamt ergibt diese Buchstabenfolge die Antwort.
Zum Beispiel: Zeigte der Finger auf den Buchstaben o in der 5. Zeile der 1. Reihe, so ergäbe sich die Buchstabenfolge: ordieserthathütedichv. Da der Spruch immer mit dem vordersten der aus der 1. Zeile genommenen Buchstaben beginnt, lautet der Orakeltext: „Hüte dich vor dieser That". Insgesamt enthält die Tafel nur fünf Antworten, welche die vorweggestellten Fragen ihrer Benutzer ziemlich allgemein aufnehmen. Die hier in unsere Sprache übersetzte Tafel ist die einfachste aller möglichen und soll nur das Prinzip erläutern. Die alten Wahrsagetafeln (Zâirgahs) sind sehr kompliziert und auf zusätzliche astrologische Berechnungen angelegt. Der Djemaa el Fna („Platz der Getöteten") zu Marrakesch war einstmals besonders berühmt für diese Wahrsagekunst (Mantik).

140. Das tibetische Staatsorakel

Aus der Distanz des nicht-tibetischen und nicht-buddhistischen Zuschauers beschreibt Heinrich Harrer (→108) seine Beobachtungen bei der Befragung des tibetischen Staatsorakels von Netschung in Lhasa.

Die Würde des Staatsorakels trug damals ein neunzehnjähriger Mönch. Er kam aus einfachen Verhältnissen, hatte aber schon bei allen Prüfungen durch seine medialen Fähigkeiten Aufsehen erregt. Obwohl seine Routine noch nicht so groß war wie die seines Vorgängers, der auch bei der Ermittlung des Dalai Lama mitgewirkt hatte, erwartete man viel von ihm ...
Gerade wird der junge Mönch aus seinen Privatgemächern in die düstere Tempelhalle geführt. Er trägt einen runden Metallspiegel auf der Brust, Diener hüllen ihn in bunte Seidengewänder und geleiten ihn zu seinem Thron. Dann zieht sich alles von ihm zurück. Außer der dumpfen, beschwörenden Musik ist kein Laut zu hören. Das Medium beginnt seine Konzentration. Ich beobachte es scharf, wende kein Auge von seinen Zügen. Nicht das leiseste Zucken seiner Mienen entgeht mir. Mehr und mehr scheint das Leben aus ihm zu weichen. Jetzt ist es völlig reglos, das Gesicht eine starre Maske. Und da – wie vom Blitz getroffen, bäumt sich der Körper auf. Ein Aufatmen geht durch den Raum: Der Gott hat von ihm Besitz ergriffen. Zittern befällt das Medium, wird immer stärker, Schweiß perlt auf seiner Stirn. Da treten Diener zu ihm hin und setzen ihm einen riesigen, phantastischen Kopfschmuck auf. Dieser ist so schwer, daß zwei Männer das ungeheure Ding halten müssen, während sie es ihm aufsetzen, und die schmächtige Gestalt des Mönches sinkt unter dem Gewicht der Tiara

noch tiefer in die Kissen des Thrones. Es ist kein Wunder, daß die Medien nicht lange leben, geht es mir durch den Kopf. Die ungeheure körperliche und geistige Anstrengung dieser Séancen verzehrt ihre Kraft.

Das Zittern wird stärker, auf und ab schwankt der viel zu schwer belastete Kopf, die Augen quellen hervor. Das Gesicht ist aufgedunsen und von einem ungesunden Rot überzogen. Zischende Laute brechen zwischen den Zähnen hervor. Plötzlich springt das Medium auf – Diener wollen ihm helfen, er entgleitet ihnen, und zum Gewimmer der Oboen beginnt sich der junge Mönch in einem seltsamen, ekstatischen Tanz zu drehen. Sein Stöhnen und Zähneknirschen sind die einzigen menschlichen Laute im Tempel. Jetzt beginnt er mit einem riesigen Daumenring wild auf sein schimmerndes Brustschild zu schlagen – das Klirren übertönt das dumpfe Rollen der Trommeln –, jetzt dreht er sich auf einem Fuß, aufrecht unter der riesigen Krone, die vorhin zwei Männern zu schwer war. Diener füllen seine Hände mit Gerstenkörnern – er wirft sie unter die verängstigte Menge der Zuschauer. Alles duckt sich, ich fürchte schon, als Eindringling aufzufallen. Der Mönch ist jetzt unberechenbar ... Störe ich bei der Götterbefragung? Nun wird er etwas ruhiger. Diener halten ihn mit festem Griff, und ein Kabinettsminister tritt vor ihn hin. Über den von der Last gebeugten Kopf wirft er eine Seidenschleife und beginnt die vom Kabinett sorgsam ausgeklügelten Fragen zu stellen. Die Besetzung einer Gouverneurstelle, die Auffindung einer hohen Inkarnation, Krieg oder Frieden, das alles wird dem Orakel zur Entscheidung vorgelegt. Oft muß eine Frage mehrmals wiederholt werden, bis das Orakel zu lallen beginnt.

Ich bemühe mich, aus dem Murmeln verständliche Worte herauszufinden – unmöglich! Während der Regierungsvertreter demütig gebeugt steht und etwas zu verstehen versucht, schreibt ein älterer Mönch fließend die Antworten nieder. Er hat das schon hunderte Male in seinem Leben getan, denn er diente schon dem verstorbenen Orakel als Sekretär. Ich konnte mich des Verdachtes nicht erwehren, daß dieser Sekretär vielleicht das eigentliche Orakel war. Die Antworten, die er niederschrieb, waren bei aller Zweideutigkeit doch immer richtunggebend und genügten, das Kabinett der größten Verantwortung zu entheben. Gab ein Orakel dauernd falsche Antworten, dann machte man kurzen Prozeß: Es wurde seines Amtes enthoben. Das war eine Maßnahme, deren Logik ich nie begreifen konnte. Es war doch der Gott, der aus dem Medium sprach? ...

Die letzten Fragen, die der Regierungsvertreter noch stellt, bleiben unbeantwortet. Haben den jungen Mönch die Kräfte verlassen, oder zürnt der Gott? Mönche treten zu dem vor Erregung bebenden Medium, reichen ihm kleine Seidenschleifen. Mit zitternden Händen knüpft es Knoten hinein. Diese Schleifen werden Bittstellern umgehängt und gelten als Amulette, die vor jeder Gefahr schützen. Noch einmal versucht es ein paar Tanzschritte zu machen, dann bricht es zusammen und wird von vier Mönchen bewußtlos aus der Tempelhalle getragen.

141. Lebensgeschichte eines Orakelpriesters

Während eines Besuchs im Kloster von Dungkar (Tibet) wird Anagarika Govinda (→173) Zeuge eines beeindruckenden Rituals im Orakeltempel: „Ich kann mich nicht erinnern, wie vielen dieser Trancezustände wir beiwohnten ... Ich weiß nur, daß alle sechs Tschökyongs (Orakelgottheiten), einer nach dem anderen, von dem Orakelpriester Besitz ergriffen, und daß er am Ende jeder Trance wie ein Toter ausgestreckt dalag und schließlich bewußtlos aus dem Tempel getragen wurde." Am nächsten Tag bot sich Gelegenheit, mit dem Tschödsche (Orakelpriester) zu sprechen.

Unsere erste Frage, ob er sich irgendeiner der Antworten, die während der Invokationen des vergangenen Tages durch ihn gekommen seien, erinnerte. „Nein", sagte er, „ich habe keine Ahnung davon, was während der Trancezustände geschieht. Aber wenn ich in meinen normalen Zustand zurückkehre, schmerzt mein ganzer Körper, und ich fühle mich vollkommen erschöpft. Ich brauche immer viele Tage, um mich wieder zu erholen."
„Aber was veranlaßte Sie, das Amt eines Tschödsche zu übernehmen, wenn das eine so gefährliche und schmerzvolle Sache ist? Hatten Sie eine natürliche Neigung zu geistigen Dingen oder mediumistische Fähigkeiten?"
„O nein, nicht im geringsten! Ich hatte Frau und Kinder und verdiente meinen Lebensunterhalt als Maultiertreiber auf der Karawanenroute zwischen Sikkim und Lhasa. Ich war ein einfacher Mann und hatte keinerlei Ambitionen. Meine Genossen verachteten mich, weil ich immer schäbig gekleidet war und keinen Wert auf Reinlichkeit legte. Ich führte ein rauhes Leben, aber ich war in meiner Weise ganz glücklich, obwohl ich arm war und weder lesen noch schreiben konnte. Ich hatte ein kleines Haus in Phari, wo ich mit meiner Familie lebte, wenn ich nicht auf Reisen war. Und dort erkrankte ich eines Tages. Kein Mensch wußte, was mir fehlte, und es ging mir schlechter und schlechter, bis ich schließlich so schwach war, daß meine Frau fürchtete, ich würde sterben. Sie rief einen Lama, um Gebete zu lesen und mich auf den Tod vorzubereiten. Während aber der Lama die Invokationen der mächtigen Schutzherren und Geisterkönige, der Tschökyongs, rezitierte, wurde ich plötzlich von ihnen besessen, obwohl ich selbst nichts über diese Dinge oder den Inhalt der Rezitationen wußte – und als ich endlich wieder zu mir kam, sagte mir der Lama, daß mein Leben gerettet werden könne, wenn ich gewillt sei, den Tschökyongs zu dienen, die mich als ihr Werkzeug ausersehen hätten. Ich wollte jedoch nicht mein Weib und meine Kinder verlassen, und als ich das dem Lama sagte, erklärte er: ‚Wenn du stirbst, so wirst du auf jeden Fall Weib und Kinder verlassen müssen, wenn du aber bereit bist, den höheren Mächten zu dienen, so wirst du nicht nur dein Leben retten, sondern dein Weib und deine Kinder werden nicht zu hungern brauchen.'
Meine Frau gab dem Lama recht, und so gab ich nach und versprach, mein Leben fortan dem Dharma zu weihen, insbesondere den großen Schutzherren,

wenn sie mich vom Tode erretteten. Von dem Augenblick an, in dem ich das Gelübde abgelegt hatte, ging es mir besser, und nach kurzer Zeit war ich vollkommen wiederhergestellt. Doch immer, wenn diese Invokationen rezitiert wurden, fiel ich in Trance, und die göttlichen Kräfte nahmen von mir Besitz."
„Hatten Sie sich einer besonderen Schulung zu unterziehen, bevor Sie zum Priester des Großen Orakels berufen wurden? Oder hatten Sie bestimmte Prüfungen abzulegen, bevor Sie als Tschödsche anerkannt wurden?"
„Gewiß! Um sicher zu sein, daß es sich bei mir um eine echte Berufung handelte und nicht um bloße Einbildung oder Betrug, wurde ich nach Lhasa geschickt und mit dem Staatsorakel von Netschung konfrontiert. Während der Invokationsriten mußten wir beide Seite an Seite sitzen, und erst nach verschiedenartigen Prüfungen und einer sorgfältigen Beobachtung aller Symptome wurde ich als Kandidat der Orakelpriesterschaft zugelassen. Ich mußte das Gelübde des Zölibats ablegen und alle Regeln des Vinaya[1] befolgen. Von nun an trug ich Mönchskleidung und erhielt besondere Lehrer, die mich im Lesen und Schreiben und auch in den heiligen Schriften unterwiesen. Ich hatte besondere Reinlichkeitsregeln zu befolgen und mich an eine strenge Diät zu halten. Mein Leben war völlig verändert und strenger reguliert als das eines gewöhnlichen Mönchs, denn der kleinste Fehltritt in meiner Lebensführung konnte mich in Gefahr bringen und zu meiner Vernichtung durch eine jener Mächte führen, denen ich mich geweiht und mit Leib und Seele ergeben hatte. Erst nach einer langen, strengen Schulung wurde ich schließlich für fähig befunden, das Amt eines Tschödsche auszuüben. Ich wurde nach Dungkar Gompa geschickt, wo eben der Thron des Orakels freigeworden war. Und seitdem bin ich hier geblieben."
Der Gedanke, daß dieser intelligente, höfliche, kultiviert aussehende Mönch, der sich mit der Selbstsicherheit eines geborenen Aristokraten bewegte, jemals ein gewöhnlicher Maultiertreiber gewesen sein sollte, war etwas, das wir uns nicht vorstellen konnten. Aber Leute, die ihn von früher her kannten, bestätigten uns, daß er nicht nur ein gewöhnlicher Maultiertreiber gewesen sei, sondern ein ganz besonders rauher und schmutzstarrender Mann, der oft die Zielscheibe des Spottes der anderen gewesen sei. Als er aus Netschung zurückkehrte, konnten seine früheren Genossen ihn nicht wiedererkennen, und jeder, der sich seiner von früher her erinnerte, war erstaunt, wie eine solche Wandlung hatte vor sich gehen können.

[1] Vinaya, Sanskrit von Vi-nayati = hinwegführen (vom Übel) zur Disziplin; die Summe der überlieferten Lebensregeln für buddhistische Mönche.

142. Das Ifa-Orakel

Ifa ist ein yorubischer Gott (→33), und Ifa ist ein Orakel, das Orakel der Yoruba. Zugleich ist Ifa eine geheimnisvolle Ordnung, in der sich die Gottheit darstellt. Die Befragung des Orakels ist ein Gottesdienst, den der babalawo, der „Vater des Geheimnisses" leitet. Man stellt ihm keine Fragen, sondern bittet ihn nur, das Orakel zu befragen.
Die Befragung erfolgt mit 16 Kernen oder Samenhälften (opele). Je nachdem, in welcher Form die opele fallen bzw. aufgefangen werden, notiert man bei geraden Zahlen einen Strich, bei ungeraden zwei Striche. Dieses Verfahren wird achtmal wiederholt und ergibt eine Strichfolge (odu), für die es 16 symmetrische und 240 weitere Kombinationsmöglichkeiten (odu) gibt. Diesen insgesamt 256 Odu sind 256 Texte zugeordnet, die ebenfalls Odu heißen. Sie enthalten die Antworten auf die an Ifa gestellten Fragen. Alle Odu gehören der mündlichen Tradition an. Erst in jüngster Zeit konnten einige von ihnen aufgezeichnet werden.

Ich preise zwei, nicht eins.
Das war der Wasserlilie prophezeit,
Die hinabreicht in den Sumpf, den Ursprung der Schöpfung.
Die Zeit der Schöpfung ist da.

Niemand schätzt das Feuer gering
Und wickelt es in ein Tuch ein.
Niemand schätzt die Schlange gering
Und schlingt sie als Gürtel um die Taille.
Niemand schätzt den König gering
Und schlägt ihm auf den Kopf.
Heute muß das Volk mich ehren.

*

Und Olokun sprach:
Niemand kann schauen
bis auf den Grund des Meeres,
und niemand durch die Wasser des Flusses.
Doch wo die Boa lebt, die Würgerin,
da trifft sie auch ihre Beute,
und auch der Kobra wird dort,
wo sie lebt,
ihre Nahrung zuteil.
Doch wenn das Glück kommt,
Kind Elewudus,
dann ist es so, als riefest du nach einem Mann –
und es gäben Antwort zweihundert.

*

Man kann sich vorstellen, wie in bestimmten Situationen diese Odu ausgelegt werden. (Wenn etwa eine Frau das Orakel befragt und das voranstehende erste Odu erhält, weiß sie nun, daß sie ein Kind haben wird.) Es gibt aber auch Odu, die völlig unverständlich erscheinen. In jedem Fall vertreten die Odu nur eine erste Bedeutungsebene, hinter der es wahrscheinlich weitere mythische Bedeutungsebenen gibt, die auf dahinterstehende Erzählkränze verweisen.
Offen bleibt die Frage, warum die Odu-Texte zu den gestellten Fragen passen. Sie sind nicht so vieldeutig, daß sie jeder Frage Raum lassen. (Das gleiche Problem stellt sich auch beim chinesischen I Ging →143). Im gesamten System des Ifa-Orakels wird das Weltbild und Ethos der Yoruba sichtbar. Olodumare hat der Welt und jedem einzelnen Menschen das Geschick gesetzt, doch nimmt diese Setzung niemandem seine Freiheit. Sie ist nur der Rahmen für den Lebensweg, den jeder selbst ausfüllen muß. Um dies zu leisten, gibt das Ifa-Orakel Einblicke in die unverrückbare Weltordnung und zugleich praktische Orientierungshilfe. Letztlich ist es der Mensch, der sein Schicksal frei verantworten muß, wie es die folgende Odu-Erzählung deutlich macht:

Es war in den alten Tagen in der Stadt Ile-Ife, daß Orunmila[1] darüber nachdachte, wie die Bosheit der Menschen in die Welt gelangt sei. Indem er darüber nachsann, versenkte Olodumare[2] ihn in Schlaf, öffnete ihm dann das Tor des Himmels und ließ ihn eintreten. Dort rief er Orunmila zu sich und fragte ihn nach der Ursache seines Grübelns. Orunmila antwortete: „Herr, mich quält das Problem der bösen Menschen, die andere am Erfolg hindern. Ich habe IFA geworfen und Opfer dargebracht, um zu erfahren, welches der Grund dafür ist, daß böse Menschen die anderen plagen." Da fragte Olodumare: „IFA warfest du und befragtest es nach den Übeltätern? Gab ich dir nicht alle Macht, ehe du zur Welt gingest? So geh also hin und stelle dich ins Tor des Himmels, so daß du zwischen Himmel und Erde stehst. Später komm zu mir zurück und berichte mir alles, was du dort gesehen hast!"
Als Orunmila nun dort stand, sah er, wie die Menschen vom Himmel auf die Erde hinuntergingen. Ein jeder, der am Wächter des Himmelstores vorbeikam, trug diesem eine Bitte vor. Einige baten um Geld, andere um Kinder, andere um Gesundheit. Und zu allem, was sie erbaten, antwortete der Wächter des Himmelstores einem jeden: „So sei es!"
Nach einiger Zeit sah Orunmila einen jungen Mann daherkommen, auf einem Pferd reitend, und als er den Wächter erreicht hatte, sprach er, er werde nun zur Welt kommen, dort wolle er reich sein und Kinder haben und er wolle auch Chief in seiner Stadt werden und später auch noch Stadtkönig. Und der Türhüter sprach: „So sei es!" Kaum aber war der junge Mann fortgeritten, da kam ein anderer Mann in Lumpen daher und fragte den Wächter: „Wer ist jener feine Herr, der gerade hier durchritt?" Doch der Wächter antwortete ihm nicht. Da

[1] Orunmila: ein göttliches Geschöpf Olodumares, das die Unordnung der Welt heilen soll.
[2] Olodumare (→33): die höchste, nicht mehr beschreibbare Gottesvorstellung im Zentrum der yorubischen Religion.

sagte der in Lumpen: „Ob du mir nun antwortest oder nicht, ich gehe jetzt auch hinunter auf die Erde, und dort werde ich all das zerstören, was jener Reiter dort tun wird!“ – „So sei es!“ sprach der Türhüter des Himmels.
Da war Orunmila betroffen, und er berichtete Olodumare, was er erlebt hatte. „Nun hast du den Grund für das Böse gesehen“, sprach Olodumare, und er trug Orunmila auf, zur Erde zurückzukehren. „Wenn du aber dort wieder IFA wirfst“, sprach er, „so sollst du jedesmal auch die Frage nach Bösewichtern stellen, die die Wege deines Besuchers stören könnten!“
Während Orunmila Olodumare dankte, erwachte er. Als er noch darüber nachsann, was er soeben im Schlaf erlebt hatte, brachten die Leute ein kleines Kind zu ihm, um dessen Zukunft zu erfahren. Er warf IFA für das Neugeborene und rezitierte bei sich die Odu, die herauskamen, und er war erstaunt festzustellen, daß dieser Säugling jener junge Mensch war, den er gerade im Schlaf gesehen hatte: der junge Mann auf dem Pferd. – Da pries er Olodumare.

143. Das I Ging

„Das Buch der Wandlungen“ (I Ging, I-ching) ist ein uraltes chinesisches Orakel- und Weisheitsbuch. Es unterscheidet sich von anderen Orakelbüchern dadurch, daß es nicht allein der Zukunftsbefragung dient, sondern zugleich Lebensratschläge gibt, damit der Fragende seinem Schicksal nicht blind ergeben bleibt, sondern es durch sein Verhalten aktiv mitgestaltet. Dahinter steht die Überzeugung, daß die Welt in allen ihren Erscheinungen nicht zufällig ist, sondern sinnvoll. Wenn das stimmt, so muß sich zunächst zeigen, wie sich dieser Sinn in den Vorgängen der Welt gestaltet, wie Geistiges sich mit Materiellem verbindet. Sodann muß sich erweisen, daß der Mensch den Sinn dieser Vorgänge erfassen und sein Leben darauf einstellen kann.
Die erste Frage ist also: Wie drückt sich ein überzeitlicher Sinn in zeitlichen Wandlungen aus? Das I Ging glaubt nicht, daß irgendein ewiges Sein von außerhalb her auf die Natur einwirke, sondern, daß dieses ewige Sein in den Bewegungen selber wirke: als ihr innerstes Gesetz, als ihr Weg, ihr Sinn, ihr Tao. Demnach steht der Sinn nicht „hinter“ den Wandlungen der Welt, sondern ist die ruhende Mitte aller Bewegung: eine Einheit mit dem Geschehen.
Grundvoraussetzung für ein Befragen des Orakels ist somit die Überzeugung, daß nichts in der Welt isoliert nebeneinander besteht, sondern alles in einer spannungsreichen Einheit aufeinander einwirkt, so daß auch Schicksal und Orakelspruch derselben Sphäre angehören. Orakel können die richtigen Anweisungen für eine Situation geben, weil sie demselben Tao (→ 56; 201–203) entstammen, dessen Gesetze die Wirklichkeit gestalten. Fragt sich nur, wie man im Einzelfall gerade die Antwort findet, in der die Gesetze dieses Einzelfalls getroffen werden. Hier verweist die chinesische Anschauung auf die Person des

Fragenden: Das Orakel ist wie ein Echo, vorausgesetzt, die ganze Befragung wird „gesammelten Geistes und reinen Herzens durchgeführt ... in Harmonie mit Himmel und Erde“ (Mokusen Miyuki). Ein solcher von Begierden freier Geist wird „leer“, alle seine seelischen Energien sinken während des „Sitzens“ in die Tiefe des Unbewußten zurück. Es ist die Rückkehr zum „Großen Einen“, zum Urgrund aller Erscheinungen der mikro- und der makrokosmischen Welt. Je nach der geistigen Qualität und Reinheit des Fragenden wird ihm ein unterschiedlich tiefer Einblick in den Weltzusammenhang ermöglicht: Wer nur selbstbezogen und neugierig das Orakel befragt, bleibt seiner Außenhaut – dem bloßen Zufall – ausgeliefert. Je tiefer einer sich einläßt, bis in die Tiefe des Unbewußten, um so mehr werden von den Kräften dieser Tiefe die Bewegungen und Zu-Fälle gelenkt, so daß er aus seiner wahren Herkunft jenes Zeichen aufbaut, das für ihn von wirklicher Bedeutung ist. In alledem bleibt ein Rest, der sich rational nicht auflöst.

Über das Orakelnehmen nach dem „Buch der Wandlungen“ informiert: Richard Wilhelm, I Ging – Das Buch der Wandlungen, Düsseldorf 1976, 336ff.

Wunder über Wunder

144. Die drei Arten von Wundern

Anguttara-Nikâya 3,60,4

Buddha sagt: „Drei Arten von Wundern gibt es: Wunder durch magische Kraft, Wunder des Gedankenlesens, Wunder der Belehrung.
1. Wer magische Kräfte besitzt, vollbringt folgendes: obwohl er nur einer ist, wandelt er sich zu einer Vielheit (von Personen), und aus vielen wird er wieder einer, er erscheint und verschwindet, ungehindert geht er durch Mauern, Wälle, Berge hindurch, als wären sie leere Luft, in der Erde taucht er unter und wieder auf, als wäre sie Wasser, auf dem Wasser geht er, als wäre es der Erdboden, er schwebt mit untergeschlagenen Beinen sitzend im Raum wie ein beschwingter Vogel; jene beiden gewaltigen (Gestirne) Mond und Sonne berührt er mit der Hand und streichelt sie, und sogar bis zur Brahmâ-Welt steigt er mit seinem Leibe empor.
2. Das Wunder des Gedankenlesens besteht in folgendem: Ein Mönch tut anderer Lebewesen, anderer Personen Denken und Erwägen kund, indem er sagt: ‚Solcherart ist dein Herz, solcherart ist dein Gedanke.‘
3. Das Wunder der Belehrung aber ist dieses: Ein Mönch belehrt andere in folgender Weise: ‚So sollt ihr erwägen, so sollt ihr nicht erwägen, so sollt ihr denken, so sollt ihr nicht denken, dies gebt auf und dies macht euch zu eigen und haltet es fest.‘
Ich selbst vollbringe diese drei Wunder. Aber es gibt noch Hunderte von Mönchen, die diese drei Wunder vollbringen.“

145. Drei Meisterstücke eines Yogi

Indira Devi (geboren 1920), eine Schülerin Sri Aurobindos (→176), berichtet von den Glanzstücken eines indischen Yogi (→12), deren Zeugin sie auf dem Besitz ihres Vaters in Mhow wurde.

Am Tor stand ein in ockerfarbene Gewänder gekleideter Mann, flankiert von einem Jungen und einem Mädchen. Die Kinder waren etwa zehn Jahre alt und möglicherweise Zwillinge. Als der Torhüter ihn fragte, was er wolle, erklärte er, er würde gern ein paar Yoga-Kunststücke zeigen. In diesem Augenblick kam

Indiras Vater aus dem Büro zurück. Er erkundigte sich bei dem Sadhu, was er vorführen wolle.

„Drei Kunststücke", antwortete der Sadhu. „Ich lasse mich hier vierundzwanzig Stunden lang unter der Erde begraben. Sie können die Oberfläche zementieren und mit Ihrem Wagen darüber fahren. Dann den Seiltrick, und zum Schluß werde ich Ihnen mit Hilfe meiner Tochter Levitation zeigen."

Dreihundert Rupien wurden ihm für alle drei Kunststücke versprochen, und er war entzückt.

Gleich darauf wurde eine Grube ausgehoben, zwei Meter siebzig lang, einen Meter zwanzig breit und einen Meter zwanzig tief. Der Sadhu sprach ein mantra und sprang hinein. Er verstopfte sich die Ohren mit Stoff, schloß Augen und Nase mit den Fingern und wiederholte dann elfmal einige mantras in Sanskrit. Indira stellte fest, daß er immer langsamer atmete, bis es kaum mehr wahrnehmbar war. Nun schaufelte man Sand und Erde über ihn, ebnete den Boden ein und zementierte die ganze Stelle. Die zwei kleinen Kinder nahmen etwas Geld und gingen fort.

Am folgenden Nachmittag um 18 Uhr 30 kamen sie zurück. Zahlreiche Freunde hatten sich versammelt, um zu sehen, wie der begrabene Sadhu heraufgeholt wurde. Als das ganze Erdreich und am Schluß das dünne Tuch, das sein Gesicht bedeckte, beseitigt waren, bemerkten sie, daß er wie ein Toter dalag. Seine beiden Kinder wurden in die Grube hinuntergelassen und begannen, seinen Körper mit grünem Öl einzureiben, das sie mitgebracht hatten. Ein paar Tropfen wurden in seine Ohren, Nasenlöcher und Augen geträufelt.

Nach einigen Minuten öffnete er die Augen, und man half ihm aus der Grube herauf. Er sah ein wenig müde aus, hatte aber durch diese schwere Belastung keinen Schaden erlitten. Er trank etwas heiße Milch und verabschiedete sich mit dem Versprechen, die beiden anderen Kunststücke am nächsten Tag auszuführen.

Es war noch taghell, als der Sadhu am nächsten Tag um 18 Uhr 30 wiederum mit seinen beiden Kindern erschien. Er war ein dunkler, magerer Mann, setzte sich auf den Boden und holte aus einem schmutzigen Stoffbeutel ein etwa neun Meter langes, dickes Seil. Er wickelte daraus eine Art Knäuel, das er dann entrollte und ein Ende in den Himmel emporschleuderte. Das Seil schwankte ein wenig und stand danach steif in der Luft, als hänge es an einem Haken. Das obere Ende konnte man deutlich erkennen. Nun rief er den kleinen Jungen, der auf sein Geheiß am Seil emporzuklettern begann, als sei es eine Palme. Man konnte ihn hochklimmen sehen, und auf einmal – begannen seine Kleider zu Boden zu fallen! Er hielt sich mit beiden Händen und Füßen am Seil fest. Der Sadhu rief: „Ist alles in Ordnung, Ram?"

„Ja, mir geht es gut, Vater", antwortete der Kleine.

„Möchtest du zurückkommen?"

„Nein, Vater. Ich klettere noch höher."

Direkt vor aller Augen verschwand das Kind sehr schnell, bis nur noch das Seil in der Luft war.

„Ram, wo bist du?“ schrie der Sadhu.
Von ferne entgegnete das Kind: „Wieder auf der Erde.“
Jetzt zog der Sadhu das Seil herunter und begann es aufzurollen, als ganz aus der Nähe Rams Stimme ertönte: „Laß mich dir helfen.“
Es gab keinerlei Effekt – keine Kulissen, keine Scheinwerfer, keine Bühne, keinen Vorhang – nur einen armen Sadhu in zerlumpten Kleidern, der sich im Garten produzierte. Etwa fünfzig Menschen sahen zu.
Nach einer Weile trat das Mädchen vor. Sie hatte ein schmutziges, dünnes Kleid an, und das Haar war in einem Stoffetzen eingebunden. Der Sadhu führte sie in die Mitte der Zuschauer, nicht mehr als drei Meter von ihm entfernt.
Er holte einen langen Stock aus seinem Beutel und bohrte ihn hinter ihr in die Erde. Dann preßte er die Finger auf ihre Stirn und glitt mit der Hand über ihren Körper, wobei er die ganze Zeit mantras sang. Nach ungefähr zehn Minuten berührte er sie im Kreuz mit dem scharfen Ende des Stockes und stemmte sie mit der anderen Hand nach oben, bis sie auf der Spitze des Stockes etwa einen Meter fünfzig über dem Boden lag. Nun murmelte er einige weitere mantras und zog dann jäh den Stock unter dem Mädchen weg. Sie schwebte jetzt ohne jede Stütze in der Luft. Indiras Mann wollte sie untersuchen, um festzustellen, ob es irgendeinen sichtbaren Halt gab. Der Sadhu sagte: „Berühren Sie sie nicht, Sir! Wenn Sie sich vergewissern wollen, können Sie mit der Hand unter ihr durch die Luft fahren.“ Das tat er, zwei weitere schlossen sich an – doch da war kein Gauklertrick. Nach sieben Minuten nahm der Sadhu die Kleine und legte sie behutsam ins Gras. Sie sah äußerst erschöpft und benommen aus.
Der Sadhu gab ihr Milch zu trinken und verabschiedete sich lächelnd.
Er ließ sich nie wieder blicken. Es hieß, er sei ein primitiver Mann – ein Bhil aus dem Wald – und vermutlich wieder in seine Hütte zurückgekehrt.

146. Heil- und Wunderberichte aus Epidauros

Zum Heiligtum des Asklepios in Epidauros (Griechenland) pilgerten im Altertum die Menschen wie heute nach Lourdes. Es ist nicht bekannt, wo jenes „innerste Gemach“ des Heiligtums, das Abaton, lag, wohin sich der Kranke zum Tempelschlaf zurückzog. Sterbende wurden nicht aufgenommen. Die übrigen Kranken überließ man in kluger Weise ohne weitere Betreuung ihrem eigenen „Heilweg“. Unzählige Votivtafeln erzählten in der Säulenhalle von geschehenen Heilungen. Diese Heilungen stellen vor dieselbe Frage „wie die meisten Wunderheilungen in den vielen christlichen Wallfahrtskirchen Süd- und Mitteleuropas“ (Karl Kerényi).

Ambrosia aus Athen, auf einem Auge blind. Sie kam hilfesuchend zum Gotte, aber beim Umhergehen im Heiligtum spottete sie über manche Heilberichte. Es sei unglaublich und unmöglich, daß Lahme und Blinde durch bloßes Träumen gesund werden könnten. Aber im Schlafe hatte sie einen Traum. Es deuchte ihr, der Gott trete zu ihr und verspreche ihr, sie gesund zu machen; nur müsse sie als Lohn ein Weihgeschenk in den Tempel stiften, und zwar ein silbernes Schwein, zum Andenken an ihre Dummheit. Nach solcher Rede habe er ihr das kranke Auge aufgeschnitten und Balsam eingeträufelt. Und als es Tag geworden, ging sie gesund von dannen.

Stummer Knabe. Er war hilfesuchend wegen seiner Stummheit ins Heiligtum gekommen. Als er sein erstes Opfer gebracht und die üblichen Zeremonien verrichtet hatte, sagte der Opferdiener zum Vater des Knaben gewandt: „Gelobst du, wenn du deinen Wunsch erreicht hast, binnen Jahresfrist dein schuldiges Opfer als Heilgebühr darzubringen?“ Da rief der Knabe plötzlich: „Ich gelobe es!“ Der Vater aber entsetzte sich und hieß ihn noch einmal reden. Der Knabe redete wieder und war von Stund an geheilt.

Pandaros aus Thessalien, mit Brandmalen auf der Stirn. Dieser schlief (im Heiligtum) und hatte folgenden Traum. Es schien ihm, als ob der Gott seine Male mit einer Binde verbände und ihm befehle, dieselbe beim Austritt aus dem Allerheiligsten abzunehmen und in den Tempel zu stiften. Als es Tag ward, ging er hinaus und nahm die Binde ab und – seine Stirn war von den Brandmalen gereinigt. Die Schandbuchstaben waren auf die Binde übergegangen, die er in den Tempel stiftete.

Ein Mann, der auf einem Auge so blind war, daß er nur noch die Lider hatte, während die Augenhöhle vollkommen leer war, kam hilfesuchend zum Gott. Da hielten sich einige der im Tempel Anwesenden über seine Dummheit auf, zu glauben, er werde wieder sehend werden, obwohl er doch gar keinen Rest des Auges mehr hatte, sondern nur noch den leeren Raum. Aber im Schlafe erschien ihm ein Gesicht. Er träumte, der Gott koche ihm einen Trank, öffne ihm die Augenlider und träufle ihm davon hinein. Als es Tag ward, ging er auf beiden Augen sehend von dannen.

Nikanor, lahm. Während er im Tempel saß, entriß ihm ein Knabe in wachem Zustande seine Krücke und lief damit weg. Da stand er auf, lief ihm nach und war von da an gesund.

147. Wunderheilung in Lourdes

Heilungswunder kennen alle Religionen. Auch innerhalb der Christenheit erzählen zahllose Votivtafeln in bekannten und unbekannten Wallfahrtsstätten von erfahrener Hilfe. Als überregional ähnlich bedeutsam wie Epidauros für die antike Welt (→ 146) gelten heute Lourdes und Fatima. Anstelle der umfangreichen

Dokumentation dort erfahrener Heilungen folgt hier der Bericht eines Arztes, Dr. Boissarie, den dieser aus Anlaß des Eucharistischen Weltkongresses in Lourdes 1898 vortrug.

Im Jahre 1888 fingen wir an, die Heilungen zu registrieren, die sich während der eucharistischen Prozession ereigneten. In diesem ersten Jahr waren 16 Prozent der anerkannten Heilungen während der Prozession (7 auf 40 Heilungen an der Grotte) zu verzeichnen. Oft beginnt eine Heilung beim Bad, um bei der Sakramentsprozession sich zu vervollständigen. Selten ist es umgekehrt. Sehr oft aber konnte man bei den Bädern keinerlei Besserung feststellen, während die Heilung ganz plötzlich vor dem Allerheiligsten geschah.
Die erste Heilung dieser Art, die man uns meldete, war jene von Nina Kin, einem jungen Mädchen von 22 Jahren, das aus einem Pariser Spital hierher gebracht wurde. Durch ein ungeschicktes Manöver war sie mit 25 Liter Schwefelsäure übergossen worden, so daß furchtbare Brandwunden bis zu den Nerven ihre Beine angefressen hatten, wodurch sie seit zehn Monaten zu keiner Bewegung mehr fähig war. Alle Behandlungsmittel hatte man versucht, Massagen und elektrische Behandlung, ohne jedes Resultat. Während der Wallfahrt wurde sie zweimal gebadet, ohne eine Besserung zu empfinden. Am 22. August lag sie auf einer Matratze vor der Grotte, als das Allerheiligste vorbeizog. Sie fühlt sich mächtig emporgerissen, springt über ihr Bett und die Krankenbahre, um sicheren Schrittes mit der Prozession zu gehen.
Seitdem wächst der Anteil der Krankenheilungen vor dem Allerheiligsten ständig. Aus einem Sechstel wurde ein Drittel, 1894 und 1898 machte er mehr als die Hälfte aus. Die Gesamtwertung der Heilungen dieser Art in den letzten zehn Jahren beträgt etwa 60 Prozent. Es ist also kein Wunder, daß die Kranken mit Vorliebe sich bei der Sakramentsprozession einstellen.
Ich möchte eine der interessanten Heilungen aus dem Jahre 1889 erwähnen. Es handelte sich um ein blindes Mädchen von 19 Jahren, Marie-Louise Horeau. Sie kann selbst den Schimmer des Tageslichtes nicht wahrnehmen, man muß sie an der Hand führen und ihr das Essen reichen. Sie hatte mehrfach an Hornhautentzündungen gelitten, so daß ihre Augen jede Durchlässigkeit verloren hatten. Sie konnte an diesem Tag sich nicht der Grotte nähern und hielt sich in der Nähe der Bäder auf, indem sie ihre Freundin bat, ihr mitzuteilen, wann das Allerheiligste bei ihr vorüberginge.
Die Anrufungen nähern sich. Als nun die Freundin ihr sagt: „Hier ist Er!“, wirft sich die Blinde auf die Knie mit den Worten: „Herr, wenn Du willst, kannst Du mich gesund machen! – Herr, mach, daß ich sehe!“ Im selben Moment bemerkt sie ein blendendes Licht, das an ihren Augen vorbeizieht und ihr einen stechenden Schmerz verursacht, wobei sich ihre Augen öffnen. Sie sieht die Grotte, die betenden Pilger auf den Knien und Jesus im Allerheiligsten Sakrament, der sie segnet. Sie hat das Augenlicht erhalten und kann die kleinsten Gegenstände genau unterscheiden. Wir haben ihre Augen untersucht, sie sind völlig klar und gesund.

148. Erste Krankenheilung

Schwarzer Hirsch, der bedeutende Visionär der Sioux-Indianer (→81), berichtet über seine erste Krankenheilung.

Wir stiegen ab, und nachdem ich den sechs Mächten die Borke der roten Weide geopfert, sprach ich zu dem Kraut und sagte zu ihm: „Jetzt werden wir hingehen zu den Zweibeinern, doch nur zu den schwächsten von ihnen, und unter den Schwachen wird es glückliche Tage geben."
Es war leicht, das Kraut herauszugraben, denn es wuchs im Lehm am Rande der Uferbank. Dann brachen wir damit auf. Als wir wieder an den Grass Greek kamen, umhüllten wir es mit der guten Salbei, die dort wuchs.
Irgend etwas mußte mich dazu bestimmt haben, das Kraut gerade jetzt zu finden, denn schon am nächsten Abend bedurfte ich seiner und hätte ohne seine Hilfe nichts auszurichten vermocht.
Ich war beim Abendessen, als ein Mann mit Namen Schlägt-in-Stücke eintrat und rief: „Hey, hey, hey!", denn er war in großer Betrübnis. Ich fragte ihn, was der Grund sei, und er berichtete: „Ich habe einen Knaben, der ist sehr krank, ja ich fürchte, er wird bald sterben. Er war schon lange Zeit krank. Sie sagen nun, du habest durch den Pferdetanz und den Heyoka-Ritus große Kraft gewonnen, so könntest du ihn vielleicht retten. Ich hänge so an ihm." Ich sagte Schlägt-in-Stücke, wenn er wirklich Hilfe wünsche, so möge er heimgehen und mir eine Pfeife mit einer Adlerfeder bringen. Während er ging, dachte ich darüber nach, was ich tun sollte; und ich hatte Angst, weil ich noch niemanden mit meiner Kraft geheilt hatte ...
Der kranke kleine Knabe lag an der Nordostseite des Tipis, und wir traten von Süden ein. Wir gingen von links nach rechts herum . . . und setzten uns an der Westseite nieder. Der kranke kleine Knabe war an der Nordostseite und hatte ein Aussehen, als bestünde er nur aus Haut und Bein. Ich hielt bereits die Pfeife, die Trommel und das vierstrahlige Kraut; so verlangte ich nun eine hölzerne, mit Wasser gefüllte Schale und eine Adlerknochen-Pfeife für den gefleckten Adler meines großen Gesichts. Man stellte die Wasserschale mir gegenüber auf; und jetzt mußte ich eine Zeitlang überlegen, da ich solches zuvor ja noch nie getan hatte und im Zweifel war. Ich begriff jetzt ein wenig mehr, und so gab ich Eine Seite die Knochenpfeife und sagte ihm, wie er sie zu meiner Unterstützung gebrauchen solle. Darauf füllte ich die Pfeife mit der roten Weidenborke und reichte sie der hübschen jungen Tochter von Schlägt-in-Stücke. Ich gab ihr die Anweisung, die Pfeife genau so zu halten, wie ich in meinem großen Gesicht die Jungfrau des Ostens sie hatte halten sehen.
Alles war nun vorbereitet, und so begann ich auf der Trommel leise zu donnern, während ich in Abständen eine Stimme aussandte. Viermal rief ich: „Hey-a-a-hey" und trommelte, während ich den Geist der Welt anrief; und während ich dies tat, fühlte ich, wie die Kraft von den Füßen auf mich durchdrang. Nun wußte ich, daß ich dem kranken kleinen Knaben helfen könne.

Ich sandte weiter Stimmen, immer leise auf der Trommel donnernd, und sprach: „Mein Großvater, Großer Geist, du bist der einzige, und zu keinem andern kann eine Stimme dringen. Du hast alles geschaffen, so sagen sie, und du hast es gut und schön gemacht. Die vier Viertel und die zwei Wege, die sich kreuzen, hast du gemacht. Du hast auch eine Kraft erweckt, dort, wo die Sonne niedergeht. Die Zweibeiner auf Erden sind in Verzweiflung. Für sie, Großvater, schicke ich eine Stimme zu dir. Du hast zu mir so gesprochen: Die Schwachen werden gehen. Im Gesicht hast du mich zur Mitte der Welt geführt, und dort hast du mir die Kraft der Hingabe gezeigt. Du gabst mir das Wasser in der Schale; durch seine Kraft wird der Sterbende wieder leben. Das Kraut, das du mir gezeigt hast – durch seine Kraft wird der Schwache aufrecht gehen. Von dort, wo wir immer hinblicken [dem Süden], siehe, wird eine Jungfrau erscheinen und den guten roten Weg wandern, die Pfeife auf ihrem Wege darbietend; und ihr ist auch die Kraft des blühenden Stabes. Von dort, wo der Riese wohnt [dem Norden], hast du mir den reinigenden heiligen Wind geschickt, und wo dieser Wind vorüberzieht, da werden die Schwachen Kraft erlangen. Solches hast du zu mir gesprochen. Zu dir und zu allen deinen Mächten und zur Mutter Erde schicke ich eine Stimme um Hilfe."
Ihr habt gehört, ich hatte dies zuvor noch nie getan, und heute weiß ich, daß eine einzige Kraft genug gewesen wäre. Aber ich war so voller Eifer, dem kranken kleinen Knaben zu helfen, daß ich alle Kräfte anrief, die da sind.
Am folgenden Tag kam Schlägt-in-Stücke und berichtete mir, sein kleiner Knabe befinde sich besser, er sitze aufrecht und könne wieder etwas essen. Vier Tage später ging er wieder herum. Er wurde gesund und lebte bis zum dreißigsten Jahr.
Schlägt-in-Stücke gab mir ein gutes Pferd für diesen Dienst. Aber ich würde freilich auch umsonst geholfen haben.

149. Eine Augenheilung bei den Zulus

Der italienische Major und Afrika-Reisende Attilio Gatti erlebt die fast augenblickliche Heilung einer Augenkrankheit „im Zululand".

Manchmal erlebt man in Afrika Fälle wirklich erstaunlicher Heilungen, die nur ein Wort richtig beschreiben würde: „Wunder"; wenn ich auch diesen vieldeutigen Begriff nicht gerne gebrauche.
Einmal konnte ich eine solche Heilung im Zululand von Anfang bis zum Ende verfolgen. Es handelte sich um einen Eingeborenen, der an einer schweren Augenkrankheit litt, und die Art seiner Heilung würde jedem europäischen Augenarzt ein Lächeln abnötigen, was aber nicht hindert, daß die Heilung tatsächlich erfolgte.

Die Augen des Kranken waren entzündet, geschwollen und derartig infiziert, daß sie Mitleid und Abscheu erregten. Er war fast völlig blind und kam gebeugt und mit dem Stock tastend zur Hütte des Zauberers.
Der Medizinmann begann die üblichen Beschwörungen und Gestikulationen; hierauf holte er vor der Hütte ein weißes Hähnchen, mit dessen Schnabel er, es am Kopfe haltend, ein verwickeltes Netzwerk von Schnörkeln in den Staub zeichnete, während der unglückliche Vogel krampfhaft mit den Flügeln flatterte. Allmählich wurde das Flattern schwächer, bis es schließlich ganz aufhörte. Nun näherte sich der Zauberer dem Kranken und setzte ihm den Vogel auf den Kopf. Der Hahn blieb darauf stehen, absolut unbeweglich, Hals und Kopf ausgestreckt, als ob er hypnotisiert wäre. Es folgten andere Beschwörungsformeln und „magnetische Streiche"; dann zog der Zauberer blitzschnell ein Messer hervor und köpfte den Hahn. Der Körper des Vogels fiel herab, jedoch nicht ohne das Gesicht des Kranken mit seinem Blute zu benetzen.
Nun legte der Zauberer dem Kranken einen Kräuterverband auf die Augen, und als er nach fünf Minuten den Verband dadurch wieder entfernte, daß er dem Patienten einen Kürbis voll Wasser über den Kopf schüttete, sah uns der Patient mit einem Augenpaar ohne jede Unreinheit, ohne jede Schwellung und ohne jede Entzündung an. Er war vollständig geheilt und hatte das Augenlicht wieder erhalten. Auch sein gekrümmter Körper streckte sich wie durch Zauberei wieder, und das zerstörte Geschöpf, das vor einer Stunde zur Hütte getappt war, entfernte sich wieder strahlend und in voller Kraft.

150. Heilung eines Knochenbruchs

An den Stil einer neutestamentlichen Wundergeschichte erinnert der folgende Vorfall, den Max Freedom Long von den Hawaii-Inseln berichtet.

Eine alte Frau, die allen als eine kräftige „Kahuna" (Magierin) bekannt war und von den Eingeborenen als eine „Heilige" betrachtet wurde, lebte in einem Tugur an der Meeresküste. Eines Nachmittags fuhr vor ihrer Behausung ein Wagen mit Besuchern vor. Der Wagen hielt an einer leichten Straßenböschung, und einer der Besucher machte einen Fehltritt und fiel die Böschung hinab, wobei er sich ein Bein brach. Die alte „Kahuna" eilte sofort zu dem Verletzten und tastete das gebrochene Bein ab. Der Stumpf des Schienbeins ragte aus der durchstoßenen Haut hervor, und die Schwellung des Gliedes hatte sofort eingesetzt. Die Alte drückte den Stumpf an die alte Stelle zurück und empfahl dem Patienten, unbeweglich liegenzubleiben. Sie schloß einen Augenblick die Augen; als sie sie wieder öffnete, sprach sie energisch das „Machtwort" aus: „Steh auf, du bist geheilt!" – Und so war es auch! – Der Mann stand auf, betrachtete verblüfft sein wieder gesund gewordenes Bein und folgte des Lobes voll den anderen in die Hütte der „Heiligen".

Ein Freund von mir war dabei; er war von dem Geschehenen tief beeindruckt. Er hatte das gebrochene Bein von Nahem betrachtet und war darum außerstande, sich das „Wunder“, das er erlebt hatte, zu erklären.

151. Totenerweckung bei den Eskimo

Angarkut (Angakok) nennen die Eskimo ihre Schamanen (→127), die in Trance über geheime Kräfte verfügen. Der folgende Bericht stammt von einem englischen Forschungsreisenden.

Ich befand mich in der Sommerunterkunft (Igloo) eines Eskimostammes von Thutckuchi, am Arktischen Ozean, gegenüber der Wrangell-Insel. Ein sechs- oder siebenjähriges Mädchen war dabei, das von einer heftigen Mumps, einer in den arktischen Regionen sehr häufigen Krankheit, befallen worden war. Da man sie der Zugluft ausgesetzt hatte, verschlimmerte sich das Übel und wurde noch durch eine gewaltige Erkältung kompliziert, und in den ersten Morgenstunden war das Mädchen tot.

Als ihr Tod zweifelsfrei feststand, spannte die verzweifelte Mutter zwei Hunde an den Schlitten und eilte zu der Behausung eines „Angarkut“, der wenige Meilen entfernt wohnte.

Wenige Stunden darauf kehrte sie mit dem Magier zurück; er war bei den Eskimo wegen seiner Wundertaten sehr berühmt. Die Eltern und alle anderen legten Sachen zusammen, die für sie von großem Werte waren, wie Hunde, Felle und Angelgeräte, um sie dem Magier als Geschenk anzubieten, falls es ihm gelingen sollte, das Mädchen wieder zum Leben zu erwecken.

Ich hatte die kleine Leiche ebenfalls untersucht und das Herz abgehorcht. Ganz zweifellos war das Mädchen tot.

Der Magier sagte, alle sollten die Unterkunft verlassen, auch ich, und ihn mit der Toten allein lassen. Hierauf schloß er die beiden Löcher, die als Eingang dienten, und den Lichtschacht.

Von außen hörten wir, wie er eine eintönige Hymne anstimmte, dann hörten wir ihn wie einen Besessenen heulen und ächzen. Das dauerte über eine Stunde. Es folgte eine kurze Zeit absoluter Stille.

Da kroch auf einmal der Magier aus dem Eingangsloch heraus, und hinter ihm kam das wieder zum Leben erweckte Mädchen! Er nahm es in den Arm und gab es den Eltern zurück, geheimnisvolle Worte lispelnd. Hierauf gingen wir alle in die Unterkunft zurück, und ich betrachtete voller Erstaunen das wieder zum Leben gebrachte Mädchen, das noch schwach und erschöpft zu sein schien. Das blieb einen Tag lang so, aber am folgenden Morgen kehrte seine kindliche Lebhaftigkeit zurück, und es war wieder ganz das kleine Mädchen, das es zuvor gewesen war.

152. Gespräch über Zauberei

Der amerikanische Anthropologie-Student Carlos Castaneda (→128) unterhält sich mit dem Yaqui-Indianer Juan Matus über die magischen Kräfte eines indianischen „Zauberers".

Die Welt ist wirklich voller beängstigender Dinge, und wir sind hilflose Geschöpfe, umgeben von unerklärlichen, unbeugsamen Kräften. Ein Durchschnittsmensch glaubt in seiner Unwissenheit, diese Kräfte könnten erklärt oder verändert werden. Er weiß nicht wirklich, wie, aber er erwartet, daß es der Menschheit früher oder später gelingen wird, sie zu erklären oder zu verändern. Der Zauberer hingegen denkt nicht daran, sie zu erklären oder zu verändern. Statt dessen lernt er, diese Kräfte zu nutzen, indem er sich von ihnen führen läßt und sich ihrer Richtung anpaßt. Das ist sein Trick. An der Zauberei ist nicht viel dran, sobald du den Trick herausfindest. Ein Zauberer ist nur wenig besser dran als ein Durchschnittsmensch. Die Zauberei hilft ihm nicht, ein besseres Leben zu führen. Ja, ich sollte vielleicht sogar sagen, daß die Zauberei ihn behindert. Sie macht sein Leben beschwerlich und gefährlich. Indem er sich dem Wissen öffnet, wird der Zauberer verletzlicher als der Durchschnittsmensch. Auf der einen Seite wird er von seinen Mitmenschen gefürchtet und gehaßt, so daß sie nach seinem Leben trachten, und auf der anderen Seite sind die unerklärlichen und unbeugsamen Kräfte, die alles Lebende und damit jeden von uns umgeben, für den Zauberer eine Quelle noch größerer Gefahr. Von einem Mitmenschen aufgespießt zu werden, ist schon qualvoll, aber nichts im Vergleich mit der Berührung eines Verbündeten. Ein Zauberer, der sich dem Wissen öffnet, wird zur Beute dieser Kräfte, und er hat nur ein Mittel, das Gleichgewicht zu halten – seinen Willen. Er muß fühlen und handeln wie ein Krieger. Ich wiederhole es dir noch einmal: nur ein Krieger kann auf dem Weg des Wissens überleben. Was dem Zauberer hilft, ein besseres Leben zu führen, ist die Kraft des Kriegers.

153. Das wahre Wunder

Aus der Zen-Tradition stammt die Geschichte von der wahren Natur des Wunders.

Als Bankei im Ryumon-Tempel predigte, war ein Shinshu-Priester, der an die Erlösung durch die Wiederholung des Namens des Buddha der Liebe glaubte[1], eifersüchtig auf Bankeis große Zuhörerschaft und wollte mit ihm debattieren. Bankei war mitten in einer Rede, als der Priester erschien, aber der Mann

[1] Vgl. →177.

verursachte eine solche Störung, daß Bankei seine Ausführungen unterbrach und nach dem Grund des Lärms fragte.
„Der Gründer unserer Sekte“, prahlte der Priester, „hatte so wunderbare Kräfte, daß er einen Pinsel auf der einen Seite des Flusses in der Hand hielt und sein Diener auf der anderen Seite ein Papier, und der Lehrer schrieb den ganzen Namen Amidas durch die Luft. Kannst du etwas so Wunderbares tun?“
Bankei erwiderte milde: „Vielleicht kann dein Schlaukopf diesen Trick zeigen, aber das ist nicht die Art des Zen. Mein Wunder besteht darin, daß ich esse, wenn ich hungrig bin, und trinke, wenn ich durstig bin.“

VIII. Opferungen

154. Ägyptische Opferpraxis

Herodot, Historien II, 39f.

Herodot wurde um 484 v. Chr. in Harlikarnass (Kleinasien) geboren und starb gegen Anfang des peloponnesischen Krieges, etwa um 430 v. Chr. Sein Geschichtswerk in neun Büchern wurde durch die archäologische Forschung immer wieder als zuverlässig bestätigt und ist die Hauptquelle für die Geschichte der Alten Welt. „Ich bin verpflichtet zu erzählen, was erzählt wird. Es auch zu glauben, bin ich nicht immer verpflichtet. Und dieses Wort soll gelten für mein ganzes Werk" (VII, 152,3). Im Vordergrund von Herodots Interesse steht das Allgemein-Menschliche, doch erscheint bei ihm alle Geschichte vom undurchschaubaren Wirken des Göttlichen bestimmt. So verfehlt er weniger als eine rationalistische Geschichtsschreibung den „ganzen Menschen" – nicht zuletzt durch „die unendliche Weltumfassung, die sich in diesem Grundbuch des historischen Wissens ausgeprägt hat" (Leopold von Ranke).

Das Opfer geschieht folgendermaßen: Wenn das gezeichnete Vieh zum Altar, auf dem sie opfern, gebracht worden ist, zündet man den Holzhaufen an. Hernach schütten sie Wein darauf gegen den Tempel zu, rufen den Gott an und schlachten das Opfervieh; sie hauen ihm darauf den Kopf ab und ziehen die Haut ab. Gegen den Kopf sprechen sie viele Flüche aus; und wenn sie einen Markt haben, wo sich fremde griechische Kaufleute einfinden, so bringen sie ihn auf den Markt und verkaufen ihn. Wo aber keine Griechen sind, da werfen sie den Kopf in den Fluß. Die Köpfe aber verfluchen sie mit den Worten: Wenn ihnen selbst, den Opfernden, oder ganz Ägypten ein Unglück bevorstünde, so solle es auf diesen Kopf kommen. Alle Ägypter beobachten mit den Köpfen der geopferten Tiere und mit der Ausschüttung des Weines ebendiese Gebräuche bei allen Opfern. Und eben wegen dieses Gebrauchs wird kein Ägypter vom Kopf irgendeines Tieres essen.

Das Zerlegen der Opfer und die Art, dieselben zu verbrennen, geschieht nicht bei allen auf die gleiche Weise. Jetzt will ich sagen, welche Göttin sie für die größte halten und welcher sie das größte Fest feiern. Wenn sie vorher gefastet und gebetet haben, so schlachten sie eine Kuh, ziehen dieselbe ab und nehmen die Gedärme heraus; das Eingeweide aber und das Fett lassen sie im Leib. Die Beine, das Äußerste der Lenden, die Schultern und den Hals schneiden sie ab.

Wenn dieses geschehen ist, füllen sie den Rumpf mit reinen Broten, Honig, Weintrauben, Feigen, Weihrauch, Myrrhen und anderem Rauchwerk. Den so gefüllten Leib verbrennen sie und gießen Öl in Menge darauf. Sie fasten allezeit vor dem Opfer. Wenn das Opfer brennt, schlagen sich alle Anwesenden selbst. Nach diesem Schlagen richten sie von dem, was vom Opfervieh übriggeblieben ist, eine Mahlzeit.

155. Der Opfertod des Decius

Livius, Geschichte Roms VIII; 9, 5–8. 10. 11–14

Der römische Geschichtsschreiber Livius (59 v. Chr. bis 17 n. Chr. [?]) arbeitete an seinem Werk „Ab urbe condita libri" (Die Geschichte Roms) über 40 Jahre. Es umfaßte 142 Bücher, von denen 35 erhalten geblieben sind. In seiner Darstellung stützt er sich auf ältere schriftliche Überlieferungen. Im 8. Buch berichtet Livius ein Ereignis aus dem Krieg Roms gegen die Samniter (328–306 v. Chr.), in dem die Römer die Landschaft Kampanien gewannen.

In der oben beschriebenen Formation rückten sie auf das Schlachtfeld. Manlius kommandierte den rechten Flügel, Decius den linken. Zunächst wurde die Schlacht auf beiden Seiten mit gleicher Stärke und Heftigkeit ausgefochten, bald aber konnte auf dem linken Flügel das vorderste Treffen der Römer dem Druck der Latiner nicht mehr standhalten und zog sich auf das zweite Treffen zurück. In diesem bestürzenden Augenblick rief der Konsul Decius mit lauter Stimme dem Marcus Valerius zu: „Wir brauchen die Hilfe der Götter, Marcus Valerius! Pontifex des römischen Volkes, sprich mir die Formel vor, mit der ich mich für die Legionen weihen kann."

Der Pontifex ließ ihn die Toga praetexta[1] anlegen und mit verhülltem Haupte, die Hand unter der Toga ans Kinn haltend, mit den Füßen auf einem Speer stehend, also sprechen:

„... Ich weihe mich hiermit für den Staat des römischen Volkes der Quiriten[2], für das Heer, die Legionen und die Hilfstruppen des römischen Volkes der Quiriten die Legionen und Hilfstruppen des Feindes – zusammen mit mir – den Totengeistern und der Herrin der Erde."

Nachdem er diese Gelübde abgelegt hatte, befahl er einem Liktor[3], sofort zu Titus Manlius zu gehen und ihm zu melden, daß er sich für das Wohl des Heeres geweiht habe. Dann gürtete er sich nach Gambinischem Ritus[4], sprang bewaffnet auf sein Pferd und stürzte sich mitten unter die Feinde, den Blick auf beide Heere gerichtet, um sich eine Aura des Erhabenen verbreitend, so, als ob er vom Himmel gesandt wäre, um den Zorn der Götter zu sühnen und von seinem Volk Vernichtung abzuwenden und sie auf die Feinde zu übertragen. So begleiteten ihn Furcht und Schrecken, und er brachte die Front der Latiner bis tief in ihr Herr hinein in Unordnung. Wo er auch immer ritt, zitterten die Männer wie getroffen von einem unheilvollen Stern; und als er unter einem Hagel von Wurfgeschossen fiel, da konnte an der Bestürzung der Latinertruppen kein Zweifel mehr sein; sie liefen vom Feld und ergriffen die Flucht ... Nach der

1 Toga praetexta: für offizielle Anlässe vorgeschriebenes Gewand mit einem Randbesatz aus Purpurstoff.

2 Quiriten: identisch mit Cives Romani – Römische Bürger.

3 Liktor: römischer Beamter; Diener der höheren Magistrate.

4 Gambinischer Ritus: wie eine Toga zum Opfer gegürtet wurde.

Schlacht wurde ihr Lager eingenommen, und viele Männer wurden dort ergriffen und getötet. Die Leiche des Decius konnte an diesem Tag nicht gefunden werden. Am folgenden Tag wurde sie in einem Berg toter Feinde entdeckt, mit Wurfgeschossen bedeckt, und dann in einer diesem Tod gebührenden Weise bestattet.

156. Römisches Ernteopfer

Cato, De agri cultura, 134

Das Buch „Über die Landwirtschaft" ist die älteste Prosaschrift der lateinischen Literatur. Sein Verfasser Marcus Portius Cato (234–149 v. Chr.) war Politiker und Schriftsteller, ein streitbarer und konservativer Geist, der die wachsende Bekanntschaft Roms mit der hellenistischen Kultur um der altrömischen Tradition willen radikal ablehnte. Sein Buch „Über die Landwirtschaft" enthält zahlreiche Nachrichten über die römische Religion.

Vor der Ernte soll ein Ferkel als Voropfer in folgender Weise dargebracht werden: Bringe der Ceres[1] als Voropfer ein weibliches Ferkel dar, bevor du erntest: Spelt, Weizen, Gerste, Bohnen und Rübsamen. Richte, mit Weihrauch und Wein, ein Gebet an Janus[2], Juppiter[3] und Juno[4], bevor du das weibliche Ferkel opferst. Bringe Janus einen Opferkuchen dar und sprich: „Vater Janus, indem ich dir diesen Opferkuchen darbringe, bitte ich demütig, du mögest geneigt und gnädig sein mir und meinen Kindern, meinem Haus und meinem Gesinde." Dann bringe Juppiter ein Opfergebäck dar mit diesen Worten: „Indem ich dir dieses Gebäck darbringe, o Juppiter, bitte ich dich demütig, daß du, zufrieden mit diesem Opfer, geneigt und gnädig sein mögest mir und meinen Kindern, meinem Haus und meinem Gesinde." Dann reiche Janus Wein und sprich: „Vater Janus, wie ich bei der Darbringung des Opferkuchens demütig zu dir gebetet habe, so magst du in gleicher Weise durch diesen Wein geehrt werden, der jetzt vor dich gestellt wird." Dann bete so zu Juppiter: „Juppiter, Heil dir mit diesem Opferkuchen, Heil dir mit diesem dargereichten Wein." Dann opfere das Ferkel als Voropfer ...

[1] Ceres: Göttin der Feldfrüchte.
[2] Janus: Gott der Tore und Pforten; zugleich Gott des Anfangs, der darum stets als erster angerufen wird.
[3] Juppiter: Gott des himmlischen Lichtes; höchster Gott der Römer.
[4] Juno: Gattin des Juppiter; Schutzgöttin der Frauen und der Ehe.

157. Das Opfer des Sonnentanzes

Der Sonnentanz ist nicht allein „Geburtsfeier der Erde“ (→122), sondern zugleich Opferhandlung. Mato Kuwapi, ein Santee-Yantonai-Sioux, hatte 1867 im Alter von vierundzwanzig Jahren erstmals am Sonnentanz teilgenommen. 1915 – kurz vor seinem Tode – spricht er von seinem Verständnis dieses Rituals.

Der Sonnentanz ist uns so heilig, daß wir kaum davon sprechen ... Die Verwundung des Körpers als Erfüllung des Sonnentanzgelübdes unterscheidet sich von den Martern, die wir uns auferlegen, wenn wir unsere Angst besiegen wollen. Der Körper eines Mannes gehört ihm allein, und wenn er seinen Körper oder sein Fleisch opfert, bringt er das einzige dar, das ihm wirklich gehört ... Wenn also ein Mann sagt, er will Wakan Tanka ein Pferd geben, gibt er nur seinen Besitz. Ich könnte beim Sonnentanz Tabak oder andere Dinge opfern; aber wenn ich nur meinen Besitz gebe und das Beste zurückbehalte, würde niemand glauben, daß es mir ernst ist. Ich muß etwas geben, das mir wirklich viel bedeutet, um zu zeigen, daß zusammen mit den geringeren Gaben auch mein ganzes Ich hergegeben wird, deshalb verspreche ich, meinen Körper zu geben.

158. Das Opfer der heiligen Pfeife

Auch das Ritual der heiligen Pfeife ist Opferhandlung. Wer am Geschehen teilnimmt, läutert seinen Geist und wird sich seiner Verantwortung vor Himmel und Erde bewußt. Mato Kuwapi (→157) sagt:

Wann immer wir von heiligen Dingen sprechen, bereiten wir uns selbst durch die Opferung vor ... einer stopft seine Pfeife und reicht sie dem nächsten, der sie anzündet und sie dem Himmel und der Erde anbietet ... wir rauchen gemeinsam ... Erst dann sind wir bereit zu sprechen.

159. Opfergebet der Kikuyu

Die Kikuyu sind eines der großen Völker Ostafrikas zwischen dem Mount Kenya und Nairobi. Ihr höchster Gott ist Ngai. Er ist allmächtig, unsichtbar und allgegenwärtig. Ngai wird mit der Sonne verbunden gedacht. Bis in dieses Jahrhundert verehrte man Ngai unter bestimmten (nicht allen!) Feigenbäumen. Sie heißen „mugumu“ – Kind Gottes. Zweige von diesem Baum durften niemals geschnitten, höchstens abgebrochen werden. Ringsum ließ man Buschwerk und

andere Bäume wachsen, so daß ein „heiliger Hain" entstand, in dem Vieh nicht weiden durfte, der Frauen und Kindern zu betreten verboten war.
Geopfert wurden Ngai eine Ziege oder ein einfarbiger Widder, bei Ernteopfern auch Feldfrüchte. Von dem Kikuyu-Häuptling Munge überliefern zu Beginn des Jahrhunderts die Engländer W.S. und K. Routlegde, daß dieser für ihn ein Opfer dargebracht und folgendes Gebet gesprochen habe:

„O Gott, nimm dies Opfer an, denn der weiße Mann ist zu meiner Heimstätte gekommen. Wenn der weiße Mann krank wird, so laß weder ihn noch seine Frau sehr krank werden. Der weiße Mann ist aus seiner Heimat über das Wasser zu uns gekommen; er ist ein guter Mann; er behandelt die Leute gut, die für ihn arbeiten; laß sie nicht mit ihm streiten. Wenn der weiße Mann und seine Frau krank werden, so laß sie nicht sehr krank werden, denn ich und der weiße Mann, wir haben uns vereinigt, dir zu opfern. Laß ihn nicht sterben, denn wir opfern dir einen sehr fetten Bock. Der weiße Mann ist aus der Ferne zu uns gekommen, und nun hat er ein Übereinkommen mit mir getroffen, um dir zu opfern. Wohin er auch immer geht, laß ihn nicht sehr krank werden, denn er ist gut und ist auch außerordentlich wohlhabend, und ich bin auch gut und reich, und ich und der weiße Mann, wir stehen uns so nahe, als wären wir von einer Mutter. Gott, wir haben ein großes Schaf für dich bestimmt. Der weiße Mann und seine Frau und ich und mein Volk, wir werden dir an dem Stamm eines Baumes ein Schaf opfern, ein sehr wertvolles Schaf. Laß mich nicht sehr krank werden, denn ich habe ihn gelehrt, dir zu opfern, als wenn er ein richtiger M'kikuyu wäre."

160. Menschenopfer bei den Kimbern

Strabo, Geographica VII, 294

Der römische Historiker und Geograph Strabo (64/63 v. Chr. – 23 n. Chr.) hat in 17 Büchern eine Geographie geschrieben, die trotz mancher Mängel als reichste Quelle der antiken Geographie gilt. In seinem 7. Buch, das u. a. den Norden Europas schildert, berichtet er über Menschenopferbräuche bei den Kimbern. Nach Strabo sind die „Cimbri" einer verwüstenden Sturmflut wegen um 120 v. Chr. aus Jütland aufgebrochen. Als erster Germanenstamm bedrohten sie auf ihrem Zug nach Süden die Römer. Seit 109 gab es vielfache Zusammenstöße mit dem römischen Heer. Erst 101 v. Chr. gelang den Römern der vernichtende Sieg.

Von den Kimbern berichtet man folgenden Brauch: unter den Frauen, die das Heer begleiteten, befanden sich auch einige grauhaarige wahrsagende Priesterinnen in weißer Kleidung und leinenen Obergewändern, die auf der Schulter mit einer Spange befestigt waren; sie trugen Kupfergürtel und gingen barfuß. Sie traten bei ihrem Gang durch das Lager mit gezogenem Schwert den Gefangenen entgegen, bekränzten sie und führten sie zu einem Kupferkessel, der zwanzig Eimer enthielt. (Die Oberpriesterin) stieg auf ein danebenstehendes Gestell, hielt einen jeden über den Rand des Kessels und schnitt ihm die Kehle durch. Aus dem in den Kessel strömenden Blute bildeten sie eine Prophezeiung, während andere die Eingeweide zerschnitten und durchforschten, indem sie ihren Landsleuten den Sieg verkündeten.

161. Kinderopfer für den Regengott

Anales de Quauhtitlan

Die Regengötter dachte man sich im alten Mexiko als Zwerge, daher wurden ihnen als Opfer kleine Kinder dargebracht. Statt von Kinderopfern spricht der aztekische Text von „Opferpapieren in Menschengestalt". Das Datum „7 Kaninchen" verweist in das 10. Jahrhundert unserer Zeitrechnung. Aus der älteren Geschichte der Tolteken freilich berichtet Sahagun (→162): „Nur einem Gott namens Quetzalcoatl waren sie ergeben ... als Opfer verlangte er nichts als Schlangen und Schmetterlinge: nur diese sollten sie ihm darbringen."

Im Jahre „7 Kaninchen" begann man mit den Kinderopfern für den Regengott. In diesem Jahr trat nämlich eine sehr schwere Hungersnot ein, die man (noch heute) „Die Plage der Tolteken im Jahre 7 Kaninchen" nennt. Sieben Jahre währte die Hungersnot, die die Menschen elend machte und peinigte. Da verlangten die Dämonen (als Entgelt dafür, daß sie der Hungersnot ein Ende bereiteten) die königlichen Prinzen, Uemacs Söhne. Man brachte sie nach dem Wasser der Xochiquetzal und nach (den Bergen) Uitzco und Xicocotl, um durch ihr Opfer den Regengott zu versöhnen. So fingen die Kinderopfer an, die dann in dauernder Übung blieben ...

162. Menschenopfer bei den Azteken

Bernadino de Sahagun, Historia general de las cosas de Nueva Espana II,20

Als Hernán Cortés (→31) 1519–1521 Mexiko eroberte, waren die Azteken die mächtigste Völkerschaft dieser Region. Sie gehörten zum Sprachgebiet der Nahua-Stämme, waren als letzte in Mexiko eingewandert und übernahmen ihre Kultur von ansässigen älteren Völkern. Während in früheren Zeiten das Menschenopfer hier unbekannt war (→161) und auch später in nur geringer Zahl

vorkam, entwickelte sich dieser blutige Kult zusammen mit dem politischen Machtzuwachs der Azteken. Die Kriege ihres Stadtstaates von Tenochtitlan (Mexiko-City) machten andere Völker nur tributpflichtig, ohne mit ihnen eine politische Einheit zu bilden. Ihr „Hauptzweck" waren Gefangene als Menschenopfer für die Götter.
Verfasser des vorliegenden Berichtes ist der Franziskanermönch Fra Bernadino de Sahagun (um 1498–1590; er lebte seit 1529 bis zu seinem Tode in Mexiko). In seiner Historia general beschreibt er in aztekischer und spanischer Sprache die Geschichte, Sitten und Gebräuche der Azteken. Trotz des schauerlichen Opferrituals darf nicht übersehen werden, daß es weder Blutgier noch moralischer Tiefstand waren, die diese Exzesse geleitet haben. Die sittlichen Anschauungen und die Rechtsprechung der Azteken waren hoch entwickelt. Um die massenhaften Menschenopfer zu verstehen, müssen Götterglaube und Kultsymbolik berücksichtigt werden – ohne daß eine psychoanalytische Durchleuchtung dieser Opferungen entbehrlich würde.

Das Fest, das man Menschenschinden nennt, wurde in folgender Weise gefeiert. In der Zeit wurden alle Gefangenen geopfert, die gesamte Beute, die man gemacht hat, Männer, Weiber und Kinder. Wenn am anderen Tage ihre Gefangenen geopfert werden sollen, fangen die Krieger an, ihren Siegestanz zu tanzen, zu der Zeit, wo die Sonne sich neigt. Die ganze Nacht wachen sie zu Ehren der Gefangenen in dem Gemeindehause ihres Distrikts. Dort nehmen sie ihnen das Haar von dem Wirbel des Scheitels weg und legen es vor dem Feuerherde nieder, zur Zeit, wo die Nacht sich scheidet (um Mitternacht), wenn man sich kasteite. Und wenn der Morgen angebrochen ist, lassen sie sie zum Opfer aufbrechen, wenn die Zeit zum Opfer da ist, an dem eigentlichen Festtage.
An diesem ganzen Fest zogen sie allen Opfern die Haut ab. Darum hieß es Menschenschinden, und die Gefangenen hießen Xipeme oder Tototectin. Es töteten sie die Priester, nicht die Krieger, die die Gefangenen gemacht hatten. Diese brachten sie nur hin, überlieferten sie nur (den Priestern), packten sie am Schopf, nahmen sie am Kopf und brachten sie so die Stufen des Tempels hinauf. Und wenn ein Gefangener ohnmächtig wird und die Besinnung verliert, so wird er geschleift, so schleppen sie ihn hinauf. Aber wenn er stark ist, nicht sich als Weib kundgibt, als Mann dasteht, als Mann sich erhebt, sich einen Mann rühmt, stark in der Brust, tapferen Herzens, so kommt er mit lauter Stimme daher, er schwankt nicht, er sinkt nicht hin, Ruhm verkündet er, er rühmt seine Stadt. Freiwillig kommt er und spricht: „Ich gehe jetzt dahin, ihr aber sollt von mir in meiner Heimat sprechen."
Nachdem man sie in dieser Weise hinaufgebracht hat vor das Angesicht Uitzilopóchtlis, legt man sie, einen nach dem andern, auf den Opferstein, übergibt sie den Priestern, sechsen derselben übergibt man sie. Die legen sie mit der Brust nach oben und schneiden ihnen die Brust auf mit einem dicken breiten Feuersteinmesser. Das Herz der Gefangenen nennt man Adlerfrucht, den

Edelstein. Sie heben es weihend zur Sonne empor, zu dem Türkisprinzen, dem aufsteigenden Adler, geben es ihr, nähren sie damit. Nachdem es dargebracht worden ist, legt man es in die Adlerschale nieder. Die Gefangenen, die geopfert werden, nennt man die aus dem Adlerlande. Danach rollt man sie herab, stürzt sie (die Stufen des Tempels) herab. Sie klappern, kugeln gleich Kürbissen herab, schlagen auf, wälzen sich um und um, bis sie unten in Apétlac (auf der Vorterrasse am Fuß der Stufenreihe) ankommen.

163. Die Capacocha – das rituelle Menschenopfer in Peru

Obwohl die spanischen Conquistadoren eine gewaltsame „Christianisierung" ihrer Eroberungen verfügt hatten, hielten die Indios an ihren eigenen religiösen Bräuchen über viele Generationen fest. Aus dem Peru des 17. Jahrhunderts berichtet der Geistliche Ramos Gavilán:

Der Spanier Pedro Franco kam bei der Suche nach Erzminen im Distrikt von Sicasica, Justizbezirk Caracollo, um 1598 in eine Gegend, wo heidnische Grabstätten waren; darunter war eine weitaus größer als die übrigen. Als er sich dieser näherte, vernahm er zu seinem Erstaunen lautes Klagen. Das Stöhnen nahm immer stärker zu, je näher er kam, und schien von einem menschlichen Wesen zu stammen. Das Grab war zugemauert, und er brach es auf mit Hilfe einer Stange. Da fand er zu seiner Überraschung innen ein zehnjähriges Mädchen von ausnehmender Schönheit. Es befand sich schon fast im Sterben, und danach stellte sich heraus, daß es 3 oder 4 Tage vorher in dem Grabe eingemauert worden war von den Curacas von Sicasica, als Opfer für ihre Götter. Das gerettete Mädchen lebte noch lange Zeit, und die Geschichte ist in dieser Gegend wohlbekannt.

*

Bereits der spanische Conquistador Rodrigo Hernandez Principe (um 1622) versuchte, sich über die Capacocha genauere Informationen zu beschaffen. Hernandez war ein Kenner altperuanischer Mythen und speziell damit beauftragt, Heiligtümer der Inkas aufzuspüren. Von einem Gewährsmann erfährt er:

Die Capacocha wurde im Abstand von vier Jahren zelebriert. Vier 10- bis 12jährige Mädchen von außerordentlicher Schönheit, ohne Fehl und Makel wurden ausgewählt. Sie sollten Töchter aus vornehmem Geschlecht sein; wenn solche nicht verfügbar waren, nahm man auch Kinder aus dem Volk.
Die vier Mädchen brachte man nach Cuzco; sie stellten die vier Suyus (die vier

Großprovinzen des Incareiches) dar. Sie alle brachen zum gleichen Zeitpunkt in Richtung zur Hauptstadt auf in Begleitung der Haupthuaca ihres Landstriches, der Curacas und vieler Diener. Überall wo sie durchzogen, eilten ihnen die Dorfbewohner mit ihren Huacas entgegen.
Sie trafen in Cuzco kurz vor Beginn des Sonnenfestes ein. Zu ihrem Empfang zogen ihnen die Bürger der Metropole entgegen. Der Inca und der Staatsrat hatten bereits gebeichtet und im Apurimac ihre Sünden abgewaschen. Die Mädchen zogen zum Hauptplatz. Hier saß der Inca auf seinem goldenen escaño (niederer Königssitz in Form eines Tieres), ihm zur Seite die Idole des Sonnen- und Donnergottes und die Mumien der Incakönige.
Dann kam die Prozession, von den Priestern angeführt und geleitet: Die Teilnehmer machten zweimal die Runde um den Platz und verneigten sich vor den Idolen und dem Inca, der mit heiterem Gesicht die Mädchen begrüßte und mit dunkler Sprache die Auserwählten der Sonne als Opfer vorstellte mit der Bitte, es anzunehmen. Mit zwei goldenen Keros trank er der Sonne zu und goß die Flüssigkeit des für die Sonne bestimmten Bechers aus.
Bei dem Inca saßen viele Pallas (Edelfrauen). Der König höchstpersönlich rieb seinen Leib an den Mädchen, um somit ihrer Göttlichkeit teilhaftig zu werden.
Der Hohepriester der Sonne tötete ein weißes Llama und stellte mit Blut und Maismehl das Sancu her, welches er mit folgenden Worten dem Inca und seinen Räten darbot: „Niemand, der in Sünde ist, wage von diesem Yahuar-Sancu (gekochtes Maismehl mit Blut) zu essen, denn das würde ihm zum Schaden und zur Verdammnis gereichen."
Der Hohepriester teilte das Fleisch des geopferten Llamas in kleinste Stücke, als handle es sich um Reliquien, und gab davon den Auserwählten.
Das Fest dauerte viele Tage, und es wurden 100 000 (?) Llamas geopfert.
Die Mädchen, die in Cuzco geopfert werden sollten, brachte man nach Huanacauri (Heiligtum in der Nähe von Cuzco) oder in den Sonnentempel. Nachdem man sie eingeschläfert hatte, ließ man sie hinab in eine Art Zisterne ohne Wasser, auf deren Grund seitlich eine Kammer errichtet worden war, und dort wurde das Opfer lebendig eingemauert. Die übrigen geweihten Kinder wurden vom Inca in ihre Ursprungsorte zurückgesandt, wo sie das gleiche Schicksal erwartete. Als Belohnung erhielten die Väter Sonderprivilegien und große Machtbefugnisse.

164. Ablösung eines Menschenopfers

Ähnlich wie Genesis 22 (Abraham soll seinen Sohn Isaak opfern) die Erinnerung an eine vorisraelitische Kultätiologie bewahrt, nach der ein früheres Menschenopfer durch ein Tieropfer aufgrund göttlicher Intervention abgelöst wurde, erzählt auch eine afrikanische Mythe vom regenspendenden Himmelsgott, dem man in älterer Zeit Menschenopfer darbrachte. Der Geschichte zufolge war mitmenschliches Empfinden die Ursache für diesen Kulturschritt. Bemerkenswerterweise wird das Menschenopfer durch ein „Opferlamm" ersetzt.

„Von einem schönen Mädchen wird erzählt: ‚Gott begehrte sie zum Eigentum; deshalb erregte er eine große Hitze und den Menschen wurde gesagt: Bevor ihr mir nicht dieses Mädchen übergebt, werde ich keinen Regen bringen.' Die Mutter sann vergeblich auf Rettung ihres Kindes. An alle Leute erging der Befehl, ihre Häuser geschlossen zu halten. Das Kind aber brachten sie zu seinem Vater, der es mit vielen Glöcklein und Kettchen schmückte. Danach warf man es auf den Hof hinaus und schloß das Haus. Ein gewaltiger Regen brach los, und das Mädchen irrte obdachsuchend in den Bananenhainen umher, doch niemand öffnete ihm sein Haus. Das Kind lief und lief und sang dazu:

‚Du Großmütterchen, du Großmütterchen,
öffne dein Haus doch!
Ich werde von Gott begehrt,
ich werde vom Himmel begehrt.'

So irrte es an allen Häusern vorüber, bis es auf den Hof der Großmutter kam. Dort sang es wieder sein Lied. Es war aber an jenem Tage, wo es weggenommen werden sollte (von Gott). Die Großmutter öffnete schnell ihr Haus und nahm das Kind hinein. Dort nahm sie ihm alle Glöcklein ab, band sie einem Lamme um und warf das auf den Hof hinaus. (Es war diese Täuschung aber leicht möglich, denn) weil das Kind soviel Tage im Regen herumgeirrt war, so war es ganz zusammengesunken und ging gebückt. Der Himmel öffnete sich nun, neigte sich zur Erde und tat sich weit auf. Das Lamm wurde emporgehoben, und es fuhr fort zu regnen, so daß es eine gute Ernte gab."

IX. Schrei und Verstummen

Das mißverstandene Gebet

165. Gott und Mensch

Unter dem Namen Äsop (Aisopos) wird der Hauptanteil der griechischen Fabeln überliefert (vielleicht 6. Jahrhundert v. Chr.). Die ältesten Fabeln sind mit Äsops Lebensgeschichte als freigelassener Sklave verbunden. Die nachstehenden Geschichten zeigen ein aufgeklärtes, kritisches Denken, das Verständnis und Mißverständnis des Gebetes auseinanderhält.

Der Schiffbrüchige

Ein reicher Athener machte mit anderen eine Seefahrt. Als ein heftiger Sturm aufkam und das Schiff kenterte, suchten sich alle andern durch Schwimmen zu retten. Der Athener aber, der bei jeder Gelegenheit die Athene anrief, gelobte ihr wunder was, wenn sie ihn rette. Da sagte einer von den Schiffbrüchigen, der in der Nähe schwamm: „Beten kannst du zu Athene, aber du mußt auch schwimmen!" Wer ins Unglück gerät, muß erst selbst etwas für sich tun und dann den Gott zu Hilfe rufen.

*

Der Halbgott

Es hatte jemand einen Halbgott im Haus, dem er reichlich Opfer darbrachte. Als er den Aufwand dafür übertrieb, erschien ihm nachts der Halbgott und sprach: „Aber Mensch, höre auf und bring dich nicht ganz um deinen Besitz! Wenn du nichts mehr hast und mittellos dastehst, machst du mir Vorwürfe!" So ist es bei vielen Menschen: wenn sie durch ihre eigene Unbesonnenheit ins Unglück geraten, geben sie den Göttern die Schuld.

*

Die Zauberin

Ein Weib, das zaubern konnte und sich anheischig machte, göttlichen Zorn abzuwenden, hatte dauernd zu tun und verdiente viel Geld. Da warf man ihr Neuerungen in Religionsdingen vor und brachte sie vor Gericht. Sie wurde verurteilt und zur Hinrichtung geführt. Einer, der sie abführen sah, sagte: „He, Weib! Du botest dich an, den Zorn der Götter abzuwenden! Wie ist es möglich, daß du die Menschen nicht umstimmen konntest?" Die Fabel lehrt: viele versprechen Großes; was sie leisten, ist nur wenig.

*

Der Bildverkäufer

Es hatte einer einen Hermes aus Holz zurechtgemacht und wollte ihn auf dem Markt verkaufen. Um zum Kauf anzulocken – da sich kein Käufer einfand –, rief er aus, er habe einen wohltätigen, gewinnverheißenden Gott zu verkaufen. Als jemand, der dabei stand, zu ihm sagte: „Mensch, wenn das ein solcher Gott ist, warum verkaufst du ihn denn, wo du doch selber seine Wohltaten nötig hast?", gab er zur Antwort: „Weil ich rasche Hilfe brauche, er aber etwas langsam damit ist!"

166. Von der Vorsehung und der menschlichen Verantwortung

Plotin, Enneaden III, 2, cap. 8

Plotin (ca. 205–270) nahm die Philosophie Platons neu auf und begründete in Rom eine einflußreiche, weitwirkende Lehre von der Einheit allen Seins und der Einung im Grund aller Erscheinungen.

Man darf nicht erwarten, daß Gott für die Unkriegerischen persönlich in den Kampf eingreife. Gerettet werden im Kampfe, und so gebietet es das Gesetz, die tapfer Streitenden und nicht die Betenden. Denn auch die Scheuer bekommt voll, nicht wer betet, sondern wer das Land beackert, und gesund bleibt man auch nicht, wenn man nichts dafür tut. Auch darf man nicht hadern, wenn die Schlechten mehr ernten, weil sie allein den Acker bestellen oder ihn besser bestellen.

Ferner, wenn die Menschen alle übrigen Dinge im Leben nach ihrem eigenen Belieben behandeln, auch wenn dies Handeln nicht so verläuft, wie es den Göttern lieb ist, so ist es kindisch, gerade dies eine von den Göttern zu verlangen, daß sie ihnen das Leben retten, zumal sie noch nicht einmal das tun, was die Götter ihnen zur Rettung des Lebens gebieten ...

Wer aber böse ist und dann verlangt, daß andere sich selbst im Stich lassen, um ihn zu retten, der betet, wie man's nicht darf; darum darf er auch nicht verlangen, daß die Götter ihr eigenes Leben aufgeben, ihn im einzelnen zu lenken, und auch nicht, daß die guten Menschen, die ein anderes Leben führen, das besser ist als alle menschliche Herrschaft, nun die Herrschaft übernehmen; er hat ja selber sich nie darum gekümmert, daß gute Regenten erstünden, hat sich niemals seinerseits um die andern bemüht.

167. Unwürdige Gebetshaltungen

Hesiod, Werke und Tage, 724–726

Hesiod (geboren um 700 v. Chr.) war griechischer Dichter aus Böotien. In seiner „Theogonia" schildert er die Entstehung der Welt und ihrer Götter. Wichtiger sind die „Werke und Tage". Dieses Buch hat einen persönlichen Hintergrund: In einem Erbschaftsprozeß wollte ihn sein Bruder Perses durch Bestechung der Richter übervorteilen. Aus diesem Anlaß wird Hesiod in seinem Werk zu einem Anwalt der Gerechtigkeit, der die Welt des Unrechts durch Einbindung des ganzen Lebens in den Glauben an die Götter und ernsthafte Frömmigkeit vor ihrer Selbstzerstörung zu bewahren sucht.

Niemals spende am Morgen, bevor du die Hände gewaschen,
Funkelnden Wein dem Zeus oder anderen unsterblichen Göttern!
Denn sie erhören dich nicht und verschmähen Gebete und Flehen.
Nie durchwate der ewigen Flüsse schönströmendes Wasser,
Eh' du, das Auge gewandt zur prächtigen Strömung, gebetet
Und im klaren, lieblichen Naß dir die Hände gewaschen!
Wer einen Fluß durchschreitet voll Bosheit, die Hände nicht netzend,
Dem vergelten die Götter und geben ihm Leiden in Zukunft.

168. Apollonius von Tyana und das wahre Gebet

Philostrat, Vita Apollonii, IV,20

Apollonius wurde im 1. Jahrhundert n. Chr. in Tyana (Kappadokien) geboren. Als Wundertäter und Heilandsgestalt ging sein Ruhm durch die gesamte Spätantike. Unser Bild von ihm geht jedoch allein auf seinen Biographen Philostrat zurück, der Apollonius in Leben und Lehre kurz nach 200 als einen antiken Helden darstellte.

Am anderen Morgen aber wurde Apollonius vor den Konsul Telesinus gefordert. „In welche Tracht kleidest du dich?" war dessen erste Frage. „In eine reine", antwortete Apollonius, „und nicht in die eines Sterblichen." „Und worin besteht deine Weisheit?" „In der Gottesverehrung und in der Kenntnis dessen, wie man beten und opfern soll." „Gibt es denn, o Philosoph, jemanden, der das nicht wüßte?" „Deren gibt es viele", erwiderte Apollonius, „wer es aber auch recht zu wissen glaubt, wird doch ein noch Besserer werden, wenn ein Weiserer ihm bestätigt, daß sein Wissen das rechte ist."
Als Telesinus, selbst ein frommer Verehrer der Götter, diese Antwort hörte,

kam ihm die Überzeugung, daß Apollonius vor ihm stehe, von dessen Weise er gehört. Doch trug er Bedenken, ihn öffentlich nach seinem Namen zu fragen, und lenkte also gewandt das Gespräch wieder auf die Gottheit. „Was betest du denn", fragte er den Weisen, „wenn du zum Altar trittst?" „Ich bete", erwiderte Apollonius, „daß Gerechtigkeit herrsche, die Gesetze nicht übertreten werden, die Philosophen arm und die andern reich, aber ohne Falsch sein mögen!" „Und so große Dinge erflehend, glaubst du, daß du sie auch erhalten wirst?" „Gewiß", erwiderte Apollonius, „denn ich fasse alles in eins zusammen, und zu dem Altare tretend, bete ich: ‚O Götter, verleiht mir, was mir frommt.' Bin ich nun einer von den guten Menschen, so werde ich mehr erlangen, als ich erbat; rechnen die Götter mich aber zu den schlechten, so wird mir das Gegenteil werden, ich werde mich aber über die Götter nicht beklagen, wenn es mir schlecht ergeht, da ich dann selber schlecht bin."

169. Rabbi Mojsche-Lejb und das verlassene Kind

Einmal, am Vorabend des Versöhnungstages, versammelte sich die ganze Gemeinde des Rabbi Mojsche-Lejb ins Bethaus. Doch der Rabbi selbst kam nicht. Er hatte aber ein für allemal befohlen, daß man auf ihn niemals mit dem Beten warten solle. Darum stimmte man das Kol-Nidrej-Gebet ohne ihn an. Später erschien der Rabbi doch. Die Leute forschten nach, warum er so spät gekommen war und das so wichtige Gebet versäumt hatte, und erfuhren folgendes: Als der Rabbi zum Beten ging, hörte er unterwegs in einem Hause ein Kind weinen. Er ging hinein und sah, daß die Mutter zum Beten weggegangen war und das Kind allein gelassen hatte. Der Rabbi hatte Mitleid mit dem Kinde und spielte mit ihm so lange, bis es müde wurde und einschlief. Erst dann ging er ins Bethaus, das Kol-Nidrej zu beten.

170. Der fromme Beter

Ein frommer Mann stand da und betete. Da kam eine Schlange, kroch über die Füße des Andächtigen, und der unterbrach sein Gebet nicht. Seine Schüler fragten ihn: Herr, bist du es nicht gewahr geworden, daß eine Schlange dich berührt hat? Der Fromme erwiderte: Unheil komme über mich, wenn ich etwas gemerkt habe.

171. Aus den Erzählungen der Chassidim

Martin Buber (1878–1965) hat volkstümliches chassidisches Erzählgut gesammelt und in strenger Sprachform wiedergegeben. Der Chassidismus (dessen Anhänger Chassidim heißen) ist eine religiöse Erweckungsbewegung des osteuropäischen Judentums, die sich auf Israel ben Elieser, genannt Baal-Schem-Tow (1700–1770) als ihren Begründer stützt. Die Chassidim kennzeichnet das Bewußtsein, daß Gott in allen Dingen und Vorgängen des Lebens gegenwärtig ist. Das führt zu einer freudigen Bejahung des Daseins und einer sinnenfrohen frommen Begeisterung, die es auch dem einfachen Menschen ermöglicht, sein ganzes Leben auf Gott auszurichten.
Kennzeichnend für die chassidischen Erzählungen ist, daß eine sinnbildliche Begebenheit im Wort eines weisen Führers (Zaddik) gipfelt, so daß sich „in dem einen Vorgang der Sinn des Daseins ausspricht" (Buber).

Der heisere Vorbeter

In der Gemeinde Rabbi Levi Jizchaks war ein Vorbeter heiser geworden. Er fragte ihn: „Wie kommt es, daß Ihr heiser seid?" „Das ist", antwortete er, „weil ich vor dem Pult gebetet habe." „Ganz recht", sagte der Rabbi, „wenn man vor dem Pult betet, wird man heiser; aber wenn man vor dem lebendigen Gott betet, wird man nicht heiser."

*

Schön reden

Ein gelehrter Mann, der einst Sabbatsgast an Rabbi Baruchs Tisch war, sagte zu ihm: „Laßt uns nun Worte der Lehre hören, Rabbi, Ihr redet so schön!" „Ehe daß ich schön rede", antwortete der Enkel des Baalschem, „möge ich stumm werden!"

*

Der Frömmler

In einer Stadt lebte ein Mann, von dessen Frömmigkeit redeten die Leute so viel, daß er in ihrem Munde den Beinamen des Frommen erwarb. Als er einmal erkrankte und die Seinen erfuhren, daß etliche aus der Stadt zu Rabbi Nachum von Stepinescht zogen, um sich von ihm segnen zu lassen, baten sie diese, auch des „Frommen" vor dem Zaddik zu gedenken. Die Leute willfahrten ihrer Bitte; mit den Zetteln, auf die ihre Namen geschrieben waren, gaben sie Rabbi Nachum auch den Zettel mit dem Namen des Kranken und sagten, das sei ein Mann, weitberühmt um seines strengen Lebens willen und der Fromme geheißen. „Ich weiß nicht", erwiderte der Rabbi, „was das ist, ein Frommer, und auch von meinem Vater habe ich nichts darüber erfahren. Aber ich meine, es wird eine Art Kleid sein: der Oberstoff ist aus Überhebung und das Futter aus Groll, und genäht ist es mit den Fäden der Schwermut."

Über die Innenwelt der Außenwelt

172. Gebetsmühlen in Tibet

Von außen erlebt bleiben die tibetischen Gebetsmühlen in der Schilderung Heinrich Harrers (→108).

Ein berühmtes Kloster mit mehreren Tempeln, über dessen Eingangstüren chinesische Schriftzeichen standen, hing steil auf felsigen Hängen über dem Fluß. Alte Festungsmauern rahmten Dorf und Kloster ein. Am Flußufer standen uralte Weidenbäume. Sicher war die Landschaft im Sommer, wenn ihre grünen Zweige das Wasser berührten, ein Idyll. Jetzt zog etwas anderes alle Aufmerksamkeit auf sich: Ein übergroßer Tschörten, wohl an die zwanzig Meter hoch, zeigte die besondere Heiligkeit dieses Ortes an. Um ihn herum stand eine Unzahl von Gebetsmühlen – ich kam beim Zählen bis achthundert –, die unablässig ihre Trommeln drehten, in denen die mit Gebetsformeln beschriebenen Streifen ohne Aufhören den Segen der Götter herabflehen. Es ist wichtig, daß sie ständig in Bewegung bleiben, und ich konnte zusehen, wie ein Mönch herumging und ihre Achsen ölte. Kein Gläubiger geht an den Mühlen vorbei, ohne sie zu bewegen. Alte Männlein und Weiblein sitzen oft den ganzen Tag vor wahren Riesentrommeln, die mehrere Meter hoch sind, drehen sie mit Hingabe und erbitten damit für sich und ihre Brotgeber eine bessere Wiedergeburt. Andere tragen kleine Handmühlen mit sich herum, während sie ihre Pilgerrunden gehen; auch auf den Dächern stehen Mühlen, die der Wind dreht, und das Wasser wird auf gleiche Weise in den Dienst der Frömmigkeit gestellt. Diese Gebetsmühlen und die naive Denkungsart, die aus ihnen spricht, sind ebenso typisch für Tibet wie die Steinhaufen und Gebetsfahnen, denen wir auf allen Bergpässen begegnet waren.

173. Gebetsmühlen: die Innenseite der Außenseite

Lama Anagarika Govinda, geboren 1898 in Berlin (als Ernst Lothar Hoffmann), studierte in Europa, absolvierte 1928–1931 ein Noviziat in buddhistischen Klöstern Ceylons und Burmas, war später Dozent für buddhistische Philosophie in Indien, 1935–1945 Generalsekretär der International Buddhist University Association, 1947–1949 Forschungsreisen in Tibet. Seitdem ist Govinda bemüht, die Innenseite der tibetischen Religiosität zu vermitteln.

Ich lernte, wie man sich im Bereich des Klosters zu bewegen hatte, nämlich immer in der Richtung, in der die Planeten um die Sonne kreisen – was bedeutete, daß man sich immer in der Gegenwart des Buddha fühlen sollte, der als geistige Sonne und Erleuchter der Menschheit von jeher durch rechtsläufige Umwandlung (pradakśina) verehrt wurde.
Selbst wenn ich nur den Hof vor dem Tempel überschreiten wollte, um zu den links liegenden Gebäuden zu gelangen, mußte ich mich zur Rechten wenden und in dieser Richtung um den ganzen Tempel herumgehen, um zu meinem Bestimmungsort zu gelangen. Dabei kam ich an einer Reihe von Kupferzylindern vorbei, auf denen das Große Sechssilbige Mantra OM MANI PADME HÛM eingraviert war und die in ihrem Inneren Rollen aus dünnem, aber äußerst haltbarem tibetischem Papier enthielten, auf denen diese Formel tausend-, wenn nicht hunderttausendfach wiederholt war.
Wie bei den vorerwähnten Tonfiguren und Plaketten wurde die Herstellung dieser Rollen als ein Ritual- und Devotionsakt betrachtet, durch den psychische Kräfte konzentriert und aktiviert wurden, die allen, deren Geist dafür empfänglich war, zunutze kommen sollten. Indem ich im Vorbeigehen jeden dieser Gebetszylinder durch einen leichten Anstoß in rotierende Bewegung versetzte, wiederholte ich im Herzen das Mantra, so wie es Katschenla mich gelehrt hatte; denn kein Tibeter, der es mit seiner Religion ernst nimmt und über eine tiefere Kenntnis derselben verfügt, ist so primitiv zu glauben, eine rein mechanische Handlung könnte ihm oder anderen geistig von Nutzen sein, oder mit jeder Umdrehung des Zylinders würden Tausende von Gebeten zum Himmel aufsteigen. Diese unsinnige Vorstellung, ebenso wie die alberne Bezeichnung „Gebetsmühle", ist die Erfindung europäischer Reisender und Missionare, die damit ihrem Überlegenheitsgefühl Ausdruck gaben, wenn sie die religiösen Gebräuche, deren Ursprung oder Bedeutung ihnen unbekannt war, lächerlich zu machen versuchten.
Der Tibeter hat nicht die Absicht (wie ihm von christlicher Seite vorgeworfen wurde), „die Götter zu überlisten" oder zu betrügen, indem er sie durch vorgetäuschte Gebete zu seinen Gunsten zu stimmen versucht; ebensowenig will er unter Vermeidung eigenen Bemühens der Verantwortung für seine Taten entfliehen. Gebet im buddhistischen Sinn sind nicht Bitten an eine außer uns stehende Macht, zur Erlangung persönlicher Vorteile, sondern ein Aufrufen der in uns wohnenden Kräfte, und dies kann nur dann erfolgreich sein, wenn wir frei sind von selbstischen Wünschen. Mit anderen Worten: Der Buddhist setzt seine Hoffnung nicht auf die Macht der Götter, die in einem jenseitigen Himmel thronen, sondern er glaubt an die Macht der rechten Absichten und Motive, die Reinheit des Herzens.
Wenn andererseits ein einfacher Bauer ein mani-tschö-khor (die tibetische

Bezeichnung für einen Gebetszylinder, wörtlich mani-chos-hkhor – Gesetzesgrad) an einem Bach oder Kanal anbringt, der seine Felder bewässert, um das Wasser und alle Wesen, die sich von ihm ernähren, zu segnen, dann ist dieser Akt aufrichtigen Glaubens ebenso gut und wertvoll wie der eines christlichen Priesters, der gewöhnliches Wasser in Weihwasser verwandelt oder die Wohnungen der Menschen und ihre Felder segnet. Der Klang des Glöckchens aber, der bei jeder Umdrehung dieser großen Gebetszylinder ertönt, soll allen, die es hören, das segensreiche Mantra im eigenen Geist wachrufen.

... Kurz, was immer uns in eine schöpferische oder intuitive Geisteshaltung versetzt, verdient unsere Beachtung, sei es ein mani-tschö-khor, ein Rosenkranz oder irgendein anderes Hilfsmittel. Wer glaubt, daß Gebete von irgend etwas anderem hervorgebracht werden könnten als vom menschlichen Herzen, weiß nicht, was beten heißt, und noch weniger, was ein Mantra ist, in dem keine äußeren Mächte angerufen oder günstig gestimmt werden. Darum kann von einer Beeinflussung höherer Mächte durch trügerische Mittel nicht die Rede sein.

174. Laß dieses Perlenzählen

Rabindranath Tagore (1861–1941) gilt als der größte Dichter des modernen Indien. 1913 wurde ihm der Nobelpreis für Literatur verliehen. Seine Lehre war dem Alleinheitsgedanken der Upanishaden verbunden. Westlichem Denken stand er aufgeschlossen gegenüber.

Laß dies Singen von Chorälen, dieses Perlenzählen
an dem Rosenkranz!
Wen verehrst du im entlegenen, dunklen Winkel eines Tempels,
dicht geschlossen jedes Tor?
Mach auf die Augen, sieh! Dein Gott ist nicht vor dir.

Dort ist Er, wo der Bauer pflügt auf hartem Grund;
dort, wo der Wegemacher Steine bricht.
Bei ihnen ist Er, im Sonnenschein und Regenschauer.
Sein Kleid ist ganz mit Staub bedeckt.
Leg deinen heiligen Mantel ab, tu es Ihm gleich
und steig herab zum Staub der Erde!

Erlösung? Wo findest du Erlösung?
Hat unser Meister selbst nicht freudig sich die Fessel,
die Geschaff'nes bindet, angelegt?
Er ist mit uns gebunden, für immer mit uns allen.

Komm du heraus aus tiefer Selbstversenkung,
laß Weihrauch, deine Blütenkränze laß beiseit'!
Was macht es schon, wenn deine Kleider
zerrissen oder fleckig werden?
Begegne Ihm und stelle dich zu Ihm
in Mühsal und im Schweiße deiner Stirn.

175. Der Fromme und der Bauer

Ramakrishna (→23)

Nârada wurde einmal von Hochmut ergriffen, daß er meinte, es gäbe keinen frömmeren Menschen als ihn. Da der Herr seine Gedanken erriet, sprach er zu ihm: „Nârada, gehe an den und den Ort; dort lebt ein großer Gottliebender (bhâkta). Suche seinen Umgang. Er ist mein wahrer Jünger."

Nârada ging hin und fand einen Bauern. Der erhob sich in aller Frühe, sprach den Namen des Gottes Hari einmal aus, nahm dann seinen Pflug, ging aufs Feld hinaus und pflügte den ganzen Tag. Abends, bevor er sich schlafen legte, nannte er den Namen Gottes noch einmal. Nârada dachte bei sich: „Wie kann dieser Bauer ein Gottliebender sein? Ich sehe ihn seinen weltlichen Pflichten nachgehen, und nichts deutet bei ihm auf einen Frommen."

So ging der Weise zum Herrn zurück und sagte ihm, was er von seinem neuen Bekannten hielte. Doch der Herr sprach: „Nârada, nimm diese mit Öl gefüllte Schale, mache mit ihr die Runde in der Stadt und kehre damit zurück, aber hüte dich, auch nur einen Tropfen zu verschütten."

Nârada tat, wie ihm geheißen war, und als er zurückkam, fragte ihn der Herr, wieviele Male er bei diesem Rundgang seiner gedacht habe. „Nicht ein einziges Mal, o Herr, denn wie hätte ich es tun können, da ich meine ganze Aufmerksamkeit auf dies bis zum Rande mit Öl gefüllte Gefäß richten mußte?" Darauf der Herr: „Diese eine Schale mit Öl nahm deine Aufmerksamkeit so sehr in Anspruch, daß du mich darüber völlig vergaßest. Nun sieh diesen Bauern, der sich meiner täglich zweimal erinnert, obgleich die gewaltige Bürde seiner weltlichen Pflichten auf ihm lastet."

176. Arbeit und Meditation

Sri Aurobindo (1872–1950) war indischer Philosoph und Mystiker. Nach einem breit angelegten Sprachstudium und führendem Engagement in der aufkeimenden indischen Freiheitsbewegung zog er sich seit 1924 ganz zurück, um die geistige

Seite der Befreiung, ein überindividuelles Bewußtsein, zu verwirklichen. Den innersten Sinn seines Strebens drückte Aurobindo einmal mit folgenden Worten aus: „Da das Äußere der Ausdruck des Inneren sein muß, so ist keine Göttlichkeit im äußeren Dasein möglich, wenn nicht die Vergöttlichung des inneren Seins voranging."

Die sich dem Yoga widmen, suchen vor Schwierigkeiten oft in der Einsamkeit Zuflucht. Das ist hier nicht notwendig.
Wenn die Zeit der Vorbereitung im Yoga vorbei ist, dann sitzt man für immer und ewig unbeweglich da? Denn Arbeit, wie du sagst, kann mit Realisation nicht zusammengehen? – Hurra, her Himalaja! Aber warum dann nicht lieber den alten Yoga? Laßt uns doch zurückkehren in die Höhlen und Wälder!
Mein eigenes Leben und mein Yoga sind immer dies-weltlich und überweltlich gewesen, ohne irgendeine Exklusivität auf einer Seite.
Arbeit im ständig sich vertiefenden Bewußtsein des Yogi getan, ist genausogut Mittel der Realisation, wie es die Meditation ist.
Wenn man mitten unter gewöhnlichen Verpflichtungen und in alltäglicher Umgebung sich für das religiöse Leben bereiten will, dann ist der beste Weg der, völligen Gleichmut und völlige Losgelöstheit zu pflegen, dies in dem Glauben, daß Gott da ist und der göttliche Wille in allen Dingen am Werke, wenn auch gegenwärtig unter den in einer Welt der Unwissenheit geltenden Bedingungen.

177. Nicht Mönch und Nonne nur gefallen Buddha, auch Schmied und Zimmermann geh'n ein zum Leben

Hônen Shônin (1133–1262) reformierte den japanischen Buddhismus. Den bis dahin komplizierten buddhistischen Heilsweg vereinfachte und verinnerlichte er zu einer schlichten Laienfrömmigkeit, die auch Schmied und Zimmermann leben können. Ansatzpunkt für diese Erneuerung war ein Satz, den Hônen Shônin in einem alten Kommentar fand: „Ob gehend oder stehend, ob sitzend oder liegend, wiederhole nur beständig den Namen Amida mit ganzem Herzen, ohne auch nur einen Augenblick auszusetzen. Dies eben ist das Werk, das unfehlbar zum Heile ausschlägt; denn es ist in Übereinstimmung mit dieses Buddha urzeitlichem Gelöbnis." Eine Parallele zu dieser Frömmigkeit liegt im „immerwährenden Jesus-Gebet" der Ostkirche vor.

Wenn Hônen Shônin sagte, das ewige Leben sei auch dem Grobschmied nicht verschlossen, und das ewige Leben sei auch für den Zimmermann vorhanden, so war auch damit gemeint, daß jemand, wofern er nur Buddha anruft, zum Leben eingehen werde, auch wenn er an seinem früheren Wesen nichts gebessert hätte. Statt dessen meinen leider alle, man müsse, Buddha zu gefallen, so man Weib sei, Nonne, so man Mann sei, ein Mönch werden und dürfte sich nicht beschmutzen durch den Staub des Weltlebens und müsse von sich abtun alle Unreinigkeit arger Gedanken, da wir, so wie wir jetzt sind, für das vorzeitliche Gelöbnis ganz und gar nicht in Betracht kämen. Und so kommt es denn dahin, daß man nicht nur das hochschätzbare Anrufen des Namens Buddha als ein unnütz Ding erachtet, sondern auch gegen ihn selbst ganz und gar lau wird, also daß einem die traute Empfindung

„So man den Sinn auf Buddha lenkt,
Der Buddha unser auch gedenkt"

abhanden kommt und, eine natürliche Folge der ... inneren Entfremdung, das innige Vertrauen schwindet

„Wes Andacht je dem Buddha gilt,
Vor dem taucht dämmrig auf sein Bild."

178. Die Tagesgebete

Aus dem Leben des Propheten Mohammed überliefert Ibn Ishâq (→17) eine Begründungsgeschichte (Ätiologie) für das islamische Tagesgebet.

Immer wenn mich Gabriel von einem Himmel zum nächsten brachte, fragte man ihn, als er um Einlaß bat, wer ich sei. Er nannte ihnen meinen Namen, und sie fragten ihn weiter, ob ich gesandt worden sei. Als er es bejahte, riefen sie aus: „Gott schenke ihm Leben, Bruder und Freund!"

So geschah es, bis wir zum siebenten Himmel gelangten und er mich schließlich zu meinem Herrn brachte, der mir für jeden Tag fünfzig Gebete zur Pflicht machte. Als ich dann auf dem Rückweg wieder bei Moses vorbeikam – welch vortrefflicher Freund ist er euch! –, fragte er mich:

„Wie viele Gebete sind dir auferlegt worden?"

„Fünfzig jeden Tag", erwiderte ich, worauf er sprach:

„Das Gebet ist eine schwere Last, und dein Volk ist schwach. Gehe zurück zu deinem Herrn und bitte Ihn, Er möge dir und deinem Volke diese Last erleichtern!"

Ich tat, wie er mir geheißen hatte, und mein Herr ließ mir zehn Gebete nach, doch als ich wieder bei Moses vorüberkam, sagte er mir nochmals das gleiche, und Gott erließ mir weitere zehn Gebete. So ging es fort, bis nur noch fünf Gebete übrig waren. Als ich dann wieder zu Moses kam und er mir erneut riet, Gott um Erleichterung zu bitten, sprach ich zu ihm:

„Ich bin nun so oft zu meinem Herrn zurückgekehrt und habe Ihm diese Bitte vorgetragen, daß ich mich jetzt schäme und es nicht nochmals tun werde."

Seinen Zuhörern aber versprach der Prophet:
„Jedem von euch, der diese fünf Gebete gläubig und ergeben verrichtet, werden sie wie fünfzig Gebete vergolten werden."

179. Das Wesen des Islam

Korān, Sure II, 172

Nicht das ist Frömmigkeit, daß ihr (beim Gebet) euer Gesicht nach Osten wendet oder Westen, Frömmigkeit übt vielmehr, wer an Gott glaubt, an den jüngsten Tag, an die Engel, an das Buch und an die Propheten, seinen Besitz mit Liebe hingibt an Anverwandte, Waisen, Arme, Wanderer, Bittende und für Gefangene, das Gebet verrichtet, den Armenbeitrag entrichtet, Verträge hält, die er geschlossen, und geduldig ist in Drangsal, Unglück und Zeit der Not. Diese sind es, die rechtschaffen sind, diese sind es, die gottesfürchtig sind.

180. Die Mitte des Alltags

Aus den Erzählungen der Chassidim (→171)

Der Strumpfwirker

Der Baalschem hielt sich einst auf einer Reise in einer kleinen Stadt auf, deren Name nicht überliefert ist. An einem Morgen vor dem Beten rauchte er wie gewöhnlich seine Pfeife und sah zum Fenster hinaus. Da ging ein Mann vorbei, der Gebetsmantel und Gebetsriemen in der Hand trug und seine Schritte so schlicht-feierlich setzte, als führe sein Weg an die Himmelspforte. Der Baalschem fragte den Getreuen, in dessen Haus er wohnte, wer das sei. Jener antwortete ihm, es sei ein Strumpfwirker, der sommers und winters gleicherweise Tag um Tag ins Bethaus gehe und da sein Gebet spreche, auch wenn die gebotene Zehnzahl der Frommen nicht voll wurde. Der Baalschem hieß ihn holen, aber der Hausherr sagte: „Der Narr wird seinen Weg nicht unterbrechen, und wenn ihn der Kaiser selber ruft." Nach dem Beten schickte der Baalschem zu dem Mann und ließ ihm bestellen, er solle ihm vier Paar Strümpfe bringen. Bald stand jener vor ihm und breitete seine redlich gearbeitete Ware aus guter Schafwolle aus. „Was willst du für ein Paar?" fragte Rabbi Israel. „Anderthalb Gulden." „Du wirst wohl mit einem Gulden zufrieden sein." „Dann hätte ich diesen Preis genannt." Sogleich bezahlte ihm der Baalschem, was er verlangt hatte; dann fragte er ihn weiter: „Womit gibst du dich ab?" „Ich betreibe mein Handwerk", antwortete der Mann. „Und wie betreibst du es?" „Ich arbeite, bis ich vierzig oder fünfzig Paar Strümpfe beisammen habe. Dann lege ich sie in eine Mulde mit heißem Wasser, und dann presse ich sie, bis sie sind, wie sie sein sollen." „Und wie verkaufst du sie?" „Ich gehe nicht aus meinem Haus, sondern die Krämer kommen zu mir und kaufen sie. Auch bringen sie mir gute Wolle, die sie für mich eingehandelt haben, und ich gebe ihnen einen Lohn für ihre Mühe. Nur dem Rabbi zu Ehren bin ich dies eine Mal aus dem Haus gegangen." „Wenn du aber frühmorgens aufstehst, was tust du da, ehe du beten gehst?" „Da mache ich auch Strümpfe." „Und wie hältst du es mit dem Psalmensagen?" „Welche Psalmen ich auswendig weiß", antwortete der Mann, „die sage ich mir bei der Arbeit vor." Als der Strumpfwirker heimgegangen war, sagte der Baalschem zu den Schülern, die ihn umgaben: „Heute habt ihr den Grundstein geseh'n, der den Tempel trägt, bis der Erlöser gekommen ist."

*

Das Gebet des Gehetzten

Der Baalschem sprach: „Seht euch einen Mann an, der tagsüber von seinen Geschäften durch Markt und Gassen gehetzt wird – fast vergißt er, daß es einen Schöpfer der Welt gibt. Nur wenn's Zeit ist, Mincha zu beten, geht's ihm auf: Ich muß beten! – und da seufzt er vom Grund seines Herzens, daß er den Tag mit Eitlem verbracht hat, und läuft in eine Seitengasse und stellt sich hin und betet: teuer, sehr teuer ist er vor Gott geachtet, und sein Gebet durchbohrt die Firmamente."

*

Das Wichtigste

Bald nach dem Tode Rabbi Mosches von Kobryn wurde einer seiner Schüler von dem „alten Kozker", Rabbi Mendel, gefragt: „Was war für Euern Lehrer das Wichtigste?"
Er besann sich, dann gab er die Antwort: „Womit er sich gerade abgab."

181. Getragen und Tragend

Aus den Erzählungen der Chassidim (→171)

Das Vogelnest

Einst stand im Bethaus der Baalschem sehr lang im Gebet. Die Seinen alle hatten schon das Beten beendet, er aber verharrte noch darin, ohne ihrer zu achten. Sie warteten eine gute Weile auf ihn, dann gingen sie heim. Als sie nach Stunden ihre mannigfachen Geschäfte besorgt hatten und wieder ins Bethaus kamen, stand er noch im Gebet. Hernach sagte er zu ihnen: „Daß ihr fortgegangen seid und mich allein gelassen habt, dadurch habt ihr mir eine schlimme Trennung zugefügt. Ich will es euch im Gleichnis sagen. Ihr kennt die Zugvögel, die im Herbst nach den warmen Ländern fliegen. Nun wohl, die Bewohner solch eines Landes sahen einst in der Schar der Gäste in der Luft einen herrlich bunten Vogel, dessengleichen an Schönheit nie dem Menschenauge erschienen war. Der Vogel ließ sich im Wipfel des höchsten Baumes nieder und nistete darin. Als der König des Landes davon erfuhr, befahl er, den Vogel im Nest herunterzuholen, und hieß mehrere Männer sich am Baum als Leiter aufstellen, so daß immer einer auf die Schultern des andern trat, bis der zuoberst Stehende hoch genug langen konnte, um das Nest zu nehmen. Es dauerte lang, die lebende Leiter zu bilden. Die Untersten verloren die Geduld und schüttelten sich, und alles stürzte zusammen."

*

Gültiges Gebet

Rabbi Pinchas sprach: „Ein Gebet, das nicht im Namen ganz Israels gesprochen wird, ist kein Gebet."

*

Ich bin Gebet

Es wird erzählt: „Einst brachte man im himmlischen Gericht die Anklage vor, die meisten Juden beteten ohne Ausrichtung der Seele. Und weil dem so war, wurde gestattet, daß auf Erden ein König aufstand und den Juden seines Landes verbieten wollte, gemeinschaftlich zu beten. Da erhoben sich etliche Engel und wollten es nicht zulassen. So wurde beschlossen, die Seelen der Zaddikim, die in der obern Welt weilen, zu befragen. Sie stimmten dem Verbote zu. Als man aber zu Rabbi Schelomo von Karlin kam, erschütterte er die Welten mit dem Sturm seines Gebets und sprach: ‚Ich bin Gebet. Ich nehme es auf mich, anstatt ganz Israels zu beten.' Das Verbot kam nicht zustande."

182. Das Schma Jisrael – Höre Israel

Höre, Jisrael, Der Ewige ist Unser Gott, Der Ewige ist Einzig! – Dieser Satz, das Schma Jisrael, ist ein jüdischer Kernspruch und Grundsatz, der laut und mit Bedeutung ausgerufen, bekannt wird; und leise fügt die Gemeinde hinzu: Gepriesen sei der Name, der Ruhm seines Königtums bis in alle Ewigkeit! Das Schma ist ein Höhepunktwort, und es kommt als Äußerstes auch in den äußersten Situationen von jüdischen Lippen. Wer dem Tode sich gegenübersieht, spricht, flüstert, ruft, bekennt noch dieses: Höre, Jisrael. Es ist ein Höhepunkt auch im Sterbegebet, der Notruf in Gefahr, der letzte Stoßseufzer und Aushauch der Verröchelnden. Man erzählt von der Schlacht bei Tannenberg im Anfang des Weltkrieges, wie ein deutsch-jüdischer Infanterist im Nahkampf einen Russen mit dem Bajonett trifft: Da schreit der sterbende Russe, der ebenfalls Jude war: Schma Jisrael! – und der Deutsche verlor den Verstand.

Jenseits des Wortes

183. Tu alles, was du willst

Rābi'a al-Adawiyya († 801), Mystikerin aus Basra (Irak), vertrat erstmals den Gedanken einer reinen Gottesliebe, ohne auf Lohn und Strafe zu schauen.

Meine Sache und mein Wunsch in der Welt ist von der ganzen Welt nur das Gedenken an dich, und vom ganzen Jenseits nur die Begegnung mit dir. Und von mir ist, daß ich sage: Tu alles, was du willst!

184. Aufgang des Lichtes

Al-Hallādsch („der Wollkrämpler", 858–922), war einer der bedeutendsten mystischen Theologen des Islam. Zunächst lebte er zurückgezogen bei sufischen Meistern (Sufismus →208–211), begab sich aber später auf Reisen, um öffentlich seine mystische Frömmigkeit zu lehren. In Bagdad sammelte er im Jahre 908 zahlreiche Schüler um sich, erregte orthodoxes Mißtrauen, wurde als Schwindler angeklagt und zweimal inhaftiert. 913 kam er an den Pranger, danach für acht Jahre ins Gefängnis, um schließlich zum Tode verurteilt zu werden. Am 22. März 922 wurde Hallādsch öffentlich gegeißelt, verstümmelt, an einen Galgen gehängt, enthauptet und verbrannt.

O Allāh, du bist es, der sich von jeder Richtung offenbart und (doch) nach keiner Richtung gelegen ist! Bei der Wahrheit deiner Versicherung über meine Wahrheit und bei der Wahrheit meiner Versicherung über deine Wahrheit ...: Ich bitte dich, o Herr, schenke mir die Dankbarkeit für diese Wohltat, die du mir erwiesen hast, daß du vor den Blicken der anderen verbargst, was du mir enthülltest, nämlich den Aufgang des Lichtes deines erhabenen Antlitzes, ... und daß du den andern verwehrtest, was du mir erlaubtest, nämlich in die Verborgenheit deines Innersten zu schauen!
Hier sind deine Diener, die sich versammelt haben, um mich zu töten, aus Eifer für deine Religion und im Streben nach dir. Verzeihe ihnen, und sei ihnen gnädig! Denn wenn du ihnen den (dich) verhüllenden Schleier weggezogen hättest wie mir, würden sie das nicht mit mir tun, und wenn du mir dasselbe verdeckt hättest wie ihnen, wäre ich (jetzt) nicht in dieser Prüfung. Dir gebührt Preis für das, was du tust, und dir gebührt Preis für das, was du willst!

185. Wenn du die Buchstaben verläßt

Niffarī († 965) war ein islamischer Mystiker.

Er sprach zu mir: „Wenn du die Buchstaben verläßt, verläßt du die Namen, und wenn du die Namen verläßt, verläßt du das Benannte; wenn du das Benannte verläßt, verläßt du alles zeitlich Geschaffene, und wenn du alles zeitlich Geschaffene verläßt, dann sprichst du, und ich höre; und rufst, und ich antworte."

186. Die Liebe zu Allah

Abu Hamid Ghazzālī (1058–1111) war der größte Theologe des Islam. Weil ihn die philosophische und theologische Kopfarbeit unbefriedigt ließ, wandte er sich dem Sufismus (→208–211) zu. Nach einem inneren Zusammenbruch verließ er Bagdad als wandernder Derwisch. Ghazzālī gilt als ein Wiederhersteller des Glaubens, der der Unduldsamkeit der Dogmatiker entgegentrat und lehrte, daß alle die Gläubige seien, welche die Grundsätze des Islam befolgen, ohne daß alle Glaubensanschauungen mit dem Katechismus übereinstimmen müssen. Er betonte die eigene religiöse Erfahrung als Basis jeder Glaubensgewißheit.

Zu dem Gesandten Allāhs kam ein Beduine und fragte ihn: O Gesandter Allāhs, wann wird der Jüngste Tag sein? – Da sprach er: Was hast du bereit für jenen Tag? – Sprach jener: Beten und Fasten habe ich nicht viel, aber ich liebe Allāh und seinen Gesandten. – Da sprach er: Morgen, am Jüngsten Tage wird jeder mit dem zusammen sein, den er liebt! –
Abū Bakr, der Wahrhaftige, sprach: Wer die reine Liebe zu Allāh geschmeckt hat, der vergißt darüber diese Welt und kehrt sich von den Menschen ab. –
Hasan Al-Basrî sagte: Wer Allāh recht erkennt, der liebt ihn, und wer die Welt recht erkennt, der haßt sie. Nur so lange ist der Gläubige lustig, als er gedankenlos ist, wenn er aber nachdenkt, wird er ernst! –
Es wird erzählt, daß Jesus einst an Leuten vorüberkam, die elend und abgemagert aussahen. Er sprach zu ihnen: Was ist mit euch? – Sie sagten: Aus Furcht vor der Strafe Allāhs sind wir so abgemagert. – Da sprach er: Ihr habt es vor Allāh verdient, daß er euch vor seiner Strafe sicher macht. –
Darauf traf er andere Leute, die noch elender und abgemagerter aussahen. Da sprach er: Was ist mit euch? – Sie sagten: Die Sehnsucht nach dem Paradies hat uns so abmagern lassen. – Darauf sprach er: Ihr habt es vor Allāh verdient, daß er eure Sehnsucht erfüllt. –
Dann traf er andere Leute, die noch elender und abgemagerter als die vorigen

aussahen, deren Gesichter aber leuchteten wie Spiegel. Er sprach: Was ist mit euch? – Sie sagten: Die Liebe zu Allāh hat uns so werden lassen. – Da setzte er sich zu ihnen und sprach: Ihr seid die, die Allāh nahe sind; mit euch zusammenzusitzen ist uns befohlen worden! –
Sarî As-Sakatī sagte: Morgen, am Jüngsten Tage, wird man alle Menschen zusammen mit ihren Propheten aufrufen mit den Worten: O Gemeinde Mosis, o Gemeinde Jesu, o Gemeinde Mohammeds!, bis auf die Liebenden Allāhs, denn sie wird man mit den Worten aufrufen: Ihr Freunde Allāhs, kommt her zu Allāh, dem Erhabenen! –, und ihr Herz wird ihnen dann schier vor Freude springen. –
In einem der heiligen Bücher heißt es: Mein Diener, ich habe dich lieb; bei dem Recht, das ich über dich habe, habe auch du mich lieb! –

*

Gott sprach:
Wen das Gedenken an mich davon abhält, mich zu bitten, dem gebe ich etwas Besseres, als ich den Bittenden gebe.

*

In einer Überlieferung heißt es, daß Abraham, der Freund Allāhs, als der Engel des Todes zu ihm kam, um seine Seele hinwegzunehmen, zu ihm sprach: Hast du je einen Freund gesehen, der seinen Freund tötet? –
Da offenbarte ihm Allāh: Hast du je einen Liebenden gesehen, der sich sträubte, zu seinem Geliebten zu kommen? –
Da sprach er: O Engel des Todes, nun nimm denn meine Seele, denn ich willige darein! –
In einem Gebet des Gesandten Allāhs heißt es: Herr, schenke mir Liebe zu dir und Liebe zu denen, die dich lieben, und zu allem, was mich zu deiner Liebe führt, und laß mir die Liebe zu dir lieber sein, als dem Durstigen das frische Wasser! –

187. Im Ruf „O Gott!“ sind hundert „Hier bin ich!“

Mathnawi III, 189ff.

Dschelaleddin Rūmī (1207–1273) (→209). Es gibt von ihm kein äußeres Bild, aber seine innere Gestalt porträtiert dieser Vers: „Ich ward ganz zum Gebete, so viel hab’ ich gefleht: Wer immer mich erblicket, erbittet von mir ein Gebet!“ Rumis Hauptwerk, das Mathnawi, bringt eingangs eine vielzitierte kleine Geschichte von einem Beter, der an Gott verzweifeln wollte.

„O Gott!“ rief einer viele Nächte lang,
Und süß ward ihm sein Mund von diesem Klang.
„Viel rufst du wohl“, sprach Satan voller Spott.
„Wo bleibt die Antwort ‚Hier bin Ich!‘ von Gott?
Nein, keine Antwort kommt vom Thron herab!
Wie lange schreist du noch ‚O Gott!‘? Laß’ ab!“
Als er betrübt, gesenkten Hauptes, schwieg,
Sah er im Traum, wie Chidr niederstieg
Und sprach: „Warum nennst du Ihn denn nicht mehr?
Was du ersehnt – bereust du es so sehr?“
Er sprach: „Nie kommt die Antwort: ‚Ich bin hier!‘
So fürchte ich, Er weist die Türe mir!“
„Dein Ruf ‚O Gott!‘ ist Mein Ruf: ‚Ich bin hier!‘
Dein Schmerz und Flehn ist Botschaft doch von Mir,
Und all dein Streben, um Mich zu erreichen –
Daß ich zu Mir dich ziehe, ist’s ein Zeichen!
Dein Liebesschmerz ist Meine Huld für dich –
Im Ruf ‚O Gott!‘ sind hundert ‚Hier bin Ich!‘“

*

Diwan 2628

Nun werde still und geh den Weg des Schweigens
zum Nicht-Sein hin –
Wenn du nicht-seiend wirst, so wirst du gänzlich
zu Lob und Preis.

Und denke so inständig Gottes,
bis selber du ganz dich vergißt,
Daß du im Gerufenen aufgehst,
wo Rufer und Ruf nicht mehr ist.

*

Mathnawi III, 3901 ff.

Siehe, ich starb als Stein und ging als Pflanze auf,
Starb als Pflanze und nahm drauf als Tier den Lauf.
Starb als Tier und ward ein Mensch. Was fürcht’ ich dann,
Da durch Sterben ich nie minder werden kann!
Wieder, wann ich werd’ als Mensch gestorben sein,
Wird ein Engelsfittich mir erworben sein,
Und als Engel muß ich sein geopfert auch,
Werden, was ich nicht begreif’: ein Gotteshauch!

188. Das Kreisen der Welten

Rūmī (→209) begründete den Orden der Mevlevi, den Orden der tanzenden Derwische, für dessen Rituale er – entgegen der islamischen Tradition – der Musik große Bedeutung einräumte. Für Rumi und seinen Orden verkörpert der Tanz das Geheimnis des Lebens: „Im entrückten Kreisen um die Zentralsonne, die göttliche Liebe, zu entwerden und, sich selbst abgestorben, zu höherem Leben zu erwachen. Auf dieses Geheimnis deutet die Kleidung der Mevlevi-Derwische hin: Über dem weißen Tanzgewand tragen sie einen schwarzen Mantel, Symbol des dunklen Erdenlebens. Sie behalten ihn an, solange sie das dreifache langsame Vorbeiwandeln vor dem Scheich vollziehen, mit dem sie feierliche Grüße austauschen. Dann aber wird der Mantel abgeworfen, und in Weiß, der Farbe des Auferstehungsleibes, kreisen sie sowohl um die eigene Achse als auch im größeren Zirkel, die eine Hand gen Himmel geöffnet, um von dort die Gnade zu empfangen, die andere zur Erde gewendet, um die Gnade weiterzugeben" (Annemarie Schimmel). Reshad Feild, ein Engländer, der sich auf den Weg sufischen Wissens machte (→212), schildert, wie ihn in Konya (Türkei), dem Todes- und Begräbnisort Rumis, ein Sufi-Scheich in das Geheimnis des Kreiseltanzes einführt: „Es ist wichtig, daß du dir einen Mittelpunkt schaffst, genau in der Mitte deiner Brust, hier ... Wenn dein Mittelpunkt nicht dort liegt, dann wird dir schlecht, und du wirst umfallen. Nur wenn du am rechten Ort bist, kannst du dich drehen."

„Nun", sagte er, „werde ich dir ein wenig mehr über das Drehen erzählen." „Es ist so", sagte er. „Wenn du dich drehst, dann tust du es nicht für dich, sondern für Gott. Wir drehen uns auf diese Weise, damit das Licht Gottes auf die Erde herabkomme. Indem du dich drehst, wirst du zu einem Kanal – das Licht kommt durch deine rechte Hand, und die linke bringt es in diese Welt. Es ist das, was ihr im Westen Alchimie nennt. Denn wenn du dich vollkommen sammelst in deinem Gebet zu Gott, dann opferst du dich selbst, wie es nötig ist. Und dann vermag das Licht, das in sich selbst die vollkommene Ordnung enthält, hindurchzuströmen auf diese Erde. Wir drehen uns für Gott und für die Welt, und es ist das Wunderbarste, was es gibt.
Wenn du still geworden bist und dein Tanz ein Gebet ist, in dem du alles, was du bist, Gott hingibst, dann gibt es im Mittelpunkt, um den dein Körper kreist, einen Punkt vollkommener Unbewegtheit. Im Wissen darum, daß es nur Ihn gibt, erfährst du dann, wie das Universum um diesen Mittelpunkt kreist. Wenn du dich drehst, dann kreisen all die Sterne, Planeten und unzähligen Welten um diesen unbewegten Punkt. Die Himmel antworten, und all die unsichtbaren Reiche reihen sich ein in den Tanz. Jesus sagte: ‚Wenn ihr nicht tanzt, so wißt ihr nicht, was geschehen wird.' Das ist es, weshalb wir uns drehen. Aber die Welt versteht es nicht. Man glaubt, wir drehen uns, um uns in eine Art Trancezustand zu versetzen. Es ist wahr, daß wir uns manchmal in einem Zustand befinden, den ihr Ekstase nennt, aber das geschieht nur dann, wenn Erkennen und Erleben eins sind. Wir drehen uns nicht um unseretwillen."

189. Der Tanz der Chassidim

Aus den Erzählungen der Chassidim (→171)

Tanz und Wein

Am Fest der Freude an der Lehre vergnügten sich die Jünger im Haus des Baalschem; sie tanzten und tranken und ließen immer neuen Wein aus dem Keller holen. Nach etlichen Stunden kam die Frau des Baalschem in seine Kammer und sagte: „Wenn sie nicht aufhören zu trinken, wird bald für die Sabbatweihe kein Wein mehr übrig sein." Er antwortete lachend: „Recht redest du. Geh also zu ihnen und heiße sie aufhören." Als sie die Tür der großen Stube öffnete, sah sie: Die Jünger tanzten im Kreis, und um den tanzenden Kreis schlang sich lodernd ein Ring blauen Feuers. Da nahm sie selber eine Kanne in die rechte und eine Kanne in die linke Hand und eilte, die Magd hinwegweisend, in den Keller, um alsbald mit den gefüllten Gefäßen zurückzukehren.

*

Der Meister tanzt mit

An einem Abend des Festes der Freude an der Lehre tanzte der Baalschem selber mit seiner Gemeinde. Er nahm eine Schriftrolle in seine Hand und tanzte mit ihr. Dann gab er die Rolle aus der Hand und tanzte ohne sie. In diesem Augenblick sagte einer der Schüler, der mit den Bewegungen des Baalschem sonderlich vertraut war, zu den Gefährten: „Jetzt hat unser Meister die leibliche Lehre aus der Hand getan und die geistige Lehre an sich genommen."

190. Aus des Herzens Mitte

Einer arabischen Quelle von Friedrich Rückert (1788–1866) nachgedichtet.

Als ich über den Berg Lokam
in tiefer Nacht den Heimweg nahm,
hört ich einen, der dort noch wacht,
seine Nacht im Gebet verbracht,
wovon mir dies zum Ohre kam:

Herr, meiner Hoffnung Wecker,
Herr, meiner Schuld Bedecker!
Behüte mich in dieser Nacht
vor Stürmen und Getösen,
vorm Bösen, das auf Erden wacht,
das in mir schläft, vorm Bösen!

Behüte mich vor einem Triebe,
der dir nicht lebt!
Behüte mich vor einem Leibe,
der dir nicht bebt!

Behüte mich vor einem Sinn,
der nicht dich bezeugt!
Behüte mich vor einem Knie,
das nicht dir sich beugt!

Behüte mich vor einem Herzen,
das dich nicht meint!
Behüte mich vor einem Auge,
das dir nicht weint!

Behüte mich vor einer Bitte,
die nicht empor
dringt aus der Nacht, des Herzens Mitte
zu deinem Ohr!

191. Wann wird es sein?

Manikkavasagar (10. Jahrhundert) steht in Indien am Anfang einer bis heute lebendigen Liedtradition. Er soll zunächst Minister des Königs von Madurai gewesen sein, dann aber Besitz und Stellung aufgegeben haben, um als Mönch durch das Land zu wandern und Lieder an Shiva zu singen.

Die Wonne, in Gottes Liebesumarmung zu ruhen,
will ich erfahren – wann wird es sein?
In der See der Erbarmung werden wir schwimmen
und plantschen tagelang
– wann wird es sein?

Die mystische Melodie Deiner Liebe
im Regen und Wind und Rauschen der Bäume
wird in meiner verzückten Seele ertönen –
wann wird es sein?

Die heilige Asche, die Gottes Stirn schmückt
von alters her, werd ich berühren
– wann wird es sein?

In der Versammlung der Heiligen,
die sich in der Liebe zu Gott verschwenden,
werde ich wohnen – wann wird es sein?

Die blütenzarten Füße Gottes, von denen sogar
die Schriften der Weisen schweigen,
werd ich verehren – wann wird es sein?

Wann steigt Shiva –
gnädiger Gott! mein Besitzer! – herab,
um bei mir einzukehren?

192. Der Maßstab

Swami Vivekananda (1863–1902) war der bedeutendste Schüler Ramakrishnas (→23).

Der Meister sagt: „Verlangst du nach Gott, mein Kind, so wird Gott zu dir kommen." Der Schüler verstand den Meister nicht ganz. Eines Tages badeten beide im Fluß, und der Meister sagte: „Tauche unter." Der Knabe tat es. Sofort war der Meister über ihm und hielt ihn unter Wasser, bis der Knabe erschöpft war. Dann ließ er ihn frei. „Was empfandest du da unten?" „Das Verlangen nach einem Atemzug." „Ersehnst du Gott ebenso stark?" „Nein." „Erst wenn du das tust, wirst du Gott finden."

193. Der Überschritt

Wo das Wort verstummt, geht das Gebet in Zittern, in Tanz, in Liebe und in Verstummen über. Die chassidische Frömmigkeit (→171) spricht davon immer wieder.

Das Zittern

Einst betete an einem Neumondtage der Baalschem das Morgengebet an seinem Platz mit; denn erst von den Lobgesängen an pflegte er vor das Pult zu treten. Da zitterte er und verfiel in ein großes Zittern. Wohl kannte man dergleichen an ihm beim Beten; aber stets war es nur wie ein leichtes Schüttern des Leibes, jetzt aber brach es übergewaltig aus.

Als der Vorbeter geendet hatte und der Baalschem an seine Stelle treten sollte, sah man ihn stehenbleiben und übergewaltig zittern. Ein Schüler näherte sich ihm und blickte ihm ins Gesicht: es brannte wie eine Fackel, die Augen waren weit offen und starr wie bei einem Sterbenden. Der Schüler trat mit einem andern zu ihm; sie faßten ihn an den Händen und führten ihn zum Pult. Davor stand er und zitterte und sprach zitternd die Lobgesänge, und nachdem er das Heiligungsgebet gesprochen hatte, blieb er stehen und zitterte noch eine Weile, und man mußte mit der Lesung der Schrift warten, bis es von ihm gewichen war.

*

Zu Gott

Einmal unterbrach Salman das Gebet und sprach: „Ich will nicht dein Paradies, ich will nicht deine kommende Welt, ich will nur dich allein."

*

Das Ende der Gebete

Es heißt am Schluß des zweiundsiebzigsten Psalms: „Und seine Ehre füllt die ganze Erde. Amen, Amen. Vollendet sind die Gebete Davids des Sohnes Isais." Dazu sagte Rabbi Levi Jizchak: „Alle Gebete und Gesänge flehen um Offenbarung der himmlischen Ehre in der Welt. Geschieht es aber einst, daß die ganze Erde von ihr erfüllt ist, dann tut kein Beten mehr not."

X. Das dritte Auge

Archaische Mystik

194. Qarrtsiluni – Stille

Im strengen Sinne läßt sich in archaischen Kulturen von Mystik noch nicht sprechen. Es handelt sich um eine Naturfrömmigkeit oft innerlicher Weisheit, die in der Erfahrung der Stille, der Besinnung und des Nicht-Tuns „die Rückseite des Geistes“ (→127) sucht. Knud Rasmussen (→111) wurde während eines Sturmes in der Bering-Straße, als er Zuflucht auf einer hohen Felseninsel nahm, einer greisen Eskimo-Frau vorgestellt. Rasmussen bat sie, ihm von den Menschen ihres Landes zu erzählen. „Erst muß ich nachdenken“, antwortete die Frau, „denn wir Alten haben einen Brauch, der Qarrtsiluni heißt“.

„Was ist Qarrtsiluni?“
„Das werde ich dir jetzt erzählen, aber mehr bekommst du heute auch nicht zu hören.“
Und nun erzählte Majuaq mit großen Handbewegungen, unaufhörlich ihre krummen Arme schwingend:
„In alten Tagen feierten wir jeden Herbst große Feste zu Ehren der Seele des Wales, und diese Feste mußten stets mit neuen Liedern eröffnet werden, die von den Männern zusammengestellt wurden. Man sollte die Geister mit neuen Worten anrufen; alte Lieder durften nie gesungen werden, wenn Männer und Frauen tanzten, um den großen Fangtieren zu huldigen. Und da hatten wir den Brauch, daß in jener Zeit, in der die Männer ihre Worte zu diesen Hymnen erfanden, alle Lampen ausgelöscht werden mußten. Es sollte dunkel und still im Festhaus sein. Nichts durfte stören, nichts zerstreuen. In tiefem Schweigen saßen sie in der Dunkelheit und dachten nach, alle Männer, sowohl die alten wie die jungen, ja, sogar die kleinsten Knäblein, wenn sie nur eben so groß waren, daß sie sprechen konnten. Diese Stille war es, die wir ‚Qarrtsiluni‘ nannten. Sie bedeutet, daß man auf etwas wartet, das aufbrechen soll.
Denn unsere Vorväter hatten den Glauben, daß die Gesänge in der Stille geboren werden, während alle sich nur dazu anstrengen, schöne Gedanken zu denken. Dann entstehen sie im Gemüt der Menschen und steigen herauf wie Blasen aus der Tiefe des Meeres, die Luft suchen, um aufzubrechen. So entstehen die heiligen Gesänge.“
Das war alles, was Majuaq mir erzählen konnte. Im Laufe der Nacht legte sich der Wind, und wir setzten unsere Reise fort.
Aber bei einem kurzen Begegnen und in einem einzigen Wort gab sie mir eine schlichte Würdigung des demütigen Ernstes, der notwendig ist, wenn man

anderen wirklich Anteil geben will an dem, was aus der heiligen Tiefe des menschlichen Gemütes kommt.
Qarrtsiluni – Stille.
Möge denn dieses Wort die Botschaft einer alten, naiven und unwissenden Eskimofrau sein an alle, die ihren Mitmenschen etwas sagen wollen in Büchern, in Bildern, in Stein oder in irgendeiner anderen Form der Kunst. Ein besseres Motto für seine Arbeit kann niemand finden.

195. Den Mythen lauschen

Vom Noatakfluß im Nordwesten Alaskas brachte Knud Rasmussen die Worte eines Eskimo mit, in denen dieser über die Zugänge zum „Geheimnis von Himmel und Erde“ nachdenkt.

„Die Menschen denken nicht gern. Sie arbeiten nur ungern mit dem, was schwer zu fassen ist. Und darin liegt vielleicht der Grund, daß wir noch so wenig wissen vom Himmel und von der Erde, vom Ursprung der Menschen und der Tiere. Vielleicht und vielleicht auch nicht.
Denn es ist schwierig zu verstehen, wie wir selbst wurden und wohin wir einmal kommen, wenn wir nicht mehr leben. Dunkel liegt über allem Anfang und allem Ende. Wie könnte man mehr wissen über das Gewaltigste, das uns umgibt und uns aufrecht erhält, über all das, was wir Luft, Himmel und Meer nennen, und was wir als Menschen aller Wohnplätze und als Tiere, Vögel und Fische aller Länder, Meere und Binnenseen bezeichnen?
Nein, niemand kann mit Sicherheit etwas wissen über den Anfang alles Lebens. Aber wer Augen und Ohren öffnet und sich erinnert, was die Alten erzählten, der hat doch das eine oder andere Wissen, das die Leere unserer Gedanken ausfüllen kann. Darum lauschen wir immer gerne dem, der Kunde bringt von der Erfahrung toter Geschlechter. Und alle die alten Mythen, die wir von unseren Vorvätern erhielten, sind die Reden der Toten. Wir sprechen mit allen, die einst vor langer Zeit weise waren. Und wir, die wir scheinbar so wenig wissen, lauschen ihnen gerne.“

196. Nach innen und nach außen lauschen

Im Januar 1974 gab es reichliche Niederschläge im Norden Westaustraliens. Der Yanyare führte, wie alle anderen Flüsse dieser Gegend, Wasser, und für einige Zeit gab es kein Weiterkommen, weil eine Brücke fehlte. Nach längeren

Versuchen ergab sich ein Gespräch mit einem Mann aus einer kleinen Menschengruppe, die in der Nähe lagerte. Auf die unbeholfene Frage, was er denn vom Christentum halte, antwortete er etwa folgendes: Die Missionare erzählen von Jesus, der ein großer Gott der Weißen ist. Er wolle schon glauben, daß es größere Götter gebe als diejenigen, die er durch die alten Männer seines Stammes kenne. Er glaube aber nicht, daß die Missionare den Gott, von dem sie erzählen, auch kennen. Denn, wer große Götter kennt, kennt auch die kleinen Götter, die in den Quellen und den Felsen sind. Und daß die Missionare diese kleinen Götter nicht kennen, da sei er sicher. – Später sagte er, er wisse ja, daß ich von ihm Kristalle haben wolle, und er würde gehen, um sie zu holen, was er auch tat. Er brachte nach längerer Zeit eine tiefschwarze Bergkristallstufe, die auf einem weißen amorphen Quarz saß, und erzählte eine Geschichte dazu über den Unterschied zwischen den Weißen und seiner Rasse. Die Weißen, sagte er, sehen mit den Augen einen Teil der Welt, für den er blind sei. Wenn sie dagegen in die Seele blicken, sehen sie wenig. Umgekehrt sei es bei den Menschen seiner Rasse. Die sehen eine große Welt im Inneren, die eine gute Welt sei. Daher sind die Weißen im Inneren schwarz; die Schwarzen aber im Inneren weiß.

197. Innehalten

Ohiyesa, „der Sieger" (geboren um 1858), hieß der spätere Arzt und Buchautor aus dem Stamm der Dakota-Indianer, bis ihn sein Vater, der in Gefangenschaft geraten und dann begnadigt worden war, zu den Weißen holte und ihm dort den Namen Charles Alexander Eastman gab. Mit seinen Büchern suchte der begabte Ohiyesa zwischen beiden Welten zu vermitteln.

Alles, was sich bewegt, hält von Zeit zu Zeit hier und dort inne. Der Vogel fliegt umher und hält an einem Ort inne, um sein Nest zu bauen, und an einem anderen Ort, um sich von seinem Flug auszuruhen. Ein Mann, der einherschreitet, hält inne, wann er will. So hat auch der Schöpfer innegehalten. Ein Ort, wo er seine Wanderung unterbrach, ist die Sonne, die leuchtende, schöne. Auch beim Mond, bei den Sternen und bei den Winden ist er gewesen. Wo Bäume wachsen und Tiere leben, hat er verweilt, und der Indianer gedenkt dieser Plätze und sendet seine Gebete dorthin, um den Ort zu erreichen, wo der Schöpfer innegehalten hat, und um dort Hilfe und Segnung zu erlangen.

*

Ich weiß, daß unser Volk außergewöhnlich begabt dafür war, sich zu konzentrieren und in seine Umwelt zu vertiefen, und manchmal denke ich, daß die Nähe zur Natur, so wie ich sie beschrieben habe, den Geist für Eindrücke, die man normalerweise nicht spürt, empfänglich macht und mit den unsichtbaren

Mächten in Berührung hält. Einige von uns besitzen einen erstaunlichen Spürsinn, wenn es gilt, ein altes Grab zu finden, den sie damit erklären, daß sie einen Fingerzeig von dem verschiedenen Geist erhalten hätten. Meine Großmutter hatte diese Gabe auch, und es gehört zu meinen frühesten Erinnerungen, daß mein Bruder und ich, wenn wir in einer fremden Gegend unser Lager aufschlugen, menschliche Knochen an genau der Stelle fanden, die sie uns als alte Grabstätte angegeben hatte, oder als Ort, wo ein einsamer Krieger gefallen war. Die äußeren Spuren eines solchen Grabes waren natürlich längst verwischt.

198. Schweigen

In seinem Buch „The Soul of the Indian“ (1912) spricht Ohiyesa (→197) vom heiligen Schweigen.

Der erste Amerikaner war stolz und dennoch voller Demut. Geistiger Hochmut war seiner Natur und seiner Lehre fremd. Er behauptete niemals, daß der Besitz einer zusammenhängenden Sprache Überlegenheit über die stumme Kreatur beweise. In gewisser Hinsicht hielt er sie sogar für eine gefährliche Gabe. Er glaubt an das Schweigen – als Zeichen eines vollkommenen Gleichgewichts. Schweigen ist die völlige Ausgewogenheit oder Harmonie des Körpers, des Gemüts und des Geistes. Der Mensch, der sich sein Selbst bewahrt, ist immer gelassen und nicht zu erschüttern von den Stürmen des Daseins – er ist nicht wie das zitternde Blatt am Baum, nicht wie die kräuselnden Wellen an der Oberfläche eines schimmernden Teiches: er besitzt – nach Ansicht des gebildeten Weisen – die ideale Haltung und Einstellung gegenüber dem Leben.
Wenn du ihn fragst: „Was ist Schweigen?“, wird er antworten: „Es ist das Große Geheimnis. Das heilige Schweigen ist seine Stimme.“ Wenn du fragst: „Welches sind die Früchte des Schweigens?“, wird er antworten: „Selbstbeherrschung, wahrer Mut und Ausdauer, Geduld, Würde und Ehrfurcht. Schweigen ist der Eckpfeiler einer harmonischen Persönlichkeit.“

199. Die Welt anhalten – das Nicht-Tun lernen

Das Erlernen des Nicht-Tuns ist ein großes Thema in der chinesischen Mystik (→201). Zugleich begegnet es bei einem mexikanischen Yaqui-Indianer, der seinem weißen Schüler Carlos Castaneda (→152) eine Einführung in das Wesen des Nicht-Tuns gibt.

„Ich habe dich hierher geführt, um dich eine Sache zu lehren: du sollst das Nicht-Tun lernen. Laß uns ruhig gleich darüber sprechen, denn es ist dir offenbar nicht möglich, auf andere Weise etwas zu begreifen. Ich glaubte zunächst, du würdest das Nicht-Tun vielleicht erfassen, ohne daß ich etwas sagen müßte. Doch ich habe mich geirrt."
„Ich weiß nicht, wovon du sprichst, Don Juan."
„Das macht nichts", sagte er. „Ich werde dir von etwas sehr Einfachem erzählen, das aber sehr schwer auszuführen ist; ich will mit dir über das Nicht-Tun sprechen, auch wenn ich genau weiß, daß darüber zu sprechen ein Ding der Unmöglichkeit ist, weil es der Körper ist, der es tut." Er blickte mich mehrmals kurz an und sagte dann, ich müsse meine ganze Aufmerksamkeit auf das konzentrieren, was er jetzt sagen wolle.
„Nicht-Tun ist so schwierig und setzt so viel Kraft voraus, daß du besser nicht darüber sprichst", fuhr er fort. „Nicht, bevor du die Welt angehalten hast. Erst dann darfst du frei darüber sprechen, wenn du es unbedingt willst."
Don Juan sah sich um und deutete auf einen großen Felsblock. „Dieser Stein hier wird durch Tun zum Stein", sagte er. Wir blickten einander an, und er lächelte. Ich wartete auf eine Erklärung, aber er schwieg. Schließlich mußte ich ihm sagen, daß ich nicht verstanden hatte, was er meinte.
„Das ist Tun!" rief er.
„Wie bitte?"
„Auch das ist Tun."
„Wovon sprichst du, Don Juan?"
„Tun ist das, was den Stein zu einem Stein und den Busch zu einem Busch macht. Tun ist das, was dich zu dir selbst und mich zu mir selbst macht."
Ich sagte ihm, daß seine Erklärung mir überhaupt nichts erklärte. Er lachte und kratzte sich an den Schläfen.
„Das ist die Schwierigkeit mit dem Sprechen", sagte er.
„Es führt dazu, daß man immer alles durcheinanderbringt. Wenn man anfängt, über das Tun zu sprechen, endet es immer damit, daß man über etwas anderes spricht. Es ist besser, einfach zu handeln."
„Nimm diesen Stein zum Beispiel. Ihn anschauen ist Tun, aber ihn sehen ist Nicht-Tun."
Ich mußte gestehen, daß seine Worte für mich keinen Sinn ergaben.
„Oh doch, das tun sie!" rief er. „Du bist nur davon überzeugt, daß sie es nicht tun, denn genau das ist dein Tun. Es ist die Art, wie du dich mir und der Welt gegenüber verhältst."
Wieder deutete er auf den Stein.
„Dieser Stein ist ein Stein durch all das, was du in bezug auf ihn zu tun weißt", sagte er. „Das nenne ich Tun. Ein Wissender zum Beispiel weiß, daß der Stein nur durch das Tun ein Stein ist; wenn er also nicht will, daß der Stein ein Stein ist, dann braucht er bloß zum Nicht-Tun überzugehen. Verstehst du, was ich meine?"
Ich verstand ihn keineswegs. Er lachte und machte noch einmal den Versuch, es

mir zu erklären. „Die Welt ist die Welt, weil du weißt, welches Tun erforderlich ist, sie dazu zu machen", sagte er. „Würdest du sie nicht durch Tun zu dem machen, was sie ist, dann wäre die Welt anders."

In einem anderen Gespräch hatte Don Juan gesagt, wir führten ständig ein inneres Gespräch und hielten damit „unsere Welt" aufrecht: „Die Welt ist so-und-so, nur weil wir uns sagen, daß sie so-und-so ist. Wenn wir aufhören, uns zu sagen, daß die Welt so-und-so ist, dann wird die Welt aufhören, so-und-so zu sein ..."

„Dein Problem ist", sagte er, „daß du die Welt mit dem verwechselst, was die Leute tun. Auch damit stehst du nicht allein da. Jeder von uns tut das. Die Dinge, die die Leute normalerweise tun, sind Schilde gegen die uns umgebenden Kräfte. Was wir als Menschen tun, gibt uns Bequemlichkeit und Macht, so daß wir uns sicher fühlen. Was die Leute tun, ist mit Recht sehr wichtig, aber nur als ein Schild. Wir lernen nie, daß die Dinge, die wir tun, nur Schilde sind, und wir lassen sie über unser Leben herrschen und über uns herfallen. Tatsächlich könnte ich sagen, daß das, was die Leute tun, für die Menschheit größer und wichtiger ist als die Welt selbst."

„Was nennst du die Welt?"

„Die Welt ist alles, was du hier siehst", sagte er und stampfte auf den Boden. „Leben, Tod, Menschen, die Verbündeten und alles andere um uns her. Die Welt ist unbegreiflich. Wir werden sie nie verstehen; wir werden nie ihre Geheimnisse entschlüsseln. Wir müssen sie nehmen als das, was sie ist, als reines Wunder! Aber ein durchschnittlicher Mensch tut das nicht. Für ihn ist die Welt nie ein Wunder, und wenn er alt ist, dann ist er überzeugt, daß es für ihn nichts mehr gibt, wofür er leben kann. Ein alter Mann hat die Welt nicht ausgeschöpft. Er hat nur ausgeschöpft, was die Leute tun. Aber in seiner törichten Verblendung glaubt er, die Welt habe keine Wunder mehr für ihn. Welch erbärmlichen Preis zahlen wir für unsere Schilde!"

Indische Mystik

200. Eine Geschichte von König Janaka

Ein Schüler sagte einmal zu Ramana Maharshi (→13): „Ich fürchte, der Wirklichkeit des Selbst inne zu werden, ist keine Sache, die sich leicht erreichen läßt." Der Guru antwortete: „Nimm das Scheitern doch nicht durch solche Befürchtungen vorweg. Betreib die Sache! Darum geht es. Wenn du ernstlich ringst, wird dich die Wirklichkeit des Selbst im Nu überkommen." Um das zu erläutern, erzählte Shrî Ramana folgende Geschichte:

Einmal ließ sich König Janaka von seinem Hauspriester einen philosophischen Traktat vorlesen. Darin wurde beiläufig berichtet, daß ein Reiter, der gerade den Fuß in einen Steigbügel gesetzt hatte und dabei in innere Betrachtung über die Wirklichkeit des Selbst versank, vom unmittelbaren Innewerden des Selbst überrascht wurde, ehe er noch den anderen Fuß in den zweiten Steigbügel brachte: so jäh und geschwind ist diese Wirklichkeit, wenn sie den Menschen überkommt.
König Janaka ließ seinen Pandit im Lesen innehalten und bat ihn, ihm diese Geschichte praktisch zu beweisen. Der Pandit mußte bekennen, er sei nur ein Bücherwurm und außerstande, ihn praktische Erfahrung und Wissen über dergleichen zu lehren. Da behauptete Janaka, die Geschichte im Text sei falsch oder übertrieben. Der Pandit wollte keines von beiden gelten lassen: er selber könne die Wahrheit des Textes zwar nicht demonstrieren, aber der Text könne weder falsch noch übertrieben sein, es seien die Worte von Weisen vergangener Zeiten. Janaka ärgerte sich über den Pandit und ließ ihn in einem Anfall von Wut in den Kerker werfen. Die gleiche Strafe verhängte er über jeden gelehrten Brahmanen, der sich für einen Weisen ausgab und unfähig war, praktisch zu erweisen, was im Traktat geschrieben stand.
Manche gelehrte Brahmanen zogen freiwillig aus dem Lande in die Verbannung, aus Angst, in den Kerker geworfen zu werden, und zwei oder drei dieser Pandits stießen bei ihrer Wanderung durch dichte Wildnis auf den heiligen Ashtavakra und klagten ihm ihre Not. Er erbot sich, dem König die Schriftstelle zu erklären und die gefangenen Brahmanen zu befreien. Seine kühne Zusicherung machte ihnen Mut, und sie brachten ihn vor den König.
Beim Anblick des Heiligen erhob sich König Janaka und grüßte ihn ehrfürchtig, Ashtavakra aber hieß ihn alle Pandits freizulassen. Janaka fühlte, dieses strikte Geheiß könne nur von einem kommen, der imstande sei, seinen Zweifel zu lösen, und gab alle Brahmanen frei. Dann bat er Ashtavakra, ihm die Wahrheit

der Schriftstelle zu beweisen, und setzte dabei einen Fuß in den Steigbügel seines Pferdes.

Da fragte ihn der Heilige, ob die Stellung, in der sie beide sich gerade befänden, irgendwie ihrem Verhältnis von Meister und Schüler entspreche, wie die heiligen Schriften es beschreiben, und Janaka begriff sogleich den Sinn der Frage, stieg ab, verneigte sich vor Ashtavakra und bat ihn um Belehrung.

Da lehrte Ashtavakra ihn, daß ein Schüler, ehe er die Erkenntnis des Brahman (brahma-jñâna) gelehrt werden könne, seinem Lehrer alles, was ihm gehöre, zu übergeben habe: sich selbst und allen Besitz. Da übergab ihm König Janaka alles, und Ashtavakra sagte dazu: „gut!" Im gleichen Augenblick war König Janaka wie geblendet und betäubt und stand starr wie eine Bildsäule. Ashtavakra aber war verschwunden.

Die Zeit ging hin; die Untertanen warteten auf ihren König, und er kam nicht. Sie vermißten ihn, sorgten sich um ihn und suchten nach ihm. Sie kamen und fanden ihn, wie er reglos dastand, und waren überrascht und bestürzt, daß er sie gar nicht gewahr ward und taub gegen ihr verzweifeltes Fragen blieb. Sie forschten nach Ashtavakra, der ihnen ein Scharlatan deuchte, der ihren König mit einem Zauber verhext hatte, und schworen ihm Rache. Der Zustand des Königs dauerte sie, und um ihm zu helfen, brachten sie ihn in einer Sänfte in die Stadt. Der König aber blieb reglos, wie zuvor.

Die Minister flehten Ashtavakra an, den angeblichen Zauber vom König zu nehmen und ihn in seinen gewohnten Zustand zurückzuversetzen. Zugleich aber machten sie ihn dafür verantwortlich, den Zauber gewirkt zu haben. Ashtavakra strafte ihre ahnungslosen Bemerkungen mit Verachtung und rief nur „Janaka!" – und der König reagierte sogleich auf diesen Ruf und grüßte ihn ehrerbietig. Die Minister standen starr vor Staunen.

Ashtavakra sagte dem König, das Volk zeihe ihn böswillig der Hexerei, er habe den König in diesen bedauernswerten Zustand gebracht, und forderte den König auf, sein gewohntes Leben wieder aufzunehmen. „Die Erkenntnis des Brahman", fuhr er fort, „läßt sich nur einen lehren, der für sie reif ist", und da König Janaka die Probe bestanden habe, wolle er sie ihn lehren. So sprach er und verfaßte die „Ashtavakra-Gîtá", deren Hauptthema ist: Das Brahman ist nichts Besonderes, von einem Verschiedenes, und es bedarf keiner besonderen Zeit noch eines Raumes, um der Wirklichkeit des Brahman innezuwerden. Ashtavakra schloß seine Belehrung mit dem Worte „tat tvam asi": DAS BIST DU, worin „DAS" (tat) das ewige und grenzenlose Selbst bezeichnet.

Am anderen Morgen erlebten die Minister, daß der König sie wie gewöhnlich zur Audienz befahl und sein Amt wie früher ausübte. Vor versammeltem Hofe fragte Ashtavakra den König, ob sein Zweifel behoben sei, daß die Erkenntnis des Brahman so geschwind und jählings eintreten könne, wie jene heilige Schrift es behaupte; wenn dem so sei, solle er sein Pferd bringen lassen und den Wahrheitsbeweis antreten. Der König aber war jetzt ganz demütig und sagte: „O Herr, in meiner Unreife bezweifelte ich die Richtigkeit der Schriftstelle. Jetzt begreife ich, daß jedes Wort daran wahr ist. OM! OM! OM!"

Taoismus

201. Vom ewigen Tao

Es wird überliefert, daß Laotse (→16), als er sich im hohen Alter in die Einsamkeit zurückziehen wollte, auf Wunsch eines Grenzers die Summe seiner Erfahrungen in einem Buch niederschrieb, dem spätere Zeiten den Namen „Tao-Tê-King“ (Tao-Tê-Ching) – Das Buch vom Tao und seiner Kraft – gaben. Die wissenschaftliche Forschung bezweifelt jedoch, daß Laotse diese Sammlung gereimter Sprüche wirklich verfaßt hat; man glaubt, das anonyme Tao-Tê-King sei erst nachträglich dem Laotse zugeschrieben worden.
Tao ist ein Wort für „etwas“, das sich jeder Sprache entzieht und deshalb mit der Vorstellung der Leere und des Nichtseins mehr umschrieben als definiert wird. Ursprünglich bedeutet Tao Weg, dann Prinzip. Es ist viel übersetzt worden, z. B. mit Weg, Wort, Logos, Sinn, Weltgesetz, Vernunft, Gott . . ., doch bleibt es am besten unübersetzt.

Die fünf Farben machen des Menschen Aug'
 blind,
Die fünf Töne machen des Menschen Ohr
 taub,
Die fünf Geschmäcke machen des Menschen Mund
 stumpf,
Pferderennen und Feldjagd machen des Menschen Herz
 dumpf,
Schätze, schwer erreichbar, machen des Menschen Wandel
 krumm.
Deshalb: Des Heiligen Tun ist seine Brust,
 nicht Augenlust.
Drum läßt er jenes und ergreift dieses.
 (XII)

*

Geht man nicht aus der Tür,
 kennt man die Welt.
Blickt man nicht aus dem Fenster,
 sieht man des Himmels Weg.
Je weiter man ausgeht,
 desto weniger kennt man.

Daher: Der heilige Mensch
    Nicht geht und doch kennt,
    Nicht sieht und doch benennt,
    Nicht tut und doch vollend't.
    (XLVII)

*

Das Kleine sehen,
heißt erleuchtet sein,
das Weiche bewahren,
heißt stark sein.
Braucht man sein Leuchten
    und kehrt zu seinem Licht zurück,
so verliert man nichts bei des Leibes Zerstörung.
Das heißt: in das Ewige eingehen.
    (LII)

*

Das Tun sei Nicht-Tun,
Das Geschäft sei Nicht-Geschäft,
Der Genuß sei Nicht-Genuß,
Das Große sei Kleines,
Das Viele sei Weniges.
    (LXIII)

*

Nichts in der Welt ist
    weicher und schwächer als Wasser,
und doch nichts, was Hartes und Starkes angreift,
    vermag es zu übertreffen,
es gibt nichts, wodurch es zu ersetzen wäre.
Schwaches überwindet das Starke,
Weiches überwindet das Harte.
Keinem in der Welt ist es unbekannt,
aber keiner vermag es zu üben.
Daher: Der heilige Mensch sagt –
    Tragen des Landes Ungereimtheiten,
    das heißt, voran beim Kornopfer schreiten,
    Tragen des Landes Not und Pein,
    das heißt, des Reiches König sein.
Wahre Worte sind wie umgekehrt.
    (LXXVIII)

202. Reden und Gleichnisse

Der chinesische Dichter Tschuang-Tse (Chuang-Tzu/Dschuang-Dsi), (um 365–290 v. Chr.), hat das Tao-Te-King (→201) in volkstümliche Beispiele und Gleichnisse übertragen. Wie Platon, so schreibt auch Tschuang-Tse vorzugsweise in Dialogen. „Er ist ein großer Dichter, ein Meister des Gleichnisses, das wir bei Lao-Tse selbst vermissen. Er gibt oft Farben und Lichter, deren Spiel nicht mehr ganz der heiligen Lehre entspricht; aber er gibt auch oft Fleisch und Blut, wo der reine Geist des Lao-Tse uns unfaßbar wird und entgleitet" (Hermann Hesse).

Der Spiegel

Der höchste Mensch gebraucht sein Herz wie einen Spiegel. Er geht den Dingen nicht nach und geht ihnen nicht entgegen; er spiegelt sie wider, aber hält sie nicht fest. Darum kann er die Welt überwinden und wird nicht verwundet. Er ist nicht der Sklave seines Ruhms; er hegt nicht Pläne; er gibt sich nicht ab mit den Geschäften, er ist nicht Herr des Erkennens. Er beachtet das Kleinste und ist doch unerschöpflich und weilt jenseits des Ichs. Bis aufs letzte nimmt er entgegen, was der Himmel spendet, und hat doch, als hätte er nichts. Er bleibt leer.
(Buch VII, 6)

*

Der Tod des Unbewußten

Der Herr des Südmeeres war der Schillernde; der Herr des Nordmeeres war der Zufahrende; der Herr der Mitte war der Unbewußte.
Der Schillernde und der Zufahrende trafen sich häufig im Lande des Unbewußten, und der Unbewußte begegnete ihnen stets freundlich. Der Schillernde und der Zufahrende überlegten nun, wie sie des Unbewußten Güte vergelten könnten. Sie sprachen: „Die Menschen haben alle sieben Öffnungen zum Sehen, Hören, Essen und Atmen, nur er hat keine. Wir wollen versuchen, sie ihm zu bohren."
So bohrten sie ihm jeden Tag eine Öffnung. Am siebenten Tag, da war der Unbewußte tot.
(Buch VII, 7)

*

Der Totenschädel

Tschuangtse sah einst unterwegs einen leeren Totenschädel, der zwar gebleicht war, aber seine Form noch hatte.
Er tippte ihn an mit seiner Reitpeitsche und begann ihn also zu fragen: „Bist du in der Gier nach Leben von dem Pfade der Vernunft abgewichen, daß du in diese Lage kamst? Oder hast du ein Reich zugrunde gebracht und bist mit Beil und

Axt hingerichtet worden, daß du in diese Lage kamst? Oder hast du einen üblen Wandel geführt und Schande gebracht über Vater und Mutter, Weib und Kind, daß du in diese Lage kamst? Oder bist du durch Kälte und Hunger zugrunde gegangen, daß du in diese Lage kamst? Oder bist du, nachdem des Lebens Herbst und Lenz sich vollendet, in diese Lage gekommen?"
Als er diese Worte geendet, da nahm er den Schädel zum Kissen und schlief.
Um Mitternacht erschien ihm der Schädel im Traum und sprach: „Du hast da geredet wie ein Schwätzer. Alles, was du erwähnst, sind nur Sorgen der lebenden Menschen. Im Tode gibt es nichts derart. Möchtest du etwas vom Tode reden hören?"
Tschuangtse sprach: „Ja!"
Der Schädel sprach: „Im Tode gibt es weder Fürsten noch Knechte und nicht den Wechsel der Jahreszeiten. Wir lassen uns treiben, und unser Lenz und Herbst sind die Bewegungen von Himmel und Erde. Selbst das Glück eines Königs auf dem Throne kommt dem unsern nicht gleich."
Tschuangtse glaubte ihm nicht und sprach: "Wenn ich den Herrn des Schicksals vermöchte, daß er deinen Leib wieder zum Leben erweckt, daß er dir wieder Fleisch und Bein, Haut und Muskeln gibt, daß er dir Vater und Mutter, Weib und Kind und alle Nachbarn und Bekannten zurückgibt, wärst du damit einverstanden?"
Der Schädel starrte mit weiten Augenhöhlen, runzelte die Stirn und sprach: „Wie könnte ich mein königliches Glück wegwerfen, um wieder die Mühen der Menschenwelt auf mich zu nehmen?"
(Buch XVIII, 4)

*

Der Fachmann

„Mit einem Brunnenfrosch kann man nicht über das Meer reden, er ist beschränkt auf sein Loch. Mit einem Sommervogel kann man nicht über das Eis reden, er ist begrenzt durch seine Zeit. Mit einem Fachmann kann man nicht vom Tao reden, er ist gebunden durch seine Lehre.
(Buch XVII, 1)

*

Schweigen

Als Kung-Fu-Tse mit dem Weisen Wen-Po Hsüe-Tse zusammenkam, sprach er kein Wort. Hernach fragte ihn Tse-Lu: „Meister, du hast lange gewünscht, Wen-Po Hsüe-Tse zu sehen. Wie ist dies, daß du, nun du ihn sahst, kein Wort zu ihm gesprochen hast?" Kung-Fu-Tse antwortete: „Mit Menschen, wie dieser, bedarf es bloß des Schauens, und Tao erscheint. Da ist kein Raum für Rede."

*

Die Maschine

Tse-Kung kam einst auf dem Rückweg von Tschu nach Tsin an einem Ort nördlich des Hanflusses vorbei. Da sah er einen alten Mann, der einen Graben anlegte, um seinen Gemüsegarten mit einem Brunnen zu verbinden. Er schöpfte in einem Eimer Wasser aus dem Brunnen und goß es in den Graben – eine große Arbeit mit einem sehr kleinen Ergebnis.
„Wenn du ein Triebwerk hier hättest", rief Tse-Kung, „könntest du in einem Tage dein Stück Land hundertfach bewässern mit ganz geringer Mühe. Möchtest du nicht eines besitzen?"
„Was ist das?" fragte der Gärtner.
„Es ist ein Hebel aus Holz", antwortete Tse-Kung, „der hinten schwer und vorne leicht ist. Er zieht Wasser aus dem Brunnen, wie du es mit deinen Händen tust, aber in stetig überfließendem Strom. Er wird Ziehstange genannt."
Der Gärtner sah ihn ärgerlich an, lachte und sprach: „Dieses habe ich von meinem Lehrer gehört: die listige Hilfsgeräte haben, sind listig in ihren Geschäften, und die listig in ihren Geschäften sind, haben List in ihren Herzen, und die List in ihren Herzen haben, können nicht rein und unverderbt bleiben, und die nicht rein und unverderbt bleiben, sind ruhelos im Geist, und die ruhelos im Geist sind, in denen kann Tao nicht wohnen. Nicht daß ich diese Dinge nicht kennte; aber ich würde mich schämen, sie zu benützen."
Tse-Kung war verlegen, senkte den Kopf und sagte nichts.

*

Die Perle

Der Gelbe Kaiser reiste nordwärts vom Roten See, bestieg den Berg Kun-lun und schaute gegen Süden. Auf der Heimfahrt verlor er seine Zauberperle. Er sandte Wissen aus, sie zu suchen, aber es fand sie nicht. Er sandte Scharfblick aus, sie zu suchen, aber es fand sie nicht. Er sandte Denken aus, sie zu suchen, aber es fand sie nicht. Endlich sandte er Absichtslos aus, und es fand sie. „Seltsam fürwahr", sprach der Kaiser, „daß Absichtslos sie zu finden vermocht hat."

*

Das unbekannte Tao

Urreinheit fragte Grenzenlos: „Weißt du Tao?"
„Ich weiß nicht", sagte Grenzenlos.
Urreinheit fragte Tatenlos: „Weißt du Tao?"
„Ich weiß Tao", sagte Tatenlos.
„Ist da Gegenstand", fragte Urreinheit, „um Tao zu wissen?"
„Da ist Gegenstand", sagte Tatenlos.

„Welcher ist es?“ fragte Urreinheit.
„Ich weiß“, sagte Tatenlos, „daß Tao ehrt und entehrt, bindet und löst. Das ist mein Gegenstand, um Tao zu wissen.“
Urreinheit wiederholte Ursprunglos diese Worte und fragte: „Wer ist im Recht, das Unwissen von Grenzenlos oder das Wissen von Tatenlos?“
Ursprunglos antwortete: „Nichtwissen ist tief. Wissen ist seicht. Nichtwissen ist innerlich. Wissen ist äußerlich.“
Urreinheit seufzte und sprach: „Dann ist Unwissen Wissen und Wissen Unwissen! Aber sage mir: was für ein Wissen ist das Wissen des Nichtwissenden?“
Ursprunglos antwortete: „Tao kann nicht gehört werden. Was gehört werden kann, ist nicht Tao. Es kann nicht gesehen werden. Was gesehen werden kann, ist nicht Tao. Es kann nicht gesagt werden. Was gesagt werden kann, ist nicht Tao. Was den Gestalten Gestalt gibt, ist selbst gestaltlos; also ist Tao namenlos.“
Ursprunglos sprach weiter: „Wer einem antwortet, der nach Tao fragt, kennt Tao nicht. Mag einer auch von Tao hören, in Wahrheit hört er nichts von Tao. Um Tao gilt kein Fragen, über Tao gilt kein Antworten. Das Unfragbare fragen ist eitel. Das Unbeantwortbare beantworten ist wesenlos. Und wer zum Eitlen das Wesenlose paart, der hat keine äußere Wahrnehmung des Zusammenhangs, der hat keine innere Wahrnehmung des Urgrunds –, der wird den Gipfel des heiligen Berges nicht ersteigen, der wird sich in die große Leere nicht schwingen.“

203. Die Bezwingung der Harfe

„Schwaches überwindet das Starke, Weiches überwindet das Harte“, heißt es im Tao Tê King (LXXVIII). In einer japanischen Erzählung, die Kakuzo Okakura (→228) überliefert, wird diese Erfahrung neu erschlossen.

Habt ihr schon einmal die taoistische Erzählung von der Bezwingung der Harfe gehört? In grauer Vorzeit stand in der Bergschlucht von Lung-mën ein Kiribaum, ein wahrer König des Waldes. Sein Haupt hob er, um mit den Sternen zu sprechen; seine Wurzeln drangen tief in die Erde und verflochten ihre bronzefarbigen Locken mit denen des silbernen Drachens, der darunter schlief. Und es geschah, daß ein mächtiger Zauberer aus diesem Baum eine Wunderharfe machte, deren störrische Natur nur von dem größten aller Musiker bezwungen werden sollte. Lange Zeit hindurch wurde das Instrument vom Kaiser von China wie ein Schatz gehütet, vergeblich aber war die Mühe derer, die nacheinander versuchten, ihren Saiten eine Melodie zu entlocken. Als Antwort auf ihre äußersten Anstrengungen gab die Harfe nur schrille Töne des Abscheus von sich, die schlecht zu den Liedern stimmten, die sie gern singen wollten. Die Harfe weigerte sich, einen Meister anzuerkennen.

Endlich kam Peh-Ya, der König der Harfner. Mit zarter Hand liebkoste er die Harfe, wie man wohl ein ungebärdiges Pferd zu besänftigen sucht, und weich schlug er die Akkorde an. Von der Natur sang er und von den Jahreszeiten, von hohen Bergen und fließenden Wassern, und alle Erinnerungen des Baumes erwachten. Der süße Hauch des Frühlings wehte noch einmal durch seine Zweige. Die jungen Wasserfälle lachten die Bergschlucht hinabplätschernd den knospenden Blumen zu. Dann tönten die verträumten Stimmen des Sommers mit seinen unzähligen Insekten, das Rieseln des Regens, der Ruf des Kuckucks. Horch! Ein Tiger brüllt – das Tal anwortet darauf. Es ist Herbst; in der einsamen Nacht glänzt scharf wie ein Schwert der Mond auf das bereifte Gras. Nun regiert der Winter; durch die schneerfüllte Luft ziehen Scharen von Schwänen, und prasselnde Hagelkörner schlagen mit wilder Lust auf die Zweige ... Hingerissen fragte der Kaiser des Himmels Peh-Ya, worin das Geheimnis seines Sieges läge. „Herr“, erwiderte er, „anderen ist es mißlungen, weil sie nur von sich selber sangen. Ich überließ es der Harfe, ihr Thema zu wählen, und wußte in Wahrheit nicht, ob die Harfe Peh-Ya oder Peh-Ya die Harfe war.“

Zen-Buddhismus

204. Elf Zen-Geschichten

Die folgenden Zen-Geschichten aus über fünf Jahrhunderten geben die Erfahrungen chinesischer und japanischer Zen-Meister wieder. Das alte Zen war von solcher Frische, daß es gesammelt und immer wieder erinnert wurde. Diese Geschichten sind Bruchstücke seines Lebensausdrucks – nicht aber der Zen-Erleuchtung selbst, die in Worte nicht zu fassen ist.

Still werden

Die Schüler der Tendai-Schule lernten die Meditation, bevor Zen nach Japan kam. Vier von ihnen, die enge Freunde waren, versprachen einander, sieben Tage lang Schweigen zu bewahren.
Am ersten Tag waren sie alle still. Ihre Meditation hatte glückverheißend begonnen, aber als die Nacht kam und die Öllampen trübe wurden, konnte sich ein Schüler nicht zurückhalten, einem Diener zuzurufen: „Sieh nach den Lampen!" Der zweite Schüler war überrascht, den ersten reden zu hören. „Wir sollten doch kein Wort sprechen", sagte er.
„Ihr seid beide dumm. Warum redet ihr?" fragte der dritte.
„Ich bin der einzige, der nicht gesprochen hat", stellte der vierte Schüler fest.

*

Schülerschaft

Der Zen-Meister Mu-nan hatte nur einen Nachfolger. Sein Name war Shoju. Nachdem Shoju sein Zen-Studium vollendet hatte, rief Mu-nan ihn in sein Zimmer.
„Ich werde alt", sagte er, „und soweit mir bekannt ist, Shoju, bist du der einzige, der diese Lehre weiterführen kann. Hier ist ein Buch. Es ist sieben Generationen lang von Meister zu Meister weitergegeben worden. Ich habe ebenfalls viele Punkte hinzugefügt, wie sie meinem Verständnis entsprachen. Das Buch ist sehr kostbar, und ich gebe es dir, um damit deine Nachfolge sichtbar zu machen."
„Wenn das Buch so ein wichtiges Ding ist, solltest du es lieber behalten", erwiderte Shoju. „Ich empfing dein Zen ohne Schriften, und ich bin zufrieden damit, so wie es ist."
„Ich weiß das", sagte Mu-nan. „Immerhin wurde dieses Werk sieben Generationen lang von Meister zu Meister weitergegeben, also mögest du es als ein Symbol dessen behalten, daß du die Lehre empfangen hast. Hier!"

Die beiden führten ihr Gespräch zufällig vor einem Kohlebecken. In dem Augenblick, da das Buch Shojus Hände berührte, warf er es in die brennenden Kohlen. Er hatte kein Verlangen nach Besitztümern.
Mu-nan, der niemals zuvor wütend gewesen war, brüllte: „Was tust du!"
Shoju schrie zurück: „Was sagst du!"

*

Offene Liebe

Zwanzig Mönche und eine Nonne, die Eshun hieß, übten die Meditation bei einem bestimmten Zen-Meister.
Eshun war sehr hübsch, obwohl ihr Kopf geschoren und ihr Gewand einfach war. Mehrere Mönche verliebten sich heimlich in sie. Einer von ihnen schrieb ihr einen Liebesbrief und bat um ein Stelldichein.
Eshun antwortete nicht. Am folgenden Tag gab der Meister der Gruppe eine Unterweisung, und nachdem diese vorüber war, erhob sich Eshun. Sie wandte sich an den Absender des Briefes und sagte: „Wenn du mich wirklich so sehr liebst, so komm und umarme mich jetzt."

*

Leer werden

Nan-in, ein japanischer Meister der Meiji-Zeit (1868 bis 1912), empfing den Besuch eines Universitätsprofessors, der etwas über Zen erfahren wollte.
Nan-in servierte Tee. Er goß die Tasse seines Besuchers voll und hörte nicht auf weiterzugießen.
Der Professor beobachtete das Überlaufen, bis er nicht mehr an sich halten konnte. „Es ist übervoll. Mehr geht nicht hinein!"
„So wie diese Tasse", sagte Nan-in, „sind auch Sie voll mit Ihren eigenen Meinungen und Spekulationen. Wie kann ich Ihnen Zen zeigen, bevor Sie Ihre Tasse geleert haben?"

*

Zen-Lehre

Ein junger Arzt in Tokio namens Kusuda traf einen Studienkameraden, der Zen studierte. Der junge Doktor fragte ihn, was Zen sei.
„Ich kann dir nicht sagen, was es ist", antwortete der Freund, „aber eines ist sicher: wenn du Zen verstehst, hast du keine Angst vor dem Sterben mehr."
„Das ist gut", sagte Kusuda. „Ich will es versuchen. Wo kann ich einen Lehrer finden?"
„Geh zu Meister Nan-in", sagte der Freund.
Also ging Kusuda zu Nan-in. Er nahm einen langen Dolch mit sich, um festzustellen, ob der Lehrer Angst vor dem Sterben hatte oder nicht.
Als Nan-in Kusuda erblickte, rief er: „Hallo, Freund. Wie geht es dir? Wir haben uns lange nicht gesehen!"

Das verblüffte Kusuda, und er antwortete: „Wir sind uns noch niemals zuvor begegnet.“
„Das stimmt“, antwortete Nan-in. „Ich verwechselte dich mit einem anderen Arzt, der hier Unterricht erhält.“
Mit diesem Beginn hatte Kusuda die Gelegenheit verpaßt, den Meister zu prüfen, und so fragte er widerwillig, ob er Zen-Unterricht erhalten könne.
Nan-in sagte: „Zen ist keine schwierige Aufgabe. Wenn du ein Arzt bist, so behandle deine Patienten mit Güte. Das ist Zen.“
Kusuda besuchte Nan-in dreimal. Jedesmal sagte ihm Nan-in dasselbe. „Ein Arzt sollte nicht seine Zeit hier vergeuden. Geh' heim und kümmere dich um deine Patienten.“
Kusuda leuchtete nicht ein, wie solch eine Lehre die Angst vor dem Sterben beseitigen sollte. So beklagte er sich beim vierten Besuch: „Mein Freund sagte mir, daß man, wenn man Zen erlernt, die Furcht vor dem Tode verliert. Jedesmal, wenn ich hierher komme, ist alles, was Sie mir sagen, ich solle mich um meine Patienten kümmern. So viel weiß ich selbst auch. Wenn dies das sogenannte Zen ist, so will ich Sie nicht weiterhin besuchen.“
Nan-in lächelte und tätschelte den Doktor. „Ich war zu streng mit dir. Ich will dir ein Koan geben.“ Er bot Kusuda Joshus „Mu“ als Aufgabe, das erste der Geist-erleuchtenden Rätsel aus dem Buch „Das torlose Tor“.
Kusuda grübelte über diesem Problem des Mu (Nichts) zwei Jahre lang. Endlich dachte er, er habe die Gewißheit des Geistes erlangt. Aber sein Lehrer stellte fest: „Du bist noch nicht drin.“
Kusuda setzte seine Übung der Konzentration weitere anderthalb Jahre lang fort. Sein Geist wurde gelassen. Die Probleme lösten sich auf. Nichts wurde Wirklichkeit. Er diente seinen Patienten aufs beste, und ohne es zu wissen, war er frei von Beunruhigung um Leben und Tod.
Als er Nan-in wieder besuchte, lächelte sein alter Lehrer nur.

*

Töten

Gasan belehrte eines Tages seine Anhänger: „Diejenigen, die gegen das Töten sprechen und wünschen, daß das Leben aller Lebewesen geschont wird, haben recht. Es ist gut, selbst Tiere und Insekten zu schützen. Aber was ist mit denen, welche die Zeit totschlagen, was mit denen, die Reichtümer zerstören, und mit denen, welche die nationale Wirtschaft ruinieren? Die sollten wir nicht übersehen. Und was ist mit dem, der ohne Erleuchtung predigt? Er tötet den Buddhismus.“

*

Das Lebenswerk

Tetsugen, ein Zen-Gläubiger in Japan, entschloß sich, Sutras zu veröffentlichen, die zu jener Zeit nur in chinesischer Sprache erhältlich waren. Die Bücher

sollten mit Holzblöcken in einer Auflage von siebentausend Abzügen gedruckt werden, und dies war ein gewaltiges Unterfangen.
Tetsugen begann herumzureisen und Spenden für diesen Zweck zu sammeln. Einige Sympathisanten gaben ihm hundert Goldstücke, doch zumeist erhielt er nur kleine Münzen. Er erwies jedem Spender dieselbe Dankbarkeit. Nach zehn Jahren hatte Tetsugen genügend Geld, um mit seiner Arbeit zu beginnen. Zu dieser Zeit trat plötzlich der Uji-Fluß über die Ufer, und eine Hungersnot brach aus. Tetsugen nahm den Betrag, den er für die Bücher gesammelt hatte, und gab ihn her, um andere vor dem Hungertod zu bewahren. Dann begann er wieder mit seiner Tätigkeit des Sammelns.
Einige Jahre danach überfiel eine Epidemie das Land. Tetsugen gab wieder her, was er gesammelt hatte, um seinem Volk zu helfen.
Ein drittes Mal begann er mit seiner Arbeit, und nach zwanzig Jahren wurde sein Wunsch erfüllt. Die Druckstöcke, mit denen die erste Ausgabe der Sutras hergestellt wurde, kann man noch heute im Obaku-Kloster in Kioto sehen.
Die Japaner erzählen ihren Kindern, daß Tetsugen drei Ausgaben der Sutras hergestellt habe und daß die ersten zwei unsichtbaren noch besser seien als die letzte.

*

Jede Minute Zen

Zen-Schüler bleiben mindestens zehn Jahre bei ihrem Meister, bevor sie es wagen können, andere zu belehren. Nan-in erhielt Besuch von Tenno, der, nachdem er seine Lehrzeit hinter sich gebracht hatte, ein Lehrer geworden war. Der Tag versprach regnerisch zu werden, darum trug Tenno Holzschuhe und hatte einen Regenschirm bei sich. Nachdem Nan-in ihn begrüßt hatte, bemerkte er: „Ich nehme an, du hast deine Holzschuhe im Vorraum gelassen. Ich möchte gerne wissen, ob dein Regenschirm rechts oder links von den Holzschuhen steht."
Tenno wußte in seiner Verwirrung keine sofortige Antwort zu geben. Er erkannte, daß er nicht in der Lage war, sein Zen in jeder Minute bei sich zu haben. Er wurde Nan-ins Schüler, und er studierte sechs weitere Jahre, um sein Jede-Minute-Zen zu vervollkommnen.

*

Gelassenheit

Der Zen-Meister Hakuin wurde von seinen Nachbarn als einer, der ein reines Leben führte, gepriesen.
Ein schönes japanisches Mädchen, dessen Eltern ein Lebensmittelgeschäft besaßen, wohnte in seiner Nähe. Da entdeckten die Eltern plötzlich, daß sie schwanger war. Das machte die Eltern sehr böse. Sie wollte nicht gestehen, wer der Mann war, aber nach langem Drängen nannte sie schließlich Hakuin.
In großem Ärger gingen die Eltern zum Meister. „So?" war alles, was er zu sagen hatte.

Nachdem das Kind geboren war, brachte man es zu Hakuin. Er hatte seinen guten Ruf verloren, was ihm jedoch keine Sorgen machte, und er kümmerte sich in bester Weise um das Kind. Von seinen Nachbarn erhielt er Milch und alles andere, was das Kleine benötigte.

Ein Jahr später konnte die junge Mutter es nicht länger aushalten. Sie erzählte ihren Eltern die Wahrheit – daß der echte Vater ein junger Mann sei, der auf dem Fischmarkt arbeitete.

Die Mutter und der Vater des Mädchens gingen wieder zu Hakuin und baten ihn um Verzeihung; sie entschuldigten sich des langen und breiten und wollten das Kind wieder mitnehmen.

Hakuin war einverstanden. Während er das Kind übergab, war alles, was er sagte: „So?“

*

Erleuchtung

Daiju besuchte den Meister Baso in China. Baso fragte: „Was suchst du?“

„Erleuchtung“, erwiderte Daiju.

„Du hast deine eigene Schatzkammer. Warum suchst du außerhalb?“ fragte Baso.

Daiju erkundigte sich: „Wo ist meine Schatzkammer?“

Baso antwortete: „Das, was du fragst, ist deine Schatzkammer.“

Daiju war erleuchtet! Danach empfahl er stets seinen Freunden: „Öffnet eure eigene Schatzkammer und benützt diese Schätze.“

*

Als Banzan über einen Markt ging, hörte er ein Gespräch zwischen einem Metzger und seinem Käufer. „Gib mir das beste Stück Fleisch, das du hast“, sagte der Käufer.

„Alles in meinem Laden ist das beste“, erwiderte der Metzger. „Du kannst hier kein einziges Stück Fleisch finden, das nicht das beste ist.“

Bei diesen Worten wurde Banzan erleuchtet.

*

Eine Parabel

Buddha erzählte in einem Sutra eine Parabel:

Ein Mann, der über eine Ebene reiste, stieß auf einen Tiger. Er floh, den Tiger hinter sich. Als er an einen Abgrund kam, suchte er Halt an der Wurzel eines wilden Weinstocks und schwang sich über die Kante. Der Tiger beschnupperte ihn von oben. Zitternd schaute der Mann hinab, wo weit unten ein anderer Tiger darauf wartete, ihn zu fressen. Nur der Wein hielt ihn.

Zwei Mäuse, eine weiße und eine schwarze, machten sich daran, nach und nach die Weinwurzel durchzubeißen. Der Mann sah eine saftige Erdbeere neben sich. Während er sich mit der einen Hand am Wein festhielt, pflückte er mit der anderen die Erdbeere. Wie süß sie schmeckte!

205. Zazen

Za-zen heißt „Sitz-Meditation". Sie hat keinen Gegenstand, der meditiert würde, ist also ohne Objekt, im eigentlichen Sinn ein Leer-Werden: ein Nicht-Denken, Nicht-Wissen, Nicht-Tun. Bei dem deutschen Mystiker Meister Eckehart heißt diese Leere „Abgeschiedenheit". Sie ist das torlose Tor, das den Weg eröffnet. Der Mensch auf diesem Weg soll so ledig sein, wie er war, da er noch nicht war: ein Mensch „ohne Eigenschaft", der nichts will und nichts weiß und nichts hat: der dem Nichts gleich wird. Daitô Kokushi (1282–1337), einer der bedeutendsten japanischen Zen-Meister seiner Zeit, rief eines Nachts seine Schüler zu sich und gab ihnen zu wissen, daß er am nächsten Mittag in strenger Zazen-Haltung sterben werde. Weil er seit Jahren wegen eines Beinleidens nicht mehr in der rechten Weise sitzen konnte, waren alle darüber sehr besorgt. Daitô Kokushi aber setzte sich gewaltsam so zurecht, daß ihm die Gelenke brachen. Und in dieser Haltung starb er. Der nachstehende Text stammt von Daitô Kokushi.

Ich habe vernommen, daß bei der Übung des ‚Weges' das Zazen oft nicht in der rechten Weise betrieben wird. Es ist ein arger Irrtum, zu glauben, man könne durch bloßes Dasitzen den ‚Weg' erlangen und brauche in seinem Herzen auf die Erleuchtung (satori) nur zu warten. Da der ‚Weg' von den Erscheinungen des Gehens, Wohnens, Sitzens und Stehens völlig unabhängig ist, kann er nicht durch einfaches Dasitzen erworben werden. Und da der ‚Weg' jenseits von Vergangenheit und Zukunft, Bewegung und Ruhe liegt, fällt einem die Erleuchtung nicht durch bloßes Warten zu . . .

Als Regel für das Begreifen des Zen-Weges gelte vor allem dies: wer noch Anfänger ist, bemühe sich um das Zazen. Dieses Zazen werde entweder in dem ganzen oder halben Schenkelsitz vorgenommen, die Augen halte man halb geöffnet, und so erschaue man die ‚ursprüngliche Gestalt' der Zeit, als Vater und Mutter noch nicht geboren waren. Dieses ‚als Vater und Mutter noch nicht geboren waren' besagt, man betrachte den Zustand, als Vater und Mutter noch nicht am Leben, Himmel und Erde noch nicht geschieden waren, und das Ich die Gestalt eines Menschen noch nicht angenommen hatte. So muß die ‚ursprüngliche Gestalt' in Erscheinung treten. Diese ‚ursprüngliche Gestalt' ist ohne Farbe und Form, wie etwa der leere Himmel.

206. kufû

„Bei uns spricht man von kufû", lehrt Musô Kokushi (1275–1351), „wenn der Wahrheitssuchende das Gesetz Buddhas zu erfüllen sucht. Bei einem, der das kufû seines innersten Wesens betreibt, ist kein Unterschied, ob er inmitten zahlloser Verrichtungen des Alltags das kufû, oder diese inmitten des kufû ausübt."

Unter denen, die ein echtes Streben nach Wahrheit haben, gibt es keinen, der die Zeit leer zubringt, weil eben keine Stunde des Zazen ist. Ob sie nun essen, trinken, sich anziehen, Sûtren lesen, Beschwörungsformeln sprechen oder auf den Abtritt gehen, nie vergessen sie das kufû ihres innersten Wesens. Man kann sie als solche bezeichnen, die während der tausend Dinge des Alltags kufû betreiben. Nun sagt man im allgemeinen, sie seien jenen anderen überlegen, welche die Alltagsbeschäftigung zum Eigentlichen erhoben haben und während dieser zu bestimmten Stunden Zazen üben. Doch da sie immerhin zwischen den zahllosen Beschäftigungen des Tages und dem kufû bewußt unterscheiden, geschieht es nur zu oft, daß sie von jenen ersteren aufgezehrt werden und das kufû vergessen. Es kommt dies daher, weil sie die tausend Dinge der Welt als außerhalb ihrer selbst liegend wähnen. Ein alter Meister hat einmal gesagt: Berge, Flüsse, die ganze große Erde, alle unendlich vielen Erscheinungen sind das Selbst. Begreift man dies gut, so weiß man, daß es außer dem kufû keine zahllosen Beschäftigungen des Tages gibt. Mitten im kufû kleidet man sich an und ißt, mitten im kufû geht, wohnt, sitzt und liegt man, mitten im kufû sieht, hört, begreift und erfährt man, mitten in ihm empfindet man Freude, Zorn, Trauer und Glück.
Einen solchen kann man einen Menschen nennen, der im kufû die tausend Dinge des Alltags tut, und es ist dies ein kufû, eine Achtsamkeit des Herzens ohne Achtsamkeit.

207. Einige Koans

Ein Koan ist ein Rätsel, eine meist paradoxe Aufgabe, durch die der Geist aus dem Gefängnis der Alltagslogik befreit werden soll, um so für den Weg des Zen fähig zu werden. Das Buch „Mumonkam", im 13. Jahrhundert n. Chr. in China entstanden, ist seitdem als eine vorbildliche Koan-Sammlung berühmt. Der Meister Mumon, der sie zusammengestellt hat, hat jedem Koan einen sehr direkten Kommentar (Teisho) beigefügt. Das Buch dient den Mönchen bei ihren Zen-Übungen. An der Art ihrer Lösungen erkennt der Zen-Meister die Reife der Schüler. – Die nachstehenden Koans wurden von Zenkei Shibayama (geboren 1894) ins Englische übersetzt. Da Übersetzungen aus dem Chinesischen immer in hohem Maße Interpretationen sind, gibt es z. T. sehr unterschiedliche Versionen dieser Koans.

Joshu sagte „Mu"

Koan
Ein Mönch fragte einmal Meister Joshu: „Hat ein Hund die Buddha-Natur oder nicht?" Joshu sagte: „Mu!"

Kommentar des Mumon

Beim Zen-Studium müssen die von den alten Zen-Meistern aufgebauten Sperren durchbrochen werden. Man muß seinen unterscheidenden Geist auslöschen, wenn man unvergleichliches Satori erlangen will. Diejenigen, die nicht die Sperre durchschritten und den unterscheidenden Geist nicht ausgelöscht haben, sind alle Gespenster, die in Bäumen und Pflanzen spuken.

Nun sage mir: Was ist die Sperre der Zen-Meister? Eben dieses „Mu" – das ist die Schranke des Zen. Es wird daher „die torlose Schranke des Zen" genannt. Diejenigen, die die Schranke überwunden haben, werden nicht nur deutlich Joshu sehen, sondern werden Hand in Hand gehen mit allen Meistern der Vergangenheit, sie von Angesicht zu Angesicht sehen. Du wirst mit dem gleichen Auge sehen, mit dem sie sehen, und hören mit dem gleichen Ohr. Wäre das nicht wunderbar? Willst du nicht die Schranke überwinden? Dann konzentriere dich mit deinen 360 Knochen und 84 000 Poren auf dieses „Mu" und verwandle deinen ganzen Leib in ein großes Suchen. Tag und Nacht arbeite eifrig daran. Versuche keine nihilistischen oder dualistischen Deutungen. Es ist, wie wenn man eine rote, heiße Eisenkugel hastig verschluckt hätte. Du versuchst, sie auszuspeien, aber du kannst es nicht.

Lösche dein illusorisches, unterscheidendes Wissen und deine bisher angesammelten Kenntnisse vollkommen aus und arbeite noch härter. Nach einer Weile wird dein Mühen Früchte tragen, werden alle Gegensätze (wie z. B. drinnen und draußen) auf natürliche Weise aufgehoben sein.

*

Joshu sagte: „Spüle deine Schalen"

Koan

Einst richtete ein Mönch an Joshu eine Bitte. Er sagte: „Ich bin gerade in das Kloster eingetreten. Ich bitte dich, Meister, unterweise mich." Joshu erwiderte: „Hast du gefrühstückt?" – „Jawohl", antwortete der Mönch. „Dann", sagte Joshu zu ihm, „spüle deine Schalen." Der Mönch kam zu einer Einsicht.

Kommentar des Mumon

Wenn der Mönch die Wahrheit nicht erfaßte, als er dies hörte, wird er eine Glocke für einen Topf halten.

Gedicht des Mumon

Weil es so sehr klar ist,
Dauert es länger, bis man es erkennt.
Wenn du sogleich weißt, daß Kerzenlicht Feuer ist,
Ist das Mahl lange gekocht.

*

Geist ist Buddha

Koan
Taibai fragte einmal Baso: „Was ist Buddha?" Baso antwortete: „Geist ist Buddha."

Kommentar des Mumon
Wenn du „Es" sofort erfassen kannst, dann trägst du Buddha-Kleider, ißt Buddha-Nahrung, sprichst Buddha-Worte und lebst ein Buddha-Leben; du bist selbst ein Buddha. Obwohl das richtig sein mag, hat Taibai viele Menschen irregeführt und ist schuld daran, daß sie sich auf eine Waage verließen, deren Zeiger festsitzt. Weißt du nicht, daß man seinen Mund drei Tage lang ausspülen muß, wenn man das Wort „Buddha" ausgesprochen hat? Wenn er ein wirklicher Zen-Anhänger ist, dann wird er seine Ohren zuhalten und weglaufen, wenn er hört: „Geist ist Buddha."

Gedicht des Mumon
Ein schöner Tag unter dem blauen Himmel!
Blicke nicht töricht hierhin und dorthin.
Wenn du noch fragst: „Was ist Buddha?",
Dann ist das so, als würdest du deine Unschuld beteuern,
Während du das Gestohlene fest umklammerst.

*

Shuzan und sein Stab

Koan
Meister Shuzan hielt seinen Stab hoch, zeigte ihn den versammelten Schülern und sagte: „Wenn ihr Mönche dies einen Stab nennt, dann seid ihr an den Namen gebunden. Wenn ihr es keinen Stab nennt, dann leugnet ihr das Faktum. Sagt mir, Mönche, wie nennt ihr es?"

Kommentar des Mumon
Wenn ihr es einen Stab nennt, dann seid ihr an den Namen gebunden. Wenn ihr es keinen Stab nennt, dann leugnet ihr das Faktum. Du kannst nicht reden; du kannst nicht schweigen. Schnell! Sprich! Sprich! Schnell!

*

Teisho zu dem Koan

Der Mensch muß ein für allemal in den Abgrund dualistischer Widersprüche gestürzt werden und seinem kleinen Selbst in den Tiefen geistigen Ringens vollkommen sterben. Wenn er nicht wiedergeboren ist und diese Sperre durchbrochen hat, kann er nicht wirklich frei sein jetziges, alltägliches Leben führen.

Sufismus

Sufismus nennt man die islamische Form der Mystik. Sufi (eigentlich: der mit einem Wollgewand Bekleidete) heißt der einzelne Vertreter mystischer Frömmigkeit im Islam. Seit dem 8. Jahrhundert entwickelte sich die „geheime Überlieferung", die die religiöse Wahrheit nicht mehr an eine logische Methode des Denkens knüpft, weil die Sufis keine Dogmatik (Glaubenssystem) entwickeln, wie man Bauwerke oder Lehrbücher erstellt. Sufismus verfolgt einen anderen Pfad als den von religiösen Autoritäten und Dogmen als einzig wahr bezeichneten. Es ist der Pfad eigener innerer Erfahrung, der zwar des Lehrers bedarf, doch in dem Sinne, daß der Lehrer das Lernen lehrt und nicht die Inhalte.

208. Hallādsch

Al-Hallādsch (→184) ist der große Märtyrer der Sufis. Wie andere Sufis wählte auch er eine Berufsbezeichnung als Rufnamen: al Hallādsch, der Wollkämmer; gleichzeitig liegt darin ein Hinweis auf Wolle (suf); die arabische Wurzel seines Namens HLJ bzw. H-l-dsch (die Vokale werden nicht geschrieben) kann ebenso „langsam gehen" wie auch „Blitze schleudern" bedeuten.
Hallādsch lehrte, der Sufismus sei die innere Wahrheit aller wahren Religionen, und weil er die Bedeutung Jesu als eines Sufi-Lehrers betonte, warfen ihm Fanatiker vor, ein heimlicher Christ zu sein. „Seine Behauptung, man könne die Pilgerfahrt nach Mekka auch anderswo durchführen, wenn man nur die entsprechenden Rituale befolge, wurde als schwere Ketzerei angesehen. In seiner ‚Offenbarung des Verhüllten' verteidigt Huiwiri ihn mit dem Argument, die Aussagen eines Sufi ließen sich nicht mit niederen Maßstäben beurteilen."
Wie in jeder Mystik steht die innige Verbundenheit von Gott und Mensch im Zentrum seiner Frömmigkeit: „Seine Seele ist mit meiner Seele gemischt, wie man Wein mit klarem Wasser mischt. Was dich berührt, rührt mich ..."

Wo bist Du?

Ich sah meinen Herrn mit dem Auge des Herzens.
Ich fragte: Wer bist du? – Er antwortete: Du selbst! –
Ja, das Wo findet bei dir keinen Platz, und wo du bist, da gibt es kein Wo.

Nichts in der Welt vermag sich dich vorzustellen, so daß der Gedanke wüßte, wo du bist.
Du bist der, der jedes Wo und Wo-Nicht durchdringt. –
Wo also bist du?

*

Allah und Mensch

Ich bin derjenige, den ich liebe, und der mich liebt, ist mein Ich. Wir sind zwei Seelen, in einem einzigen Körper. Siehst du mich, siehst du ihn. Siehst du ihn, siehst du uns!
Deine Seele ist mit meiner Seele gemischt, wie man Wein mit klarem Wasser mischt. Was dich berührt, rührt mich; und in allem bist du nun ich!

*

Die Erkenntnis Allahs

Die Erkenntnis (Allahs) ist jenseits des Jenseits, jenseits der Grenze, jenseits der Absicht, jenseits des innersten Bewußtseins, jenseits der Mitteilungen, jenseits der Wahrnehmung.

209. Rūmī

Maulana (wörtlich: unser Meister) Dschelaleddin Rūmī (→187) gilt als einer der größten islamischen Mystiker. Trotz seiner Behauptung, die Lehren des Koran seien allegorisch zu verstehen und ihr Sinn reiche über sieben Bedeutungsebenen zurück, hat er sein Ansehen auch im orthodoxen Islam nicht verloren. Der erste Schritt für den Menschen zum wirklichen Verstehen ist nach Rūmī – ganz ähnlich wie bei anderen Sufis –, davon wegzukommen, daß er denkt, er verstehe. Aber weil er glaubt, alles mit der gleichen Methode erfassen zu können, hat diese Lehre seinen Sinn für wirkliches Verstehen untergraben. Der Sufismus benutzt die Begriffe und Vorstellungen der gewöhnlichen Religion, aber stets auf ungewöhnliche Weise, was in der Regel den Protest der Orthodoxie weckt. Für Rūmī waren die Religionen nicht letztgültiger Ausdruck; hinter ihren unterschiedlichen Formeln und Formen sah er eine verbindende Wahrheit. „Geh den Weg Mohammeds", sagt er, „aber wenn du das nicht kannst, dann gehe den christlichen Weg." Selbst wenn der Sufi von Gott spricht, meint er nicht die Gottheit, welche die Theologen und Katechismen beschreiben. Der Gott der Sufis hat mit diesen begrifflichen Gottesvorstellungen nichts zu tun, denn die Gottheit ist für den Sufi eine Wirklichkeit eigener Erfahrung. „Das Buch der Sufis ist nicht die Schwärze der Buchstaben. Es ist das Weiße eines reinen Herzens."

Ein Gedicht Rumis aus dem „Diwan" hat unter den Anhängern eines wortwörtlichen Verständnisses immer Verwirrung gestiftet. Der Sufi hat jedoch niemals geglaubt, er solle von Land zu Land reisen, um die Religionen der Völker zu untersuchen oder durch Studium zu vergleichen. Seine „Reise" und sein „Studium" finden in ihm selbst statt.

Das Kreuz und die Christen

Das Kreuz und die Christen nahm ich von allen Seiten in Augenschein. Er war nicht am Kreuz. Ich ging zum Hindu-Tempel, zu der alten Pagode. An beiden Orten fand ich keine Spur von ihm. Ich ging zu den Höhen von Herat und nach Kandahar, schaute mich um. Er war nicht auf den Höhen und nicht in der Niederung. Entschlossen stieg ich zur Spitze des Kaf-Berges. Dort wohnte nur der Anqa-Vogel. Ich ging zur Kaaba und traf ihn dort nicht. Ich fragte Ibn Sina nach seinem Wesen: er war jenseits der Definitionen des Philosophen Avicenna ... Ich schaute in mein eigenes Herz. An diesem Orte sah ich ihn. Er ist an keinem anderen Ort.

*

Wahre Pilgerschaft

Die Pilger, die zur Ka'ba ausgegangen,
wenn endlich sie zum Ziele hingelangen,
sehn sie ein Haus von Stein, erhaben, heilig,
von kahlen Talabhängen rings umfangen.
Sie ziehen aus und hoffen Gott zu schauen –
sie suchen viel, umsonst ist ihr Verlangen!
Doch schallt wohl eine Stimme aus dem Tempel,
wenn dessen Schwell' inbrünstig sie umfangen:
Was betet ihr zu Ton und Stein, ihr Toren?
Das Haus verehrt, nach dem die Reinen rangen!
Des Herzens Haus, das Haus des Wahren, Einen!
O selig, die in diesen Tempel drangen!
Heil denen, die da ruhn wie Schams[1] daheim
und kosten nicht den Wüstenpfad, den langen!

*

Der verborgene Sinn des Koran

Einfach sind des Koran Worte,
doch zu ihren Tiefen hin
führt durch der Erkenntnis Pforte
anderer, geheimer Sinn.

[1] Vgl. →210.

Nun, auch dies ist nicht der letzte,
der des Wissens Drang erfüllt;
noch ein dritter Sinn, ein vierter
liegt darin, nur Gott enthüllt.
Siebenfacher Sinn, verborgen,
ruht in Gottes hehrem Wort,
einer baut sich auf dem andren
bis zur Endbedeutung fort.
Hafte nicht am äuß'ren Wesen:
Ādam ist kein Erdenkloß.
Nein, im Innern mußt du lesen –
du entdeckst der Seele Schoß.
So, die äußere Erscheinung
des Korān liegt auf der Hand,
aber seine wahre Meinung
birgt sich menschlichem Verstand.

210. Der Gottesbeweis

Schamseddin Täbrizi war Lehrer und Freund Rūmīs (→209).

Ein Student sagte in Schamseddin Täbrizis Gegenwart: „Ich habe Gottes Existenz mit einem kategorischen Beweis festgestellt!" Am nächsten Morgen sagte unser Meister Schamseddin: „Letzte Nacht kamen die Engel herab und segneten jenen Mann und sagten: ‚Gelobt sei Gott! Er hat die Existenz unseres Gottes bewiesen! Er hat wenigstens den Sterblichen nichts zuleide getan.'".

211. Geschichten der Sufimeister

Ein Derwisch ist nicht wie der Sufi ein vollkommener Mensch. Er ist einer, der sich bemüht, ein Sufi zu werden. Aber niemand hat das Recht, sich selbst einen Sufi zu nennen. Den Sufismus zu studieren und seinem Weg zu folgen, ist freilich die Sache der Derwische.
Die Sufimeister befolgen in ihrer Lehre keine festgelegte Methodik. Oft erzählen sie überlieferte Geschichten, allerdings nie zur Unterhaltung oder unterrichtlichen Belehrung, sondern nur, wenn sie sicher sein können, daß durch diese Erzählung ein geistlicher Durchbruch erreicht wird. Immer haben ihre Geschichten darum einen über das alltägliche Verständnis hinausgehenden verborgenen Sinn.

Die Einweihung des Malik Dinar

„Der Siegreiche König" dieser Geschichte, der dem „Verborgenen Lehrer" zur Verfügung steht, ist eine Verkörperung der höheren Geistigkeit, zu der der Mensch erwachen muß, wenn er auf eine erleuchtete Weise leben will. Auch der „Verborgene Lehrer" steckt in jedem selbst, doch wird er im Durchschnittsmenschen weder entdeckt noch zur Wirksamkeit befreit. Malik Dinar war einer der frühen klassischen Sufimeister. Die Fassung dieser Geschichte stammt von Emir el-Arifin und wurde – wie die zwei folgenden – von Idries Shah vermittelt.

Nach vielen Jahren philosophischer Studien fühlte Malik Dinar, daß die Zeit gekommen war, auf die Suche nach Erkenntnis zu gehen. „Ich werde aufbrechen", sagte er zu sich selbst, „und den ‚Verborgenen Lehrer' suchen, von dem es auch heißt, er sei in meinem innersten Selbst."
Er verließ sein Haus mit nur ein paar Datteln als Wegzehrung und traf bald darauf einen Derwisch, der unverdrossen die staubige Straße entlangzog. Er ging eine Weile schweigend und im Gleichschritt neben ihm her. Schließlich sprach der Derwisch: „Wer bist du, und wohin gehst du?"
„Ich bin Dinar und aufgebrochen, um den ‚Verborgenen Lehrer' zu suchen."
„Ich bin El-Malik El-Fatih und werde mir dir gehen", sagte der Derwisch.
„Kannst du mir helfen, den Lehrer zu finden?" fragte Dinar.
„Kann ich dir helfen, kannst du mir helfen?" fragte Fatih auf diese beunruhigende, verwirrende Weise aller Derwische; „der ‚Verborgene Lehrer', so heißt es, ist im Selbst des Menschen. Wie er ihn findet, hängt davon ab, welchen Nutzen er aus der Erfahrung zieht. Dies ist etwas, was einem Gefährten nur teilweise vermittelt werden kann."
Bald darauf kamen sie zu einem Baum, der knarrte und schwankte. Der Derwisch blieb stehen. „Der Baum sagt", so sprach er nach einem Augenblick, „mir tut etwas weh, bleib' eine Weile hier und nimm es aus meiner Seite, damit ich Ruhe finden kann."
„Ich habe es wirklich zu eilig", erwiderte Dinar. „Und wie kann ein Baum überhaupt sprechen?" Sie gingen weiter.
Nach einigen Meilen sagte der Derwisch: „Als wir bei dem Baume waren, meinte ich Honig zu riechen. Vielleicht war es ein wilder Bienenschwarm, der in dem dicken Stamm seinen Stock gebaut hat."
„Wenn das wahr ist", sagte Dinar, „so laß uns schnell zurückkehren, um den Honig einzusammeln; wir könnten davon essen und etwas für die Reise verkaufen."
„Wie du willst", sagte der Derwisch.
Als sie wieder zu dem Baum kamen, sahen sie jedoch einige andere Reisende, die eine ungeheure Menge Honig einsammelten.
„Was haben wir für ein Glück!" riefen die Männer. „Dies ist genug Honig, um eine ganze Stadt damit zu versorgen. Wir armen Pilger können nun Kaufleute werden: unsere Zukunft ist gesichert." Dinar und Fatih gingen ihres Weges.

Bald darauf kamen sie zu einem Berg, an dessen Abhang sie Summen vernahmen. Der Derwisch legte das Ohr auf die Erde. Dann sagte er: „Unter uns sind Millionen von Ameisen und bauen sich eine Kolonie. Dieses Gesumme ist eine vielstimmige Bitte um Hilfe. In der Ameisensprache bedeutet es: ‚Hilf uns, hilf uns! Wir höhlen die Erde aus, sind aber auf ungewöhnliche Felsen gestoßen, die uns den Weg versperren. Hilf uns, sie wegzuschaffen.' Sollen wir hierbleiben und helfen, oder möchtest du weitereilen?"

„Ameisen und Felsen gehen uns nichts an, Bruder", sagte Dinar, „denn ich suche etwas anderes – meinen Lehrer."

„Also gut, Bruder", sagte der Derwisch. „Aber es heißt, alle Dinge stünden in einem Zusammenhang. Und dies könnte irgendwie mit uns zusammenhängen."

Dinar achtete nicht auf das Gerede des alten Mannes, und so zogen sie weiter ihres Weges.

Die beiden machten Rast für die Nacht, und Dinar merkte, daß er sein Messer verloren hatte. „Ich muß es in der Nähe des Ameisenhügels verloren haben", sagte er. Am anderen Morgen gingen sie den Weg zurück.

Als sie wieder zu dem Ameisenhügel kamen, fanden sie keine Spur von Dinars Messer. Aber sie sahen eine Gruppe von Menschen, die schmutzbedeckt neben einem Haufen Goldmünzen rastete. „Dies", sagten die Leute, „ist ein verborgener Schatz, den wir soeben ausgegraben haben. Wir wanderten die Straße entlang, als ein gebrechlicher alter Derwisch uns zurief: ‚Grabt an dieser Stelle, und ihr werdet etwas finden, was für einige nichts als ein Felsen ist, aber für andere Gold!'"

Dinar verfluchte sein Geschick. „Wären wir doch hier geblieben", rief er, „dann wären wir beide letzte Nacht reich geworden, o Derwisch." Die anderen Leute sagten: „Dieser Derwisch da, Fremdling, sieht dem merkwürdig ähnlich, den wir letzte Nacht gesehen haben."

„Alle Derwische sehen ziemlich gleich aus", sagte Fatih. Und jeder zog seines Weges.

Dinar und Fatih setzten ihre Reise fort, und einige Tage später kamen sie an ein schönes Flußufer. Der Derwisch blieb stehen, und als sie sich hinsetzten, um auf die Fähre zu warten, schaute ein Fisch mehrmals aus dem Wasser hervor und verzog das Gesicht.

„Dieser Fisch", sagte der Derwisch, „bringt uns eine Botschaft. Er sagt: ‚Ich habe einen Stein verschluckt. Fang mich und gib mir eine bestimmte Pflanze zu essen. Dann werde ich ihn ausspucken können und dadurch Erleichterung bekommen. Wanderer, habt Erbarmen!'"

In dem Augenblick tauchte die Fähre auf, und Dinar, ungeduldig, weiterzukommen, drängte den Derwisch hinein. Der Fährmann war dankbar für die Kupfermünze, die sie ihm geben konnten, und Fatih und Dinar schliefen gut in einem Teehaus, das eine mildtätige Seele am gegenüberliegenden Ufer eingerichtet hatte.

Am Morgen schlürften sie gerade ihren Tee, als der Fährmann erschien. Die vergangene Nacht sei die glücklichste seines Lebens gewesen, sagte er; die Pilger

hätten ihm Glück gebracht. Er küßte die Hand des ehrwürdigen Derwisches, um seinen Segen zu empfangen. „Du verdienst das alles", sagte Fatih.
Der Fährmann war jetzt reich; und das hatte sich so zugetragen. Als er gerade schon, zur üblichen Zeit, hatte nach Hause gehen wollen, sah er die beiden Menschen am gegenüberliegenden Ufer. Er entschloß sich, um des „baraka", des Segens willen, den es bringt, Reisenden zu helfen, noch eine Überfahrt zu machen.
Als er dann daranging, sein Boot zu versorgen, sah er den Fisch, der sich ans Ufer geworfen hatte. Er versuchte offensichtlich, eine Pflanze zu erreichen. Der Fischer steckte ihm die Pflanze ins Maul, so daß er sie herunterschlucken konnte. Der Fisch spuckte einen Stein aus und warf sich wieder ins Meer. Der Stein war ein riesiger und makelloser Diamant von unschätzbarem Wert und prächtigem Feuer.
„Du bist ein Teufel!" schrie der wütende Dinar den Derwisch an. „Du wußtest durch irgendeine geheime Art der Wahrnehmung von allen drei Schätzen, aber du hast es mir nicht rechtzeitig gesagt. Ist das wahre Kameradschaft? Früher war mein Unglück schon groß genug, aber wenn du nicht wärst, wüßte ich jedenfalls nichts von den Schätzen, die in Bäumen, Ameisenhügeln und Fischen verborgen sind – und all das!"
Kaum hatte er diese Worte gesagt, als er das Gefühl hatte, es fege ein mächtiger Wind durch seine innerste Seele. Und da erkannte er, daß genau das Gegenteil von dem, was er gesagt hatte, die Wahrheit war.
Der Derwisch, dessen Name „Siegreicher König" bedeutet, klopfte Dinar leicht auf die Schulter und lächelte. „Jetzt, Bruder, wirst du entdecken, daß du durch Erfahrung lernen kannst. Ich bin eben derjenige, der dem ‚Verborgenen Führer' zur Verfügung steht."
Als Dinar aufzuschauen wagte, sah er seinen Lehrer zusammen mit einer kleinen Gruppe von Reisenden, die über die Gefahren der vor ihnen liegenden Reise sprachen, die Straße entlangwandern.
Heute zählt der Name des Malik Dinar zu den vornehmsten unter den Derwischen, als Gefährte und Vorbild, als ein Mann, der „angekommen" ist.

*

Das Gelübde

Sheikh Nasir el-Din Shah († 1846), der diese Geschichte erzählt hat, lebte in Delhi, Indien. Die List, um die es hier geht, kommt als Verhaltenstaktik bei vielen Menschen vor: entweder aus bewußter Raffinesse oder auch unbewußt, und ist dann Ausdruck eines verderbten Gemüts, das dem Selbstbetrug unterliegt.

Es war einmal ein Mann, der große Sorgen hatte. Er gelobte daher, wenn seine Probleme sich lösten, werde er sein Haus verkaufen und den ganzen Erlös den Armen geben. Es kam die Zeit, da er sein Gelübde erfüllen mußte. Aber er wollte so viel Geld nicht wegschenken und suchte daher einen Ausweg.

Er bot das Haus für ein Silberstück zum Kaufe an. Zum Hause aber gehörte eine Katze. Der Preis, den er für dieses Tier forderte, betrug zehntausend Silberstücke.
Jemand kaufte das Haus und die Katze dazu. Der Verkäufer gab das eine einzige Silberstück den Armen, die zehntausend sackte er für sich selber ein.
Bei vielen Menschen arbeitet der Verstand auf diese Weise. Sie entschließen sich, eine Lehre anzunehmen; aber dann legen sie sie zu ihrem persönlichen Vorteil aus. Ehe sie diese Denkweise nicht durch bestimmte Übungen überwunden haben, können sie überhaupt nichts begreifen.

*

Der Mann mit dem unerklärlichen Leben

Diese Geschichte wird Sheikh Ali Farmadhi († 1078) zugeschrieben. In ihrer heutigen Fassung entstammt sie einem Manuskript aus dem 17. Jahrhundert. Der Sheikh wollte mit ihr veranschaulichen, daß die „unsichtbare Welt" zu jeder Zeit und allerorts die alltägliche Wirklichkeit durchdringt. Die Menschen übersehen, meint Ali Farmadhi, wie jene „Welt" an unserer eigenen teilhat, weil sie meinen, für alles die wahren Ursachen zu kennen. Tatsächlich aber täuschen sie sich und übersehen die unfaßbaren Ursachen hinter den Ursachen.

Es war einmal ein Mann mit Namen Mojud. Er lebte in einer Stadt, in der er eine Stellung als kleiner Beamter bekommen hatte, und es sah so aus, als würde er seine Tage als Inspektor für Maße und Gewichte beenden.
Als er nun eines Tages in den Gärten eines alten Anwesens, in der Nähe seines Hauses, spazierenging, erschien ihm Khidr, der geheimnisvolle Führer der Sufis, in schimmerndes Grün gekleidet. Khidr sagte: „Du bist ein Mann, der gute Aussichten hat! Laß deine Arbeit und komm in drei Tagen ans Flußufer, wo du mich treffen wirst." Und damit verschwand er.
Mojud ging zitternd vor Aufregung zu seinem Vorgesetzten und sagte, er müsse fortgehen. Bald hörten alle in der Stadt davon und sagten: „Armer Mojud! Er ist verrückt geworden." Da es jedoch viele Anwärter auf seinen Posten gab, vergaßen sie ihn bald.
An dem vereinbarten Tag traf Mojud Khidr, der zu ihm sagte: „Zerreiß deine Kleider und wirf dich in den Fluß. Vielleicht wird dich jemand retten."
Mojud, obgleich er sich selber fragte, ob er denn verrückt sei, tat es.
Da er schwimmen konnte, ertrank er nicht. Er trieb aber eine weite Strecke dahin, bis ein Fischer ihn in sein Boot zog. „Du Narr", sagte er, „die Strömung ist stark. Was treibst du da? Was hast du vor?"
Mojud sagte: „Ich weiß es eigentlich selber nicht."
„Du bist verrückt", sagte der Fischer, „aber ich nehme dich mit in meine Schilfhütte drüben am Fluß, und wir wollen sehen, was man für dich tun kann."
Als er merkte, daß Mojud gut lesen und schreiben konnte, lernte er es von ihm. Dafür erhielt Mojud zu essen und half dem Fischer bei der Arbeit. Nach einigen

Monaten erschien Khidr wieder, diesmal am Fußende von Mojuds Bett, und sagte: „Steh sofort auf und verlaß den Fischer. Es wird für dich gesorgt."
Als Fischer gekleidet verließ Mojud unverzüglich die Hütte und wanderte umher, bis er auf eine Landstraße kam. Als der Tag anbrach, sah er einen Bauern, der auf seinem Esel unterwegs zum Markte war. „Suchst du Arbeit?" fragte der Bauer. „Denn ich brauche einen Mann, der mir hilft, die Einkäufe nach Hause zu bringen."
Mojud ging mit ihm. Er arbeitete fast zwei Jahre für den Bauern und lernte in dieser Zeit manches in der Landwirtschaft, doch sonst nicht viel mehr.
Als er eines nachmittags Wolleballen schnürte, erschien ihm Khidr und sagte: „Verlaß die Arbeit, geh in die Stadt Mosul und verwende deine Ersparnisse, um Pelzhändler zu werden."
Mojud gehorchte.
In Mosul wurde er ein bekannter Pelzhändler. Während er drei Jahre lang fleißig seinen Handel betrieb, bekam er Khidr nicht zu Gesicht. Er hatte eine ziemlich große Geldsumme gespart und dachte daran, sich ein Haus zu kaufen, als Khidr erschien und sagte: „Gib mir dein Geld, verlaß diese Stadt, geh nach Samarkand und arbeite dort für einen Krämer." Mojud tat, wie ihm geheißen.
Bald darauf wurden eindeutige Zeichen der Erleuchtung an ihm sichtbar. Er heilte Kranke, diente seinen Mitmenschen im Laden und während seiner freien Zeit, und seine Erkenntnis der Mysterien wurde immer tiefer.
Geistliche, Philosophen und manche andere Leute besuchten ihn und fragten: „Bei wem hast du studiert?"
„Schwer zu sagen", antwortete Mojud.
Seine Schüler fragten: „Wie hast du deine Laufbahn begonnen?"
Er sagte: „Als kleiner Beamter."
„Und du hast das aufgegeben, um dich dem Pfad der Selbstverleugnung zu weihen?"
„Nein, ich habe es einfach nur aufgegeben."
Sie verstanden ihn nicht.
Es kamen Leute zu ihm, die seine Lebensgeschichte schreiben wollten. „Was bist du in deinem Leben alles gewesen?" fragten sie.
„Ich sprang in einen Fluß, wurde ein Fischer und verließ dann mitten in der Nacht die Schilfhütte. Dann wurde ich Landarbeiter. Als ich gerade Wolleballen zusammenband, veränderte ich mich und ging nach Mosul, wo ich Pelzhändler wurde. Dort sparte ich etwas Geld und gab es weg. Dann ging ich nach Samarkand, wo ich für einen Krämer arbeitete. Und eben da bin ich jetzt."
„Aber dieses unerklärliche Benehmen wirft kein Licht auf deine erstaunlichen Gaben und die wunderbaren Geschehnisse", sagten die Schreiber.
„So ist es", sagte Mojud.
Da entwarfen die Biographen eine wundervolle und aufregende Lebensgeschichte von Mojud; denn alle Heiligen müssen ihre Geschichte haben, und die Geschichte muß in Einklang mit dem Geschmack der Zuhörer stehen, nicht aber mit dem tatsächlichen Leben.

Und niemand darf direkt von Khidr sprechen. Darum ist diese Geschichte auch nicht wahr. Es ist eine Schilderung eines Lebens. Und es ist das wirkliche Leben eines der bedeutendsten Sufis.

212. Den Raum umkehren

Von seinen eigenen Erlebnissen auf dem „Weg des Derwisch“ berichtet der Engländer Reshad Feild (→126).

Dann brachte er mir eine Übung bei, die dem galt, was er „den Raum umkehren“ nannte. Man muß völlig stillsitzen, die ganze Aufmerksamkeit wie in einem Brennpunkt in der Mitte der Brust konzentriert, und sich langsam loslassen und erkennen, daß man, anstatt zu sehen, gesehen wird; statt zu hören, gehört wird; statt zu berühren, berührt wird; statt zu schmecken, die Nahrung Gottes ist und geschmeckt wird. „Mache dich also wohlschmeckend“, sagte er. „Und schließlich laß es zu, geatmet zu werden. Hab Vertrauen und gib dich völlig hin, in der Erkenntnis, daß du machtlos bist im Angesicht Gottes, der Ersten Ursache.“

Als ich dort auf dem Hügel saß und die letzten Tage noch einmal an mir vorüberziehen ließ, da wurde mir klar, daß ich aufgehört hatte zu suchen, und begonnen, auf die Antwort zu lauschen. Ich begriff plötzlich, daß es zwar unbedingt notwendig ist, zu suchen, die Frage zu stellen; doch man darf der Antwort nicht nachjagen, denn dann stößt man sie nur ständig von sich weg. Man muß gleichzeitig fragen und lauschen, in dem Vertrauen und der Überzeugung, daß die Antwort in der Frage schon enthalten ist. In diesem Augenblick wußte ich, daß ich betrachtet wurde, daß ich gehört wurde, daß ich aufgelöst und zur Nahrung für den großen Umwandlungsprozeß wurde, der im Universum vor sich geht. Ich befand mich nicht mehr in einem Mittelpunkt, von dem aus alles mit dem „Kleinen Ich“ begann, sondern das „Ich“ wurde in mir erst geformt. Zur gleichen Zeit, da ich starb, wurde ich geboren, und die Sinne, mit denen ich hörte, sah, schmeckte und fühlte, waren die Sinne eines größeren Wesens, das sie zu etwas gebrauchte, was dem menschlichen Verstand unbegreiflich bleibt. Ich war nur ein Vehikel, durch das etwas geboren wurde, was in der natürlichen Ordnung angelegt ist. Es gab nichts zu fragen oder zu zweifeln, denn in diesem Augenblick war etwas, das selbst jenseits des Vertrauens war.

Ich weiß nicht mehr, wie lange ich so auf dem Hügel saß; als ich endlich zum Dorf zurückkehrte, war ich sehr ruhig.

XI. Der Weg zum Himmel

213. Der Codex Hammurabi

Hammurabi (um 1750–1686 v. Chr.), König von Alt-Babylon, regierte 43 Jahre lang. Er war ein nüchtern denkender Staatsmann und ein begabter Stratege, in jeder Hinsicht Praktiker, mit einem Sinn für Größe ohne Maßlosigkeit. Er einte das babylonische Reich und organisierte es straff. Unter ihm entwickelte sich das Land zu einer Hochkultur, die freilich ihre Voraussetzungen im vorangegangenen Jahrtausend hatte.

Der Codex Hammurabi zeigt, daß dieses Reich in einem fast modernen Sinn auf Recht und Gerechtigkeit aufgebaut war. Gewiß war der Codex ein Reformrecht, der vorher entwickeltes Recht weiterführte. Der Prolog, der den göttlichen Beistand betont, verankert dieses Recht in einer höheren Ordnung. Als Reichsrecht schafft es den Angehörigen verschiedener Völker sowie den Fremden völlige Gleichheit vor dem Gesetz. Kleinbauern, Tagelöhner und Handwerker sollen vor Verschuldung und Ausbeutung gesichert werden. Ganz allgemein fällt das Bemühen um Schutz der sozial Schwachen auf. Beinahe „sensationell“ ist der Paragraph 23, der die Kommunalbehörden verpflichtet, alles, was einem beraubten Mann verlorenging, zu ersetzen, „falls der Räuber nicht ertappt wird“. Eine rechtliche Selbsthilfe ist grundsätzlich ausgeschlossen; nur der königliche Richter darf den Geschädigten Genugtuung verschaffen.

Beachtlich ist auch der für die damalige Zeit fortschrittliche Schutz der Frau; demgegenüber wirkt das alte semitische Talion-Gesetz „Auge um Auge, Zahn um Zahn“ in seiner Nachwirkung schockierend.

Der Codex Hammurabi findet sich auf einer Stele aus Diosit (einem harten, grünlich-schwarzen Stein). Der Gesetzestext umfaßt 282 Paragraphen. Der obere Teil der Stele zeigt den König, einer Gottheit lauschend, die ihm das Gesetz diktiert. Hammurabi ließ die Stele in seinem Tempel aufstellen. So war das Recht jedem zugänglich, gleichzeitig unterstrich der heilige Ort die Einbindung des Gesetzes in göttlichen Willen.

Ich, Hammurabi, der vollkommene König, war für die Untertanen, die mir der Gott Enlil anvertraute und über die mich der Gott Marduk zum Hirten machte, nicht säumig, noch ruhte ich.

Friedliche Stätten schuf ich ihnen, drückende Not hielt ich fern und erleichterte ihnen das Leben ... Ich behüte sie in meinem Frieden und beschirme sie in meiner Weisheit. Auf daß der Starke den Schwachen nicht bedrücke, der Witwe und der Waise ihr Recht werde, habe ich zu Babylon ... meine kostbaren Worte auf einen Denkstein geschrieben und meine Statue als König der Gerechtigkeit aufgestellt.

§ 1: Wenn ein Mann einen anderen der Tötung anklagt, ihn aber dessen nicht überführt, wird der, der ihn angeklagt hat, getötet.

§ 3: Wer bei einem Mordprozeß falsches Zeugnis ablegt, wird ebenfalls mit dem Tode bestraft.

§ 6: Wenn ein Mann den Tempel- oder den Hofschatz bestiehlt, wird er getötet. Auch derjenige, der das Gestohlene aus dessen Hand entgegennimmt, wird getötet.

§ 14: Wenn ein Mann den minderjährigen Sohn eines anderen stiehlt, wird er getötet.

§ 22: Wenn ein Mann Raub begangen hat und ergriffen wird, so wird er getötet.

§ 23: Wenn der Räuber nicht ergriffen wird, so gibt der Beraubte das ihm gestohlene Gut vor dem Gotte an, und die Gemeinde sowie der Vorsteher, auf deren Grund und Gemarkung der Raub begangen wurde, ersetzen ihm das entwendete Gut.

§ 36: Das Feld, der Baumgarten und das Haus eines Soldaten, eines Fischers oder Abgabepflichtigen ist nicht verkäuflich.

§ 53: Wenn ein Mann bei der Sicherung seines Felddeiches die Hände in den Schoß gelegt hat und seinen Deich nicht genügend festigte, so daß sein Deich bricht und die Flur gar vom Wasser fortgeschwemmt wird, so ersetzt der Mann, dessen Deich gebrochen ist, das Getreide, das er (dadurch) vernichtet hat.

§ 54: Wenn er das Getreide nicht ersetzen kann, so verkauft man ihn und seine Habe, und die Feldnachbarn, deren Getreide das Wasser weggeschwemmt hat, teilen (den Erlös).

§ 113: Wenn ein Mann, der eine Getreide- oder Geldforderung an einen anderen hat, sich aus dem Speicher des Schuldners ohne dessen Erlaubnis Getreide nimmt, muß er das entwendete Getreide dem Schuldner zurückgeben und geht überdies all dessen, was er geborgt hat, verlustig.

§ 128: Wenn ein Mann eine Ehefrau genommen, aber keine vertraglichen Abmachungen über sie aufgesetzt hat, so ist diese Frau keine Ehefrau.

§ 131: Wenn ein Mann seine Frau des Ehebruchs anklagt, sie aber im Beischlaf mit einem anderen Mann nicht ertappt wurde und sie bei Gott schwört, kann sie ungestraft in das Haus ihres Ehemannes zurückkehren.

§ 138: Wenn sich ein Mann von seiner ersten Frau, die ihm keine Kinder geboren hat, scheiden will, so gibt er ihr Geld in Höhe des Brautpreises, auch entschädigt er sie für die Mitgift, die sie aus dem Haus ihrers Vaters mitgebracht hatte, dann kann er sich von ihr trennen.

§ 148: Wenn eine Frau dauernd krank wird, kann der Mann eine andere Frau nehmen. Seine kranke Frau darf er aber nicht verstoßen, sondern muß ihr in seinem Haus lebenslänglichen Unterhalt gewähren.

§ 149: Wenn es der kranken Frau nicht gefällt, im Hause ihres Mannes zu bleiben, darf sie wegziehen, und der Mann muß ihr die Mitgift zurückgeben.

§ 195: Wenn ein Sohn seinen Vater schlägt, so schneidet man seine Hand ab.

§ 196: Wenn ein Mann das Auge eines anderen zerstört, wird man sein Auge zerstören.

§ 197: Wenn ein Mann einem anderen ein Glied zerbricht, zerbricht man auch ihm ein Glied.

§ 200: Wenn ein Mann einem anderen Mann seines Standes einen Zahn ausschlägt, schlägt man auch ihm einen Zahn aus.

§ 201: Wenn er den Zahn eines Untergebenen ausschlägt, so zahlt er eine Drittel Mine Silber.

§ 215: Ein Arzt, der durch eine Operation mit dem Broncemesser einen Mann heilt, ... erhält zehn Schekel Silber.

§ 218: Einem Arzt, dessen Patient an den Folgen eines chirurgischen Eingriffs stirbt oder der bei einer Augenoperation das Auge des Patienten zerstört, werden die Hände abgehauen.

214. Die Zehn Gebote

Dtn 5, 6–21(Ex 20, 2–17)

Die „Zehn Gebote" bilden als das „Bundesgesetz" die Grundlage der Thora. Name und Zählung sind der Bibel noch unbekannt und erst in christlicher Zeit entstanden. Diese spricht ihrerseits nur von den zwei Tafeln, auf denen die Gebote geschrieben waren.
Der biblischen Tradition gilt der Dekalog als grundlegende Urkunde des Sinai-Bundes, die am Fest der Laubhütten und der Bundeserneuerung verlesen und erinnert wurde. Darum versteht das Judentum den Dekalog mehr als Weisung denn als Gesetz.
Für Judentum und Christentum ist der Dekalog ein Dokument fundamentaler Humanität. Die Offenbarung des Bundesgesetzes führt die Bibel auf Moses zurück. Obwohl dessen Anteil nicht genau bestimmt werden kann, auch nicht geschmälert werden sollte, ist doch davon auszugehen, daß die überlieferte Fassung eine lange Entwicklung bewahrt, in der das Rechtsdenken früherer und späterer (d. h. seßhaft gewordener) Menschen und Zeiten zusammengeflossen ist.

„Ich bin Jahwe, dein Gott, der dich aus dem Ägypterlande, dem Skalvenhause, herausgeführt hat.
Du sollst keine anderen Götter haben als mich.
Du sollst dir kein geschnitztes Bild machen, kein Abbild von dem, was im Himmel droben oder unten auf der Erde oder im Wasser unter der Erde ist! Du sollst dich nicht vor diesen Bildern niederwerfen und sie nicht verehren; denn ich, Jahwe, dein Gott, bin ein eifernder Gott, der die Schuld der Väter ahndet an den Kindern, Enkeln und Urenkeln derer, die mich hassen, der aber Huld bis ins tausendste Glied denen erweist, die mich lieben und meine Gebote halten.
Du sollst den Namen Jahwes, deines Gottes, nicht zu Frevlem mißbrauchen; denn Jahwe läßt den nicht ungestraft, der seinen Namen zu Frevlem mißbraucht.

Halte den Sabbattag, daß du ihn heiligst, wie Jahwe, dein Gott, dir gebot! Sechs Tage sollst du arbeiten und all dein Werk tun. Der siebte Tag aber ist Sabbat für Jahwe, deinen Gott; da sollst du keinerlei Werk tun, weder du selbst, noch dein Sohn, noch deine Tochter, noch dein Knecht, noch deine Magd, noch dein Ochse, noch dein Esel, noch all dein Vieh, noch dein Fremdling, der in deinen Wohnorten weilt, damit dein Knecht und deine Magd ruhen können wie du. Denke daran, daß du selbst im Ägypterlande Sklave warst und Jahwe, dein Gott, dich von dort mit starker Hand und ausgestrecktem Arme herausführte. Darum gebot dir Jahwe, dein Gott, den Sabbattag zu feiern.
Ehre deinen Vater und deine Mutter, wie Jahwe, dein Gott, dir gebot, damit deine Lebenstage lange währen und es dir wohl ergehe in dem Lande, das Jahwe, dein Gott, dir geben will.
Du sollst nicht töten!
Du sollst nicht ehebrechen!
Du sollst nicht stehlen!
Du sollst nicht als falscher Zeuge gegen deinen Nächsten auftreten!
Du sollst nicht deines Nächsten Weib begehren! Und du sollst nicht Verlangen tragen nach deines Nächsten Haus, Acker, Knecht, Magd, Ochs, Esel oder sonst nach irgend etwas, was deinem Nächsten gehört!“
Diese Worte redete Jahwe auf dem Berge mitten aus dem im dunklen Gewölk auflodernden Feuer mit gewaltiger Stimme zu eurer ganzen Versammlung, weiter nichts; sie schrieb er dann auf zwei steinerne Tafeln und übergab sie mir.

215. Solons Gesetze

Aristoteles, Staat der Athener 2–12

Solon (640–560 v.Chr.) ist der erste historisch faßbare Rechtsschöpfer des Athener Stadtstaates. Zu seiner Zeit hatten sich in Athen, lange bevor die Stadt die später hervorragende Stellung in Hellas einnahm, die sozialen Verhältnisse verworren. Die unteren Volksschichten wurden ausgebeutet. Ungeheure Schuldenlasten hatten sie in die Hände der Großgrundbesitzer gegeben. Leibeigenschaft, politische Entmündigung und revolutionäre Unruhen waren die Folge.
Auf diese Situation wollte Solon mit seinem Gesetzeswerk einwirken. Seine erste Maßnahme war der Erlaß aller Schulden auf Äcker und Personen. Er war überzeugt, daß es sinnlos sei, von Gleichheit zu reden, wenn die wirtschaftlichen Voraussetzungen dafür nicht geschaffen werden. Nach einer Amtszeit von 22 Jahren zog er sich ins Privatleben zurück, nachdem er die Beamten eidlich verpflichtet hatte, für die folgenden zehn Jahre die Gesetze unverändert zu lassen.
Solon besaß die seltene „Lust an Wirksamkeit ohne Herrschaftswillen“. Durch sein Reformwerk erwies er sich als der erste große Demokrat der abendländischen Zivilisation.

Der Wortlaut von Solons Gesetzen ist nicht erhalten geblieben. Wir kennen diese Gesetze nur aus Wiedergaben späterer Schriftsteller und folgen hier Aristoteles (384–322 v. Chr.).

... die Verfassung war damals durchaus oligarchisch, vor allem darin, daß die Armen mitsamt ihren Kindern und Frauen den Reichen als Sklaven dienen mußten ...
Sie bearbeiteten die Felder der Reichen und erhielten dafür den sechsten Teil des Ernteertrages als Lohn. Das ganze Land war in wenigen Händen, und wenn die Pächter nicht ihre Zahlung leisteten, so wurden sie und ihre Kinder in die Schuldknechtschaft geführt. Für Anleihen verpfändete man bis auf Solon regelmäßig seine Person. Dieser wurde der erste Obmann (Prostates) des Volkes. Für die große Menge der Bürger war eben diese Sklaverei das drückendste und schmerzlichste an der Verfassung. Sie waren aber auch mit dem übrigen unzufrieden; denn sie hatten sozusagen gar keine Rechte ...
Da nun ... die große Mehrzahl sich in der Sklaverei der Wenigen sah, entstand ein Aufruhr des Volkes gegen die Vornehmen. Es kam zu heftigen und lange dauernden Unruhen, bis sie schließlich gemeinsam Solon zum Schiedsrichter und Archon wählten und ihm den Staat anvertrauten, nachdem er die Elegie gedichtet hatte, die folgendermaßen beginnt:

„Weh, ich erkenn es genau – und mir lastet der Schmerz auf der Seele –,
Wenn ich zu Boden gebeugt, ältestes jonisches Land,
Dich nun erblick' ..."

Als nun Solon Herr der Lage geworden war, da befreite er das Volk für die Gegenwart und für die Zukunft, indem er Anleihen auf die Person untersagte, Gesetze erließ, einen Schuldenerlaß durchführte, sowohl für die privaten wie für die öffentlichen Schulden (man nennt das Lastenabschüttelung, denn damit waren gewissermaßen alle Lasten weggeschüttelt) ...
Solon hat eine Verfassung aufgestellt und neue Gesetze erlassen. Die Rechtssätze Drakons setzte er außer Kraft, abgesehen von denjenigen über den Mord. Die Gesetze wurden auf die bekannten Holztafeln geschrieben, in der Königshalle aufgestellt, und alle schworen, sich an sie halten zu wollen ...
... An der Verfassung Solons scheinen die drei folgenden Stücke am meisten demokratisch zu sein: vor allem, daß man bei Anleihen nicht mehr seine Person verpfänden darf, dann, daß jeder beliebige sich für einen, der Unrecht leidet, einsetzen darf; und das dritte, das, wie man sagt, die Macht der Menge am meisten gestärkt hat, ist das Recht, an den Volksgerichtshof zu appellieren. Da ist das Volk Herr in den Abstimmungen, und so wird es auch Herr über den Staat ...
Als Solon die Verfassung auf die angegebene Weise organisiert hatte und die Leute ihn nun mit Kritiken und Fragen hinsichtlich der Gesetze zu belästigen begannen, er aber entschlossen war, weder an den Gesetzen zu rütteln, noch sich durch seine Gegenwart verhaßt zu machen, da unternahm er eine Reise nach Ägypten, teils des Handels wegen, teils aus Interesse, und erklärte, er würde vor

zehn Jahren nicht zurückkehren. Denn er hielt es nicht für richtig, etwa zu Hause zu bleiben, um die Gesetze zu interpretieren, sondern vielmehr, daß nun ein jeder sich an das Geschriebene hielte. Außerdem waren ihm viele Vornehme feindlich gesinnt wegen der Schuldentilgung, und jede der Parteien hatte ihre Gesinnung ihm gegenüber verändert, weil die neue Verfassung ganz anders war, als sie erwartet hatten.

Das Volk hatte gemeint, er würde den gesamten Besitz aufteilen, und der Adel, er würde die bisherigen Verhältnisse beibehalten oder doch nur wenig verändern. Solon aber stellte sich beiden entgegen. Obwohl es ihm möglich gewesen wäre, sich mit der einen der Parteien zu verbinden und Tyrann zu werden, zog er es vor, sich mit beiden zu verfeinden, das Vaterland zu retten und die bestmöglichen Gesetze zu geben.

Daß sich dies so verhielt, wird nicht nur allgemein anerkannt, sondern er bemerkt es selbst in seinen Dichtungen an folgenden Stellen:

„Ansehn so viel als ihm zukommt, gewährte ich willig dem Volke,
Nahm seiner Würde nichts weg, fügte auch nichts ihr hinzu.
Wiederum duldet' ich's nicht, daß die reichen und mächtigen Herren
Mehr besäßen als das, was ihnen rechtens gebührt.
Also wehrte mit starkem Schilde ich beiden Parteien,
Daß nicht mit unrechter Macht einer den andren bedrückt.«

216. Die Edikte des buddhistischen Königs Ashoka

Zweihundert Jahre nach dem Tod Gautama Buddhas (→14) kam als dritter in einer Dynastie militanter und grausamer Eroberer der Mauriya-Könige Ashoka (ca. 290–232 v. Chr.) auf den Thron, in der Reihe aller großen Machthaber ohne Vergleich, eine der ungewöhnlichsten Gestalten der Weltgeschichte. Anfangs war Ashoka ein Feldherr von üblicher Brutalität. Mit seinem Übertritt zum Buddhismus, etwa 250 v. Chr., vollzog sich in ihm aber eine grundlegende Wandlung: Als erster (und einziger?) Herrscher der Weltgeschichte verzichtete er auf Krieg und Unterdrückung als Mittel der Politik, wurde „Kaiser des großen Friedens" und eines Weltreichs der Toleranz und Menschlichkeit. Zeugnis dieser Wende sind Ashokas berühmte Edikte. Er ließ sie in der jeweiligen Volkssprache öffentlich auf Felsen und Säulen einschlagen.

Gandhi (→222) berief sich auf Ashokas Bekenntnisse zur Gewaltlosigkeit. Ashoka wurde Symbolgestalt der Friedenswilligkeit eines wiedererwachenden Indien. Das Amtssiegel der indischen Regierung zeigt heute das Kapitell einer Gesetzessäule Ashokas, wenngleich ihm die indische Politik in der gleichen Gesinnung und Konsequenz nicht folgt.

Das XIII. Felsenedikt von Kalsi: Über die Bekehrung zum Frieden

Im achten Jahr seiner Regierung eroberte König Piyadassi, der Geliebte Gottes[1] das Kalinga-Reich. Einhundertfünfzigtausend Menschen wurden in die Gefangenschaft geführt, einhunderttausend erschlagen und etwa ebenso viele starben später. Nunmehr aber, nachdem Kalinga erobert ist, begann König Piyadassi ernsthaft, die Religion (Dharma) zu studieren, die Religion zu lieben und die Religion zu lehren. Das ist die neue Lebensform des Königs, nachdem er Kalinga erobert hat. Denn Mord, Tod und Deportation der Menschen, wie es immer geschieht, wenn ein noch unerobertes Land besiegt wird, hält der Göttergeliebte (heute) für außerordentlich schmerzlich und bedauernswert. Für noch schwererwiegend aber hält der König dies: daß nämlich in einem eroberten Land auch Brahmanen und Mönche oder Gläubige anderer Gemeinschaften und Hausväter leben, die Gehorsam gegenüber Eltern und Respektspersonen üben, taktvolles Verhalten gegenüber Freunden, Bekannten, Kollegen und Verwandten, gegenüber Dienern und Sklaven und ihnen allen in Zuverlässigkeit verbunden sind –, daß es auch für diese Schädigung, Tod oder Trennung von ihren lieben Angehörigen gegeben hat ... Wenn je ein Hundertstel, ja ein Tausendstel jener Menschen, die in Kalinga zu leiden hatten, heute getötet würden, stürben oder deportiert würden, würde dies sehr auf des Königs Seele lasten.

Selbst wenn ihm heute jemand Schaden zufügt, wird König Piyadassi verzeihen, soweit nur verziehen werden kann. Auch die Dschungelbewohner, die zum Reich des Königs gehören, behandelt er freundlich und bringt sie zur Besinnung. Doch bei aller Reue des Königs Piyadassi, wird ihnen seine Macht verkündet, damit sie sich zurückhalten und nicht getötet werden. Denn der König wünscht gegenüber allen Lebewesen, sie nicht verletzen zu müssen und Selbstbeherrschung, Unparteilichkeit und Milde zu bewahren.

Eine Eroberung aber gilt dem König Piyadassi als die größte: die Eroberung durch die Religion (durch den Dharma) ... In jedem Fall ist es eine Eroberung als Quelle der Freude ...

Zu folgendem Zweck aber ist dieses Edikt über den Dharma geschrieben worden: Meine Söhne und Enkel sollen nie denken, sie müßten irgendeine neue Eroberung machen. Sollte aber doch eine Eroberung nötig sein, so sollen sie an Nachsicht und milder Bestrafung Gefallen finden, und sie sollen die Eroberung durch die Religion als die (einzig wahre) Eroberung ansehen. Denn sie schenkt Glück in dieser Welt und in jener das Heil. Ihre Freude möge eine Freude am Dharma sein, denn dieses schenkt Glück hier und dort das Heil.

*

[1] Ashoka bezeichnet sich in seinen Edikten durchgängig als Piyadassi, der „Göttergeliebte".

Das XII. Felsenedikt von Girnar: Über die Achtung fremder Religionen

König Piyadassi ehrt alle Glaubensformen, sowohl den geistlichen Stand als auch die Laien; er ehrt sie mit Gaben und Ehrenbezeigungen. Aber er legt nicht so viel Gewicht auf Gaben und Ehrenbezeigungen als darauf, bei allen Religionsgemeinschaften ein Wachstum im Wesentlichen zu finden.
Wachstum im Wesentlichen geschieht auf vielfache Weise. Ihre Wurzel dafür ist das Maß in der Rede. Man soll die eigene Religion nicht herausstreichen und eine fremde Religion nicht ohne wichtigen Grund tadeln. Liegt aber ein Grund vor, so müssen Lob und Tadel maßvoll bleiben. Fremde Religionsgemeinschaften sollte man jedoch in dieser oder jener Form besonders achten. Indem man sie achtet, ehrt man seinen eigenen Glauben und erweist gleichzeitig dem Glauben anderer Gutes. Handelt man aber umgekehrt, verletzt man den eigenen Glauben und schadet dem anderen, denn wenn jemand den eigenen Glauben heraushebt und einen anderen heruntersetzt, gerade im Dienst des eigenen Bekenntnisses und um dieses zu verherrlichen, so vergeht er sich schwerwiegend an seinem eigenen Glauben ... Darum ist Eintracht allein gut: einer höre auf des anderen Glaubenserfahrung und gehe ihr nach. Denn das ist der Wunsch König Piyadassis, daß alle Religionen voneinander lernen.

*

Das I. Felsenedikt: Über das Verbot von Tieropfern

Diese Schrift über die Religion (Dharma) ist auf Geheiß des Königs Piyadassi geschrieben worden:
Hier (am königlichen Hof) darf kein Lebewesen zu Opferzwecken getötet werden ...
Früher wurden in der Küche des Königs Piyadassi täglich viele Hunderttausende von Lebewesen geschlachtet, um Fleischsoße zuzubereiten. Jetzt aber, nach Erlaß dieses Religionsediktes, werden nur noch drei Tiere getötet, zwei Pfauen und eine Gazelle, die Gazelle aber auch nicht regelmäßig, doch selbst diese drei Tiere werden in Zukunft nicht mehr geschlachtet werden.

*

Das II. Felsenedikt: Zur Fürsorge für Mensch und Tier

Überall im Reich des Königs Piyadassi, sowie in den Ländern seiner Nachbarn ... sind durch den König Piyadassi zwei Formen von Heilbehandlungen eingeführt worden: Heilbehandlungen für Menschen und Heilbehandlungen für Tiere. Für Menschen und Tiere sind nützliche Kräuter, wo immer sie fehlten, auf seine Veranlassung beschafft und angepflanzt worden. Ebenso wurden Wurzeln und Früchte, auf des Königs Befehl, wo immer sie fehlten, beschafft und angepflanzt. An den Straßen sind auf seine Weisung Bäume angepflanzt und Brunnen gegraben worden zum Nutzen von Mensch und Tier.

217. Die Bergpredigt

Die Bergpredigt Jesu – eine nachträgliche Zusammenstellung verschiedener Wortüberlieferungen – ist kein Gesetzestext, sondern Richtschnur für ein menschenwürdiges Denken und Handeln. Ergriffen von dieser Verkündigung haben Christen aller Zeiten versucht, die Bollwerke nur-juristischer Gesetzlichkeit in Kirche und Gesellschaft zu sprengen und durch einen Geist entwaffnender Liebe zu übersteigen. Viele mußten diese Ergriffenheit mit ihrem Leben bezahlen. In den Großkirchen wie im Staat sind der Radikalität der Bergpredigt immer wieder Klauseln vorangestellt worden, die das Funktionieren der überlieferten Verfahrensweisen in Verwaltung und Politik sichern sollen. Man beruft sich gerne auf die Bergpredigt, wenn dies ins eigene System paßt (etwa im Blick auf das Eherecht), aber nennt ihre Forderungen lebensfremd, wenn sie das System stören (etwa in Sachen der Schwurpraxis oder bei Rechtfertigung von Krieg und Immer-weiter-Rüstung).
Im 19. und 20. Jahrhundert ergriff die Bergpredigt auch in außereuropäischen und nichtchristlichen Ländern sensible Menschen (→222). Die in neuerer Zeit sich bildenden Bewegungen des gewaltlosen Widerstands versuchen, oft unter schwersten Bedingungen, die Wahrheit der Bergpredigt zu erweisen.
Die Bergpredigt ist zweifach überliefert: Mt 5,1–7,29 und Lk 6,20–49. Die lukanische Fassung gilt im allgemeinen als die ältere Überlieferung.

Und er erhob seine Augen auf seine Jünger und sprach: Selig seid ihr Armen; denn euch gehört das Reich Gottes.
Selig seid ihr, die ihr jetzt hungert; denn ihr werdet gesättigt werden. Selig seid ihr, die ihr jetzt weint; denn ihr werdet lachen.
Selig seid ihr, wenn euch die Menschen hassen und wenn sie euch ausschließen und schmähen und euren Namen als einen bösen ächten um des Sohnes des Menschen willen.
Freuet euch an jenem Tage und frohlocket; denn siehe, euer Lohn wird groß sein im Himmel. Denn ebenso taten ihre Väter den Propheten.
Doch wehe euch, ihr Reichen; denn ihr habt euren Trost dahin.
Wehe euch, die ihr jetzt satt seid; denn ihr werdet hungern. Wehe euch, die ihr jetzt lacht; denn ihr werdet trauern und weinen.
Wehe, wenn alle Menschen gut von euch reden; denn ebenso taten ihre Väter den falschen Propheten.
Euch aber, die ihr zuhört, sage ich: Liebet eure Feinde; tut Gutes denen, die euch hassen;
segnet die, welche euch fluchen; bittet für die, welche euch beleidigen!
Dem, der dich auf den Backen schlägt, biete auch den andern dar, und dem, der dir den Mantel nimmt, verweigere auch den Rock nicht!
Jedem, der dich bittet, gib, und von dem, der dir das Deine nimmt, fordere es nicht zurück!
Und wie ihr wollt, daß euch die Leute tun, ebenso sollt auch ihr ihnen tun.

Und wenn ihr die liebt, die euch lieben, was für einen Dank habt ihr? Denn auch die Kinder lieben die, welche sie lieben.
Und wenn ihr denen Gutes tut, die euch Gutes tun, was für einen Dank habt ihr? Auch die Sünder tun dasselbe.
Und wenn ihr denen leiht, von denen ihr zurückzuerhalten hofft, was für einen Dank habt ihr? Auch die Sünder leihen den Sündern, damit sie das gleiche zurückerhalten.
Vielmehr liebet eure Feinde und tut Gutes und leihet, ohne etwas zurückzuerwarten. Dann wird euer Lohn groß sein, und ihr werdet Söhne des Höchsten sein; denn er ist gütig gegen die Undankbaren und Bösen.
Seid barmherzig, wie euer Vater barmherzig ist!
Und richtet nicht, so werdet ihr nicht gerichtet werden, und verurteilet nicht, so werdet ihr nicht verurteilt werden; sprechet frei, so werdet ihr freigesprochen werden.
Gebet, so wird euch gegeben werden; ein gutes, vollgedrücktes, gerütteltes, überfließendes Maß wird man in euren Schoß geben. Denn mit welchem Maß ihr meßt, mit dem wird euch wieder gemessen werden.

218. Über den Religionsfrieden

Nach der Eroberung von Byzanz durch die Türken 1453 schrieb der römische Kardinal und Bischof von Brixen, Nikolaus von Kues (1401–1464) einen dramatischen Dialog. Darin läßt er die Vertreter der Weltreligionen zu einer Art Konzil in Jerusalem zusammenkommen. Angesichts der Fremdheiten und Feindschaften zwischen den Religionen war die Aufgabe gestellt, sich ohne Beeinträchtigung der überlieferten religiösen Bräuche über eine universale Religion im Dienste des einen Gottes zu verständigen. Diese Schrift „De pace fidei" (Über den Frieden im Glauben) wurde 1488 erstmals in Straßburg gedruckt.
Die Wirkungsgeschichte dieser Utopie des religiösen Friedens ist angesichts der nachfolgenden Religionskriege unauffindbar. Dennoch ist „De pace fidei" ein überragendes Dokument: ein erster christlicher Schritt in der Anerkennung göttlicher Wahrheit in allen Religionen.
An der fiktiven Diskussion beteiligen sich ein Italer, ein Araber, ein Inder, ein Galdäer, ein Jude, ein Skythe, ein Franzose, ein Perser, ein Syrer, ein Spanier, ein Türke, ein Deutscher, ein Tartar, ein Armenier, ein Engländer, dazwischen immer wieder der hl. Petrus und der hl. Paulus. Nach Beendigung des Konzils äußert sich Nikolaus von Kues:

Nachdem all das mit den Weisen der verschiedenen Nationen in dieser Weise zur Erörterung gekommen war, wurde eine Anzahl Bücher von solchen vorgelegt, die über die Bräuche der Alten geschrieben haben, und zwar waren es die

hervorragenden in jeder Sprache, wie bei den Lateinern Marcus Varro, bei den Griechen Eusebius, der die verschiedenen Religionen zusammengestellt hat, dazu noch viele andere. Ihre Überprüfung erwies, daß alle Verschiedenheit mehr auf den religiösen Bräuchen beruht als auf der Verehrung des Einen Gottes. Aus der Vergleichung all dieser Werke ergab sich, daß alle von Anfang an den Einen wahren Gott vorausgesetzt und in all ihren gottesdienstlichen Übungen verehrt haben, wobei freilich das einfache Volk, durch die feindliche Macht des Fürsten der Finsternis oft verführt, nicht immer wußte, was es tat.
So wurde nun im Himmel in der geschilderten Art eine der vernünftigen Überlegung entsprechende Übereinstimmung aller Religionen beschlossen, und der König der Könige befahl, die Weisen sollten in ihre Länder zurückkehren und ihre Nationen zur Einigung in der wahren Gottesverehrung führen. Dienende Geister wurden beauftragt, sie zu führen und ihnen Beistand zu leisten. Alsdann sollten sie mit Vollmacht von allen in Jersualem als dem gemeinsamen Mittelpunkt nochmals zusammenkommen und im Namen aller Einen Glauben annehmen und auf diesen hin einen ewigen Frieden schließen, auf daß durch diesen Frieden der Schöpfer aller verherrlicht werde, dem Lob und Preis sei in Ewigkeit. Amen.

219. Die Amerikanische Erklärung der Menschenrechte

Die Amerikanische Erklärung der Menschenrechte von 1776 (Virginia Bill of Rights) wurzelt geistig in der Gedankenwelt der europäischen Aufklärung und zugleich in englischen Rechtstraditionen. Fünf Jahre vor der Unabhängigkeitserklärung der Vereinigten Staaten verkündet dieses Dokument Grundvorstellungen von der Freiheit des einzelnen und der Souveränität des Volkes. Bedeutsam ist der Artikel 12, der die Pressefreiheit als das „stärkste Band der Freiheit" erklärt. Die Grundgesinnung dieser Menschenrechtserklärung bezeugt eindrucksvoll ihr letzter Satz: „Und jeder hat die Pflicht, christliche Vergebung, Liebe und Barmherzigkeit zu üben."

Eine Erklärung der Rechte, verkündet von den Vertretern der rechtschaffenen Bevölkerung von Virginia, die sich in vollzähliger und freier Versammlung zusammengefunden haben, um festzulegen, welche Rechte für sie und ihre Nachkommenschaft als Grundlage und Rechtsquelle ihrer Regierung Geltung besitzen.
Artikel 1: Alle Menschen sind von Natur gleichermaßen frei und unabhängig und besitzen gewisse angeborene Rechte, deren sie ihre Nachkommenschaft bei der Begründung einer politischen Gemeinschaft durch keinerlei Abmachungen berauben und zwingen können, sich ihrer zu begeben, nämlich das Recht auf

Leben und Freiheit und dazu die Möglichkeit, Eigentum zu erwerben und zu behalten und Glück und Sicherheit zu erstreben und zu erlangen.

Artikel 2: Alle Macht ruht im Volke und leitet sich daher von ihm ab; alle Amtspersonen sind seine Treuhänder und Diener und ihm jederzeit verantwortlich.

Artikel 3: Die Regierung ist eingesetzt oder soll eingesetzt werden um des gemeinsamen Wohles, Schutzes und der Sicherheit des Volkes, der Nation oder des Gemeinwesens willen; von all den verschiedenen Regierungen und Regierungsformen ist diejenige die beste, die ein Höchstmaß an Glück und Sicherheit zu bieten vermag und die am wirksamsten gegen die Gefahr des Machtmißbrauches gesichert ist; und wenn irgendeine Regierung sich als dieser Aufgabe nicht gewachsen erweist oder ihr zuwiderhandelt, so soll die Mehrheit der Gemeinschaft ein unleugbares, unveräußerliches und unverletzliches Recht haben, sie zu reformieren, umzugestalten oder zu beseitigen, so wie es für das allgemeine Wohl für am zweckmäßigsten erachtet wird.

Artikel 4: Kein Mensch und keine Gruppe von Menschen hat ein Recht auf alleinige oder besondere Zuwendungen oder Vergünstigungen seitens der Allgemeinheit, es sei denn in Anerkennung von der Allgemeinheit geleisteten Diensten; und so wie diese nicht übertragbar sind, so sollen auch Beamtenstellen und die Ämter von Abgeordneten und Richtern nicht erblich sein.

Artikel 5: Die gesetzgebende und ausführende Gewalt des Staates soll von der richterlichen getrennt und klar geschieden sein, und damit die Angehörigen der beiden ersteren vor Machthunger dadurch bewahrt werden, daß sie die Lasten der Bevölkerung ebenfalls zu fühlen bekommen und an ihnen mittragen, sollen sie in regelmäßigen Abständen ins Privatleben zurückkehren, und zwar in diejenige Gemeinschaft, aus der sie ursprünglich kamen. Und die frei gewordenen Stellen sollen durch häufige, im voraus bestimmte und regelmäßig stattfindene Wahlen wiederbesetzt werden, bei denen die vormaligen Amtspersonen sämtlich oder zum Teil nach Maßgabe der Gesetze wiedergewählt werden dürfen oder nicht.

Artikel 6: Die Wahlen der Männer, die als Abgeordnete des Volkes in die Volksvertretung entsandt werden, sind frei; alle Männer, die ihr ständiges Interesse an der Gemeinschaft und ihre dauernde Anhänglichkeit an sie hinlänglich unter Beweis gestellt haben, genießen das Wahlrecht und können ohne ihre Einwilligung oder die ihrer so gewählten Vertreter weder zugunsten der öffentlichen Hand besteuert oder enteignet noch irgendeinem Gesetz unterworfen werden, dem sie nicht in gleicher Weise in Ansehung des öffentlichen Wohls zugestimmt haben.

Artikel 7: Die Ausübung irgendeiner Gewalt seitens irgendeiner Behörde, insbesondere der Vollzug oder die Suspendierung von Gesetzen, ohne Zustimmung der Volksvertretung verletzt die Rechte des Volkes und ist daher unstatthaft.

Artikel 8: Bei allen schwerwiegenden Amtsvergehen und in Strafsachen hat jedermann das Recht, Grund und Art der Anklage zu erfahren, Anklägern und

Zeugen gegenübergestellt zu werden und Entlastendes vorzubringen, und auf die unverzügliche Durchführung des Verfahrens vor einem unparteiischen Gerichtshof von zwölf Geschworenen aus den Reihen seiner Mitbürger, ohne deren einstimmigen Spruch er nicht für schuldig befunden werden kann; auch kann er nicht gezwungen werden, gegen sich selbst auszusagen; kein Mensch kann seiner Freiheit beraubt werden, außer auf Grund der Landesgesetze oder eines Urteilsspruchs von seinesgleichen.
Artikel 9: Unbillig hohe Bürgschaften dürfen nicht gefordert, übermäßige Geldstrafen nicht auferlegt und grausame und gewöhnliche Strafen nicht verhängt werden.
Artikel 10: Allgemeine Durchsuchungs- oder Verhaftungsbefehle, durch die ein Beamter oder Beauftragter angewiesen wird, verdächtige Plätze ohne stichhaltige Verdachtsmomente für ein begangenes Unrecht zu durchsuchen oder irgendeine Person oder Personen, die nicht genau bezeichnet sind oder deren angebliches Vergehen nicht unter Angabe der Verdachtsmomente genau bezeichnet wird, zu verhaften, sind unrecht und despotisch und dürfen nicht ausgestellt werden.
Artikel 11: In Vermögensstreitigkeiten und bei Privatklagen ist die alte Prozeßform der Geschworenenverhandlung jeder anderen vorzuziehen und soll unangetastet bleiben.
Artikel 12: Die Pressefreiheit ist eines der stärksten Bollwerke der Freiheit und kann niemals, außer durch despotische Regierungen, eingeschränkt werden.
Artikel 13: Eine wohldisziplinierte, in den Waffen geübte Miliz aus den Reihen der Bürgerschaft ist der geeignetste, natürliche und sichere Schutz eines freien Landes; stehende Heere sollen in Friedenszeiten als der inneren Freiheit gefährlich nicht unterhalten werden, und das Militär soll unter allen Umständen der Zivilgewalt klar untergeordnet sein und von ihr beherrscht werden.
Artikel 14: Das Volk hat das Recht auf eine einheitliche Regierung. Daher soll keine Regierungsgewalt, die von der Regierung Virginias abgesondert oder unabhängig ist, innerhalb seiner Grenzen errichtet oder eingesetzt werden.
Artikel 15: Eine freie Regierung und die Segnungen der Freiheit können einem Volke nur durch strenges Festhalten an den Idealen der Gerechtigkeit, Mäßigung, Enthaltsamkeit, Bescheidenheit und Tugend und durch ein ständiges Besinnen auf die grundlegenden Prinzipien bewahrt bleiben.
Artikel 16: Religion oder die Ergebenheit, die wir unserem Schöpfer schuldig sind, und die Art, wie wir sie erfüllen, kann lediglich durch Vernunft oder Überzeugung bestimmt werden, nicht durch Zwang oder Gewalt, und deshalb haben alle Menschen einen gleichen Anspruch auf freie Ausübung der Religion nach den Geboten ihres Gewissens. Und jeder hat die Pflicht, christliche Vergebung, Liebe und Barmherzigkeit zu üben.

220. Die Erklärung der Menschenrechte von 1789

Für die „Erklärung der Menschen- und Bürgerrechte" der französischen Nationalversammlung von 1789 war die amerikanische „Bill oft Rights" ein bedeutsames Vorbild. La Fayette, der federführend mit dem Entwurf beauftragt war, wußte allerdings genau, daß es in Paris um etwas anderes ging als in Virginia: „Man sage uns nicht, daß unsere Erklärung ähnlich sein müßte. Die Umstände sind nicht dieselben. Wir haben mit den Amerikanern nur den Wunsch gemeinsam, uns zu regenerieren." Die französische Erklärung lebt aus dem Revolutionsgeist gegen das alte Regime. Sie ist deshalb schärfer, spezifisch revolutionär und spezifisch liberal. Hinter allem steht der Glaube an „Freiheit – Gleichheit – Brüderlichkeit". Diese neue allerheiligste Dreifaltigkeit sollte die alte Trinität des Vaters, Sohnes und Heiligen Geistes aufheben, in deren Namen alle großen Verträge Europas vordem abgeschlossen worden waren.
Der vierte Grundsatz definiert Freiheit: „Die Freiheit besteht darin, alles tun zu können, was anderen nicht schadet." Erst nach langen Debatten gelang es, wenigstens die Glaubens-, nicht aber die Kultusfreiheit zu verankern (Grundsatz 10), allerdings mit einer Klausel, die staatlichen Eingriffen Tür und Tor offenhält. „Staaten, die historisch legitime Töchter der französischen Revolution sind, machen von diesen Möglichkeiten noch heute ausgiebig Gebrauch" (Friedrich Heer). – Dem nachstehenden Text fehlen Präambel sowie die Ziffern XII–XVII.

I. Frei und gleich an Rechten werden die Menschen geboren und bleiben es. Die sozialen Unterschiede können sich nur auf das gemeine Wohl gründen.
II. Der Zweck jeden politischen Zusammenschlusses ist die Bewahrung der natürlichen und unverlierbaren Menschenrechte. Diese Rechte sind Freiheit, Eigentum, Sicherheit und Widerstand gegen Bedrückung.
III. Jegliche Souveränität liegt im Prinzip und ihrem Wesen nach in der Nation; keine Körperschaft und kein einzelner kann eine Autorität ausüben, die sich nicht ausdrücklich von ihr herleitet.
IV. Die Freiheit besteht darin, alles tun zu können, was anderen nicht schadet. Also hat die Ausübung der natürlichen Rechte bei jedem Menschen keine anderen Grenzen als die, den anderen Mitgliedern der Gesellschaft den Genuß der gleichen Rechte zu sichern. Diese Grenzen können nur durch das Gesetz bestimmt werden.
V. Das Gesetz hat nur das Recht, Handlungen zu verbieten, die der Gesellschaft schädlich sind. Was nicht durch das Gesetz verboten ist, darf nicht verhindert werden, und niemand kann gezwungen werden, etwas zu tun, was das Gesetz nicht befiehlt.
VI. Das Gesetz ist der Ausdruck des allgemeinen Willens; alle Bürger haben das Recht, persönlich oder durch ihre Vertreter an seiner Schaffung mitzuwirken. Es muß für alle das gleiche sein, mag es nun beschützen oder bestrafen. Alle

Bürger sind vor seinen Augen gleich. Sie sind in der gleichen Weise zu allen Würden, Stellungen und öffentlichen Ämtern zugelassen, je nach ihrer Fähigkeit und ohne andere Unterschiede als ihre Tüchtigkeit und Begabung.
VII. Niemand kann angeklagt, verhaftet und gefangengehalten werden in anderen als den vom Gesetz festgelegten Fällen und in den Formen, die es vorschreibt. Wer Willkürakte anstrebt, fördert, ausführt oder ausführen läßt, ist zu bestrafen; aber jeder Bürger, der durch ein Gesetz gerufen oder erfaßt wird, muß augenblicklich gehorchen; durch Widerstand macht er sich schuldig.
VIII. Das Gesetz darf nur unbedingt und offensichtlich notwendige Strafen festsetzen, und niemand darf bestraft werden, es sei denn kraft eines bereits vor seinem Delikt erlassenen, veröffentlichten und legal angewandten Gesetzes.
IX. Jeder wird so lange als unschuldig angesehen, bis er schuldig befunden ist; daher ist, wenn seine Verhaftung als unerläßlich gilt, jede Härte, die nicht dazu dient, sich seiner Person zu versichern, auf dem Gesetzeswege streng zu unterdrücken.
X. Niemand darf wegen seiner Überzeugungen, auch nicht der religiösen, behelligt werden, vorausgesetzt, daß ihre Betätigung die durch das Gesetz gewährleistete öffentliche Ordnung nicht stört.
XI. Die freie Mitteilung seiner Gedanken und Meinungen ist eines der kostbarsten Rechte des Menschen. Jeder Bürger darf sich also durch Wort, Schrift und Druck frei äußern; für den Mißbrauch dieser Freiheit hat er sich in allen durch das Gesetz bestimmten Fällen zu verantworten.

221. Das Kommunistische Manifest

Am Ende einer Tagung im November 1847 wurden Karl Marx (1818–1883) und Friedrich Engels (1820–1895) beauftragt, dem „Bund der Kommunisten" ein Manifest zu schreiben. In dieses Manifest gingen die Einflüsse der von Marx eifrig studierten und nicht minder heftig verworfenen Frühsozialisten ein. Ebenso wirksam wurden die „Höllenerfahrungen" von Marx und Engels in den Arbeiterslums von Paris und Manchester: „Hier ist der Krieg aller gegen alle erklärt." Engels berichtet von Kindern, 5- bis 7jährig, die 14 bis 16 Stunden tags und nachts arbeiten; von Dreck- und Kotflüssen, toten Kindern. Hier werden die Menschen „als bloßes Material, als Sache gebraucht". Diesen Elenden verkündet das Kommunistische Manifest die frohe Botschaft: den Sieg des Proletariats über die Bourgeoisie, den Abstieg der herrschenden Klasse – als letztes die Befreiung der ganzen Menschheit.
Der Siegeszug des Kommunistischen Manifestes begann nur sehr langsam nach 1870/1872. Es wurde in alle Weltsprachen übersetzt, aber zündete nicht zuerst, wie Marx und Engels erwartet hatten, im industriell entwickelten Westeuropa, sondern in den bäuerlich-vorindustriellen Ländern.

Die Geschichte aller bisherigen Gesellschaft ist die Geschichte von Klassenkämpfen.
Freier und Sklave, Patrizier und Plebejer, Baron und Leibeigener, Zunftbürger und Gesell, kurz, Unterdrücker und Unterdrückte standen in stetem Gegensatz zueinander, führten einen ununterbrochenen, bald versteckten, bald offenen Kampf, einen Kampf, der jedesmal mit einer revolutionären Umgestaltung der ganzen Gesellschaft endete oder mit dem gemeinsamen Untergang der kämpfenden Klassen ...
Die aus dem Untergang der feudalen Gesellschaft hervorgegangene moderne bürgerliche Gesellschaft hat die Klassengegensätze nicht aufgehoben. Sie hat nur neue Klassen, neue Bedingungen der Unterdrückung, neue Gestaltungen des Kampfes an die Stelle der alten gesetzt.
Die Bourgeoisie hat in der Geschichte eine höchst revolutionäre Rolle gespielt ...
In demselben Maße, worin sich die Bourgeoisie, d. h. das Kapital, entwickelt, in demselben Maße entwickelt sich das Proletariat, die Klasse der modernen Arbeiter, die nur so lange leben, als sie Arbeit finden, und die nur so lange Arbeit finden, als ihre Arbeit das Kapital vermehrt. Diese Arbeiter, die sich stückweise verkaufen müssen, sind eine Ware wie jeder andere Handelsartikel und daher gleichmäßig allen Wechselfällen der Konkurrenz, allen Schwankungen des Marktes ausgesetzt.
Was den Kommunismus auszeichnet, ist nicht die Abschaffung des Eigentums überhaupt, sondern die Abschaffung des bürgerlichen Eigentums ...
Ihr entsetzt euch darüber, daß wir das Privateigentum aufheben wollen. Aber in eurer bestehenden Gesellschaft ist das Privateigentum für neun Zehntel ihrer Mitglieder aufgehoben; es existiert gerade dadurch, daß es für neun Zehntel nicht existiert.
Ihr werft uns mit einem Worte vor, daß wir euer Eigentum aufheben wollen. Allerdings, das wollen wir.
Von dem Augenblick an, wo die Arbeit nicht mehr in Kapital, Geld, Grundrente, kurz, in eine monopolisierbare gesellschaftliche Macht verwandelt werden kann, d. h. von dem Augenblick, wo das persönliche Eigentum nicht mehr in bürgerliches umschlagen kann, von dem Augenblick an erklärt ihr, die Person sei aufgehoben.
Ihr gesteht also, daß ihr unter der Person niemanden anders versteht als den Bourgeois, den bürgerlichen Eigentümer. Und diese Person soll allerdings aufgehoben werden.
Der Kommunismus nimmt keinem die Macht, sich gesellschaftliche Produkte anzueignen, er nimmt nur die Macht, sich durch diese Aneignung fremde Arbeit zu unterjochen.
Den Kommunisten ist ferner vorgeworfen worden, sie wollten das Vaterland, die Nationalität abschaffen.
Die Arbeiter haben kein Vaterland. Man kann ihnen nicht nehmen, was sie nicht haben. Indem das Proletariat zunächst sich die politische Herrschaft erobern,

sich zur nationalen Klasse erheben, sich selbst als Nation konstituieren muß, ist es selbst noch national, wenn auch keineswegs im Sinne der Bourgeoisie ...
Sie (die Kommunisten) kämpfen für die Erreichung der unmittelbar vorliegenden Zwecke und Interessen der Arbeiterklasse, aber sie vertreten in der gegenwärtigen Bewegung zugleich die Zukunft der Bewegung ...
Auf Deutschland richten die Kommunisten ihre Hauptaufmerksamkeit, weil Deutschland am Vorabend einer bürgerlichen Revolution steht und weil es diese Umwälzung unter fortgeschritteneren Bedingungen der europäischen Zivilisation überhaupt und mit einem viel weiter entwickelten Proletariat vollbringt als England im 17. und Frankreich im 18. Jahrhundert, die deutsche bürgerliche Revolution also nur das unmittelbare Vorspiel einer proletarischen Revolution sein kann.
Die Kommunisten verschmähen es, ihre Ansichten und Absichten zu verheimlichen. Sie erklären es offen, daß ihre Zwecke nur erreicht werden können durch den gewaltsamen Umsturz aller bisherigen Gesellschaftsordnung. Mögen die herrschenden Klassen vor einer kommunistischen Revolution zittern. Die Proletarier haben nichts in ihr zu verlieren als ihre Ketten. Sie haben eine Welt zu gewinnen.
Proletarier aller Länder, vereinigt euch!

222. Entscheidung für die Gewaltlosigkeit

Mahatma Gandhis (1869–1948) Programm der Gewaltlosigkeit entstand im Kampf Indiens gegen die britische Kolonialherrschaft. Nachdem Indien dem Britischen Imperium mit 1,2 Millionen Soldaten gedient hatte, hoffte man, nach Kriegsende die Autonomie zu erhalten. England blieb jedoch schroff ablehnend. So kam es 1919 – als britische Reaktion auf eine Demonstration – zum Blutbad vom Amritsar, mit etwa 400 Toten und über 1000 Verwundeten, was in ganz Indien große Erregung auslöste. Auf diesem politischen Hintergrund ist das Wirken Gandhis zu sehen.
Die Lehre vom gewaltlosen Widerstand hatte Gandhi bereits zwischen 1893 und 1914 in Südafrika entwickelt, nachdem er am eigenen Leibe die dortige Rassendiskriminierung erfahren hatte. Heimgekehrt nach Indien, wurde Gandhi Führer der Kongreßpartei und begann, den gewaltlosen Widerstand und die Politik des zivilen Ungehorsams gegen die Kolonialherren zu organisieren.
In zahllosen Aktivitäten entwickelte Gandhi seine Praxis der Gewaltlosigkeit. Das hier wiedergegebene Dokument wurde im Jahr nach dem Blutbad von Amritsar veröffentlicht und ist deshalb besonders eindrucksvoll.
Gandhis Ethos gründet in „Satyagraha“. Dieses Sanskritwort bedeutet, sich so tief ins Urvertrauen, in den ungegründeten Schoß des Seins einzuwurzeln, daß eine Unerschütterlichkeit entsteht, die allem Haß und Terror gelassen standhält. Er hat Satyagraha in zwei politischen Formen praktiziert: als »Nichtzusammenarbeit“

und als „Bürgerlichen Ungehorsam" gegenüber ungerechten Gesetzen. Wichtiger als solche Verweigerung aber war ihm der Erweis alles überwindender Liebe. Die beiden indischen Staaten sind Gandhi auf diesem Wege nicht gefolgt; dennoch ist sein Programm des gewaltlosen Widerstands weltweit wirksam geworden und hat seine eigentliche Zukunft vielleicht erst noch vor sich.

Wer „non-violent" sein will, darf dem nicht zürnen, der ihn beleidigt. Darf ihm nichts Böses wünschen. Muß ihm Gutes wünschen. Darf ihm nicht fluchen. Darf ihm keinerlei körperliche Verletzung zufügen. Muß jede Bosheit ruhig hinnehmen, die sein Verfolger gegen ihn anwendet. So bedeutet Non-Violenz völlige Harmlosigkeit. Völlige Non-Violenz ist völlige Abwesenheit von Übelwollen gegen alles, was lebt. Sie umfaßt auch das untermenschliche Leben und schließt schädliche Insekten und wilde Tiere nicht aus. Sie sind nicht geschaffen worden, um unsere Zerstörungswut zu nähren. Wenn wir die Absichten unseres Schöpfers kennten, würden wir ihnen innerhalb seiner Schöpfung die richtige Stelle anweisen. Non-Violenz ist also in ihrer Anwendung Wohlwollen allem Leben gegenüber. Sie ist reine Liebe. Ich fand sie in den Schriften der Hindu, in der Bibel und im Koran.

Non-Violenz ist ein Zustand der Vollkommenheit. Sie ist ein Ziel, zu dem sich die Menschheit naturgemäß, wenn auch unbewußt, hinbewegt. Der Mensch wird nicht göttlich, wenn er dazu gelangt, Schuldlosigkeit zu verkörpern. Vielleicht wird er dann erst wahrhaft Mensch. So wie wir jetzt sind, sind wir zum Teil Mensch, zum Teil Tier, und in unserer Unwissenheit und Anmaßung behaupten wir, den Zweck unserer Art treu zu erfüllen, wenn wir dem Schlag mit dem Gegenschlag antworten und dazu den nötigen Zorn kochen lassen. Wir geben vor, zu glauben, daß Wiedervergeltung das Gesetz unseres Daseins ist, während wir doch in den heiligen Schriften finden, daß Wiedervergeltung nie vorgeschrieben, immer nur gestattet ist. Wiedervergeltung ist die Gesinnung, die peinliche Austragung des Falles verlangt. Selbstüberwindung ist vorgeschrieben. Selbstüberwindung ist das Gesetz unseres Daseins. Höchste Vollkommenheit ist nicht zu erreichen ohne höchste Selbstüberwindung. Leiden wird also zum Wahrzeichen des menschlichen Geschlechts.

Und immer weicht das Ziel vor uns zurück. Je größer der Fortschritt, um so größer die Erkenntnis unseres Unwertes. Die Genugtuung liegt im Streben, nicht im Erreichen. Höchstes Streben ist höchster Sieg.

Und wenn ich auch besser denn je erkenne, wie fern ich dem Ziele noch bin, bleibt doch das Gesetz vollkommener Liebe für mich das Gesetz meines Daseins. Und jeder Fehltritt soll mein Streben stärker anspornen. Ein Tropfen Wasser muß bei der Analyse den gleichen Befund ergeben wie das ganze Meer. Die Art meiner Non-Violenz gegenüber meinem Nächsten kann nicht anderer Art sein als meine Non-Violenz dem All gegenüber. Wenn ich meine Liebe zu dem Nächsten ausdehne auf das All, muß sie immer noch derselben Prüfung standhalten.

Unsere Non-Violenz verlangt nicht Stärke, aber sie verlangt unbedingte Wahrhaftigkeit. Nicht einmal in Gedanken dürfen wir den Engländern oder unseren der Non-Kooperation fernbleibenden Landsleuten ein Leid zufügen, wenn und solange wir behaupten, „non-violent" zu sein. Aber die meisten von uns haben solche Gedanken gehegt, doch sind wir davor zurückgescheut, sie in Tat umzusetzen, weil wir uns zu schwach fühlten oder weil wir in unserer Unwissenheit glaubten, daß der bloße Verzicht auf äußere Gewalttat schon die rechte Erfüllung unserer Verpflichtung ausmache. Unser Bekenntnis zur Non-Violenz schließt auch die Möglichkeit späterer Vergeltung aus. Einzelne unter uns scheinen unglücklicherweise die Rache nur aufgeschoben zu haben ...

Und wenn wir beabsichtigen, diese Politik durchzuführen, wenn wir an diese Politik glauben, müssen wir ohne Säumen mit den Engländern und ihren Anhängern übereinzukommen suchen. Wir müssen von ihnen das Zeugnis erhalten können, daß sie sich in unserer Mitte völlig sicher fühlen und daß sie uns als Freunde betrachten können, obgleich wir einer ganz anderen Welt der Gedanken und der Politik angehören. Wir müssen sie bei unseren politischen Aussprachen als willkommene Gäste ehren. Wir müssen auf neutralem Boden als Kameraden mit ihnen zusammentreffen. Und müssen Gelegenheit dafür schaffen. Unsere Non-Violenz soll weder Violenz noch Haß noch Übelwollen hervorrufen. Wie alle Sterblichen müssen wir gewärtigen, nach unseren Werken beurteilt zu werden. Ein auf Non-Violenz aufgebautes Programm zur Erlangung des Homerule setzt die Fähigkeit voraus, unsere Sache im Sinne der Non-Violenz zu leiten. Das wieder bedeutet Einprägung eines Geistes des Gehorsams ...

Homerule durch die Mittel der Non-Violenz bedeutet also nicht ein Mittelding zwischen Chaos und Anarchie. Homerule durch Non-Violenz muß vielmehr eine schrittweise, friedliche Revolution sein, wo der Übergang der Macht von einer geschlossenen Körperschaft auf die Vertreter des Volkes sich so natürlich vollzieht wie das Fallen einer reifen Frucht von einem gesunden Baum. Ich wiederhole, daß es vielleicht gar nicht möglich ist, solches zu erreichen. Doch weiß ich, daß nichts Geringeres als dies die Forderung der Non-Violenz ist. Und wenn die heutigen Vertreter des Gedankens nicht an die Möglichkeit glauben, eine solche im ganzen non-violente Stimmung zu schaffen, so müssen sie das Programm der Non-Violenz aufgeben und ein anderes aufstellen, das gänzlich von ihm verschieden. Wenn wir aber mit dem heimlichen Vorbehalt an unser Programm herantreten, daß wir letzten Endes den Engländern die Macht doch durch die Gewalt der Waffen entreißen werden, verleugnen wir unser Bekenntnis zur Non-Violenz. Glauben wir aber an unser Programm, so sind wir auch gebunden zu glauben, daß das englische Volk so gut wie der Gewalt der Waffen auch der Macht der Liebe zugänglich ist. Diejenigen aber, die den Glauben nicht aufbringen können, mögen an der Forderung der gesetzgebenden Räte zur Einsicht kommen: entweder nehmen wir für eine Reihe von Generationen Demütigungen auf uns oder dann eine kurze doch blutige Revolution, wie die Welt deren noch keine gesehen. Ich habe kein Verlangen, mich an einer solchen Revolution zu beteiligen. Ich möchte ihr auch in keiner Weise Vorschub leisten.

XII. Über den Tod hinaus

Vom Sterben des Menschen

223. Wie der Tod in die Welt kam

Es gibt unzählige Geschichten, die sich die Frage stellen, wie der Tod in die Welt kam. Die folgende Mythe stammt aus Namibia.

Der Mond sprach zum Hasen: „Gehe zu den Menschen und melde ihnen: ‚Wie ich sterbe und wiederauferstehe, so sollt auch ihr sterben und wiederauferstehen!'" Da ging der Hase zu den Menschen. Er traf als erste die Jungen, die das Vieh hüteten, und da meldete er ihnen: „Der Mond sagt: Wie er stirbt und wiederaufersteht, so sollt auch ihr sterben und wiederauferstehen!" Doch da riefen die Jungen: „Was sagt der Hase da? Du häßliches Ding, du lügst!" Sie begannen ihn zu ärgern und warfen ihm Sand in die Augen. Da rief der Hase wütend: „Von heute ab sollt ihr sterben und tot bleiben!" Und so ist es dann gekommen. Die Jungen haben das Unheil angerichtet. Der Hase hatte die gute Botschaft vom Mond gebracht, aber die Hütejungen, die ärgerten den Hasen, bis er wütend rief: „Von heute ab soll der Tod bei uns sein!"

224. Indianische Todeslieder

Gesang des Cg'watc

Ich denke immer
in meinem Innern
es gibt keinen Ort
wo nicht gestorben wird
Ich weiß nicht
wo meine Liebe ist
die Höhle der Geister
umspannt die Welt
vielleicht ward sie
dahin geworfen
(Tlingit)

*

Lied des Kriegers

Niemand kennt einen Weg
dem Tod zu entkommen
den Tod zu umgehen
die Alten die ihn trafen
die an den Ort kamen
wo der Tod steht
und wartet
haben uns keinen Weg gezeigt
ihm auszuweichen
dem Tod entgegenzutreten
ist schwer
(Omaha)

*

Todeslied

In die große Nacht
 will mein Herz hinaus
die Finsternis klirrt
 auf mich zu
in die große Nacht
 will mein Herz hinaus
(Papago)

*

Laßt uns sehen, ist es wirklich,
laßt uns sehen, ist es wirklich,
das Leben, das ich lebe?
Ihr Götter, die ihr überall wohnt,
laßt uns sehen, ist es wirklich,
das Leben, das ich lebe?

225. Das Sterben

Den Waldvölkern im Kassai- und Kongobecken galt Leo Frobenius' (→87) erste große Reise 1904–1906. Sie führte ihn in ein Gebiet, „wo alter Stil geboren war im Schutz der großen Wälder", in das Land alter Negervölker, „der zierlichen, klugen, kunstfertigen, dichterisch hoch veranlagten Bena Lubua", mit ihrem mächtigen Schöpfergott Fidi Mukullu.

Fidi Mukullu macht alle Menschen, Tiere, Hunde, Ziegen, Hühner; er machte alles, alles, alles alles. Wenn Frauen und Männer alt wurden, so starben sie. Ein Mann nahm einen Tschendo (Holzpauke) und ging in den Wald. Im Wald stand ein Baum, der war innen hohl und reichte bis zum Himmel empor. Der Mann trat in den hohlen Baum und schlug den Tschendo und sang: „Fidi Mukullu, du hast alles so recht gemacht, weshalb hast du es so gemacht, daß die Menschen sterben?“ Der Mann sang das alle Nächte. Er sang es in jeder Nacht.
Fidi Mukullu hörte es und sagte: „Da singt ein Mensch alle Tage: ‚Fidi Mukullu, du hast alles so recht gemacht! Weshalb hast du es so gemacht, daß die Menschen sterben?‘ Ich weiß nicht, wo er ist, es sollen Leute hingehen und ihn suchen.“ Die Leute gingen hin und suchten. Die Leute fanden ihn nicht. Der Mann sang. (Sein Sang wird wiederholt.) Endlich sandte Fidi Mukullu Lufumbe (die rote arg beißende Ameise, deren Heere sich Wege machen). Die Lufumbe lief hin und fraß. Die Lufumbe lief hin und fraß. Die Lufumbe lief hin und fraß. Die Lufumbe kam an den Baum. Die Lufumbe fand den Mann. Die Lufumbe brachte den Mann zu Fidi Mukullu.
Fidi Mukullu fragte den Mann: „Wie kannst du das alle Tage so singen?“ Der Mann sagte: „Du hast (doch) die Menschen so gemacht, daß sie sterben. Ich bin ein Mensch und muß sterben. Und nun darf ich nicht nachts (wenigstens) singen, daß ich sterben muß?“ Fidi Mukullu sagte: „Du hast Recht. Du darfst so singen, denn ich lasse die Menschen sterben. Ich mache die Menschen. Die Menschen machen Zaubermittel, Krankheiten, Messer, Pfeil, Krieg. Ohne Zaubermittel, Krankheiten, Messer, Pfeil, Krieg, Sterben ist das Leben ein Essen, Trinken, Schlafen, Verdauen. Ohne Sterben ist es nicht gut.“

226. Den eigenen Tod sehen

Das Vor-Wissen um den eigenen Tod begegnet in allen Zeiten und Völkern. Stellvertretend für die Flut dieser Geschichten steht diese Sage aus Westfalen.

Einen Knecht trieb es eines Nachts auf die Hausdiele, und da sah er vor sich einen Sarg mit einer Leiche, die erkannte er aber nicht. Er trat heran, und damit er die Person wiedererkennen könnte, schnitt er ihr ein Büschel Haare von der Stirne. Am andern Morgen aber, als er in den Spiegel sah, da fehlten ihm selber an der Stelle die Haare. Bald danach mußte er selber sterben, und er lag als Leiche im Sarg auf der Diele, genau auf demselben Platz.

227. Der Tod des Sokrates

Platon, Phaidon, 57 A–58 B; 59 E; 116 D–118

In seiner „Apologie des Sokrates" schildert Platon ausführlich den Gerichtsprozeß gegen Sokrates (→133). In dem großen Dialog „Phaidon" berichtet er in minutiöser und ergreifender Weise über die letzten Stunden und den Tod seines Lehrers. Unser Ausschnitt kreist um die Vorbereitung des Todes und die letzten Gespräche des Sokrates. Gleichzeitig verallgemeinert er des Sokrates Schicksal, indem er dessen Todesbereitschaft als „Verhältnis des wahren Philosophen zum Sterben" darstellt.

Der unerschütterliche Glaube an den absoluten Vorrang des Geistes gegenüber dem Körper, die Unbeirrbarkeit, mit der er bis zuletzt daran festhielt, im Recht zu sein und das Rechte zu tun, hat Sokrates zu einer Modellgestalt des Griechentums werden lassen und ihn bis heute immer wieder in einen Vergleich mit Jesus hineingestellt.

Echekrates: Warst du selbst, mein Phaidon, dem Sokrates zur Seite am Tag, als er das Gift trank im Gefängnis – oder hast du dir berichten lassen?

Phaidon: Ich selbst war da, Echekrates.

Echekrates: Was hat er denn vor seinem Tod gesprochen: Und wie war das Ende? Ich wollte es so gerne hören. Aus Phlius kommt jetzt so leicht kein Bürger nach Athen, auch Gastfreund haben wir schon lange keinen mehr von dort gehabt, der uns darüber sichre Kunde hätte bringen können, und so ist nur bekannt, daß er das Gift getrunken hat und dann gestorben ist. Sonst konnte man uns nichts berichten.

Phaidon: So habt ihr auch von dem Prozeßgang nichts erfahren?

Echekrates: Doch – darüber kam uns Kunde, und wir konnten's nicht begreifen, wieso das Urteil längst ergangen war und Sokrates geraume Zeit hernach erst sterben mußte. Wie konnte dies geschehen, Phaidon?

Phaidon: Ein reiner Zufall, mein Echekrates! Gerade an dem Tag vor der Verhandlung ward das Heck des Schiffes feierlich bekränzt, das die Athener nach der Insel Delos senden.

Echekrates: Und was soll dies bedeuten?

Phaidon: Das ist das Schiff, so sagen die Athener, auf welchem Theseus einst nach Kreta jene sieben Opferpaare führte und wieder, Retter und Geretteter zugleich, nach Hause brachte. Und damals haben die Athener, wie es heißt, gelobt, sie würden für den Fall der Rettung aus der Not Apollon jedes Jahr nach Delos eine Festgesandtschaft senden. Und diese schicken sie dem Gotte seither regelmäßig Jahr für Jahr, auch heute noch. Nun will es aber das Gesetz Athens, daß vom Beginn der heiligen Gesandtschaft ab, solang sie dauert, kein Blut die Stadt beflecken dürfe und daß kein Todesurteil zu vollstrecken sei, eh' nicht das Schiff nach Delos und wiederum hierhergekommen ist. Das dauert manchmal lange Zeit, sooft ein böser Sturm die Fahrt behindert. Als Anfang aber der

Gesandtschaft gilt der Tag, an dem der Priester des Apollon das Heck des Schiffs mit Blumenkränzen schmückt. Und das war, wie gesagt, am Tage vor dem Urteilsspruch geschehen. So war dem Sokrates im Kerker lange Zeit gegönnt: die Frist vom Urteil bis zu seinem Tode.
Echekrates: Und was begab sich in der letzten Stunde, Phaidon? Was wurde da gesprochen und getan, und wer von den Vertrauten war an seiner Seite? Oder wollten die Archonten niemand zu ihm lassen, und mußte er verlassen sterben, fern von den Getreuen?
Phaidon: O nein, durchaus nicht, Freunde waren da, sogar nicht wenige.
Echekrates: Das alles schildere uns, bitte, so genau wie möglich, oder wärest du gerade jetzt verhindert?
Phaidon: Ich will versuchen, von Anfang an dir alles zu berichten. So wisse, daß wir schon vorher Tag für Tag bei Sokrates uns einzufinden pflegten, ich und die anderen. Wir trafen uns in aller Frühe im Gerichtshaus, wo die Verhandlung stattgefunden hatte; denn es war unweit vom Gefängnis. So warteten wir täglich, bis sich die Tür zum Gefängnis auftat. Die Zeit vertrieben wir uns mit Gesprächen, denn aufgeschlossen wurde gar nicht früh. Dann aber gingen wir zu Sokrates hinein und weilten meist den ganzen Tag bei ihm. Und so war's auch an jenem Tag, nur daß wir uns noch zeitiger versammelt hatten. Denn tags zuvor, als wir am Abend vom Gefängnis kamen, mußten wir erfahren, das Schiff sei nun aus Delos eingelaufen, und hatten gleich vereinbart, so früh wie möglich uns an gewohnter Stelle einzufinden. Wir kamen an, da trat der Wärter, der gewöhnlich öffnete, heraus und sagte, wir sollten warten und erst, wenn er das Zeichen gebe, nähertreten. „Denn die Elfmänner", sagte er, „sind da und lösen Sokrates die Fesseln und melden ihm, er müsse heute sterben." Bald war's soweit. Er kam und ließ uns ein.
Drin fanden wir den Sokrates soeben frei von Fesseln und neben ihm Xanthippe, die du kennst. Sie trug sein jüngstes Söhnchen auf den Armen. Als uns Xanthippe sah, erhob sie laute Wehklage und redete so recht nach Frauenart: „Ach, Sokrates, nun ist's zum letzten Mal, daß deine Freunde dir noch etwas sagen können und du ihnen." Da schaute Sokrates zu Kriton hin und sagte: „Sorg du dafür, mein Kriton, daß sie gut nach Hause kommt."
Darauf geleiteten sie einige von Kritons Leuten, wobei sie schrie und schmerzlich jammerte. Nun richtete sich Sokrates auf seinem Lager auf. Er mühte sich, das Bein zu krümmen und mit der Hand zu reiben, indem er dabei sagte: „Merkwürdig, Freunde, was da im Leben als Lust bezeichnet wird! Wie komisch ihr Verhältnis zum anerkannten Gegenteil, der Unlust –, daß beide es nicht lieben, zu gleicher Zeit sich einzustellen. Man jagt der einen nach, erreicht sie – und ist fast jedesmal gezwungen, auch noch die andere hinzunehmen: zwei Wesen gleichsam, aber nur ein Haupt, an dem sie haften. Und hätte dies Äsop gemerkt", so fuhr er fort, „er hätte sicher eine Fabel draus gedichtet, etwa so: Gott wollte in dem Streit der beiden gern vermitteln, doch es mißlang. Da flocht er ihnen beide Enden oben ineinander, so daß, wenn sich die eine einstellt, auch noch die andere mitkommt – wie auch bei mir: Erst hatt' ich von der Fessel

Schmerzen in dem Bein, und nun kommt, wie mir scheint, ein Wohlbehagen hinterher."

Dann stand er auf und ging in eine Kammer, sich zu waschen. Kriton ging mit und hieß uns warten. Wir warteten und unterhielten uns. Das Thema waren die Gespräche, die wir noch einmal überdachten. Dann aber mußten wir auch wiederum des schweren Leids gedenken, das uns getroffen hatte. Es war uns wirklich so, wie wenn der Vater uns genommen wäre und wir fortan als Waisen leben müßten. Als er gewaschen war, da brachte man die Kinder – er hatte zwei kleine Buben und einen großen. Es kamen auch die Frauen aus seinem Haus, ihr kennt sie ja. Im Beisein Kritons unterhielt er sich und teilte seine letzten Wünsche mit. Sodann hieß er die Frauen mit den Kindern gehen und kam zu uns. Es war schon kurz vor Sonnenuntergang, denn er war lange dringeblieben. Erfrischt vom Bad ließ er sich nieder und hatte noch nicht viel danach gesprochen, da kam der Diener der Elfmänner. Er trat vor ihn und sagte: „Sokrates, bei dir wird mir's nicht so ergehn wie bei den anderen, die auf mich wütend werden und mir fluchen, sobald ich ihnen melden muß, daß sie das Gift zu trinken haben, weil die Behörde es so will. Ich weiß ja, wie du bist – die ganze Zeit her habe ich's gesehen –, du bist der feinste, der freundlichste und beste Mensch, der je hierher gekommen ist. Drum weiß ich, daß du auch heute nicht mir böse bist, da dir die Schuldigen bekannt sind, sondern jenen. Nun denn, du weißt ja, was ich bringe, leb wohl und such das Unvermeidliche so leicht wie möglich zu ertragen." Es kamen ihm dabei die Tränen, er wendete sich ab und ging hinaus. Sokrates aber sah ihm nach und sprach: „Auch du leb wohl, und wir, wir wollen es befolgen." Dann schaute er zu uns und sagte: „Wie fein empfindet dieser Mensch! Die ganze Zeit schon hat er mich besucht und manches Mal mit mir geplaudert. Ein braver Kerl! Und eben jetzt: wie echt sein Weinen! Wohlan denn, Kriton, laßt uns ihm gehorchen. Man bringe nun das Gift, wenn es gerieben ist, wenn nicht, soll es der Sklave reiben."

Kriton erwiderte: „Mein Sokrates, mir scheint, die Sonne liegt noch auf den Bergen, noch ist sie nicht ganz unten. Auch weiß ich, daß manche erst ganz spät getrunken haben, nachdem die Weisung schon ergangen war. Sie haben noch gegessen und gezecht, ja, manchmal sind sie auch mit den Geliebten noch vereint gewesen. Kein Hasten also, noch ist Zeit."

„Daß die, die du im Auge hast, so handeln, lieber Kriton", sagte Sokrates, „ist ganz natürlich, sie halten es ja für Gewinn. Ich tu' es nicht – und das ist auch natürlich. Wenn ich ein wenig später trinke, gewinne ich nach meiner Überzeugung nichts, als daß ich vor mir selber lächerlich erscheine, weil ich so gierig nach dem Leben bin und, wenn die Neige schon geleert ist, sparen möchte. Nein", sprach er, „hör auf mich und tu, wie ich dir sage."

Darauf gab Kriton seinem Diener, der in der Nähe stand, ein Zeichen. Der ging hinaus und kam nach einer Weile wieder zusammen mit dem Sklaven, der den Gifttrunk reichen sollte – er hatte einen Becher in der Hand, der Trank war fertig. Sokrates fragte ihn: „Nun, Freund, was muß ich tun, du bist ja Fachmann?"

„Nichts weiter", sagte er, „als trinken, dann gehst du auf und ab, bis du in deinen Beinen eine Schwere fühlst, dann legst du dich, die Wirkung kommt von selbst." Mit diesen Worten reichte er den Becher.

Sokrates nahm ihn – und dann, Echekrates, ganz heiter, ohne Zittern, ohne Blässe, ja ohne nur die Miene zu verziehen, sah er dem Sklaven mit seinem festen Blick ins Gesicht, wobei ein leichter Spott in seinen Augenwinkeln saß, und sagte: „Wie steht's bei diesem Tranke mit dem Weiheguß? Sind ein paar Tropfen wohl gestattet oder nicht?"

„Wir rühren", sagte er, „nur so viel an, wie unserer Erfahrung nach vonnöten ist."

„Verstehe", sagte Sokrates. „Doch ein Gebet ist wohl erlaubt und auch vonnöten, auf daß die Wanderung von dieser in die andere Welt zu unserem Heil verlaufe. Um dieses also bete ich. Mag sich's erfüllen!"

Dann setzte er den Becher an und trank ihn ohne Ekel in edler Haltung bis zur Neige aus. Bis dahin hatten wir fast alle so leidlich das Weinen noch verhalten können, doch als wir sahen, wie er trank und wie er ausgetrunken hatte, da konnten wir nicht mehr. Auch ich war meiner nicht mehr mächtig, ein Strom von Tränen trat mir in die Augen, so daß ich mein Gesicht verhüllte und meine Tränen unaufhaltsam rinnen ließ – nicht etwa um den Sokrates, vielmehr um mein Geschick, da ich ermaß, was für ein Freund von mir genommen war. Und Kriton hatte schon vor mir den Platz verlassen, nicht mehr imstande, den Tränen zu gebieten. Apollodoros, zuvor schon ganz in Tränen aufgelöst, brach nun in lautes Schluchzen aus und brachte durch sein bitteres Weinen den ganzen Kreis der Freunde aus der Fassung, nur nicht den Sokrates.

Im Gegenteil, er sagte: „Was fällt euch ein, ihr Unbegreiflichen! Gerade deshalb habe ich die Frauen fortgeschickt, daß sie nicht jedes Maß vergäßen. Beim Sterben müsse Stille sein, hab' ich gehört. So seid denn ruhig und gefaßt!"

Wir fühlten uns durch ihn beschämt und unterdrückten unsere Tränen. Und Sokrates ging auf und ab, bis er die Schwere in den Beinen fühlte. Dann legte er sich nieder auf den Rücken, wie ihm der Sklave anempfohlen hatte. Und gleich begann der Sklave, der das Gift gegeben hatte, ihn zu befühlen, und prüfte ihm von Zeit zu Zeit die Füße und die Schenkel. Dann drückte er den Fuß ganz kräftig und fragte, ob er's spüre. Er sagte nein. Dann fing er wieder mit den Schenkeln an und ließ uns aufwärts tastend fühlen, daß sich die Kälte und die Starre höher zog. Er fühlte dann auch selber nach und sagte, wenn es zum Herzen vorgedrungen wäre, so sei das Ende da.

Als nun die Kälte schon fast den ganzen Unterleib ergriffen hatte, schlug Sokrates den Mantel – er hatte sich verhüllt – zurück und sagte – es war sein letztes Wort –: „O Kriton, wir schulden dem Asklepios noch einen Hahn. Bringt das in Ordnung bitte und vergeßt es nicht!"

„Es wird geschehen", sagte Kriton. „Hast du noch einen Wunsch?" Auf diese Frage folgte keine Antwort mehr. Ein kurzer Augenblick, dann ging ein Zucken durch den Körper, der Sklave zog den Mantel weg, da waren ihm die Augen starr geworden. Und Kriton schloß ihm Mund und Lider.

228. Der Tod des Teemeisters

Die japanische Teezeremonie ist eine Frucht des Zen (→204–207). Das Vergängliche zurückzulassen, um am Ewigen teilzunehmen, das ist Chadô (der Weg des Tees). Darum ist es auch Aufgabe der Teemeister, die Sinne der Teilnehmenden zu verfeinern und empfänglich zu machen für das Dahinschwinden. Der erste selbständige Teeraum war eine Schöpfung Sen no Sôekis, später Rikyû genannt, des größten aller Teemeister, der im 16. Jahrhundert unter der Schutzherrschaft des Taikô Hideyoshi die äußere Form der Teezeremonie (chanoyu) schuf.
Die Geschichte vom Sterben des Teemeisters Rikyû überliefert Kakuzo Okakura (1862–1913), ein Mittler zwischen östlicher und westlicher Kultur, der zugleich seinen japanischen Landsleuten neue Zugänge zur eigenen Tradition bahnte.

Nur wer mit dem Schönen gelebt hat, kann auch schön sterben. Die letzten Stunden der Teemeister waren erfüllt von derselben köstlichen Verfeinerung, die auch ihr Leben zeigte. Da sie immer danach strebten, in Einklang mit dem großen Rhythmus des Alls zu sein, waren sie immer vorbereitet, in das Unbekannte einzugehen. „Der letzte Tee Rikyûs" wird ewig als Gipfel tragischer Größe emporragen.
Lange schon hatte die Freundschaft zwischen Rikyû und dem Taikô Hideyoshi bestanden, und groß war die Achtung, die der Teemeister von dem großen Krieger erfuhr. Aber die Freundschaft eines Despoten ist immer eine gefährliche Ehre. Es war eine Zeit voller Verräterei, und die Menschen trauten nicht einmal ihren nächsten Angehörigen. Rikyû war kein kriegerischer Höfling und hatte es oft gewagt, anderer Meinung zu sein als sein grimmiger Gönner. Das gespannte Verhältnis, das eine Zeit lang zwischen dem Taikô und Rikyû bestand, benutzten die Feinde und beschuldigten Rikyû, an einer Verschwörung zur Vergiftung des Tyrannen beteiligt zu sein. Man flüsterte Hideyoshi ein, der tödliche Trank solle ihm in einer Tasse des grünen Getränks eingeflößt werden, das der Teemeister bereitet habe. Für Hideyoshi war der bloße Verdacht Grund genug zu sofortiger Hinrichtung, und der Wille des erzürnten Herrschers blieb jeder Fürsprache verschlossen. Eine einzige Gunst nur wurde dem Verurteilten gewährt – die Ehre, durch eigene Hand zu sterben.
An dem Tage, der für die Selbsthinrichtung bestimmt war, lud Rikyû seine Lieblingsschüler zu einer letzten Teezeremonie ein. Schmerzerfüllt trafen sich die Gäste zur festgesetzten Zeit am Wartehaus. Wie sie auf den Gartenpfad blicken, scheinen die Bäume zu erschauern, und im Rascheln ihrer Blätter hört man das Flüstern heimatloser Geister. Die grauen Steinlaternen stehen da wie ernste Wächter vor den Pforten des Hades. Ein Hauch seltenen Weihrauchs weht vom Teeraum herüber; es ist die Aufforderung an die Gäste, einzutreten. Einer nach dem anderen schreitet hin und nimmt seinen Platz ein. In der Tokonoma hängt ein Kakemono – eine wundervolle Handschrift eines alten Mönches, die von der Vergänglichkeit aller irdischen Dinge spricht. Der Kessel, der über dem Kohlenbecken siedet, zirpt wie eine Zikade, die ihr Leid dem

scheidenden Sommer klagt. Bald betritt der Gastgeber den Raum. Jedem wird der Reihe nach der Tee gereicht, und jeder leert schweigend seine Schale, der Gastgeber zuletzt. Gemäß der hergebrachten Sitte bittet nun der Hauptgast um die Erlaubnis, das Teegerät zu besichtigen. Rikyû legt das Gerät vor sich hin und auch das Kakemono. Als alle seine Schönheit bewundert haben, schenkt Rikyû jedem der Gäste ein Stück zum Andenken. Allein die Schale hält er zurück. „Nie wieder soll diese Schale, von den Lippen des Unglücks entweiht, von Menschen gebraucht werden." So spricht er und bricht die Schale in Stücke.
Die Zeremonie ist vorüber; mit Mühe nur halten die Gäste ihre Tränen zurück, nehmen einen letzten Abschied und verlassen den Raum. Einer nur, dem Meister der nächste und liebste, wird zum Bleiben aufgefordert, um Zeuge vom Ende zu sein. Rikyû legt nun sein Teegewand ab und faltet es sorgsam auf der Matte; das makellos weiße Totenkleid wird sichtbar, das bisher verborgen war. Zärtlich blickt er auf die blinkende Klinge des todbringenden Dolches und spricht zu ihm in erlesenen Worten:

Willkommen dir,
O Schwert der Ewigkeit!
Durch Buddha
Und durch Dharma gleichermaßen
Hast du dir deinen Weg gebahnt.

Mit einem Lächeln im Antlitz ging Rikyû hinüber ins Unbekannte.

229. Der Augenblick des Todes

Brihadaranyaka-Upanishad IV; 4,2

Er[1] wird eins, darum sieht er nicht mehr, wie man sagt; er wird eins, er riecht nicht mehr, wie man sagt; er wird eins, er schmeckt nicht mehr, wie man sagt; er wird eins, er redet nicht mehr, wie man sagt; er wird eins, er hört nicht mehr, wie man sagt; er wird eins, er denkt nicht mehr, wie man sagt; er wird eins, er fühlt nicht mehr, wie man sagt; er wird eins, er erkennt nicht mehr, wie man sagt. Die Spitze seines Herzens wird erleuchtet, und bei diesem Licht geht der Ātman (aus dem Körper) hinaus, entweder durch das Auge oder durch den Kopf oder durch andere Körperöffnungen. Und wenn er so hinausgeht, geht das Leben mit ihm hinweg. Und wenn das Leben so hinweggeht, geht nach ihm aller Lebenshauch hinweg. Er wird eins mit dem Bewußtsein. Was Bewußtsein hat, geht mit ihm hinweg. Sein Wissen und sein Werk und auch sein vergangenes Leben ergreifen ihn.

[1] Er: der Ātman, das Selbst, der unsterbliche Kern des Menschen.

230. Brief an einen Sterbenden

Dieser Text stammt aus dem „Shaseki-shu" („Sammlung von Stein und Sand"), das im ausgehenden 13. Jahrhundert von dem japanischen Zen-Meister Muju verfaßt wurde. Es ist eine Übernahme von Zen-Geschichten aus verschiedenen Büchern, aus denen weiter vorne bereits „Elf Zen-Geschichten" (→204) vorgelegt wurden.

Bassui schrieb folgenden Brief an einen seiner Schüler, der im Sterben lag:
„Die Essenz deines Geistes ist nicht geboren, also wird sie auch niemals sterben. Es gibt keine Existenz, die vergeht. Es gibt keine Leere, die nur leer ist. Es hat weder Farbe noch Form. Es erfreut sich nicht an Annehmlichkeiten und erleidet keine Schmerzen. Wie sehr du auch das, was jetzt krank und voller Schmerzen ist, zu erkennen trachtest, so erkennst du es doch nicht.
Ich weiß, du bist sehr krank. Als ein guter Zen-Schüler blickst du dieser Krankheit gerade ins Gesicht. Du weißt vielleicht nicht, wer es ist, der leidet, aber frag dich selbst: Was ist das Wesen dieses Geistes? Denke nur daran. Mehr brauchst du nicht. Begehre nichts. Dein Ende, das endlos ist, ist wie eine Schneeflocke, die in der reinen Luft vergeht."

Begräbnis und Totenkult

231. Drei Arten der Einbalsamierung

Herodot, Historien, II, 80–82 (→154)

Dazu sind aber gewisse Leute bestellt, welche diese Kunst verstehen. Wenn diesen der Tote gebracht wird, so zeigen sie denen, die ihn gebracht haben, hölzerne Totenbilder, welche ihnen ähnlich gemacht sind. Sie sagen, das eine sei das vornehmste unter denselben, dessen Namen bei dieser Sache zu nennen ich für unerlaubt halte, das andere geringer und wohlfeiler, das dritte am wohlfeilsten. Nach diesem Bericht fragen sie dieselben, nach welchem sie den Toten einbalsamieren lassen wollen. Sobald sie wegen des Lohnes einig geworden sind, gehen sie weg. Diese aber bleiben im Haus und verrichten die Einbalsamierung nach der vornehmsten Art auf diese Weise: Zuerst nehmen sie mit einem krummen Eisen das Gehirn durch die Nasenlöcher heraus und schütten gewisse Säfte hinein. Darauf schneiden sie den Leib mit einem scharfen äthiopischen Stein unter den kurzen Rippen auf und nehmen den Bauch ganz aus; wenn sie denselben gereinigt und mit Palmenwein ausgespült haben, reiben sie ihn auch mit gestoßenen Spezereien ab. Hernach füllen sie den Leib mit gestoßener unvermischter Myrrhe, mit Kasia und anderen wohlriechenden Sachen an, ausgenommen Weihrauch, und nähen ihn wieder zu. Wenn dieses geschehen ist, legen sie ihn mit Salpeter ein und verbergen ihn siebzig Tage. Länger darf man mit der Einbalsamierung nicht zuwarten. Nach Verlauf der siebzig Tage waschen sie den Leichnam, wickeln ihn ganz in Riemen, welche aus Leinwand von dem Byssus geschnitten sind, und bestreichen ihn mit Gummi, welchen die Ägypter häufig anstatt des Leims gebrauchen. Wenn ihn die Angehörigen abgeholt haben, machen sie einen menschenförmigen hölzernen Sarg, stecken ihn in diesen hinein, verschließen und verwahren ihn in der Kammer, in der die Totenbehälter stehen, da sie ihn aufgerichtet an die Wand stellen. Dieses ist die köstlichste Art, die Toten einzusalben.

Diejenigen aber, welche die mittlere Gattung verlangen und die großen Unkosten scheuen, bereiten sie auf diese Weise zu: Sie füllen Klistierspritzen mit einer Salbe, die vom Zedernbaum gemacht wird, öffnen aber den Leib nicht und ziehen die Eingeweide nicht heraus, sondern spritzen den Bauch durch die Öffnung des Gesäßes aus und salzen ihn darauf so viel Tage ein, als schon gesagt worden ist. Am letzten Tag ziehen sie die Zedernsalbe, welche sie hineingebracht haben, wieder heraus; diese aber hat eine solche Kraft, daß sie die aufgelösten und verwesten Gedärme und Eingeweide zugleich mit sich herausbringt. Das Fleisch verzehrt der Salpeter, und so bleibt von dem Toten nichts als

Haut und Knochen übrig. Ist dieses geschehen, so geben sie den Leichnam zurück und haben nichts weiter dabei zu tun.
Durch die dritte Art Einsalzung werden die, die wenig Vermögen haben, zubereitet. Sie spülen den Leib mit einem gewissen hineingespritzten Saft aus, verrichten die Einsalzung selbst siebzig Tage lang und lassen ihn alsdann wegtragen.

232. Bei einem Himmelsbegräbnis in Tibet

Der Journalist Tiziano Terzani berichtete 1980 von der traditionellen Bestattung in Tibet.

Immer wieder hatten Asienkenner behauptet, daß es in Tibet noch die „Himmelsbeerdigung" gebe. In alten Büchern stand geschrieben wo: hinter den Hügeln östlich des Sera-Klosters.
Das letzte Stück Weges waren die Aasgeier meine Führer. Ich sah sie wartend auf der Spitze eines hohen Felsens hocken. Dann verschwanden sie hinter einem Hügel und kehrten wieder zurück, Beute zwischen den Klauen.
Ich kletterte den Berg hoch, bis auf den Geier-Felsen. Unten, im nächsten großen Tal neben einem silbernen Flußlauf, war das Ritual zu sehen, das die Tibeter seit Jahrhunderten kennen.
Denn in einem Land, in dem die Erde zu hart ist, als daß man Gräber ausheben könnte, und in dem es fast kein Feuerholz gibt, um Tote einzuäschern, wurde die „Himmelsbeerdigung" durch die Natur erzwungen.
Unten geschah es nun: Angehörige brachten ihre Toten zu einem riesigen flachen Stein. Sie entkleideten die leblosen Körper und legten sie, mit dem Gesicht nach unten, auf den Fels. Dann wurde der Schädel gespalten, damit die Seele ihren Weg in ein neues Leben finden kann.
Anschließend öffneten die Bestatter die Brust der Toten und gaben Herz und Leber dem größten Geier.
Danach schnitten sie weitere Stücke aus dem Körper, und nun bekamen auch die Raben was ab. Schließlich nahm ein Mann die Knochen, die übriggeblieben waren, und zerkleinerte sie mit dem Hammer zu Vogelfutter.
Am Ende blieben drei erschöpfte Männer zurück, die sich auf dem Stein von ihrer Arbeit ausruhten. Eine alte Frau brachte ihnen ein Getränk.
Der Fluß glitzerte im Tal. In der Ferne schwebte der Festungstempel Potala mit seinen Hunderten von Fenstern im Dunst. Am Himmel nur das Krächzen der Raben und das Flügelrauschen der Geier.
„Was für ein Unterschied soll da sein?" fragt ein Tibeter an diesem Abend. „Ihr laßt eure Toten von den Würmern fressen, wir von den Vögeln."

233. Bestattung eines heiligen Lama

Die tibetische Methode der Mumifizierung besteht darin, daß man dem Leichnam alle Flüssigkeiten entzieht, indem man ihn eine Zeitlang in einem mit Salz gefüllten Behälter läßt. Zur Reinigung der inneren Organe gießt man Quecksilber durch den Mund. Nachdem der in Meditationshaltung belassene Körper auf diese Weise ausgetrocknet ist, wird er in Bandagen gewickelt, um ihm größeren Halt und die Grundlage für einen Überzug von Lehm oder Lack oder Gold zu geben. Diese Schicht verwandelt den Körper in eine Statue und macht ihn gegen alle klimatischen Einflüsse widerstandsfähig.
Nachfolgend erzählt Anagarika Govinda (→173) von der Beisetzung seines Guru Tomo Gésché Rimpotsche.

Wenn ein Mensch einen hohen Grad der Verwirklichung – oder wie wir zu sagen pflegen, Heiligkeit – erreicht hat, so nimmt man an, daß auch die materiellen Bestandteile des Körpers bis zu einem gewissen Grad transformiert worden sind. Sie sind sozusagen gesättigt von psychischen Kräften, die auch weiterhin ihre Umgebung beeinflussen, ganz besonders die Menschen, die sich auf Grund ihrer religiösen Einstellung in aufrichtigem Glauben solchen Einflüssen öffnen. Die gleichen Kräfte sollen auch den natürlichen Zerfall des Körpers verzögern, was bei Heiligen anderer Religionen ebenfalls beobachtet worden ist – und dies selbst unter den denkbar ungünstigsten Umständen eines tropischen Klimas (wie z.B. im Fall des Heiligen Franz Xavier von Goa). Der weltumspannende Glaube an den Wert von Reliquien ist sowohl auf solche Erfahrungstatsachen wie auch auf den oben erwähnten Glauben an die psychometrischen Eigenschaften der Materie, die unter der Einwirkung starker geistiger Kräfte entstehen, zurückzuführen.
Dies ist der Grund, warum die Körper von Heiligen und berühmten Lamas (wie den Dalai- und Panchen-Lamas) nicht kremiert oder auf andere Weise der Vernichtung anheimgegeben werden, sondern in Reliquienschreinen aus Gold und Silber, in der Form von Tschörten, der Nachwelt erhalten werden. Ein solcher Tschörten wurde auch für Tomo Gésché errichtet, und die prächtige und kostbare Ausstattung dieses Schreins ist nicht nur ein Symbol seiner hohen geistigen Verwirklichung, sondern ebensosehr ein Zeugnis für die Liebe und Verehrung, welche die Menschen Tibets für ihn empfanden. Sobald die Nachricht seines Hinscheidens bekanntgeworden war, strömten Tausende von nah und fern zum Dungkar Gompa, um dem Guru die letzten Ehren zu erweisen und um Gaben von Gold, Silber und Juwelen aller Art für den Bau des Tschörten beizusteuern. Selbst die Ärmsten bestanden darauf, ihr Scherflein beizutragen: einige von ihnen gaben ihre mit Türkisen besetzten Ohrgehänge und Ringe oder ihre silbernen Armbänder, andere ihren Korallenschmuck und wieder andere ihre silbernen, mit Halbedelsteinen geschmückten Amulette und Reliquiare. Nichts war ihnen zu gut oder ein zu großes Opfer für die Errichtung eines würdigen Schreins, der kommende Generationen an den großen Guru

erinnern und sie seiner geistigen Gegenwart teilhaftig werden lassen würde. Die Begeisterung und Opferwilligkeit der Menschen schien keine Grenzen zu kennen. Die Menge der Gaben, in Form von Wertgegenständen, Geld und Schmuckstücken, war so groß, daß ein zwei Stockwerke hoher Tschörten aus Silber errichtet werden konnte, der mit getriebenen und vergoldeten Arabesken und figürlichen Motiven geschmückt war, ihrerseits mit Korallen, Türkisen, Onyx, Achaten, Lapislazuli, Granaten, Topasen, Amethysten und dergleichen besetzt. Die besten Gold- und Silberschmiede wurden mit der Ausführung der Arbeiten beauftragt und schufen ein Werk von großer Schönheit und Vollkommenheit ...

Bevor der Körper für die endgültige Beisetzung im Tschörten hergerichtet war, wurde eine stilisierte, aber dennoch lebensnahe Statue, die dem Körper und den Zügen des Guru nachgebildet war, von einem traditionellen Statuenbildner hergestellt. Ein Abguß wurde in jedem der von Tomo Gésché errichteten und verwalteten Tempel zu seiten der zentralen Maitreya-Figur aufgestellt.

234. Blumen und Speisen

Bei den Sioux wird der Verstorbene mit Speise und Trank versehen, als ob er noch lebte. Ein Amerikaner, offenbar ein Mann auf der Höhe der zeitgenössischen Bildung, fragte einmal einen Sioux, den er bei solch frommem Tun beobachtete: „Bildest du dir ein, daß der Tote heraufkommt und dein Essen verzehrt?“

Die Antwort erledigte den Frager auf der Stelle: „Ebenso wie du dir einbildest, daß dein Toter an den Blumen riecht, die du auf sein Grab pflanzt.“

235. Ein römisches Begräbnis

Polybios, 6, 53

Polybios (ca. 200–120 v. Chr.) ist der einzige hellenistische Geschichtsschreiber, dessen Werk in erheblichen Teilen erhalten blieb. Er verfaßte eine Universalgeschichte, die darin mündet, wie Rom die Beherrscherin der Welt geworden ist.

Wenn in Rom ein angesehener Mann stirbt, wird er im Leichenzug in seinem ganzen Schmuck nach dem Markt zu der sogenannten rostra[1], der Rednertribüne, geführt, meist stehend, so daß ihn alle sehen können, nur selten sitzend.

[1] Rostra: An dieser Rednertribüne waren die Schiffsschnäbel (rostra) der erbeuteten Schiffe angebracht.

Während das ganze Volk ringsherum steht, betritt entweder, wenn ein erwachsener Sohn vorhanden und anwesend ist, dieser, sonst ein anderer aus dem Geschlecht die Rednertribüne und hält eine Rede über die Tugenden des Verstorbenen und über die Taten, die er während seines Lebens vollbracht hat. Diese Rede weckt in der Menge, die durch sie an die Ereignisse erinnert wird und sie wieder vor Augen gestellt bekommt, und zwar nicht nur bei den Mitkämpfern, sondern auch bei den nicht unmittelbar Beteiligten, ein solches Mitgefühl, daß der Todesfall nicht als ein persönlicher Verlust für die Leidtragenden, sondern als ein Verlust für das Volk im ganzen erscheint. Wenn sie ihn dann begraben und ihm die letzten Ehren erwiesen haben, stellen sie das Bild des Verstorbenen an der Stelle des Hauses, wo es am besten zu sehen ist, in einem hölzernen Schrein auf. Das Bild ist eine Maske, die mit erstaunlicher Treue die Bildung des Gesichts und seine Züge widergibt. Diese Schreine öffnen sie bei den großen Festen und schmücken die Bilder, so schön sie können, und wenn ein angesehenes Glied der Familie stirbt, führen sie sie im Trauerzug mit und setzen sie Personen auf, die an Größe und Gestalt den Verstorbenen möglichst ähnlich sind. Diese tragen dann, wenn der Betreffende Konsul oder Praetor gewesen ist, Kleider mit einem Purpursaum, wenn Censor, ganz aus Purpur, wenn er aber einen Triumph gefeiert und dementsprechende Taten getan hat, goldgestickte. Sie fahren auf Wagen, denen Rutenbündel und Beile und die anderen Insignien des Amtes, je nach der Würde und dem Rang, den ein jeder in seinem Leben bekleidet hat, vorangetragen werden, und wenn sie zu den rostra gekommen sind, nehmen alle in einer Reihe auf elfenbeinernen Stühlen Platz. Man kann sich nicht leicht ein großartigeres Schauspiel denken für einen Jüngling, der nach Ruhm verlangt und für alles Große begeistert ist.

236. Die Bestattung des Muata Jamwo

Am oberen Kassai (→225) dürfte im 16. Jahrhundert ein Lunda-Reich entstanden sein, das hundert Jahre später seine Blüte erlebte. Die Könige führten den Titel Muata Jamwo. Sie waren kriegerische Männer, die ihre Residenz in großen Lagern errichteten, die bis zu zehntausend Bewohner zählten – eine Hofhaltung, die alle europäischen Maße jener Zeit weit übertraf. Neben dem König herrschte in diesem Reich die „Lukokescha", die als „Schwester" des Königs galt und oft auch tatsächlich mit ihm verwandt war.
Der aus Pommern stammende Forschungsreisende Paul Pogge besuchte 1875 dieses Lunda-Reich und verfaßte darüber einen farbigen Reisebericht.

Liegt ein Muata Jamwo in den letzten Zügen, so versammeln sich die obersten vier Räte in der Kipanga[1], während das Volk aufgefordert wird, durch Fetischze-

[1] Kipanga: Umzäunung des Königshofes.

remonien die bösen Geister vom Lager des kranken Herrschers zu verscheuchen. Dann begibt sich der designierte Nachfolger, über dessen Person die Lukokescha und der Kronrat oft schon mehrere Jahre früher sich geeinigt haben, in Gesellschaft der Räte in die Wohnung der Lukokescha, um ihre endgültige Zustimmung einzuholen. Ist der Tod erfolgt, so ertönt zum Zeichen dessen die Mullanque: zwei eiserne, unseren Kuhglocken ähnliche Instrumente, welche gegeneinander geschlagen werden. Schon am folgenden Morgen wird die reich mit Fazenda, Perlen und anderem Schmuck verzierte Leiche in sitzender Stellung, als wäre noch Leben in ihr, und auf der gewöhnlichen Tipoya[1] nach dem Ostufer des Kallangi, dem Ort, wo der Erste der Dynastie einst gewohnt hat, geschafft. Neben der Leiche sitzt, um sie zu halten, ein Kannapumba[2], und der Zug verläßt die Kipanga durch eine geheime Tür. Inzwischen wird der neue Herrscher feierlich mit den Insignien des Staates angetan, welche im Besitz der Muata Jamwos und der Lukokescha sich vererben ...
Sobald die Leiche auf die Straße gebracht ist, wird sie, umgeben von einem großen Gefolge, an dessen Spitze der neue Herrscher und seine Räte sich befinden, an den Fluß Kalangi gebracht und bleibt dort einige Zeit, während das Gefolge allerlei Zeremonien verrichtet und die Fetischpriester tätig sind. Erst dann wird sie nach Enzai geschafft, während der neue Herrscher mit seinen Sklaven am Kalangi zurückbleibt und dort eine Nacht im Freien kampieren muß. Erst am nächsten Tag läßt er sich Hütten errichten, um alle acht Tage in der Abgeschiedenheit seinen Vorgänger zu betrauern und mancherlei Gebräuche zu beobachten. Unter anderem entzündet er durch Reiben von Holzstücken neues Feuer, da das alte nicht mehr gebraucht werden darf. Am neunten Tag erst wird er von der Lukokescha und dem Rat nach Mussumba[3] abgeholt, wo inzwischen die alte königliche Kipanga niedergebrannt und eine neue interimistische errichtet worden ist. In Enzai[4] angelangt, wird die Leiche in sitzender Stellung in eine schmale, viereckige Grube gelegt, diese mit einem Deckel aus den Zweigen der Bourdão-Palme bedeckt und darauf Erde geschüttet. Während der Beisetzung wird am Eingang des Heiligtums je ein kleiner Knabe und ein kleines Mädchen mit dem Schwert hingerichtet. Sämtliche zwölf bis jetzt verstorbenen Muata Jamwos liegen hier nebeneinander in der Peripherie eines Kreises.

[1] Tipoya: Tragestuhl, Sänfte.
[2] Kannapumba: Minister oder Rat des Königs.
[3] Mussumba: „Großes Lager". Das Lager wechselt mit jeder Thronbesteigung, weil nach dem Tode eines Königs die alte Kipanga demoliert wird.
[4] Enzai: der Begräbnisplatz der verstorbenen Könige.

Im Totenreich

237. Die drei Totenreiche

Den Glauben an mehrere Totenreiche teilten die Azteken mit anderen mittelamerikanischen Kulturvölkern. Meistens halten sie die Todesart maßgebend dafür, wohin der Tote gelangt. Die folgende Darstellung überlieferte Fra Bernadino de Sahagún (→162) in aztekischer Sprache.

Alle, die starben, gingen nach ihrem Tode nach (einem von) drei Orten. Der erste ist Mictlan, das eigentliche Totenreich. Es liegt da, wo Tzontemoc, der Herr des Totenreiches, und seine Gattin ihren Sitz haben. Dorthin gingen alle, die auf der Erde an Krankheiten starben, Könige und Gemeine. Wenn ein Mann, eine Frau oder ein Kind starb, so redete man den Toten in folgender Weise an: „So bist du nun endlich am Ziele, im Hafen, mein Sohn! Hast Atem geschöpft, bist des Weges müde geworden! Unser Herr hat sich deiner erbarmt; denn nicht hier auf Erden ist unsere bleibende Heimat. Nur für eine kurze Spanne Zeit, nur gerade so lange, daß wir warm wurden, haben wir uns durch die Gnade unseres Herrn (auf diese Erde) wagen dürfen. Jetzt hat er dich zu seiner Fußbank, seinem Throne gemacht. Dort ist unsere bleibende Heimat, dort der Ort, wo wir alle für immer verschwinden, wo die Erde sich breitet. Nun ist es zu Ende: denn du bist gegangen ins Ungewisse, in das alle hinabsteigen, alle hingehen, wo die Türen links sind und von wo es keine Straßen mehr zu Menschen gibt. Nie wirst du mehr zurückkommen, nie mehr besuchen, die hier zurückblieben, mögen es viele sein oder wenige. Denn du bist fort und hast deine Kinder und Neffen verlassen. Du wirst sie nie wieder besuchen, und sie werden hier dereinst so oder so ein Ende finden; auf deinen Spuren werden wir dereinst an denselben Ort gelangen, ehe noch lange Zeit verflossen ist." –
In der Unterwelt herrscht große Armut und Not. Obsidianmesser wirbeln umher, Sand, Bäume, Stachelpflanzen, Feuersteinsplitter, wilde Agaven, Erdkaktusse und Kugelkaktusse, und es ist bitter kalt. Mühsal lastet auf den Toten. Wenn einer auf Erden einen Hund aufgezogen hat, so ermahnt er ihn, bevor er stirbt, mit den Worten: „Schau gut nach mir aus am Ufer des neunfachen Stroms." Denn es heißt, daß der Hund seinen Herrn über den Unterweltstrom setzt; danach heißt er „Hund des neun(fachen Stroms)". Da, wo alle Menschen hinabgehen müssen, ist die Stelle, wo die Berge zusammenstoßen. Und der, über dem die Berge zusammenstoßen, geht dort zugrunde und wird in der Unterwelt nicht mehr gesehen. Wer noch als kleiner Knabe oder als Kind in der Wiege starb, der ging nicht ins Mictlan, sondern ins Xochitlapan („Garten-

land"). Dort soll der Säuglingsbaum stehen, an dem die kleinen Kinder saugen; sie liegen an seinem Fuße und machen den Mund auf und zu, und in den Mund tropft die Flüssigkeit, die sie saugen. –
Der zweite Ort, nach dem die Toten kamen, war Tlalocan, das Reich des Regengottes. Hier war man reich und glücklich und litt keine Not. Nie gebrach es dort an jungen Maiskolben, Kürbissen, Kürbisblütengemüse, Laubsprossen, grünen Pfefferschoten, Tomaten, grünen Bohnen und gelben Sommerblumen. Dort wohnten die Regengötter, die den Priestern, den Langhaarigen, gleichen. Ins Tlalocan gingen die vom Blitz Erschlagenen, die Ertrunkenen, die Aussätzigen, die an der Lustseuche und an sonstigen Geschlechtskrankheiten Leidenden, ferner die mit Krätze und offenen Geschwüren Behafteten, die Gichtkranken, die Wassersüchtigen und die von ansteckenden Krankheiten Dahingerafften. Diese wurden, wenn sie starben, nicht verbrannt, sondern begraben. Man bemalte ihnen das Gesicht mit Kautschuk, drückte (zerquetschte Samen aus) Fischkraut auf ihre Wangen und bestrich ihnen die Stirn mit blauer Farbe; ferner machte man ihnen Haarschöpfe aus Papier, brachte Bergfiguren auf ihrer Stirn an, kleidete sie in Papier und gab ihnen einen Binsenstab in die Hand. – Im Tlalocan ist es immer grün; alles sproßt, und ein ewiger Sommer herrscht.
Der dritte Ort, nach dem die Toten kamen, war der Himmel, das Haus der Sonne. Dorthin gingen die im Kriege Gefallenen, die entweder gleich auf dem Schlachtfelde dahingerafft wurden und, vom Schicksal ereilt, ihren Geist aufgaben, oder die heimgebracht wurden, um später geopfert zu werden, sei es auf dem runden Stein im Kampfopfer, sei es, daß sie ins Feuer geworfen oder erstochen wurden auf dem Kugelkaktus, im Kampfe oder mit Kienspänen umbunden; – alle diese gingen zum Hause der Sonne, und es heißt, daß sie dort in einer Art Steppe wohnten. Wenn die Sonne kam, empfingen sie sie mit dem Kriegsruf, rasselten ihr mit ihren Schneckengehäusen entgegen und schlugen an ihre Schilde. Der, dessen Schild an zwei oder drei Stellen von Pfeilen durchbohrt war, konnte (durch die Löcher) die Sonne erblicken; aber wessen Schild nirgends durchlöchert war, konnte ihr nicht ins Antlitz sehen. Da, wo die toten Krieger wohnten, gab es wilde Agaven, Dorngewächse und Dornakazienhaine; und alle Opfergaben, die man ihnen brachte, können sie sehen, zu ihnen können sie gelangen.

238. Der Weg zu den glücklichen Jagdgründen

Erzählt wird vom Totenglauben der Ojibway-Indianer. Der Berichterstatter, William W. Warren, wurde 1825 als Sohn einer Ojibway-Mutter und eines Weißen geboren, dessen Abstammung sich bis zu Richard Warren zurückverfolgen läßt, einem der „Mayflower-Pilger", die 1620 in Plymouth landeten. Warren begann früh, für den „Minnesota Democrat" über indianische Lebensformen zu schreiben. Er scheute keinen Weg, um die rechten Gesprächspartner zu finden. Gerade erst 28 Jahre alt, starb er.

Wenn ein Ojibway stirbt, wird sein Leichnam in ein Grab gelegt, meist in sitzender Stellung, mit dem Gesicht gen Westen. Man gibt ihm alle Gegenstände mit ins Grab, die im Leben für eine Reise notwendig sind. Wenn der Tote ein Mann ist, erhält er sein Gewehr, sein Decke, seinen Wasserkessel, Feuerstein und Flint und seine Mokassins; ist es eine Frau, erhält sie ihre Mokassins, eine Axt, einen Tragriemen, eine Decke und den Kessel. Man glaubt, daß die Seele sofort nach dem Tod des Körpers aufbricht und einen tief ausgetretenen Pfad gen Westen wandert; wenn der Tote diesem Pfad folgt, erreicht er zunächst die große Oda-e-min, die Herzbeere oder Erdbeere, die wie ein mächtiger Felsen am Wegrand steht und von der er eine Handvoll als Wegzehrung mitnimmt. Er wandert weiter, bis zu einem tiefen, reißenden Fluß, über den sich die gefürchtete Ko-go-gaup-o-gun spannt, eine rollende und sinkende Brücke. Hat der Wanderer sie sicher überschritten und blickt zurück, verwandelt sie sich in die Gestalt einer riesigen Schlange, die – sich bäumend und windend – über den Fluß schwimmt.
Nachdem er vier Nachtlager aufgeschlagen hat und jeden Tag über die Prärie gewandert ist, gelangt seine Seele ins Geisterland, wo er seine Ahnen beisammen findet, alle, seit die Menschheit erschaffen wurde; und da ist lauter Freude und Singen und Tanzen. Sie wohnen in einem schönen Land, mit klaren Seen und Bächen, Wäldern und Prärien. Dort gibt es Früchte und Wild im Überfluß – mit einem Wort: es ist reich an allem, wonach der Rote Mann in diesem Leben verlangt und was am meisten zu seinem Glück beiträgt. Das Geisterland ist ein Paradies, das er nur betreten darf, wenn er nach den Gesetzen seines Volkes gelebt hat.

239. Die Gegenwart der Toten

In seiner Ansprache an den Gouverneur Isaac Stevens – bei der Übergabe seines Landes durch den Port-Elliot-Vertrag 1855 – sprach Häuptling Seattle (→101) auch über die indianische Gemeinschaft der Lebenden und Toten.

Uns sind die Gebeine unserer Ahnen heilig, und ihre Ruhestätte ist geweihter Boden. Ihr wandert weit fort von den Gräbern eurer Vorfahren, und wie es scheint, ohne Bedauern. Eure Religion wurde von eurem Gott mit eisernem Finger auf Steintafeln geschrieben, denn sonst hättet ihr seine Gesetze vergessen. Der Rote Mann konnte euch und euren Glauben nie verstehen und sich deshalb eure Gebote nicht merken. Unsere Religion ist uns von unseren Ahnen

überliefert; sie lebt in den Träumen unserer alten Männer, die ihnen der Große Geist in den heiligen Stunden der Nacht eingibt. Sie gibt unseren Häuptlingen die Kraft zu kämpfen, weil sie im Herzen unseres Volkes verankert ist.
Eure Toten hören auf, euch und das Land eurer Geburt zu lieben, sie sind Fremde, wenn sie die Pforten des Todes durchschritten haben und fortwandern bis über die Sterne hinaus. Bald sind sie vergessen und kehren nie zurück. Unsere Toten vergessen niemals die schöne Welt, die ihnen Leben gab ...
Wenn der letzte rote Mann dahingegangen ist und die Erinnerung an sein Volk bei den Weißen Männern zu einem Mythos geworden ist, werden die unsichtbaren Toten meines Stammes diese Ufer bevölkern, und wenn die Kinder eurer Kinder glauben, sie seien allein auf dem Feld oder im Laden, im Geschäft oder in der Stille der weglosen Wälder, werden sie nicht allein sein ... In der Nacht, wenn die Straßen eurer Städte und Dörfer schweigen und ihr glaubt, daß sie verlassen sind, werden sich in ihnen die zurückkehrenden Scharen drängen, die einst dort lebten und die noch immer dieses schöne Land lieben. Der Weiße Mann wird niemals allein sein ...
Laßt ihn gerecht sein und freundlich an meinem Volk handeln, denn die Toten sind nicht machtlos. Sagte ich, die Toten? Es gibt keinen Tod. Nur einen Wechsel der Welten.

240. Die Botschaft eines Wiederbelebten

Platon, Staat, X, 614 B

Nicht erst die Gegenwart kennt Berichte Reanimierter, die von ihren Erfahrungen zwischen Leben und Tod berichten. Bereits Platon (ca. 427–347 v. Chr.) erzählt von einem Soldaten, der nach erfolgter Wiederbelebung über seine Sterbevisionen berichtet.

Ich will dir. . . die Geschichte eines kühnen Kriegers, des Er, des Sohnes des Armenios, eines Mannes aus Pamphylien, erzählen. Dieser wurde eines Tages in einer Schlacht getötet, und als nach zehn Tagen die schon verwesenden Leichen aufgesammelt wurden, fand man ihn noch unversehrt und brachte ihn nach Hause. Im Augenblick seiner Bestattung, am zwölften Tage, als er schon auf dem Scheiterhaufen lag, kehrte er ins Leben zurück und berichtete, was er in der jenseitigen Welt gesehen hatte. Er sagte, nachdem seine Seele aus dem Körper gefahren sei, wanderte sie mit vielen anderen, und sie seien an einen geheimnisvollen Ort gekommen, wo in der Erde zwei aneinandergrenzende Öffnungen gewesen seien und ihnen gegenüber am Himmel zwei andere. Zwischen diesen hätten Richter gesessen, und nach jedem Urteil hätten sie den Gerechten befohlen, rechts nach oben durch den Himmel zu gehen, nachdem sie ihnen Zeichen des Urteils vorn angehängt hätten, die Ungerechten aber den

Weg zur Linken und abwärts nehmen lassen; auch diese hätten Zeichen von allen ihren Handlungen getragen, aber hinten. Als er selbst näher herangekommen sei, hätten sie ihm gesagt, er müsse der Menschheit Botschaft von dem jenseitigen Leben bringen, und sie beauftragten ihn, alles an diesem Ort zu hören und zu beobachten. Und er sagte, er habe dort gesehen, wie durch eine jener Öffnungen des Himmels und der Erde die Seelen nach dem Urteil hindurch gegangen seien, von den beiden anderen aber seien, aus der in der Erde Seelen voll Schmutz und Staub, aus der anderen aber ein Umzug sauberer und reiner Seelen vom Himmel herabgekommen. Und jene, die eintrafen, schienen von einer langen Reise zu kommen; freudig seien sie zu der Wiese gezogen und hätten sich dort wie zu einem Fest gelagert, und Bekannte hätten sich gegenseitig begrüßt. Jene, die aus der Erde kamen, befragten die anderen nach den dortigen Verhältnissen, und jene, die vom Himmel kamen, fragten, wie es jenen anderen ergehe. Und sie hätten sich gegenseitig ihre Geschichten erzählt, die einen klagend und jammernd, als sie berichteten, wie viele schreckliche Dinge sie erlitten und auf ihrer Unterweltsreise gesehen hätten, die tausend Jahre dauere; die aus dem Himmel aber hätten von ihren Freuden und Gesichten einer überirdischen Schönheit berichtet. Alles zu erzählen, Glaukon, würde unsere ganze Zeit in Anspruch nehmen, aber das Wesentliche, was er sagte, war dies: Für alles Unrecht, das sie jemals getan und irgend jemandem zugefügt hätten, wäre ihnen eine zehnfache Strafe für jeden einzelnen Fall zuteil geworden, immer jeweils nach hundert Jahren, da dies die dem menschlichen Leben angemessene Dauer sei: so müßten sie sich einer zehnfachen Buße für das Unrecht unterziehen. So wenn beispielsweise jemand den Tod vieler Menschen verschuldet oder Städte und Heere verraten und sie in Sklaverei gebracht hätte oder an irgendeiner anderen Schandtat beteiligt gewesen wäre, so müßten sie für jedes dieser Vergehen zehnfach leiden; andererseits aber, wenn sie Wohltaten erwiesen hätten und gerechte und fromme Menschen gewesen seien, würden sie im gleichen Maß die ihnen zustehende Belohnung erhalten. Noch andere Dinge, die nicht wert sind, berichtet zu werden, sagte er über die Neugeborenen, die nur kurze Zeit lebten. Über noch größere Vergeltungen wußte er zu berichten hinsichtlich der Pietät oder des Frevels gegenüber Göttern und Eltern und bezüglich des Selbstmordes.

241. Sokrates über die Seele im Hades

Platon, Phaidon, 107 Af.

Im Gespräch mit seinen Freunden, kurz bevor er den Giftbecher nehmen muß, äußert sich Sokrates (→227) über das Weiterleben der Seele.

Wenn der Tod eine Trennung von allem wäre, so wäre es ein Gewinn für die Schlechten, wenn sie sterben, ihren Leib loszuwerden, aber auch ihre Schlechtigkeit zugleich mit der Seele. So aber, da sich diese als unsterblich erweist, kann es ja für sie keinen anderen Schutz vor dem Übel und keine andere Rettung geben als das Streben, so gut und vernünftig wie möglich zu werden. Denn nichts anderes kann sie doch bei sich haben, wenn sie in den Hades kommt, als ihre Bildung und Zucht, die ja auch, wie man sagt, dem Verstorbenen den größten Nutzen oder Schaden bringt, gleich zu Beginn der Wanderung dorthin. Denn man sagt ja, daß einen jeden Gestorbenen sein Dämon, der ihn schon bei Lebzeiten in seinem Schutze hatte, an einen Ort zu führen sucht, von wo die dort Versammelten, nachdem sie sich haben richten lassen, in den Hades wandern mit jenem Führer, der den Auftrag hat, die Verstorbenen von hier dorthin zu führen. Nachdem sie dann dort erhalten haben, was ihnen gebührt, und die gehörige Zeit dort geblieben sind, bringt sie ein anderer Führer wieder von dort hierher zurück in vielen und langen Zeitabschnitten. Die Wanderung ist aber wohl nicht so, wie der Telephos des Aischylos sie beschreibt. Jener sagt nämlich, es führe ein einfacher Steig in den Hades; ich aber glaube, daß er weder einfach noch daß es bloß einer ist. Sonst würde man ja keine Führer brauchen, denn nirgendshin kann man ja fehlgehen, wo es nur einen Weg gibt. Tatsächlich aber teilt und windet er sich oftmals ... Die gesittete und vernünftige Seele folgt willig, und nicht fremd ist ihr, was ihr widerfährt. Die Seele aber, die begehrlich am Körper haftet, flattert, wie oben gesagt, noch lange um ihn und den unsichtbaren Ort herum, und erst nach vielem Sträuben und vielerlei Leiden wird sie endlich nur mit Mühe und gewaltsam von den damit beauftragten Dämonen weggeführt ... Diejenige Seele aber, die ihr Leben rein und maßvoll zugebracht hat, bekommt Götter zu Reisegefährten und Führern, und eine jede wohnt an dem ihr gebührenden Ort.

242. Der Traum des Scipio

Cicero, De re publica, VI, 14–26

Der römische Schriftsteller Cicero (106–43 v. Chr.) berichtet von einem Traum Scipios des Jüngeren († 129 v. Chr.), in dem diesem sein Großvater, Scipio Africanus († 183 v. Chr.) erschien.

Als ich ihn erkannte, erschrak ich sehr, aber er sagte: „Mut, Scipio, fürchte dich nicht, sei aber dessen eingedenk, was ich dir zu sagen habe."

Unterdessen war ich völlig verängstigt, nicht so sehr aus Furcht vor dem Tode als vor eigener Treulosigkeit. Trotzdem fragte ich Africanus, ob er selbst noch lebe und auch mein Vater Paulus und die anderen, die wir längst als hingeschieden glauben.

„Natürlich leben sie", antwortete er. „Sie sind den Fesseln des Körpers entflogen wie einem Gefängnis. Euer sogenanntes (irdisches) Leben ist in

Wahrheit der Tod. Siehst du nicht deinen Vater Paulus auf dich zukommen?" Beim Anblick meines Vaters brach ich zusammen und weinte. Aber er umarmte und küßte mich und sagte, daß ich nicht weinen solle. Sobald ich Herr meines Schmerzes war und ich wieder sprechen konnte, hub ich an: „Warum, o Bester und Erhabenster der Väter, da hier, was ich eben von Africanus gehört habe, nur dem Namen nach Leben ist, warum muß ich ein sterbliches Leben auf Erden leben? Warum kann ich mich nicht schnell zu euch gesellen?"
„Nein, wirklich nicht", antwortete er. „Wenn nicht Gott, dessen Tempel das ganze sichtbare Universum ist, dich aus dem Gefängnis des Körpers erlöst, kannst du hier keinen Zutritt finden. Denn den Menschen wurde das Leben gegeben, um diese Erde zu bestellen, die du als Mitte dieses Tempels siehst. Jedem Menschen ist eine Seele gegeben, ein Funke dieser ewigen Feuer, die ihr Gestirne nennt, kugelförmig, rund und belebt durch göttlichen Geist, kreisen sie mit wunderbarer Schnelligkeit in ihren festgelegten Bahnen. Deshalb, mein Publius, mußt du, wie alle gottesfürchtigen Menschen, die Seele in der Hut des Körpers lassen, und du darfst aus dem Leben auf Erden nicht scheiden, bevor du nicht von dem gerufen wirst, der es dir gab. Sonst würdest du als einer angesehen, der sich der von Gott auferlegten Menschenpflicht entziehen wolle. Doch, Scipio, wie dein Großvater hier, wie ich selbst, der dein Vater war, so pflege Gerechtigkeit und frommen Sinn, die von großer Bedeutung sind gegenüber Eltern und Verwandten, von größerer noch in bezug auf das Vaterland. Ein solches Leben ist ein hehrer Weg zum Himmel, in die Gemeinschaft derer, die ihr irdisches Leben vollendet haben, vom Körper befreit sind und an jenem Ort wohnen, den du dort drüben schaust" – es war eine Bahn von blendendem Glanz, die zwischen den Sternen erstrahlte –, „den ihr, mit einem von den Griechen übernommenen Begriff, die Milchstraße nennt."

243. Das tibetische Buch der Toten

Das tibetische Buch der Toten (Bardo-thödol) ist ein sogenannter Schatztext. In ihrem Schlußwort (Kolophon) geben solche Texte an, in früher Zeit in einem Versteck gefunden worden zu sein. Man glaubt von ihnen, daß sie dort über Jahrhunderte verborgen gewesen sind und aus der Zeit Padmasambhavas (8. Jahrhundert) stammen, der den Buddhismus nach Tibet brachte und den die Tibeter als Verkörperung Buddhas verehren. Diese Ableitung ist nicht vordergründig historisch zu verstehen, sondern im Sinne einer geistigen Tradition, die weit über die literarisch bekannte Existenz des Bardo-thödol seit dem 14. Jahrhundert hinausreicht.
Im Westen wurde der Bardo-thödol durch den englischen Tibetologen W. Y. Evans-Wentz (The Tibetan Book of the Dead, London 1927) bekannt – und zwar einer breiteren Öffentlichkeit, als sie je im Osten bestand, denn es handelt sich um

eine tantrische Schrift, die mystische Erfahrungen vermittelt, die nicht für jedermann bestimmt sind.
Der Bardo-thödol gliedert sich in drei Teile. Der 1. Teil (Tschikhai-Bardo) beginnt mit dem Gelingen der „Großen Befreiung“ durch Einsicht in die Natur des Urlichts. Der 2. Teil (Tschönyi-Bardo) gibt Anweisungen für Menschen von geringerer spiritueller Übung, die nicht von sich aus Klarheit über den „Zwischenzustand“ gewinnen und deshalb allerlei Erscheinungen erfahren, die sie verwirren können. Der 3. Teil (Sipa-Bardo) wendet sich schließlich jenen zu, für die der Zwischenzustand nicht zur endgültigen Befreiung geführt hat und die darum einer neuen Wiedergeburt entgegengehen.
Als Zwischenzustand bezeichnet der Bardo-thödol jene Entscheidungssituation nach dem Sterben, in der endgültige Befreiung oder Wiedergeburt (→247–250) auf dem Spiel stehen. Der Bardo-thödol soll auf diese Situation vorbereiten. Man übt die Lehren des Totenbuches zu Lebzeiten, läßt sich in ihre Wahrheit umschmelzen, um so in der Geschwächtheit des Sterbevorgangs ihrer Wegweisung sicher zu sein. Dem Sterbenden werden die Texte erneut vorgelesen. Da man aber nicht sicher sein kann, ob der Tote im Zwischenzustand (Bardo) wirklich zur Einsicht in das Urlicht (als seine eigene Natur) gelangt, fährt man mit der Lesung des Bardo-thödol fort, im Glauben, daß Tote im Zwischenzustand von dieser Hilfe erreicht werden. Dies geschieht höchstens sieben Wochen lang. Länger hält man den Zwischenzustand für unmöglich.

A. Der Tschikhai-Bardo: Einsicht in die Natur des Urlichts im Zwischenzustand der Todesstunde

Der Zeitpunkt für die Anleitung: Ist der äußere Atem versiegt und die Vitalität in den zentralen Nervenkanal eingegangen, dann steigt im Bewußtsein des Sterbenden ein von jeder Vorstellung freies Licht auf. Zieht die Vitalität sich zurück und beginnen der rechte und linke Nervenkanal sich voneinander zu lösen, dann steigt langsam die Wahrnehmung des Zwischenzustands auf. Solange der rechte und linke Nervenkanal sich noch nicht getrennt haben, soll Die Große Befreiung durch Hören gelesen werden.
Die Dauer: Der Zeitraum, in dem der äußere Atem versiegt ist, der innere Odem aber noch existiert, währt nur so lange, wie man zum Verzehren einer Mahlzeit braucht.

„Sohn der Edlen, N. N., höre! Dir wird nun das reinste Licht des Wahren Seins aufleuchten. Dies mußt du erkennen! Sohn der Edlen, das innewohnende Sein deines gegenwärtigen Erkennens ist eben diese bloße Leere ...
Da dein Erkennen bloß in Leere besteht, laß diese Leere nicht bedeutungslos werden ...
Deine eigene Geist-Natur ist leer an innewohnendem Sein und an jeglicher Substanz, während dein Intellekt leuchtend klar ist. Diese beiden [Geist-Natur

und Intellekt] sind untrennbar, und sie sind das Wahre Sein, der Buddha. Deine Geist-Natur, gleichermaßen klar und leer, besteht in einer Fülle von Licht, und da sie frei von Werden und Vergehen ist, ist sie eben der Buddha des Unvergänglichen Lichtes [i.e. Amitābha]. Dies erkenne! Hast du deine eigene geistige und intellektuelle Natur als leer an einem innewohnenden Sein, als Buddha erkannt, dann schaue selbst auf deine geistige Natur. Dies ist das Versunkensein in die Andacht des Buddha."

So soll man drei- bis siebenmal deutlich und klar vorlesen. Da damit [der Sterbende] sich erstens der Unterweisungen seines früheren Lamas erinnert, zweitens die nackte eigene Geist-Natur als lichthaft erkennt und da er drittens vom Wahren Sein nicht mehr zu unterscheiden ist, nachdem er sein eigenes Sein erkannt hat, wird er sicher befreit. Damit kann er durch die Einsicht in das Urlicht beim erstenmal befreit werden.

*

B. Der Tschönyi-Bardo: Befreiung durch Hören im zweiten Zwischenzustand des Seins-an-sich

Hat er aber, obwohl er zu Lebzeiten von einem Lama zur Einsicht gebracht wurde, nur wenig spirituelle Übung, dann kann er von sich aus keine Klarheit über den Zwischenzustand gewinnen. Deshalb muß ein Lama oder ein geistlicher Bruder ihn klar und deutlich unterweisen. Doch auch wenn er über spirituelle Übung verfügt, aber im Todesaugenblick durch eine heftige Krankheit so verwirrt ist, daß er sich [den Sinn der früheren Unterweisungen] nicht mehr vergegenwärtigen kann, dann ist diese Art von Unterweisung nötig ...

Am besten ist es, wenn [der Tote das Licht] im ersten Zwischenzustand erkennt. Erkennt er es jedoch nicht, dann wird er befreit, wenn während des zweiten Zwischenzustands durch die Hilfe der klaren Anweisung seine Geist-Natur erwacht.

Begreift [der Tote] zu dieser Zeit nun die Unterweisung, dann [erkennt] er das So-Sein [der Wirklichkeit], so wie Kind und Mutter sich erkennen. Das Karma kann daran nichts ändern. Ein Beispiel hierzu: So wie das Licht der Sonne die Dunkelheit besiegt, so besiegt das helle Licht des geistigen Pfades die Kraft des Karma, und man erlangt die Befreiung. Ferner geht nun dem Geist-Wesen deutlich das auf, was man den zweiten Zwischenzustand nennt.

Das Bewußtsein [des Toten] schweift wie vorher in Hörweite [um die Leiche]. Wenn [der Tote] zu dieser Zeit die Unterweisung versteht, ist der Sinn erfüllt, und da die wirren Erscheinungen des Karma noch nicht aufgegangen sind, kann man nach Belieben noch Einfluß nehmen.

Auch wenn [der Tote] das Urlicht nicht erkannt hat, aber nun das Licht des zweiten Zwischenzustands erkennt, wird er befreit. Wenn er hierdurch nicht befreit wird, dann nennt man [das Kommende] den dritten Zwischenzustand ...

„Sohn der Edlen, nun widerfährt dir das, was man den Tod nennt. Du mußt diese Welt verlassen. Du bist nicht der einzige, dem solches widerfährt. Da dieses allen geschieht, sehne dich nicht nach diesem Leben und verlange nicht danach! Auch wenn du dich danach sehnst und verlangst, hast du nicht die Macht zu bleiben. Dir bleibt nichts anderes, als im Kreislauf [der Existenzen] umherzuirren. Sehne dich nicht danach, verlange nicht danach! Vergegenwärtige dir die Drei Kostbarkeiten!

Sohn der Edlen, auch wenn dir die Erscheinungen des Zwischenzustands des Seins-an-sich noch so furchtbar und schrecklich aufsteigen, darfst du diese Worte nicht vergessen! Und nun geh dahin, indem du dir den Sinn dieser Worte einprägst. Dies ist die Quintessenz dieser Unterweisung:

„Wehe! Zu der Zeit, da mir der Zwischenzustand des Seins-an-sich aufsteigt und da ich jedwede Furcht und Angst zurückgewiesen habe, möchte ich doch zur Einsicht gelangen, daß alles, was mir aufsteigt, eine Erscheinung meiner eigenen Geist-Natur ist. Möchte ich doch erkennen, daß dies die Weise ist, in der der Zwischenzustand erscheint! An diesem hochbedeutsamen Zeitpunkt angelangt, möge ich die Scharen der Friedvollen und Schrecklichen, die ja eine Erscheinung meiner selbst sind, nicht mehr fürchten!"

„Indem du dir diese Worte klar und deutlich vorsprichst, vergegenwärtige dir im Herzen ihren Sinn. Vergiß sie nicht, denn der Sinn dieser Unterweisung ist, daß du jedwede Erscheinung, wie schrecklich sie auch sein mag, als eine Erscheinung deiner selbst verstehst.

Und da sie dir erscheinen, steigen sie dir als die wahre Schau deiner selbst auf! Deshalb erkenne sie als solche! O Sohn der Edlen, diese Seligen Gefilde existieren nicht an einem anderen Ort, sondern ausschließlich im Raum deines Herzens, und da sie dem Inneren deines Herzens entsteigen, erscheinen sie dir [gleich von dir unabhängigen Wesen]. Auch diese göttlichen Wesen kommen nicht von irgendwo anders her, sondern sind seit Ewigkeit das ureigene Wirken deiner eigenen Geist-Natur. Deshalb erkenne sie doch als so beschaffen!...

Sohn der Edlen, wenn du deine eigenen Erscheinungen nicht als solche wahrlich erkennst, wirst du kein Buddha, auch wenn du alle Verkündigungen, Sutren und Tantras kennst und während eines ganzen Weltzeitalters den Dharma übtest. Wenn du aber [die Natur] deiner eigenen Erscheinungen erkennst, dann wirst du auf der Stelle in einem Augenblick Buddha. Wenn du aber deine eigenen Erscheinungen nicht erkennst, dann wird, kaum daß du gestorben bist, die Gestalt des Gesetzeskönigs, nämlich Yama, der Todesgott, bereits im Zwischenzustand des Wahren Seins erscheinen. Die größten Gestalten des Gesetzeskönigs Yama sind dem Himmel vergleichbar, die mittleren sind gleich dem Berg Meru, der die ganze Welt erfüllt.

So füllen sie die Welt aus. Sohn der Edlen, wenn die Zeit kommt, da dir solches erscheint, dann habe weder Angst noch Furcht! Da du ein Geist-Wesen bist, das durch seine latenten Neigungen [bestimmt ist], kannst du nicht wirklich sterben, auch wenn du getötet oder zerhackt werden solltest. In Wahrheit besteht deine Gestalt in der Leere, so daß du dich nicht zu ängstigen oder zu fürchten brauchst. Denn da auch alle Gestalten des Todesgottes die eigene Ausstrahlung deiner ureigenen Geist-Natur sind, ist nichts an ihnen, was aus Materie gewirkt wäre.

Denn Leere kann der Leere nichts anhaben! Es gibt eine [unumstößliche] Tatsache, daß nur im Kraftfeld deiner Geist-Natur die äußerlich Friedvollen, Schrecklichen, die Bluttrinker, die mit verschiedenen Köpfen, die Aureolen, die schrecklichen Gestalten des Todesgottes etc. erscheinen, aber jeder Substanz entbehren. Wenn du dies erkennst, dann ist der Angst und Furcht jeder Boden entzogen, und du wirst [mit dem Urgrund des Seins] in eins verschmelzen und ein Buddha werden."

*

C. Der Sipa-Bardo: Anweisung für spirituell wenig Erfahrene, denen die bisherigen Hilfen nutzlos blieben und die nun in den (dritten) Zwischenzustand des Werdens (der Wiedergeburt) eintreten

„Obwohl dir ausschließlich [die Erscheinungen] des Zwischenzustands aufgegangen sind, konntest du [die Wahrheit] nicht erkennen, da du bis jetzt immer zerstreut warst. Nur deshalb mußtest du auch diese Angst und Furcht erleiden. Wenn du jetzt noch zerstreut bist, wird der Faden des Mitleids zerreißen, und du wirst an einen Ort geraten, wo es keine Chance zur Befreiung gibt. So nimm dich in acht!" . . .
Wieder rufe man den Toten beim Namen und spreche:
„Sohn der Edlen, wenn du das, was dir vorher vor Augen geführt wurde, nicht begriffen hast, dann wird von jetzt an dein früherer Körper undeutlich, und dein zukünftiger Körper wird deutlich werden. Darob wirst du dich elend fühlen, und du wirst denken: ‚Was auch für ein Körper entstehen mag, ich werde ihn zu erlangen suchen, da ich doch so leide.' Und wo einer entsteht, da gehst du hin und her, dahin und dorthin. Dabei gehen dir die sechs Lichter der sechs Daseinsbereiche auf. Wo du durch deine früheren Taten geboren wirst, dort leuchtet es am stärksten.
Unter diesen Begleitumständen trittst du in den Mutterschoß ein, und just, da sich die weiße und rote Essenz vereinen, da erfährst du die inständige Freude des Werdens. In diesem Zustand fällt dein Bewußtsein in Ohnmacht; als stehende, [erst] dünnflüssige, [dann] dickflüssige Substanz reift der Körper, und wenn er den Mutterschoß verläßt, die Augen öffnet, dann findest du dich als alleinstehendes Junges. Warst du zuerst ein Mensch, so bist du nun ein Hund geworden und leidest in einem Hundezwinger oder – in entsprechender Weise – in einem Schweinestall oder in einem Ameisenhaufen oder in einem Fliegennest. Oder du wirst als Kalb oder Zicklein oder Lämmchen geboren. Einen Weg zurück gibt es nicht. In Stumpfheit und Nichtwissen wirst du verschiedenstartiges Leid erdulden müssen. So wirst du unter den Sechs Daseinsbereichen wie Höllenwesen und Hungergeister umherirren und unendliches Leid erdulden müssen. Keine Kraft ist größer als diese, keine Furcht und kein Schrecken ist größer als dieser. Wehe, wie furchtbar! Wehe, wehe! Die ohne Unterweisung eines Lama sind, werden damit in den gähnenden Abgrund der Wandelwelt fallen, und sie werden unentwegt von unerträglichem Leid gequält werden."

Kolophon: Dies ist ein Schatztext, den der Siddha Karmalingpa aus dem Berg Gompodar herausgenommen hat. Dies möge der Lehre und allen Wesen zum Heile gereichen! Allen sei Glück!

244. Über den Bardo des Christen

Die berühmte französische Asienforscherin Alexandra David-Néel (→47) gibt ein Gespräch wieder, das sie mit einem tibetischen Lama über den Bardo des Christen führte. Der Bardo ist jener Zwischenzustand, in dem nach tibetischer Anschauung der Tote noch vor der Entscheidung steht, ob er in das Nirvana eingehen kann oder in den Kreislauf der Wiedergeburten (samsara) zurückkehren muß (→245–250).

Einem Lama, der an der chinesisch-tibetischen Grenze Beziehungen zu den christlichen Missionaren unterhalten hatte, stellte ich folgende Frage:
„Kommen die Christen, die die Religion Issu (Jesu) befolgen, in das Bardo?"
„Gewiß."
„Sie glauben aber doch weder an die lamaistischen Götter noch an Wiedergeburten noch an irgend etwas, was im Bardo thös tol[1] beschrieben wird."
„Sie werden in das Bardo gehen; was sie jedoch in ihm sehen, sind Issu, Engel, Dämonen, das Paradies, die Hölle usw. In ihrem Geist werden sie alle die Dinge, die man sie gelehrt hat, an die sie geglaubt haben, sehen. Sie werden Visionen haben, die sie erschrecken; das Jüngste Gericht, die Qualen der Hölle. Die Bilder der geträumten Reise mit ihren eingebildeten Erlebnissen werden von denen abweichen, die ein Tibeter kennenlernen wird, die Sache ist jedoch die gleiche. Die während des individuellen Lebens aufgespeicherten ‚Erinnerungen' nehmen Gestalt an und bieten sich ihm als lebende Bilder dar, und ganz ebenso wie der Tibeter wird ein Christ oder jedweder andere Entkörperte geneigt sein, die Ereignisse für wirklich zu halten, die sich nur in seinem Geist abspielen."

[1] Bardo thös tol, Bar-do thos grol: tibetische Schreibweise.

Wiedergeburt und Unsterblichkeit

245. Buddhas Lehrrede über das Nirvâna (Hînayâna)

Udana 8, 1–4

Buddha hat ebensowenig wie Sokrates und Jesus etwas Schriftliches hinterlassen. Seine Reden sind auch nicht mitgeschrieben worden. Alle Kenntnisse über Buddhas Lehre beruhen deshalb auf der späteren mündlichen Überlieferung seiner Schüler.

Die nachstehenden Textauszüge gehören zur Tradition des Hînayâna-Buddhismus (Kleines Fahrzeug). Für das Hînayâna bedeutet Nirvâna das absolute Gegenteil zum Samsâra, dem Kreislauf der Wiedergeburten: Nirvâna ist ein Zustand ewiger Ruhe, ohne jegliche Aktivität und ohne Beziehung zur Leidenswelt.

„Es gibt, ihr Mönche, eine Stätte, wo es weder Erde noch Wasser noch Feuer noch Luft gibt. Es ist nicht die Stätte der Raumunendlichkeit noch die der Bewußtseinsunendlichkeit noch die des Nichtseins noch auch die Stätte, wo es weder ein Vorstellen noch ein Nichtvorstellen gibt. Es ist nicht diese Welt noch jene Welt, sei es der Mond oder die Sonne. Ich nenne es, ihr Mönche, weder ein Kommen noch ein Gehen noch ein Stehen, weder ein Vergehen noch ein Entstehen. Es ist ohne Stütze, ohne Anfang, ohne Grundlage – das eben ist das Ende des Leidens ..."

„Schwer einzusehen ist die Lehre vom Nicht-Ich, denn die Wahrheit ist nicht leicht zu begreifen. Besiegt ist die Gier in dem Wissenden. Für den Schauenden aber gibt es nichts ..."

„Es gibt, ihr Mönche, ein Nichtgeborenes, ein Nichtgewordenes, ein Nichtgemachtes, ein Nichtverursachtes. Wenn es, ihr Mönche, dieses Nichtgeborene, Nichtgewordene, Nichtgemachte, Nichtverursachte nicht gäbe, so ließe sich für das Geborene, das Gewordene, das Gemachte, das Verursachte kein Ausweg finden. Weil es aber, ihr Mönche, ein Nichtgeborenes, ein Nichtgewordenes, ein Nichtgemachtes, ein Nichtverursachtes gibt, darum findet sich auch ein Ausweg für das Geborene, das Gewordene, das Gemachte, das Verursachte ..."

„Bei dem, was von anderem abhängig ist, gibt es Bewegung, bei dem, was von nichts anderem abhängig ist, gibt es keine Bewegung, wo keine Bewegung ist, da ist Ruhe, wo Ruhe ist, da ist kein Verlangen, wo kein Verlangen ist, da gibt es kein Kommen und Gehen, wo es kein Kommen und Gehen gibt, da gibt es kein

Sterben und Wiederentstehen, wo es kein Sterben und Wiederentstehen gibt, da gibt es weder ein Diesseits noch ein Jenseits noch ein Dazwischen – das eben ist das Ende des Leidens."

246. Eine andere Lehrrede über das Nirvâna (Mahayâna)

Lotus des Guten Gesetzes, Kap. 7

Gegenüber dem Hînayâna (→245) hat das Mahayâna (Großes Fahrzeug) eine neue Anschauung über das Nirvâna entwickelt. Manche Texte vertreten die Meinung, das vom Hînayâna gelehrte Nirvâna sei nur ein niederes Nirvâna, ein nicht-statischer, dynamischer Heilszustand, in dem der Erlöste – endgültig frei von allen Begrenzungen – sich nun dauernd um die Bekehrung und Besserung aller Wesen bemühe.

Ihr Mönche! Denkt euch einen dichten Wald von fünfhundert Meilen Ausdehnung. Diesen hat eine Reisegesellschaft erreicht, die nach der Juweleninsel unterwegs ist. Der Führer, ein kluger Mann, will die Karawane aus dem Walde herausführen. Die Menschen aber sind ermattet und sagen zu dem Führer: „Wir sind müde und fürchten uns. Wir wollen umkehren, dieser Wald ist zu weit." Da denkt der Führer: ‚Es wäre schade, wenn diese gequälten Leute die Juweleninsel nicht erreichen würden.' Deshalb bedient er sich aus Mitleid eines Kunstgriffs. Mitten im Walde läßt er durch Zauberkraft eine dreitausend Meilen große Stadt entstehen. Dann sagt er zu den Leuten: „Fürchtet euch nicht, kehrt nicht um; da ist eine große Stadt, dort könnt ihr euch ausruhen. Dann kann jeder, der es will, zur Juweleninsel gehn." Da wundern sich die Leute und denken: ‚Wir sind schon aus dem Walde heraus, wir haben einen Platz zum Ausruhen (Nirvâna) erreicht, wir wollen hier bleiben.' Wenn dann der Führer sieht, daß sie sich ausgeruht haben, läßt er die Zauberstadt verschwinden und sagt zu ihnen: „Kommt, die Juweleninsel ist nicht fern. Diese Stadt aber habe ich nur zu eurer Erholung durch Zauber hervorgebracht." So auch sieht der Tathâgata, euer Führer: Groß ist dieser Wald von Leidenschaften, man muß aus ihm herauskommen. Es wäre schade, wenn die Wesen, nachdem sie vom Buddhawissen gehört, umkehren würden in dem Gedanken: ‚Das Buddhawissen ist zu mühselig, um es zu vollenden.' Um den Wesen Erholung zu gewähren, lehrt der Tathâgata zwei Stufen des Nirvâna: für die Shrâvakas und für die Pratyekabuddhas. Und wenn die Wesen dort haltgemacht haben, dann verkündet der Tathâgata: ‚Mönche, ihr habt noch nicht getan, was zu tun war. Aber das Buddhawissen ist nicht fern. Was ihr für das Nirvâna haltet, ist nicht das Nirvâna. Es ist also nur ein Kunstgriff der Tathâgatas, daß sie drei Fahrzeuge verkünden.'

247. Die Fragen des Königs Milindo

Der griechisch-stämmige Fürst Milindo (Melandros), der – zum Buddhismus übergetreten – im Indus-Gebiet 180–160 v. Chr. ein großes Reich regierte, unterhält sich mit dem buddhistischen Mönch Nāgaseno:

Der König sprach: „Ehrwürdiger Nāgaseno, möchtest du noch weiter mit mir diskutieren?"
„Wenn du nach der Art eines Weisen diskutieren willst, o König, dann wohl; willst du aber nach der Art eines Königs diskutieren, dann nicht."
„Wie diskutieren denn Weise, ehrwürdiger Nāgaseno?"
„Bei den Diskussionen der Weisen, o König, zeigt sich ein Auf- und Abwickeln, ein Überzeugen und Zugestehen; Nebeneinanderstellungen und Gegenüberstellungen werden gemacht. Und doch geraten die Weisen dabei nicht außer sich. So, o König, diskutieren Weise."
„Wie diskutieren nun aber Könige, ehrwürdiger Nāgaseno?"
„Wenn Könige während einer Diskussion etwas behaupten und da irgendeiner widerspricht, so geben sie den Befehl, diesen Menschen mit Strafe zu belegen. So, o König, diskutieren Könige."
„So will ich denn, Ehrwürdiger, nach der Art eines Weisen diskutieren. Mögest du, Ehrwürdiger, ganz unbefangen mit mir diskutieren! Mögest du ganz so frei mit mir reden, wie du es etwa mit einem Mönch, Novizen, Anhänger oder Klosterdiener tun würdest! Du hast nichts zu befürchten."
„Nun gut, o König", stimmte der Ordensältere bei.
Der König sprach: „Darf ich dich etwas fragen, ehrwürdiger Nāgaseno?"
„Ja, König, du magst mich fragen."
„Ich habe dich etwas gefragt, Ehrwürdiger."
„Das habe ich ja bereits beantwortet."
„Was hast du denn geantwortet, Ehrwürdiger?"
„Was hast du denn überhaupt gefragt?"
Der König sprach: „Derjenige, ehrwürdiger Nāgaseno, der wiedergeboren wird, ist das wohl derselbe (wie derjenige, der stirbt) oder ein anderer?"
„Weder derselbe noch ein anderer."
„Gib mir ein Beispiel!"
„Was meinst du wohl, o König, bist du wohl jetzt als Erwachsener noch derselbe, der du damals als kleiner, junger, unmündiger Säugling warst?"
„Das nicht, o Herr! Denn eine andere Person war ja jener kleine, junge, unmündige Säugling, und eine ganz andere Person bin ich jetzt als Erwachsener."
„Wenn dies wirklich so wäre, o König, so hättest du (der Erwachsene) ja weder Vater noch Mutter noch Lehrer, und somit könnte es niemanden geben, der Wissen, Sittlichkeit und Einsicht besitzt. Dann hätte wohl auch jeder der fünf embryonalen Zustände eine andere Mutter und das Kind eine andere Mutter als der Erwachsene? Und derjenige, der eine Wissenschaft erlernt, sollte wohl gar eine andere Person sein als derjenige, der die Wissenschaft ausgelernt hat, und

der Übeltäter eine andere Person als derjenige, dem zur Strafe dafür Hände und Füße abgehauen werden?"
„Nicht doch, o Herr! Wie würdest du aber die Sache erklären?"
„Ich, o König, war damals der kleine, junge, unmündige Säugling, und ich bin jetzt der Erwachsene. Denn auf Grund eben dieses Körpers werden (in unserem Denken) alle diese Zustände zu einer Einheit zusammengefaßt."
„Gib mir ein Gleichnis!"
„Sagen wir, o König, ein Mann zünde eine Lampe an. Möchte wohl diese Lampe die ganze Nacht hindurch brennen?"
„Gewiß, o Herr!"
„Wie aber, o König, ist die Flamme in der ersten Nachtwache dieselbe wie die Flamme in der mittleren und die Flamme in der mittleren Nachtwache dieselbe wie die Flamme in der letzten?"
„Gewiß nicht, o Herr."
„Dann brennt wohl, o König, eine Lampe in der ersten Nachtwache, eine andere in der mittleren und wieder eine andere in der letzten Nachtwache?"
„Das nicht, o Herr! Denn das Licht war während der ganzen Nacht abhängig von ein und derselben Lampe."
„Genau in derselben Weise, o König, schließt sich die Kette der Erscheinungen aneinander. Eine Erscheinung entsteht, eine andere schwindet, doch reihen sie sich alle ohne Unterbrechung aneinander. Auf diese Weise gelangt man weder als dieselbe Person noch als eine andere bei der letzten Bewußtseinsverfassung an."
„Gib mir noch ein weiteres Gleichnis!"
„Es ist genau derselbe Vorgang, o König, wenn die frische Milch nach einiger Zeit zu Dickmilch wird, die Dickmilch zu Butter und die Butter zu Butteröl. Wenn da nun einer sagen sollte, daß Milch und Dickmilch oder Butter und Butteröl ein und dasselbe seien, spräche der wohl die Wahrheit?"
„Gewiß nicht, o Herr! Denn erst durch die Abhängigkeit von dem einen Zustand ist der andere ins Dasein getreten."
„Genau in derselben Weise, o König, schließt sich die Kette der Erscheinungen aneinander. Eine Erscheinung entsteht, eine andere schwindet, doch reihen sie sich alle ohne Unterbrechung aneinander. Auf diese Weise gelangt man weder als dieselbe Person noch als eine andere bei der letzten Bewußtseinsverfassung an."
„Weise bist du, ehrwürdiger Nāgaseno!"

248. Der Glaube an die Wiedergeburt

Das Verständnis der Wiedergeburt stützt sich auf zwei Deutungen: auf die wörtliche und auf die symbolische. Unter den südlichen Buddhisten herrscht die wörtliche Deutung vor: Sie besagt, daß Wiederverkörperungen in aller Art Lebewesen, also auch in untermenschlichen Geschöpfen, vorkommen. Es heißt, dieser Glaube stütze sich lediglich auf die Autorität alter Texte, nicht auf eigene Yoga-Erfahrungen. Die symbolische Interpretation – sie herrscht unter nördlichen Buddhisten vor – schließt eine Wiedergeburt in untermenschlichen Geschöpfen als Mißverständnis aus. W. Y. Evans-Wentz, der das Tibetische Totenbuch erstmals im Westen bekanntmachte, glaubte damals (1927), es gebe nur noch einige Tibeter und Inder, die einen Yoga praktizieren könnten, von dem in folgendem alten Text die Rede ist:

„Wenn er sich die Fähigkeit wünscht, seine verschiedenen zeitweisen Zustände aus vergangenen Tagen ins Gedächtnis zurückzurufen, als da sind eine Geburt, zwei Geburten, drei, vier, fünf, zehn, zwanzig, dreißig, vierzig, fünfzig, hundert, tausend oder hunderttausend Geburten, seine Geburten in so manchem Zeitalter der Zerstörung, in so manchem Zeitalter der Erneuerung, in manchem Zeitalter der Zerstörung sowohl als auch der Erneuerung (so daß er sagen kann): ‚An diesem Ort war dies mein Name, dies meine Familie, dies meine Kaste, dies mein Lebensunterhalt, dies meine Erfahrung von Glück oder Schmerz und dies das Ende meines Lebens; und als ich von dort fortging, nahm ich an diesem oder jenem Orte wieder Gestalt an, wo mein Name so und so war, so meine Familie, so meine Kaste, so mein Lebensunterhalt, so meine Erfahrung von Glück oder Schmerz und so die Frist meines Lebens; und von dort her wurde ich hier geboren – dadurch bin ich fähig, mir meine verschiedenen zeitweisen Daseinszustände in vergangenen Tagen ins Gedächtnis zurückzurufen‘ – in solchem Zustand der Selbstkonzentration wird, wenn der Geist fest auf die Erreichung irgendeines Gegenstandes gerichtet ist, dieser Gegenstand erlangt werden.“

*

„Dann ruft er sich die verschiedenen Erscheinungen und Formen seiner früheren Geburten zurück. Dies ist die erste Stufe seines Wissens; seine Unkenntnis (betreffs früherer Geburten) ist vergangen, und sein Wissen (betreffs früherer Geburten) ist erwacht: Dunkelheit ist verschwunden, und Licht ist erschienen, als das Ergebnis, das dem zukommt, der in Meditation lebt und seine Leidenschaften sogleich unterdrückt.“

249. Die Wiedergeburt des Dalai Lama

Jeder Dalai Lama wird als eine Wiedergeburt Chenresis (Tschenresis) geglaubt, eines Bodhisattvas, der die vollkommene Erleuchtung erlangt hat, also ein Buddha wurde, jedoch nicht ins Nirvâna einging, sondern aus Liebe zu allen anderen Wesen nun ständig wiedergeboren wird, um möglichst vielen den Weg aus dem Leid in die Freiheit zu zeigen. Der heutige Dalai Lama beschreibt seine eigene Wiedergeburt im Rahmen seiner Autobiographie (→11).

250. Ein Winnebago-Schamane erzählt seine Wiedergeburten

Aus dem Berichtsjahr 1915/1916 wird die Geschichte eines Winnebago-Indianers von Paul Radin überliefert, die von einer zweifachen Wiedergeburt erzählt. Die Winnebago, ein Sioux-Stamm am Westufer des Michigan-Sees, glauben an die Wiedergeburt jener, die ein gutes Leben geführt haben oder im Krieg gefallen sind.

Ich lebte einst in einer Horde, die etwa 20 Lager zählte. Als ich zu einem Jüngling herangewachsen war, ohne doch schon groß genug zu sein, um eine Flinte zu handhaben, griff uns eine Abteilung an, die sich auf dem Kriegspfade befand, und tötete uns alle. Doch wußte ich nicht, daß ich getötet worden war. Ich glaubte wie gewöhnlich umherzulaufen, bis ich auf dem Boden einen Haufen Leichen sah und meine darunter. Niemand war da, uns zu beerdigen. So lagen wir da und verwesten.

Ich (d.h. mein Geist) wurde nach dem Ort gebracht, wo die Sonne untergeht. Dort lebte ich mit einem alten Ehepaare. Dieser Ort ist ausgezeichnet, und die Leute haben es sehr gut. Wenn man irgendwohin gehen will, so ist alles, was man zu tun hat, sich dorthin zu wünschen, und dann ist man da. Während ich dort weilte, dachte ich daran, daß ich wieder auf die Erde zurück möchte, und der alte Mann, bei dem ich war, sagte zu mir: „Sprachst du nicht davon, daß du wieder auf die Erde zurückzukehren wünschst?“ Ich hatte tatsächlich nur daran gedacht, doch kannte er meinen Wunsch. Dann sprach er zu mir: „Du kannst gehen, aber du mußt zuerst den Häuptling fragen.“

Darauf ging ich, dem Häuptling des Dorfes mein Verlangen mitzuteilen, und er sprach zu mir: „Du magst gehen und dich (an den Leuten, die deine Verwandten und dich töteten) rächen.“

Nun wurde ich auf die Erde herabgebracht. Ich ging nicht in den Leib einer Frau ein, sondern wurde in ein Zimmer gebracht. Eines Tages hörte ich das Lärmen von kleinen Kindern und andere Töne von draußen, und ich dachte deshalb daran, herauszugehen. Darauf schien es mir, als ob ich durch eine Tür gehe, doch in Wirklichkeit wurde ich aus dem Leibe einer Frau wiedergeboren. Beim Herausgehen wurde ich plötzlich von einem kalten Luftzug getroffen und begann zu schreien.

Dort wurde ich aufgezogen und gelehrt, viel zu fasten. Nachher tat ich nichts anderes als in den Krieg ziehen, und sicherlich nahm ich für meinen und meiner

Verwandten Tod Rache, da dieses der Zweck meines Kommens auf die Erde war.
Dort lebte ich, bis ich vor Alter starb. Sogleich lösten sich meine Knochen in den Gelenken, meine Rippen fielen ein, und ich starb zum zweitenmal. Ich fühlte beim Tode nicht mehr Schmerzen als beim erstenmal.
Dieses Mal wurde ich in der damals üblichen Art begraben. Ich wurde in eine Decke gehüllt und ins Grab gelegt. Zuerst wurden Stöcke ins Grab gelegt. Dort verweste ich. Ich beobachtete die Leute, die mich beerdigten.
Während ich dort lag, sagte jemand zu mir: „Komm, laß uns fortgehen." So gingen wir zum Sonnenuntergang. Dort kamen wir zu einem Dorf, wo wir alle Toten trafen. Mir wurde mitgeteilt, daß ich hier 4 Nächte zu verweilen hätte, aber in Wirklichkeit blieb ich dort 4 Jahre. Die Leute vergnügen sich dort. Die ganze Zeit über führen sie muntere Tänze aller Art aus. Von dort kamen wir zu dem Ort, wo „Erdmacher" lebte, und dort sah ich ihn und sprach mit ihm von Angesicht zu Angesicht, gerade so wie ich mit dir spreche. Ich sah auch die Geister, und ich war wirklich wie einer von ihnen.
Von dort kam ich zum drittenmal auf die Erde, und hier bin ich. Ich mache dasselbe durch, was ich schon vorher kannte.

Nachwort

Es gibt verschiedene Möglichkeiten, ein religionsgeschichtliches Lesebuch anzulegen. Ältere Sammlungen ordneten ihr Material oft getrennt nach den einzelnen Religionen. Diese Lösung erlaubt Porträtskizzen bestimmter Kulturkreise, die wissenschaftlichen Ansprüchen mehr entgegenkommen als eine thematische Gliederung. Sie erfordert aber auch einen breiteren Umfang und eine größere Ausgewogenheit des Quellenmaterials im Blick auf jede Religion. Den Rahmen eines Einzelbandes müßte das sprengen, die Interessen der Schule würden zudem nur wenig dabei berücksichtigt.

Darum habe ich statt dessen eine Gliederung gewählt, die ein breites, systematisch angelegtes Themenspektrum entfaltet. Das kommt dem schulischen Unterricht am meisten entgegen. Lehrer wie Schüler finden durch das Inhaltsverzeichnis sowie durch die Querverweise im Buch leicht jene Quellentexte, die ihrer unterrichtlichen Arbeit dienlich sein können. Die unter den 250 Nummern unseres Lesebuches geordneten 330 Texte bieten eine so große Themenvielfalt an, so reiche und oft tiefsinnige Erfahrungen, daß dieses „Welthaus" in fast alle Problemstellungen des Unterrichts mit seinen Materialien einbezogen werden kann.

Für die Auswahl des schier unermeßlichen Stoffes waren praktische Gesichtspunkte maßgeblich. Vorab sollten die großen Dokumente der Menschheit aus allen bedeutsamen Kulturen aufgenommen werden. Darum darf der Benutzer dieses Bandes mit Recht nach dem Codex Hammurabi, dem Gilgamesch-Epos, dem Tibetischen Totenbuch oder den Felsenedikten des Königs Ashoka fragen. Die Grenzen der Auswahl waren dennoch eng gezogen und letztlich von unterrichtlichen Maßstäben bestimmt. Schwer erschließbare Dokumente blieben ebenso ausgeklammert wie sprachlich besonders anspruchsvolle Versepen oder Texte, deren Lektüre große Hintergrundkenntnisse verlangt. Bevorzugt wurden erzählende Quellen, die auch heutigen Lesern verständlich sind und möglicherweise eine Weisheit enthalten, die uns selbst nah und dennoch unbekannt ist, wie es die statt eines Vorworts gebotene Parabel von Rabbi Eisik aus Krakau und dem christlichen Hauptmann aus Prag erzählt.

Ausgeklammert blieben auch Quellen zur jüdisch-christlichen Tradition mit Ausnahme chassidischer Überlieferungen. Da ich hoffe, nach dem „Menschenhaus" und dem „Welthaus" das Lesewerk als Trilogie mit dem „Christenhaus" abschließen zu können, dürfte diese Entscheidung gerechtfertigt sein. Die wenigen Textausnahmen, die daneben noch vorkommen, finden ihre Legitimation im jeweiligen Sachzusammenhang.

Fast alle Texte dieses Lesebuches werden einleitend kurz kommentiert. Informationen über Zeit, Entstehungsbedingungen, Bedeutung und Überlieferung der Quelle werden als Verstehensvoraussetzungen geboten. Dabei richten sich Information und Sprache häufig nach dem Problemniveau der Quelle. So muß

eine Einführung in den Bardo-Thödol nicht für die Sekundarstufe I geschrieben werden, während Lukians satirischer Bericht über die Orakelfabrik schon für Zwölfjährige lesbar ist und kaum der Einleitung bedarf. In vielen Fällen will der Informationstext primär dem Lehrer Fingerzeige zur unterrichtlichen Erschließung der Quelle geben. Insgesamt ist die Frage nach der Alterseignung der Quellentexte nicht definitiv zu beantworten. Die jeweilige Problemstellung und Motivation der Schüler und nicht minder die Vermittlungsfähigkeit des Lehrers sind letztlich dafür ausschlaggebend.
Als Schulbuch ist „Das Welthaus" natürlich in erster Linie für den Religionsunterricht wichtig, doch können nicht minder Geschichts- und Deutschunterricht in vielfältiger Weise damit arbeiten. Angesichts einer Schule, die mit einer oberflächlichen „Problemorientierung" manchmal ganz den Tagesaktualitäten verfällt, knüpft sich an dieses Lesewerk die Hoffnung, daß es wieder mehr mit dem Wurzelbereich unserer humanen Herkunft verbindet, so daß eine Begegnung mit den hier versammelten Stimmen großer Menschheitstraditionen zur Erkenntnis der eigengeschichtlichen Identität führt.

Drolshagen, im Mai 1983 — Hubertus Halbfas

Verfasser- und Quellennachweis

1. John (Fire) Lame Deer/Richard Erdoes, Tahca Ushte. Medizinmann der Sioux, Paul List Verlag, München 1979, S. 17–19, 20 f, 175–179, 196 f.
2. Mircea Eliade, Geschichte der religiösen Ideen. Quellentexte, übersetzt und hrsg. v. Günter Lanczkowski, Verlag Herder, Freiburg 1981, S. 326.
3. a) Caesar:
   Religionsgeschichtliches Lesebuch, hrsg. v. Alfred Bertholet, Bd. 13: Wolfgang Krause, Die Kelten, J. C. B. Mohr, Tübingen [2] 1929, S. 35 f.
   b) Diodor:
   Ebd., S. 36.
4. Herodot, Geschichten. Neun Bücher griechischer Geschichte, Atlas-Verlag, Köln o. J. (Zählung nach der Reclam-Ausgabe von Otto Güthling).
5. Religionsgeschichtliches Lesebuch, hrsg. v. Alfred Bertholet, Bd. 5: Kurt Latte, Die Religion der Römer und der Synkretismus der Kaiserzeit, J. C. B. Mohr, Tübingen [2] 1927, S. 11, Nr. 10.
6. Apuleius von Madaura, Metamorphosen oder Der goldene Esel, nach der Übersetzung v. August Rode neu bearbeitet und hrsg. v. Erich Burck, Rowohlt Verlag, Reinbek b. Hamburg 1961.
7. Religionsgeschichtliches Lesebuch, Bd. 5, a. a. O., S. 86 f.
8. Paul Deussen, Sechzig Upanishad's des Veda, Leipzig 1921, Nachdruck: Wissenschaftliche Buchgesellschaft, Darmstadt 1963, S. 121 f.
9. Milarepa, Tibets großer Yogi, hrsg. v. Walter Y. Evans-Wentz, Scherz Verlag, Bern/München/Wien 1971, 1978.
10. a) Sven Hedin, Mein Leben als Entdecker, F. A. Brockhaus, Leipzig 1928.
    b) Lama Anagarika Govinda, Der Weg der weißen Wolken. Erlebnisse eines buddhistischen Pilgers in Tibet, Scherz Verlag, Bern/München/Wien 1973, [5] 1978, S. 142 f.
11. Dalai Lama, Mein Leben und mein Volk. Die Tragödie Tibets, Droemer/Knaur, München 1962, S. 21, 25 f, 27, 28 ff, 49, 50 f, 52 f, 60, 63 f, 71, 116 f, 216 f, 302 f, 311 f, 315 f.
12. Die Reise des Arabers Ibn Batuta durch Indien und China, bearbeitet von Hans von Mzik, J. Knoblauch & Co., Berlin/Hamburg 1908–1911, S. 268 ff.
13. Heinrich Zimmer, Der Weg zum Selbst. Lehre und Leben des Shri Ramana Maharshi, Eugen Diederichs Verlag, Düsseldorf, Neuausgabe 1974, S. 23–25, 30 f.
14. a) Pfad zur Erleuchtung. Buddhistische Grundtexte, übersetzt und hrsg. v. Helmuth von Glasenapp, Eugen Diederichs Verlag, Düsseldorf 1956, 1978, S. 27–30.
    b) Die Legende vom Leben des Buddha in Auszügen aus den heiligen Texten aus dem Sanskrit, Pali und dem Chinesischen übersetzt und eingeführt von Ernst Waldschmidt, Volksverband der Bücherfreunde, Wegweiser Verlag GmbH, Berlin 1929, S. 85 ff.
    c) Religionsgeschichtliches Lesebuch, hrsg. v. Alfred Bertholet, Bd. 11: M. Winternitz, Der ältere Buddhismus, J. C. B. Mohr, Tübingen [2] 1929, S. 27.
15. a) Kungfutse, Gespräche (Lun Yü), aus dem Chinesischen verdeutscht und erläutert von Richard Wilhelm, Eugen Diederichs Verlag, Düsseldorf 1955, II, 4; VII, 17; 37; X, 1–4; 15 f.
    b) Kungfutse, Schulgespräche (Gia Yü), aus dem Chinesischen verdeutscht und erläutert von Richard Wilhelm. Aus dem Nachlaß hrsg. v. Hellmut Wilhelm, Eugen Diederichs Verlag, Düsseldorf 1961, S. 50, 43, 57 f, 103, 120, 44.
16. Richard Wilhelm, Lao-Tse und der Taoismus, Fr. Frommans Verlag, Stuttgart 1925.
17. Ibn Ishaq, Das Leben des Propheten, aus dem Arabischen übertragen und bearbeitet von Gernot Rotter, Erdmann Verlag, Tübingen/Basel 1976, S. 28, 31 f, 36 f, 43 ff, 46, 47, 48, 51 f, 56 ff, 112, 121, 204 f, 246, 251, 252.

18. Mircea Eliade, a. a. O., S. 66.
19. Herodot, a. a. O.
20. Religionsgeschichtliches Lesebuch, hrsg. v. Alfred Bertholet, Bd. 4: Martin P. Nilsson, Die Religion der Griechen, J. C. B. Mohr, Tübingen 1927, S. 76 f.
21. A. Erman, Die Religion der Ägypter, Leipzig 1923, in: Geschichte in Quellen, Bd. 1, bearbeitet v. Walter Arend, Bayerischer Schulbuch-Verlag, München 1975, S. 689.
22. Religionsgeschichtliches Lesebuch, Bd. 5, a. a. O., S. 86.
23. Worte des Ramakrishna, hrsg. v. Emma von Pelet, Rotapfel Verlag, Erlenbach-Zürich 1930, S. 59.
24. Rudolf Jockel, Islamische Geisteswelt. Von Mohammed bis zur Gegenwart, Holle Verlag, Baden-Baden 1954, Nr. 339.
25. Mircea Eliade, a. a. O., S. 66 f.
26. Ibn Ishaq, a. a. O.
27. Rudolf von Fulda, Leben des hl. Bonifazius, in: Die Geschichtsschreiber der deutschen Vorzeit, Bd. 13, Verlag Alfred Lorentz, Leipzig [4] 1945, S. 31 f.
28. Religionsgeschichtliches Lesebuch, hrsg. v. Alfred Bertholet, Bd. 12: Franz Rolf Schröder, Die Germanen, J. C. B. Mohr, Tübingen [2] 1929, Nr. 56.
29. Ebd., Nr. 57.
30. K. Stumpfl, Kultspiele der Germanen, 1936, S. 93.
31. Denkwürdigkeiten des Hauptmanns Bernal Diaz del Castillo oder Wahrhafte Geschichte der Entdeckung und Eroberung von Neuspanien (Mexiko). Anhand der neuesten spanischen und mexikanischen Ausgaben und unter Verwendung alter deutscher Übersetzungen durchgesehen, bearbeitet und neu ans Licht gebracht v. Georg A. Narciß, Steingrüben Verlag Stuttgart [3] 1971, S. 306–309.
32. Daisetz Teitaro Suzuki, Die große Befreiung. Einführung in den Zen-Buddhismus, Otto Wilhelm Barth Verlag, Weilheim [6] 1972, S. 174.
33. Werner F. Bonin, Die Götter Schwarzafrikas, Verlag für Sammler, Graz 1979, S. 240.
34. Rudolf Jockel, Götter und Dämonen, hrsg. und eingeleitet v. Rudolf Jockel, Holle Verlag, Darmstadt/Genf 1953, Nr. 2.
35. R. Reitzenstein, Die hellenistischen Mysterienreligionen nach ihren Grundgedanken und Wirkungen, Teubner, Leipzig [2] 1920, Stuttgart 1973.
36. Bhagavadgita. Des Erhabenen Sang, übertragen v. Leopold von Schroeder, Eugen Diederichs Verlag, Düsseldorf 1965.
37. Annemarie Schimmel, Rumi. Ich bin Wind und du bist Feuer. Leben und Werk des großen Mystikers, Eugen Diederichs Verlag, Düsseldorf 1978.
38. Mircea Eliade, a. a. O., S. 28.
39. Ebd., S. 44.
40. Franz M. Th. de Liagre Böhl, Die Religion der Babylonier und Assyrer, in: Franz König (Hrsg.), Christus und die Religionen der Erde, Bd. II, Wien [2] 1956, S. 480.
41. Mircea Eliade, a. a. O., S. 61.
42. Heinrich Zimmer, Die indische Weltmutter, in: Eranos-Jahrbuch 1938, VI, Rhein-Verlag, Zürich, S. 179 ff.
43. Franz M. Th. de Liagre Böhl, a. a. O., S. 497 f.
44. Einige Kapitel aus dem Geschichtswerk des Fray Bernadino de Sahagún, aus dem Aztekischen übersetzt von Eduard Seler, hrsg. v. Caecilie Seler-Sachs, Verlag Strecker & Schröder, Stuttgart 1927, S. 253 ff.
45. Übersetzung von Kurt Sethe unter Benutzung einer Übersetzung von Norman De Garis Davies, in: H. Schäfer, Amarna in Religion und Kunst, 7. Sendschrift der Deutschen Orientgesellschaft, Leipzig 1931, S. 63 ff.
46. Das Tibetische Buch der Toten. Die erste Originalübertragung aus dem Tibetischen, übersetzt und hrsg. v. Eva K. Dargyay in Zusammenarbeit mit Gesche Lobsang Dargyay, Otto Wilhelm Barth Verlag, München 1977.
47. Alexandra David-Néel, Heilige und Hexer. Glaube und Aberglaube im Lande des Lamaismus. Nach eigenen Erlebnissen in Tibet dargestellt, F. A. Brockhaus, Leipzig 1936, Wiesbaden o. J.
48. Lama Anagarika Govinda, a. a. O., S. 51.
49. Über den Rand des tiefen Canyon. Lehren indianischer Schamanen, hrsg. v. Dennis und Barbara Tedlock, Eugen Diederichs Verlag, Düsseldorf 1978, S. 186 ff.
50. Werner F. Bonin, a. a. O., S. 238 f.
51. Rudolf Jockel, Götter und Dämonen, a. a. O., Nr. 206 f.

52. Mircea Eliade, a. a. O., S. 59.
53. Religionsgeschichtliches Lesebuch, Bd. 12, a. a. O., S. 2, Nr. 29.
54. Ramakrishna, Leben und Gleichnis, Scherz Verlag, Bern 1975, S. 47–49.
55. Helmuth von Glasenapp, Indische Geisteswelt, Helmuth von Glasenapp-Stiftung, Wiesbaden.
56. Richard Wilhelm, Lao-Tse und der Taoismus, a. a. O.
57. Meister Eckehart, Deutsche Predigten und Traktate, hrsg. und übersetzt v. Josef Quint, Carl Hanser Verlag, München 1963, S. 354 f.
58. Rudolf Jockel, Götter und Dämonen, a. a. O., Nr. 1.
59. Otto Dempwolff, Die Sandawe. Linguistisches und ethnographisches Material aus Deutsch-Ostafrika (= Abhandlungen des Hamburgischen Kolonialinstituts, Reihe B, Bd. 19), L. Friedrichsen & Co., Hamburg 1916.
60. E. Haberland, Himmel und Erde in Nordost-Afrika, in: Paideuma 13, 1967, S. 43 ff.
61. Rudolf Jockel, Götter und Dämonen, a. a. O., Nr. 29.
62. Ovidius Naso P., Metamorphosen, hrsg. und übersetzt v. Hermann Breitenbach, Artemis Verlag, Zürich [2] 1964.
63. Rudolf Jockel, Götter und Dämonen, a. a. O., S. 563 f.
64. Märchen der Azteken und Inkaperuaner, Maya und Muisca, hrsg. und übertragen v. Walter Krickeberg, Eugen Diederichs Verlag, Düsseldorf 1968, S. 8.
65. Popol Vuh. Das Buch des Rates. Mythos und Geschichte der Maya, aus dem Quiché übertragen und erläutert v. Wolfgang Cordan, Eugen Diederichs Verlag, 1962, [3] 1981.
66. Märchen der Azteken und Inkaperuaner, a. a. O.
67. Nordamerikanische Indianermärchen, hrsg. v. Gustav A. Konitzky, Eugen Diederichs Verlag, Düsseldorf 1963, S. 16–19.
68. Rudolf Jockel, Götter und Dämonen, a. a. O., S. 39 f.
69. Popol Vuh, a. a. O.
70. Märchen der Azteken und Inkaperuaner, a. a. O., S. 217.
71. Rudolf Jockel, Götter und Dämonen, a. a. O., S. 566.
72. Werner F. Bonin, a. a. O., S. 320.
73. Die Sagen der Juden, gesammelt und bearbeitet v. Micha Joseph bin Gorion, Insel Verlag, Frankfurt/M. 1913, 1959.
74. Knud Rasmussen, Die Gabe des Adlers. Eskimoische Märchen aus Alaska, übersetzt und bearbeitet v. Aenne Schmücker, Verlag Kurt Schütte, Frankfurt/M. o. J., S. 187–190.
75. Erde, die die Seele trägt. Die Mythologie der australischen Völker, übersetzt und eingeleitet v. Thomas Göbel, Verlag Freies Geistesleben, Stuttgart 1976, S. 78.
76. Rudolf Jockel, Götter und Dämonen, a. a. O., Nr. 171, S. 422 f.
77. Mircea Eliade, a. a. O., S. 117 f.
78. a) Das Gilgamesch-Epos, eingeführt, rhythmisch übertragen und mit Anmerkungen v. Hartmut Schmöckel, Kohlhammer Verlag, Stuttgart [2] 1971, S. 96 f.
    b) Rudolf Jockel, Götter und Dämonen, a. a. O., Nr. 11.
79. Ebd., Nr. 188.
80. a) Märchen der Azteken und Inkaperuaner, a. a. O., S. 245.
    b) Rudolf Jockel, Götter und Dämonen, a. a. O., Nr. 154.
81. Schwarzer Hirsch, Ich rufe mein Volk. Leben, Visionen und Vermächtnis des letzten großen Sehers der Ogalalla-Sioux, Walter Verlag, Olten [4] 1978, S. 184 f.
82. Werner Müller, Der Mythos heute und die Wissenschaft von gestern, in: Mythische Entwürfe, hrsg. v. Philipp Wolff-Windegg, Ernst Klett Verlag, Stuttgart 1975, S. 56–58.
83. Rudolf Jockel, Götter und Dämonen, a. a. O., Nr. 129.
84. Paul Schwarzenau, Am Himmel wie auf Erden. Einführung in das Symbol der chinesischen Religion, in: Zeitschrift für Religionspädagogik, 1975, (30. Jg.), S. 103–114.
85. Hugo von Hofmannsthal, Gedichte und lyrische Dramen, hrsg. v. Herbert Steiner, (Gesammelte Werke in Einzelausgaben), S. Fischer Verlag, Frankfurt/M. 1963, S. 32 f.
86. a) Plutarch:
    Große Griechen und Römer, eingeleitet und übersetzt von Konrad Ziegler, Artemis Verlag, Zürich 1954.

b) Varro:
Geschichte in Quellen, Bd. 1, a. a. O., Nr. 328.
87. Leo Frobenius, Kulturgeschichte Afrikas. Prolegomena zu einer historischen Gestaltlehre, Phaidon Verlag, Zürich 1954, S. 176 ff.
88. Text des Herausgebers.
89. Religionsgeschichtliches Lesebuch, Bd. 12, a. a. O., Nr. 37.
90. Peter Hoyle, Delphi und sein Orakel. Wesen und Bedeutung des antiken Heiligtums, F. A. Brockhaus, Wiesbaden 1968, S. 61, 62, 63.
91. Muhammad Asad (Leopold Weiss), Der Weg nach Mekka, S. Fischer Verlag, Frankfurt/M. 1955, S. 426.
92. Der Gudea Zylinder A. In neuer Übersetzung und mit Kommentar hrsg. v. P. Maurus Witzel, in: Keilinschriftliche Studien, Heft 3, Fuldaer Actiendruckerei in Komm., Fulda 1922, S. 4 ff.
93. Rudolf Jockel, Götter und Dämonen, a. a. O., Nr. 31.
94. Zur Gesamtthematik des Kapitels: Werner Müller, Die heilige Stadt. Roma quadrata, himmlisches Jerusalem und die Mythe vom Weltnabel, Kohlhammer Verlag, Stuttgart 1961.
95. Carl Bezold, Die Schatzhöhle. Aus dem Syrischen Texte dreier unedierter Handschriften ins Deutsche übersetzt und mit Anmerkungen versehen, Leipzig 1883, S. 7, 9, 35, 63.
96. Aus der Volksmusik der Dakota, Lied der Wildrose, in: Werner Müller, Geliebte Erde, Naturfrömmigkeit und Naturhaß im indianischen und europäischen Nordamerika, Bouvier Verlag Herbert Grundmann, Bonn 1972, S. 16.
97. Nikolaus Einhorn, Ausschnitte aus dem Universum der menschlichen Rede. Zur Poesie der nordamerikanischen Indianer, in: Akzente, 1977, S. 334.
98. Werner Müller, Geliebte Erde, a. a. O., S. 13.
99. Akzente, 1977, S. 338 f.
100. Werner Müller, Geliebte Erde, a. a. O., S. 18.
101. Rede des Häuptlings Seattle, in: The Washington Historical Quartery 22, Nr. 4, October 1931, Washington University State Historical Society, Seattle, Washington. Der Text wurde besorgt durch die Dedo Weigert Film GmbH, München, und basiert auf einer von William Arrowsmith adaptierten Fassung der Originalrede.
102. Walt Whitman, Hymnen für die Erde, Insel Verlag, Frankfurt/M. 1946.
103. Herodot, a. a. O.
104. Werner F. Bonin, a. a. O., S. 82 f.
105. Ich sah den Ochsen weinen. Die Heiligen und die Tiere, ausgewählt und eingeleitet von Gertrude und Thomas Sartory, Verlag Herder, Freiburg 1979, S. 122.
106. a) Freiheit ohne Gewalt, hrsg. v. Klaus Klostermeier, Verlag Jakob Hegner, Köln 1968, S. 107 ff.
b) Mohandes Karamchand Gandhi, Jung Indien, ausgewählt v. R. Rolland und M. Rolland, Rotapfel-Verlag, Erlenbach-Zürich 1924, Eintrag vom 8. 6. 1921.
107. Lama Anagarika Govinda, a. a. O., S. 125.
108. Heinrich Harrer, Sieben Jahre in Tibet. Mein Leben am Hofe des Dalai Lama, Ullstein Verlag, Berlin 1966, S. 164 f.
109. Der Bericht über das Leben des heiligen Franz von Assisi oder der Spiegel der Vollkommenheit. Nach der lateinischen Urschrift deutsch von Wolfgang Rüttenauer. Nachwort von Romano Guardini, Kösel-Verlag, München 1981.
110. Das Mahabharata. Ein altindisches Epos. Nach dem Sanskrit-Text übersetzt und zusammengefaßt von Biren Roy, Eugen Diederichs Verlag, Düsseldorf 1961, S. 318–320.
111. Knud Rasmussen, a. a. O., S. 11–17.
112. Irene Nicholson, Mexikanische Mythologie, Emil Vollmer Verlag, Wiesbaden o. J., S. 32 ff.
113. a) Martin Luther, Biblia. Das ist die gantze Heilige Schrifft, Deutsch, auffs new zugericht, Wittenberg 1545, hrsg. v. Hans Volz unter Mitarbeit von Heinz Blanke. Textredaktion Friedrich Kur, Deutscher Taschenbuch Verlag, Ausgabe in 3 Bänden, München 1974, Bd. 1, S. 27.
b) Die Fünf Bücher der Weisung. Fünf Bücher des Moses, verdeutscht von Martin Buber gemeinsam mit Franz Rosenzweig, Jakob Hegner Verlag, Köln und Olten 1954, S. 11 f.

114. a) Platon, Sämtliche Werke, Bd. 6, nach der Übersetzung von Hieronymus Müller mit der Stephanus-Numerierung, hrsg. v. Walter F. Otto, Ernesto Grassi, Gert Plamböck, Rowohlt Verlag, Hamburg 1964, S. 35 f.
b) Josef Pieper, Muße und Kult, Kösel-Verlag, München 1948, S. 11.
115. Johannes Tauler, Predigten. Vollständige Ausgabe, 2 Bände, übertragen und hrsg. v. Georg Hofmann, Johannes Verlag, Einsiedeln 1979, Bd. 1, S. 83 f.
116. Hutten, Müntzer, Luther. Werke in 2 Bänden, ausgewählt und eingeleitet von Siegfried Streller, Aufbau Verlag, Berlin und Weimar [2] 1975, Bd. 2, S. 68 f.
117. Albert Maori Kiki, Ich lebe seit 10.000 Jahren, Ullstein Verlag, Berlin 1969, S. 48–63.
118. Mircea Eliade, a. a. O., S. 245 f.
119. Ebd., S. 243 f.
120. Leo Frobenius, a. a. O., S. 250–253.
121. John (Fire) Lame Deer/Richard Erdoes, a. a. O., S. 55 f.
122. Schwarzer Hirsch, Ich rufe mein Volk, a. a. O., S. 97–99.
123. Gudrun Pausewang, Südamerika aus erster Hand. Geschichte und Gegenwart Lateinamerikas berichtet von Augenzeugen und Zeitgenossen, Arena Verlag, Würzburg 1970, S. 55 f.
124. Herodot, a. a. O.
125. In volkstümlichen Fassungen überliefert.
126. Reshad Feild, Ich ging den Weg des Derwisch. Das Abenteuer der Selbstfindung, Eugen Diederichs Verlag, Düsseldorf 1977, S. 123 f.
127. Über den Rand des tiefen Canyon, a. a. O., S. 35–41.
128. a) Johan Geiler von Kaisersperg, Die Emeis, Dis ist das Büch von den Omeisen, Straßburg 1516, S. 16, 54.
b) Hans Peter Dürr, Traumzeit. Über die Grenze zwischen Wildnis und Zivilisation. Syndikat, Frankfurt/M. 1978, S. 21 f.
c) Hans Peter Dürr, a. a. O., S. 102, 103.
d) Carlos Castaneda, Die Lehren des Don Juan, Fischer Taschenbuchverlag, Frankfurt [14] 1982.
129. Ibn Ishaq, a. a. O., S. 78–81.
130. Mircea Eliade, a. a. O., S. 409.
131. Peter Hoyle, a. a. O., S. 43–56.
132. Herodot, a. a. O.
133. Platons Apologie. Kriton, ins Deutsche übertragen von Otto Kiefer, Eugen Diederichs Verlag, Jena 1908.
134. Lukian, Alexander oder der Lügenprophet, übersetzt von A. Pauly, Stuttgart 1827, Kapitel 6 ff.
135. Religionsgeschichtliches Lesebuch, Bd. 5, a. a. O., S. 9.
136. Mircea Eliade, a. a. O., S. 207 f.
137. Ebd., S. 132.
138. Religionsgeschichtliches Lesebuch, Bd. 12, a. a. O., S. 64 f.
139. Ägyptische Wahrsagetafel aus dem 19. Jahrhundert, in der Übersetzung der deutschen Sprache angepaßt, in: Edward William Latte, Sitten und Gebräuche der heutigen Egypter, Leipzig o. J. (1856), Bd. II, S. 80.
140. Heinrich Harrer, a. a. O., S. 175–177.
141. Lama Anagarika Govinda, a. a. O., S. 293–295.
142. C. Staewen/F. Schönberg, Kulturwandel und Angstentwicklung bei den Yoruba, München 1970.
143. Text des Herausgebers.
144. Pfad zur Erleuchtung. Buddhistische Grundtexte, übersetzt und hrsg. v. Helmuth von Glasenapp, Eugen Diederichs Verlag, Düsseldorf [2] 1978, S. 45.
145. Der Weg der großen Yogis, von Dilip Kumar Roy und Indira Devi, Scherz Verlag (O. W. Barth), München: st 409, Frankfurt 1977, S. 224 f, 226 f.
146. Religionsgeschichtliches Lesebuch, Bd. 4, a. a. O., S. 88, Nr. 160.
147. Die schönsten eucharistischen Wunder, Heft 1, zusammengestellt v. Karl-Maria Harrar, Miriam Verlag, Jestetten 1975, S. 16 f.
148. Schwarzer Hirsch, Ich rufe mein Volk, a. a. O., S. 186 f.
149. Ernesto Bozzano, Übersinnliche Erscheinungen bei Naturvölkern, A. Francke Verlag, Bern 1948, S. 197 f.

150. Ebd., S. 204.
151. Ebd., S. 205.
152. Carlos Castaneda, a. a. O., S. 182 f.
153. Ohne Worte – ohne Schweigen. 101 Zen-Geschichten und andere Zen-Texte aus vier Jahrtausenden, hrsg. v. Paul Reps, Scherz Verlag (O. W. Barth), München 1976, Nr. 8.
154. Herodot, a. a. O.
155. Religionsgeschichtliches Lesebuch, Bd. 5, a. a. O., S. 5, Nr. 3.
156. Ebd., S. 14, Nr. 13 b.
157. T. C. Mc Luhan, ... wie der Hauch des Büffels im Winter. Indianische Selbstzeugnisse, übersetzt v. Elisabeth Schnack, Hoffmann und Campe Verlag, Hamburg 1979, S. 45.
158. Ebd., S. 41.
159. C. Meinhof, Afrikanische Religionen, Berlin 1912, S. 141.
160. Religionsgeschichtliches Lesebuch, Bd. 12, a. a. O., S. 60 f.
161. Märchen der Azteken und Inkaperuaner, a. a. O., S. 62.
162. Eduard Seler, Altmexikanische Studien II, Berlin 1899, S. 168–171.
163. Die Eroberung Perus in Augenzeugenberichten, hrsg. und eingeleitet v. Lieselotte und Theodor Engl, Deutscher Taschenbuch Verlag, München 1975, S. 391, 392 f.
164. B. Gutmann, Dichten und Denken der Dschagganeger, Leipzig 1909.
165. Der unzufriedene Esel. Fabeln der Antike, eingeleitet und übertragen v. Ludwig Mader, Artemis Verlag, Zürich, in Auswahl: dtv 284, München 1965, S. 37, 38, 39, 58.
166. Plotins Schriften, Bd. V, übersetzt v. Richard Harder, Meiner Verlag, Leipzig 1937, S. 35–37.
167. Hesiod, Opera, übersetzt v. Martin P. Nilsson, a. a. O.
168. Philostratos, Apollonius von Tyana, übersetzt v. E. Baltzer, 1883, S. 178.
169. Alexander Eliasberg, Sagen der Chassidim, Ullstein Verlag, Frankfurt/Berlin/Wien 1970.
170. Der Born Judas. Legenden, Märchen und Erzählungen, gesammelt v. Micha Joseph bin Gorion, hrsg. v. Emanuel bin Gorion, Insel Verlag, Frankfurt/M. 1913, 1959, S. 153.
171. Martin Buber, Die Erzählungen der Chassidim, Manesse Verlag, Zürich 1949.
172. Heinrich Harrer, a. a. O., S. 80.
173. Lama Anagarika Govinda, a. a. O., S. 46–48.
174. Endlos ist die Zeit in Deinen Händen. Mit den Hindus beten, gesammelt, übersetzt und eingeleitet v. Ignatius Puthiadam und Martin Kämpchen, Verlag Butzon & Bercker, Kevelaer 1978, S. 133.
175. Worte des Ramakrishna, a. a. O., S. 14.
176. So spricht Aurobindo, hrsg. v. O. Wolff, O. W. Barth Verlag, München 1957, S. 25 f.
177. Hans Haas, Amida Buddha, unsere Zuflucht, Leipzig 1910, S. 39 f.
178. Ibn Ishaq, a. a. O.
179. Der Koran. Die Offenbarungen des Mohammed ibn Abdallah, des Propheten Gottes. In Schrift gebracht durch Abdelkaaba Abdallah Abu-Bekr, übertragen v. Lazarus Goldschmidt im Jahr der Flucht 1334 oder 1916 der Fleischwerdung, Brandussche Verlagshandlung, Berlin o. J.
180. Martin Buber, a. a. O.
181. Ebd.
182. Leo Hirsch, Jüdische Glaubenswelt, Victor Goldschmidt Verlag, Basel 1978, S. 17.
183. Denn Dein ist das Reich. Gebete aus dem Islam, ausgewählt und übersetzt v. Annemarie Schimmel, Herder Verlag, Freiburg 1978, S. 40.
184. Josef Schacht, Der Islam, Tübingen 1931, S. 106.
185. Denn Dein ist das Reich, a. a. O., S. 101.
186. Al-Ghazāli. Das Elixier der Glückseligkeit, aus den persischen und arabischen Quellen in Auswahl übertragen v. Hellmut Ritter, Eugen Diederichs Verlag, Jena 1923, Düsseldorf 1959, S. 139 f.
187. Annemarie Schimmel, Rumi, Ich bin der Wind und du bist Feuer. Leben und Werk des großen Mystikers, Eugen Diederichs Verlag, Düsseldorf 1978, S. 152, 167, 43.
188. Reshad Feild, a. a. O., S. 160 f.
189. Martin Buber, a. a. O.
190. Denn Dein ist das Reich, a. a. O., S. 91 f.

191. Endlos ist die Zeit in Deinen Händen, a. a. O., S. 99 f.
192. Vivekananda. Ein Lebensbild und neun Vorträge, zit. nach: Die Söhne Gottes. Aus den Heiligen Schriften der Menschheit, Auswahl und Einleitungen von Gustav Mensching, R. Löwit, Wiesbaden o. J., S. 92.
193. Martin Buber, a. a. O.
194. Knud Rasmussen, a. a. O., S. 10.
195. Ebd., S. 35.
196. Erde, die die Seele trägt, a. a. O., S. 36.
197. a) T. C. Mc Luhan, a. a. O., S. 43.
b) Ebd., S. 13
198. Ebd., S. 116.
199. Carlos Castaneda, a. a. O.
200. Heinrich Zimmer, Der Weg zum Selbst, a. a. O., S. 96–99.
201. Lao-Tse, Tao Tê King, aus dem Chinesischen übersetzt und kommentiert v. Victor von Strauss. Bearbeitet und eingeleitet v. W. Y. Tonn, Manesse Verlag, Zürich 1959.
202. a) Richard Wilhelm, Lao-Tse und der Taoismus, Fr. Frommans Verlag, Stuttgart 1925; Der Spiegel (VII, 6), Der Tod des Unbewußten (VII, 7), Der Fachmann (XVII, 1), Der Totenschädel (XVIII, 4).
b) Reden und Gleichnisse des Tschuang-Tse, ausgewählt und mit einem Nachwort v. Martin Buber, Manesse Verlag, Zürich, Insel Taschenbuch 205, Frankfurt [3] 1981; Schweigen (68), Die Maschine (49), Die Perle (48), Das unbekannte Tao (73).
203. Kakuzo Okakura, Das Buch vom Tee, übertragen von Horst Hammitzsch, Insel Verlag, Frankfurt 1949, Insel Taschenbuch 412, Frankfurt [3] 1981.
204. Ohne Worte – ohne Schweigen, a. a. O., Nr. 71, 67, 5, 1, 17, 63, 37, 35, 3, 28, 31, 18.
205. Japanische Geisteswelt. Vom Mythos zur Gegenwart, ausgewählt und eingeleitet von Oskar Benl und Horst Hammitzsch, Holle-Verlag, Baden-Baden 1956, Nr. 81 f.
206. Ebd., Nr. 78.
207. Zenkei Shibayama, Zu den Quellen des Zen. Die berühmten Koans des Meisters Mumon aus dem 13. Jahrhundert mit Einführung und Kommentar, Otto Wilhelm Barth Verlag, München 1976, S. 31, 88, 263, 364.
208. Rudolf Jockel, Islamische Geisteswelt, a. a. O., Nr. 235, nach: E. Lehmann/A. Haas, Textbuch zur Religionsgeschichte, Leipzig/Erlangen 2/1922, S. 369.
»Die Erkenntnis Allahs«: Rudolf Jockel, Islamische Geisteswelt, a. a. O., nach: J. Schacht, Der Islam, Tübingen 1931, S. 104 f.
209. a) Idries Shah, Die Sufis, Eugen Diederichs Verlag, Düsseldorf 1976.
b) Rudolf Jockel, Islamische Geisteswelt, a. a. O., Nr. 360, nach: G. Rosen, Mesnewi oder Doppelverse des Scheich Mewlana Dschelal-ad-din Rumi, Leipzig 1849, S. XIX/XX.
c) Rudolf Jockel, Islamische Geisteswelt, a. a. O., nach: M. Meyerhof, Persisch-türkische Mystik, Hannover 1921, S. 10.
210. Annemarie Schimmel, Rumi, a. a. O., S. 131.
211. Idries Shah, Das Geheimnis der Derwische. Geschichten der Sufimeister, Herder Verlag, Freiburg 1982.
212. Reshad Feild, a. a. O., S. 94 f.
213. Wilhelm Eilers, Die Gesetzesstele Chammurabis, Der Alte Orient, Bd. 31, Heft 3/4, Verlag J. C. Hinrichs, Leipzig 1932.
214. Die Heilige Schrift.
215. O. Gigon, Aristoteles, Politik und Staat der Athener, Zürich/Stuttgart 1955.
216. Bearbeitung des Herausgebers, in Anlehnung an: Mircea Eliade, From Medicine Man to Muhammad. A Thematic Source Book of the History of Religions. Part 4 of »From Primitives to Zen«, Harper & Row, New York 1967/1974, S. 141–146; und Die Großen Edikte Aśokas. Kritische Ausgabe. Übersetzung und Analyse der Texte v. Ulrich Schneider, Verlag Otto Harrassowitz, Wiesbaden 1978.
217. Die Heilige Schrift des Alten und des Neuen Testaments. Zürcher Bibel.
218. Nikolaus von Kues, Über den Frieden im Glauben, (Philosophische Bibliothek Bd. 223), übersetzt v. Ludwig Mohler, Felix Meiner Verlag, Hamburg 1943.
219. Leben, Freiheit und das Streben nach Glück: Dokumente der amerikanischen Demokratie, U. S. Informationsdienst, Bad Godesberg 1954.

220. Proklamationen und Manifeste, hrsg. v. Heinrich Peter, übersetzt v. C. Jellinek, Verlag Cotta, Stuttgart 1964.
221. Das Kommunistische Manifest, Verlag Neuer Weg, Berlin 1946.
222. Jung Indien, übersetzt v. Emil Romingen, Rotapfel Verlag, Zürich 1924.
223. Märchen aus Namibia. Volkserzählungen der Nama und Dama, hrsg. und übersetzt v. Sigrid Schmidt, Eugen Diederichs Verlag, Düsseldorf 1980, Nr. 2.
224. Indianische Poesie, in: Akzente, 1977, S. 359, 353, 356, 336.
225. Leo Frobenius, Schwarze Sonne Afrika. Mythen, Märchen und Magie, Eugen Diederichs Verlag, Düsseldorf 1980, S. 368.
226. Heinz Rölleke, Den eigenen Tod sehen, in: Westfälische Sagen, hrsg. v. Paul Zaunert, Eugen Diederichs Verlag, Düsseldorf [2] 1967, S. 248.
227. Platon, Phaidon. Griechisch und deutsch, hrsg. v. Franz Dirlmeier, Artemis Verlag, München 1949.
228. Kakuzo Okakura, a. a. O., S. 69–71.
229. Mircea Eliade, a. a. O., S. 271.
230. Ohne Worte – ohne Schweigen, a. a. O., S. 103.
231. Herodot, a. a. O.
232. Tiziano Terzani, in: DER SPIEGEL, Nr. 46 (34. Jg.), 1980, S. 203.
233. Lama Anagarika Govinda, a. a. O., S. 188 f.
234. Werner Müller, Glauben und Denken der Sioux. Zur Gestalt archaischer Weltbilder, Dietrich Reimer Verlag, Berlin 1970, S. 318.
235. Polybios, Geschichte, eingeleitet und übertragen v. Hans Drexler, Bd. 1, Artemis Verlag, Zürich/Stuttgart 1961.
236. Paul Pogge, Im Reich des Muata Jamwo, Berlin 1880.
237. Märchen der Azteken und Inkaperuaner, a. a. O., Nr. 8.
238. T. C. Mc Luhan, a. a. O., S. 39.
239. Ebd., S. 36.
240. Mircea Eliade, a. a. O.
241. Platon, Phaidon, übersetzt v. Friedrich Schleiermacher, Berlin 1855.
242. Mircea Eliade, a. a. O., S. 279 f.
243. Das Tibetische Buch der Toten, a. a. O., S. 86 f, 93 f, 99–102, 118, 147, 148, 166, 172, 178 f, 193.
244. Alexandra David-Néel, Unsterblichkeit und Wiedergeburt. Lehren und Bräuche in China, Tibet und Indien, F. A. Brockhaus, Wiesbaden 1962, S. 55 f.
245. Religionsgeschichtliches Lesebuch, Bd. 11, a. a. O., S. 108 f.
246. Pfad zur Erleuchtung, a. a. O., S. 186 f.
247. Die Fragen des Milindo. Ein historischer Roman, enthält Zwiegespräche zwischen einem Griechenkönige und einem buddhistischen Mönche über die wichtigsten Punkte der buddhistischen Lehre. Aus dem Pali zum erstenmal vollständig ins Deutsche übersetzt von Bikkhū Nyānatilōka, Bd. 1, M. Altmann Verlag, Leipzig 1919.
248. Das tibetanische Totenbuch oder die Nachtod-Erfahrungen auf der Bardo-Stufe. Nach der englischen Fassung des Lama Kazidawa-Samdup, hrsg. v. W. Y. Evans-Wentz, Walter Verlag, Olten [12] 1978, S. 115 f.
249. Text des Herausgebers.
250. Alfred Bertholet, Religionsgeschichtliches Lesebuch, Bd. 2: Konrad Theodor Preuss, Die Eingeborenen Amerikas, J. C. B. Mohr, Tübingen [2] 1926, S. 1 f.

Bildnachweis zu den Mandala-Darstellungen (Nr. 88)

(1) C. G. Jung, Psychologie und Alchemie, Walter Verlag, Olten 1975, S. 254, Abb. 108.
(2) Alfons Rosenberg, Christliche Bildmeditation, Kösel-Verlag, München 1975, S. 126.
(3) Heinrich Zimmer, Kunstform und Yoga im indischen Kultbild, Suhrkamp Verlag, Frankfurt/M. 1976, S. 2.
(4) Ebd., S. 142.
(5) Benediktinerinnenabtei St. Hildegard, Eibingen bei Rüdesheim, © Verlag Brepols, Turnhout/Belgien.
(6) A. Rosenberg, a. a. O., S. 149
(7) Ebd., S. 214.